Der Erste Weltkrieg zur See

Beiträge zur Militärgeschichte

Begründet vom
Militärgeschichtlichen Forschungsamt

Herausgegeben vom
Zentrum für Militärgeschichte und
Sozialwissenschaften der Bundeswehr

Band 78

Der Erste Weltkrieg zur See

In Zusammenarbeit des
Deutschen Marinemuseums und des
Zentrums für Militärgeschichte und
Sozialwissenschaften der Bundeswehr
herausgegeben von

Michael Epkenhans
und Stephan Huck

DE GRUYTER
OLDENBOURG

Redaktion: ZMSBw, Fachbereich Publikationen (0807-01)
  Projektkoordination, Lektorat, Bildrechte: Michael Thomae
  Lektorat der englischsprachigen Beiträge: Annika Mombauer (Hove, England)
  Satz, Cover: Carola Klinke
  Projektassistenz: Cindy Konarski

ISBN 978-3-11-053123-7
E-ISBN (PDF)978-3-11-053397-2
E-ISBN (EPUB)978-3-11-053135-0
ISSN 2192-2322

Bibliografische Information der Deutschen Nationalbibliothek
Die Deutsche Nationalbibliothek verzeichnet diese Publikation in der
Deutschen Nationalbibliografie; detaillierte bibliografische Daten sind
im Internet über http://dnb.dnb.de abrufbar.

Library of Congress Cataloging-in-Publication Data
A CIP catalog record for this book has been applied for at the Library
of Congress.

© 2017 Walter de Gruyter GmbH Berlin/Boston
Titelbild: Asmus Petersen, »Nachtmarsch. Torpedobootsangriffe der IV. englischen Flottille.
Aus der Seeschlacht vor dem Skagerrak, 1.6.1916, 0.35–1.15 Uhr«, Acryl auf Leinwand,
2005 (Asmus Petersen).
Rückseite: Panzerkreuzer (Großer Kreuzer) »Blücher«, begleitet von deutschen Torpedcomboo-
ten (Marineschule Mürwik/WGAZ).

Druck und Bindung: Hubert & Co. GmbH & Co. KG, Göttingen
♾ Gedruckt auf säurefreiem Papier
Printed in Germany
www.degruyter.com

Inhalt

Michael Epkenhans und Stephan Huck

Einleitung

In der Erinnerung der meisten Zeitgenossen wie auch in den Darstellungen späterer Historiker war der Erste Weltkrieg ein Krieg zu Lande. Nach blutigen Schlachten an der Marne und bei Verdun, an der Somme und in Flandern sowie schließlich bei Amiens – dem berühmten »Schwarzen Tag des deutschen Heeres« –, aber auch bei Vittorio Veneto, in den Bergen Mazedoniens und bei Bersheva haben die Alliierten diesen nach vier zermürbenden Jahren gewonnen. Deutsche Siege bei Tannenberg und Gorlice-Tarnow, bei Caporetto oder Kut al-Amara sowie erfolgreiche, wenngleich blutige Abwehrschlachten im Osten und Westen haben daran ebenso wenig ändern können wie der »Sieg« über Rumänien 1916 und über Russland 1918. Beide Friedensverträge hatten keinen Einfluss auf den weiteren Verlauf des Geschehens.

Und zur See? Auf den ersten Blick hatten die Ereignisse dort, auf dem »great common«, dem Alfred T. Mahan, der von vielen Marineenthusiasten gepriesene Wegbereiter eines neuen Navalismus am Ende des 19. Jahrhunderts, eine entscheidende Funktion im Ringen der Staaten um Macht, Einfluss und Reichtum zugesprochen hatte, keine Rolle gespielt. Im Gegenteil, Mahans bedeutendster, oft übersehener Kritiker, der Geograf Halford Mackinder, schien mit seinen Thesen von der Überlegenheit großer Landmächte über Seemächte Recht behalten zu haben. All das Geld, das den Lehren Mahans folgend seit den 1890er Jahren in den Aufbau von Marinen gesteckt worden war, war offenbar umsonst gewesen.[1]

So ist es nicht erstaunlich, dass sich im öffentlichen Bewusstsein wenig geändert hat. Die Schlachten zu Lande dominieren nach wie vor das öffentliche Gedenken an den Ersten Weltkrieg, nicht die zur See. Auch die großen neuen Erzählungen über das Kriegsgeschehen behandeln ähnlich wie die in den Jahrzehnten zuvor erschienenen Monografien den Seekrieg allenfalls am Rande. Eine Ausnahme auf deutscher Seite, wenngleich mit einem anderen Fokus, sind Nicolas Wolz' Buch »Und wir verrosten im Hafen«,[2] der Überblick von Jann Witt und Christian Jentzsch

---

[1] Vgl. dazu die zusammenfassenden Überlegungen von Paul Kennedy, The War at Sea. In: The Cambridge History of the First World War, Vol. 1: Global War. Ed. by Jay Winter and The Editorial Committee of the International Research Centre of the Historial de la Grande Guerre, Cambridge 2014, S. 321–348, hier insbes. S. 330 f.

[2] Nicolas Wolz, »Und wir verrosten im Hafen.« Deutschland, Großbritannien und der Krieg zur See 1914–1918, München 2013.

DOI: 10.1515/9783110533972-001

über den »Seekrieg«[3] sowie der durch zahlreiche wissenschaftliche Beiträge an-
gereicherte Katalog zur Ausstellung »Die Flotte schläft im Hafen ein« des
Deutschen Marinemuseums Wilhelmshaven.[4] Umfangreichere, wissenschaftli-
chen Ansprüchen genügende Monografien über den Krieg zur See sind fast ausschließlich von britischen und amerikanischen Autoren vorgelegt worden.[5]

Vor diesem Hintergrund, der nicht nur zeigt, wie wenig präsent das Geschehen
auf See ist, sondern der auch deutlich macht, dass nationale Perspektiven immer
noch Vorrang vor vergleichenden Analysen haben, erschien es sinnvoll, mit den
einschlägigen Fachleuten gemeinsam Bilanz zu ziehen und neue Perspektiven
der Forschung zu diskutieren. Das Forum dazu war eine vom Deutschen
Marinemuseum, dem Freundeskreis Marineschule in Mürwik und dem Zentrum
für Militärgeschichte und Sozialwissenschaften in Potsdam veranstaltete Tagung
in Wilhelmshaven im Herbst 2014, dessen Ergebnisse hier vorgelegt werden.

Ein erster Schwerpunkt der Diskussion war die »klassische« Frage nach den
»Strategien« der beteiligten Mächte. *Werner Rahn* hat hierzu in seinem Beitrag noch
einmal die Seekriegführung der Kaiserlichen Marine nachgezeichnet. Beginnend
mit einer »Momentaufnahme« der Dislozierung der Flotte, aber auch den bereits innerhalb der ersten Kriegsmonate erlittenen, nicht unerheblichen Verlusten
beschreibt er die grundsätzlichen Probleme deutscher Seekriegführung. Die
Konzentration auf die klassische Hochseeschlacht bei Helgoland seit den ersten
Plänen für den Ausbau der Flotte habe, so Rahn, der Marineführung ebenso den
Blick für die Realitäten verstellt wie die Vernachlässigung der schlechten geografischen Lage des Reiches gegenüber Großbritannien. Die englische Entscheidung in
den beiden letzten Jahren vor dem Krieg, eine weite und keine enge Blockade zu
verhängen, habe alle Planungen obsolet gemacht. Eine Antwort auf diese grundlegende Änderung habe die Kaiserliche Marine nicht gefunden. Die Hoffnung,
dass es dann die U-Boote schaffen müssten, spiegele die Ratlosigkeit der deutschen
Planer wider. Diese Ratlosigkeit sei auch verantwortlich für den Operationsbefehl
Nr. 1 vom Juli 1914 gewesen. Anstelle einer Entscheidungsschlacht habe dieser angesichts des englischen Strategiewechsels wie auch der gewaltigen materiellen Überlegenheit des Gegners nur einen Kräfteausgleich angestrebt. Doch
damit nicht genug: So wie die Marineführung sich offenkundig von überkom-
menen Vorstellungen des Seekriegs nicht hat lösen können, so wenig war sie wie
ihr »Partner«, das Heer, in der Lage, eine Gesamtstrategie zu entwickeln. Alle
Ansätze zu einer einheitlichen Gesamtkriegführung, blieben aufgrund traditio-
neller Rivalitäten und fehlender Vorstellungen von den Chancen eines aufeinander abgestimmten Vorgehens bereits im Ansatz stecken. Die Chance, durch ge-

---

3   Christian Jentzsch und Jann Witt, Der Seekrieg 1914–1918: Die Kaiserliche Marine im Ersten
    Weltkrieg, Darmstadt 2016.
4   Die Flotte schläft im Hafen ein. Kriegsalltag 1914–1918 in Matrosen-Tagebüchern. Hrsg. von
    Stephan Huck, Gorch Pieken und Matthias Rogg, Dresden 2014.
5   James Goldrick, Before Jutland. The Naval War in Northern European Waters, August
    1914–February 1915, Annapolis, MD 2015; Nicholas Jellicoe, Jutland. The Unfinished Battle,
    Barnsley 2016; To Crown the Waves. The Great Navies of the First World War. Ed. by Vincent P.
    O'Hara, W. David Dickson and Richard Worth, Annapolis, MD 2013; Lawrence Sondhaus, The
    Great War at Sea. A Naval History of the First World War, Cambridge 2014.

zielte Angriffe auf englische Truppentransporte das Heer bei seinen Operationen in Belgien und Frankreich im entscheidenden Moment der ersten Monate des Krieges zu unterstützen, sei daher »verpasst« worden. Nicht verpasst, sondern unterschätzt worden seien wegen der Fixierung auf die Entscheidungsschlacht auch die Möglichkeiten der Handelskriegführung. Auf die englische Kriegsgebietserklärung vom November 1914 habe die Marineführung mit dem Übergang zum U-Boot-Krieg dann einen hektischen Aktionismus an den Tag gelegt, ohne dessen »Methode und Erfolgsaussichten« sowie die »völkerrechtlichen und außenpolitischen Probleme« wirklich konzeptionell zu durchdenken. Überhaupt sei ein »System der Halbheiten« – so bereits ein Zeitgenosse – das Kennzeichen der Strategie der Kaiserlichen Marine im weiteren Verlauf des Krieges gewesen. Ein Spiegelbild dieses »Systems« sei das Bestreben gewesen, einerseits durch Vorstöße die Existenzberechtigung der Flotte nachzuweisen, andererseits die Abschreckungswirkung als »Fleet-in-being« aufrechtzuerhalten. Die Forderungen nach einem aktiveren Vorgehen der Flotte wie auch nach dem uneingeschränkten U-Boot-Krieg seien daher zwei Seiten der gleichen Medaille gewesen. In der Skagerrak-Schlacht habe die Flotte dann zwar einen Achtungserfolg teuer erkaufen können, gleichzeitig danach aber eingestehen müssen, dass die alte Strategie »in *diesem* Kriege« – so Admiral Scheer – endgültig gescheitert sei. Umso nachdrücklicher habe sie dann den rücksichtslosen U-Boot-Krieg als einziges Mittel zum Sieg stilisiert und damit zugleich – so die bittere Ironie der von ihr maßgeblich durchgedrückten Entscheidung vom Februar 1917 – den für den Sieg der Alliierten entscheidenden Kriegseintritt der USA herbeigeführt. Auch wenn die Flotte als »Fleet-in-being« – anders als manche Historiker meinen – durchaus ihren Wert für die deutsche Kriegsführung gehabt habe, so gehe bei einer »nüchterne[n] Kosten-Nutzen-Rechnung« kein Weg an der Erkenntnis vorbei, »dass die Flotte nicht das geleistet hat, was man vor ihr erwartete bzw. erwarten konnte.« Unzureichende Mittel und Konzeptionen seien dafür zwar ebenfalls verantwortlich; entscheidend aber seien die »Unzulänglichkeiten im strategischen Denken einer Marineführung« gewesen, »die nicht die natürlichen Grenzen erkannte, die jeder deutschen Seestrategie im Rahmen einer Gesamtstrategie gesetzt waren, ja gesetzt werden mussten.« Diesem harten, aber zutreffenden Urteil Werner Rahns ist nichts hinzuzufügen.

Inwieweit die Royal Navy den Herausforderungen des Krieges besser gerecht wurde, ist Gegenstand des Beitrags von *James Goldrick*. Die eigentliche Herausforderung, so seine These, sei allerdings nicht die Hochseeflotte an sich, sondern die Bewältigung des technologischen Wandels mit all seinen Implikationen gewesen. So sei unübersehbar, dass durch den schnellen Wandel im Schiffbau innerhalb immer kürzerer Zeit die Flotte kaum noch zu einer funktionierenden taktischen Einheit habe zusammenwachsen können. Ein Beispiel seien die geringe Geschwindigkeit, fehlende Standfestigkeit und Seeausdauer der Kleinen Kreuzer, die die neuen Schlachtkreuzer eigentlich schützen sollten. Doch damit nicht genug: Knappe finanzielle Ressourcen hätten es nicht erlaubt, unter realistischen Bedingungen in der Nordsee zu üben. Die Folgen für das Agieren der Grand Fleet seien unübersehbar gewesen. Auch die U-Boot-Technik oder die Marineluftfahrt hätten noch in den Kinderschuhen gesteckt. Selbst die Kommunikation untereinander habe aufgrund sich nur langsam wandelnder Mentalitäten keineswegs die großen Fortschritte gemacht, die die neue Technik zunächst hatte erwarten lassen. Allein diese Beispiele zeigten, dass es eine Sache gewesen sei, zu Beginn einer neuen technologischen Ära das Potenzial neuer Waffen zu erkennen, Zeit zu finden, dieses auszuloten, um diese Waffen dann unter realistischen Bedingungen einzusetzen bzw. die Mängel, die ihnen anhafteten, zu beheben. In dieser Hinsicht sei die Grand Fleet der Hochseeflotte trotz aller Schwächen aber überlegen gewesen.

Diese beachtliche Lernfähigkeit stehe in einem starken Kontrast, so zumindest der Eindruck eines – zugegeben – parteiischen Beobachters, des britischen Admirals Sir Arthur Limpus, zur Lernfähigkeit der französischen Flotte. *Jean Martinant de Preneuf* versucht in seinem Beitrag, dieses Vorurteil zu korrigieren. Als »Musterschülerin« der Entente habe die französische Marine Ende 1912 mit dem Briefwechsel zwischen dem Botschafter in London, Paul Cambon, und dem britischen Außenminister Sir Edward Grey dazu beigetragen, den Weg zu einem engeren Schulterschluss mit Großbritannien zu ebnen. Auch mental habe sie sich mit ihrer Konzentration auf die Entscheidungsschlacht ganz im Einklang mit den meisten Marinen ihrer Zeit befunden. Dieses Denken, das letztlich von einem kurzen Krieg ausgegangen sei, habe auch die Ausarbeitung von Plänen für einen Handelskrieg oder Operationen gegen feindliche Nachschublinien verhindert.

Das eigentliche Problem der französischen Marine vor 1914 sei jedoch ihre langjährige Vernachlässigung gewesen. Erst 1912 hätten die Verantwortlichen begonnen, diese systematisch auszubauen, um die unübersehbare Unterlegenheit gegenüber den Dreibundmarinen im Mittelmeer wettzumachen. Verantwortlich für diese Unterlegenheit sei aber nicht nur eine politische Vernachlässigung der Marine gewesen. Mangelnde Kapazitäten der staatlichen Werften hätte vermehrt Aufträge an private Unternehmer und damit auch höhere Kosten zur Folge gehabt. Ständige Änderungen der Baupläne hätten wiederum die Fertigstellung geplanter Bauten immer wieder verzögert. Den »Dreadnought«-Sprung hätte die Marine zudem komplett »verschlafen«, sodass bei Kriegsbeginn gerade zwei Schiffe dieses Typs einsatzbereit gewesen seien. Auch in Fragen des Schiffsantriebs habe die französische Marine den Anschluss an andere Marinen, die bereits von Kohle auf Ölfeuerung oder gar auf den Dieselmotor umstellten, verpasst. Viele Schiffe – ob es sich um Großkampfschiffe oder kleinere Einheiten gehandelt habe – seien trotz guter technischer Qualität im Hinblick auf ihre Geschwindigkeit, die Reichweite ihrer Geschütze oder auch ihrer Panzerung im Vergleich zu anderen Marinen veraltet gewesen. Gleichermaßen »unerfreulich« sei auch der Befund hinsichtlich der Einschätzung der Möglichkeiten der Marinefliegerei oder des U-Boots. Letztlich habe die französische Marine nicht über genügend Schiffe verfügt, um ihre eigenen Einheiten auf See ausreichend zu versorgen.

Doch nicht nur beim Material habe es Probleme gegeben. Beim Personal sei die große Kluft zwischen Offizieren und Subalternen aufgrund mangelnder Aufstiegsmöglichkeiten unübersehbar gewesen. Daraus habe in der Folge ein regelrechter Verfall der Sitten resultiert. Bei Mannschaften habe es zudem einen wachsenden Mangel an qualifiziertem Personal gegeben, da viele Bewerber für den Dienst in der Marine von der Technisierung des Seekrieges abgeschreckt worden seien.

Was den Krieg selbst betrifft, so habe die französische Marineleitung erst relativ spät die Dramatik der Situation erkannt. Obwohl diese in manchen Bereichen habe improvisieren müssen, sei die Mobilmachung dann aber vergleichsweise reibungslos verlaufen. Neben organisatorischen Probleme hätten auch interne Reibereien auf höchster Ebene die Leistungsfähigkeit der Marine eingeschränkt. In der Praxis hätte sich die Flotte dann aber gut geschlagen, zumal nach dem Entweichen der deutschen Mittelmeerdivision nach Konstantinopel. Danach habe sich die Marine ganz dem Kampf mit der k.u.k. Marine widmen können, eine Aufgabe, die durch den Kriegseintritt Italiens im Mai 1915 erheblich erleichtert worden sei. Gleichwohl sei der Versuch einer »sea-denial«-Strategie in der Adria, bei dem die Marine erhebliche Verluste zu verzeichnen gehabt habe, gescheitert. Die Marine habe sich daher in der Folgezeit auf eine Bewachung der Otranto-Sperre beschränkt. Eher widerwillig habe sie an den englischen Operationen gegen die Dardanellen teilgenommen, zumal sie den Anspruch, dort den Oberbefehl zu bekommen, nicht habe durchsetzen können. Auch in Fragen der Reaktion auf den deutschen U-Boot-Krieg habe sich die französische Marine letztlich englischen Entscheidungen über die Definition des umstrittenen Begriffs »Konterbande« beugen müssen. Oft übersehen würden hingegen die Erfolge bei der Sicherung der alliierten Konvois über den Kanal im Herbst 1914 und der Evakuierung belgischer Flüchtlinge. Alles in Allem, so die These Preneufs, sei das Urteil des englischen Admirals aus dem Jahre 1916 nicht gerechtfertigt, wie die trotz aller Hemmnisse erfolgreiche Mobilisierung, die Wahrung der Neutralität Italiens, der störungsfreie Nachschub von Truppen und Schiffsbedarf aus Übersee und sogar die Festsetzung der österreichischen Flotte in ihren Heimathäfen belegen würden. Im Hinblick auf die innere Organisation der Flotte wie auch die inneren Verhältnisse gebe es allerdings noch erheblichen Forschungsbedarf.

Denis J. Kozlov wiederum beschreibt die Lage einer Marine, die, anders als die ihrer Alliierten oder Gegner, gerade einmal ein Jahrzehnt zuvor katastrophale Niederlagen erlitten hatte: die Flotte des Zaren. Nach mühseligen inneren Reformen hatte diese mithilfe ausländischer Partner gerade erst den Wiederaufbau begonnen. Ein offensives Vorgehen sei daher von vornherein ausgeschieden. Nach den Erfahrungen des Russisch-Japanischen Krieges habe es die Zarenflotte daher als ihre wichtigste Aufgabe betrachtet, die eigene Hauptstadt und die in der Nähe liegenden Hauptstützpunkte sowie die russische Armee vor Überraschungsangriffen und Landungen im Rücken der Front zu schützen. Umfangreiche Minensperren und Küstenbatterien seien dabei das Rückgrat der Verteidigung des Finnischen Meerbusens gewesen. Im Gegensatz zu dieser Region habe die Baltische Flotte jedoch dort, wo Küstenbatterien die Minensperren nicht wirksam zu schützen vermochten, etwa im Rigaischen Meerbusen, Vorstöße der Kaiserlichen Marine in ihre Gewässer nicht verhindern können. Kleinere Operationen wie bei Gotland im Sommer 1915 hätten begrenzte Erfolge gehabt; die Seeherrschaft habe damit jedoch nicht erkämpft

werden können. Erfolgreich sei hingegen der mithilfe von Minen und englischen
U-Booten geführte Handelskrieg gewesen.

Auf dem anderen Seekriegsschauplatz, dem Schwarzen Meer, sei die russische
Flotte zwar in einer besseren Situation gewesen; sie hätte durch offensives Vorgehen
auch Erfolge zu verzeichnen gehabt. Vor allem die türkischen Nachschublinien in
den Kaukasus hätten unter den russischen Operationen schwer zu leiden gehabt.
Versuche, die beiden unter türkischer Fahne operierenden Kreuzer SMS »Goeben«
und SMS »Breslau« zu vernichten, seien jedoch gescheitert. Im Eismeer wiederum,
einem häufig vergessenen Kriegsschauplatz, habe die russische Flotte, ungeachtet
ihrer sehr begrenzten Mittel, ebenfalls geschickt und erfolgreich operiert. Selbst
auf dem Höhepunkt des deutschen U-Boot-Krieges gegen englische Transporte
nach Murmansk seien von 1582 Schiffen nur 31, also zwei Prozent, verloren gegangen. In diesem Erfolg wie auch in der Störung der deutschen bzw. türkischen
Verbindungslinien, die erhebliche Auswirkungen für die Versorgung mit kriegswichtigen Gütern wie Erz und Kohle zur Folge hatte, sieht Kozlov dann auch die eigentliche Leistung der russischen Marine. Nach den Wirren des Bürgerkrieges und dem
Neuaufbau unter Stalin hätte diese das Geschehen sorgfältig analysiert. Daraus habe
sich eine eigene »russische Schule« der Seekriegführung entwickelt, die Grundlage
für spätere Operationen gewesen sei.

Die Unterbrechung von Seeverbindungslinien steht auch im Mittelpunkt des
Beitrags von *John R. Ferris*. Dieser konzentriert sich auf die berühmt-berüchtigte
Hungerblockade Deutschlands, die Großbritannien im Herbst 1914 verhängt habe
und die schließlich einen wesentlichen Beitrag zum inneren Zusammenbruch des
Kaiserreichs geleistet habe. Überzeugend weist er zunächst neuere Thesen zurück, die
Royal Navy habe ursprünglich geplant, die Weltwirtschaft insgesamt lahm zu legen,
um das Reich bereits zu Kriegsbeginn in die Knie zu zwingen. Davon könne, so
Ferris, keine Rede sein. Wenn sie das wirklich gewollt hätte, hätte sie entsprechend
gehandelt. Genauso habe die Royal Navy alle Überlegungen zur Verhängung einer
»close blockade« als »impractical« abgelehnt. Nach der Untersuchung verschiedener Zwischenlösungen habe sie sich vielmehr für eine »distant blockade« entschieden, auch wenn dies bedeutet habe, auf unmittelbaren Druck auf Deutschland zu
verzichten. Wirtschaftlicher Druck, so die Annahme mancher Admirale, könnte
dann aber doch dazu führen, die Deutschen herauszulocken und jene Seeschlacht
zu schlagen, die den endgültigen Sieg bedeutete. Allein die Ungewissheit über den
Zeitpunkt und die Dauer des Wartens habe an den Nerven der Verantwortlichen
gezerrt. Was aus Sicht der Marine sinnvoll erschienen sei, hätten viele Angehörige
der liberalen Regierung und der einschlägigen Fachministerien jedoch abgelehnt.
»Wirtschaftskrieg« konnte für sie, und darin hätten sie sich im Einklang mit führenden Vertretern von Handel und Industrie gewusst, nur bedeuten, die deutsche
Handelsschifffahrt, nicht aber den gesamten Seeverkehr lahm zu legen.

Diese Diskussionen zeichnet Ferris in ihren verschiedenen Verästelungen detail-
liert nach. Er macht zugleich deutlich, wie schwer es in der Praxis war, eine wirksame
wirtschaftliche Blockade in der nördlichen Nordsee durchzusetzen. Der deutsche
Übergang zum Handelskrieg mit U-Booten 1915 habe dann aber die Verschärfung
der englischen Haltung beschleunigt. Die Versenkung der »Lusitania« im Mai 1915

sei diesbezüglich ein Schlüsselereignis gewesen. Verteidiger des alten Rechts hätten danach immer mehr an Boden verloren. Erst dann hätte sich die Blockade tatsächlich zu einer Hungerblockade verwandelt.

Nicholas Rodger lenkt den Blick zurück auf den Seekrieg, den er allerdings in einem größeren Kontext betrachtet wissen will. Dabei geht es ihm nicht darum, einmal mehr die bekannten Operationspläne zu analysieren. Er interessiert sich vielmehr für die Frage, warum Marineoffiziere auf allen Seiten entgegen der Aufgabe ihrer Profession häufig so irrational handelten, »to explore the unspoken and unexamined assumptions about war which everyone shared and no-one questioned«. Unwillkürlich bedeute dies, nach Erklärungen für den »Kult der Offensive« zu suchen – eigentlich ein Begriff der Landkriegführung seit den Tagen Napoleons. Gerade die Abwesenheit von Krieg und somit von praktischer Erfahrung im langen 19. Jahrhundert habe diesem Kult enormen Vorschub geleistet. Doch nicht nur Marineoffiziere, sondern auch Politiker hätten diesem angehangen in der Hoffnung, durch schnelle Entscheidungen auf See auch kurze Kriege zu führen und damit wiederum weniger Geld ausgeben zu müssen. Fragen wie Handelskrieg oder Verteidigung des Empire seien daher allenfalls am Rande diskutiert worden. Umgekehrt habe diese simplizistische Reduzierung des Krieges auf *eine* Schlacht aber auch den Einfluss von Politik begrenzt, sei es doch notwendig gewesen, diesem angestrebten Sieg alles unterzuordnen – von dem damit verknüpften Prestigegewinn für die verantwortlichen Militärs einmal ganz abgesehen. In Frankreich und Deutschland habe sich dieses Denken weitgehend durchgesetzt, aber auch in England habe es während des Krieges zunehmend an Einfluss gewonnen.

Sozialdarwinistische Ideen hätten diesem Denken und der Auffassung, dass mit Willenskraft alles zu erreichen sei, dann allerdings eine besondere Brisanz verliehen. Unübersehbar sei in diesem Zusammenhang die innenpolitische Funktion von Marinen, so unterschiedlich diese in den einzelnen Ländern letztlich auch ausgeprägt gewesen sei. Die Royal Navy habe sich – ungeachtet mancher Ähnlichkeiten – dann allerdings doch von anderen Marinen unterschieden, insbesondere von der Kaiserlichen Marine, wie ein Blick auf die Stapellaufzeremonien zeige. Während diese im Kaiserreich eine Gelegenheit zur Inszenierung des Kaisers gewesen seien, seien sie in England als Verkörperung nationaler Identität betrachtet worden.

Anders als andere Marinen habe die Royal Navy den Ersten Weltkrieg als einen notwendigen Lernprozess betrachtet. Rationale Seekriegführung sei daher das Ziel gewesen, das sie in Theorie und Praxis konsequent angestrebt habe. Obwohl auch englische Admiräle vom Gedanken an eine klassische Seeschlacht fasziniert gewesen seien, hätten sie die Bedeutung von Seeverbindungen klar erkannt. Es sei ihnen im Zweiten Weltkrieg daher gelungen, sich von dem Einfluss einer im Denken des 19. Jahrhunderts gefangenen Militärkultur zu befreien. Diese Entwicklung erkläre auch die Effektivität ihrer Pläne und Operationen.

Ein Resultat der Erfahrungen während des Krieges – wenn man so will – war auch der erneute Einsatz von Hilfskreuzern in der zweiten Kriegshälfte durch die Kaiserliche Marine. Die Marineführung hoffte, mit deren Hilfe Verwirrung zu stiften, gegnerische Handelswege unsicher zu machen und somit den Gegner zur Zersplitterung seiner Kräfte zu zwingen. Der fast achtzehnmonatige Einsatz des Hilfskreuzers

»Wolf« ist dafür ein Beispiel. *Thean Potgieter* beschreibt dessen Einsatz wie auch die Reaktionen darauf aus südafrikanischer Perspektive. Zugleich zeichnet er noch einmal die Bedeutung der Royal Navy für die weltweiten Verbindungen des Empire, aber auch dessen Stellenwert im Kampf gegen das Kaiserreich nach. So grenzte Südafrika nicht nur an die größte deutsche Siedlerkolonie Deutsch-Südwestafrika, sondern sei, zumal nach den Rückschlägen im Kampf gegen die Schutztruppe in Deutsch-Ostafrika, strategisch äußerst wichtig gewesen. Neben Armeeeinheiten habe auf beiden Kriegsschauplätzen auch die kleine, aus vielen Südafrikanern bestehende Royal Navy Volunteer Reserve sowohl bei der Unterstützung der Landungen von See aus als auch im Kampf gegen den einzigen deutschen Kleinen Kreuzer in der Region, SMS »Königsberg«, eine wichtige Rolle gespielt. Wie empfindlich die Verbindungslinien des Empire gestört werden und wie erfolgreich deutsche Kreuzeroperationen sein konnten, habe dann die Minenlegeoperation des Hilfskreuzers »Wolf« Anfang 1917 gezeigt. Wenige Minen hätten gereicht, um für Unruhe innerhalb Südafrikas zu sorgen, aber auch um die Royal Navy zu alarmieren und eine aufwändige, aber ergebnislose Suche nach diesem Raider zu veranlassen. Im Ergebnis, und hierin liege die eigentliche Bedeutung der Entsendung des Hilfskreuzers, werfe dessen nicht unbeträchtlicher Erfolg die Frage nach der Richtigkeit der deutschen Entscheidung auf, im Seekrieg gegen England alles auf eine Karte, sprich die Seeschlacht vor Helgoland, zu setzen. Die »Wolf« wie auch die anderen in Übersee eingesetzten Hilfskreuzer zeigten, dass diese, selbst wenn man deren Erfolge nicht überschätzen sollte, erhebliche englische Kräfte gebunden hätten. Der Weg zur ozeanischen Kriegführung unter dem späteren Chef der Seekriegsleitung, Großadmiral Erich Raeder, so sei hier ergänzt, war damit vorgezeichnet. Auch dieser sollte aus seinem Studium des Kreuzerkrieges den Schluss ziehen, dass Seekriegführung entsprechend den Lehren Mahans und Kreuzerkrieg einander ergänzten, keineswegs aber sich ausschlossen.

Ohne Menschen war ein Krieg zur See nicht möglich. Wie also gingen die Marinen mit ihren Männern um? Diese Frage steht im Mittelpunkt des Beitrags von *Nicolas Wolz*, der sich dem Alltag in der Kaiserlichen Marine widmet. Von Anfang an habe diese auf »Drill und Disziplin« gesetzt, um die Langeweile zu steuern. Konkret habe dies »arbeiten, üben, vorbereiten« bedeutet. Obwohl durchaus sinnvoll, sei diese Routine bald zu einem reinen Selbstzweck geworden. Unzufriedenheit sei daher sehr schnell festzustellen gewesen. So hätten die Besatzungen auch die regelmäßig stattfindenden Fahr- und Schießübungen als willkommene Erleichterung empfunden und die wenigen Vorstöße fast enthusiastisch begrüßt. Bereits seit 1915 habe u.a. Kohlenmangel dazu gezwungen, die Zahl der Übungen zu reduzieren. »Geduld« habe danach zum »Pflichtprogramm« gehört. Lesen sei bei Offizieren wie auch Mannschaften sehr weit verbreitet gewesen. Aber auch Schallplatten und Filme seien Teil des Unterhaltungsprogramms an Bord gewesen. Unterschiede beim Essen, die im Laufe des Krieges immer mehr zunahmen, das teilweise wilde Leben der Offiziere und ungerechte Behandlung hätten die Kluft zwischen diesen und den Mannschaften schnell vergrößert. Anders als bei der Royal Navy hätten die Offiziere gar kein Gespür dafür gehabt, ihre Mannschaften durch Sport oder andere Formen der Freizeitgestaltung zu beschäftigen oder durch gemeinsame Veranstaltungen darüber sogar die Kluft zwischen beiden Statusgruppen zu verringern. Im Gegenteil, mit den Summen, die ihnen zur Verfügung standen, hätten sich Offiziere ein gutes Leben gemacht, was sie auch ostentativ zur Schau stellten. So kauften sie nicht nur teure Waren auf dem Schwarzmarkt, sondern unternahmen wie in Friedenszeiten Kuren, während die Masse der Besatzungen in den engen Schiffen gelebt und keinerlei besondere Vergünstigungen bei Freizeit und Urlaub genossen hätte. Diese Behandlung und wachsende Kriegsmüdigkeit seien dann auch die Ursache dafür gewesen, dass die Mannschaften sich geweigert hätten, ihren Offizieren, die wie ihre Kameraden in der Armee nach Ruhm und Ehre gestrebt und um die Zukunft des Seeoffizierkorps wie auch der Marine gefürchtet hätten, in eine letzte Schlacht zu folgen.

M. Christian Ortner wirft den Blick auf das Leben in der k.u.k. Marine. In großen Zügen erläutert er zunächst eine Streitkraft, die heute weitgehend vergessen ist. Weder Österreich noch Ungarn – Namensgeber der Donaumonarchie – haben heute einen Zugang zum Meer, und aus Fernsehfilmen kennt man allenfalls deren farbenprächtige Armee, nicht aber deren Marine. Diese war keineswegs klein, wie Ortner ausführlich darlegt. Nur wenn Italien nicht in den Krieg eingetreten und die deutsche Mittelmeerdivision daher nicht ins Schwarze Meer geflüchtet wäre, hätte die österreichisch-ungarische Marine eine offensive Funktion gehabt. Da diese ursprüngliche Aufgabe mit der Neutralitätserklärung Italiens obsolet gewesen sei, habe sich die k.u.k. Marine auf den Küstenschutz beschränken müssen. Verantwortlich dafür seien aber auch die fehlende Infrastruktur bei der Anbindung der Kriegshäfen ans Hinterland sowie die unzureichend entwickelte Versorgung der Flotte auf See gewesen. Doch damit nicht genug: Vor allem der Mangel an hochwertiger Kohle habe die Flotte gehindert, größere Operationen zu unternehmen. Eine einwöchige Großoperation hätte sie die Hälfte ihres Vorrats gekostet. Zurückhaltung sei daher ein unabweisbares Gebot gewesen.

Ausführlich beschreibt Ortner die soziale und nationale Zusammensetzung der Flotte, die viel stärker als im Heer ausgeprägten Standesunterschiede zwischen den verschiedenen Dienstgradgruppen, die jenseits der klassischen Hierarchie durch die Technisierung weiter zugenommen habe, den Alltag und die Verpflegung an Bord wie an Land und schließlich auch die »Disziplinierung«. Ähnlich wie bei der Hochseeflotte habe die Untätigkeit zunehmend auf die Stimmung auf den großen Einheiten gedrückt, während bei den kleineren, die ständig im Geleitzugdienst waren, sich ein »pragmatische[s]« Zusammenleben aller Angehörigen an Bord entwickelt habe. So seien es dann auch die Mannschaften an Bord der großen Einheiten gewesen, die im Februar 1918 gemeutert hätten. Langeweile, immer schlechtere Verpflegung der Mannschaften im Vergleich zu den Offizieren sowie der Mangel an »Grundstoffen« wie anständiger Kleidung, als »sinnlos empfundene Übungen und stumpfsinniges Exerzieren ohne sich bewähren zu können«, aber auch die nicht zu unterschätzende Abgeschiedenheit Cattaros, des wichtigsten Kriegshafens am Ausgang der Adria, hätten ein gefährliches Gemisch gebildet, das schließlich explodiert sei. Darauf habe die Marineführung zwar hart, letztlich aber doch maßvoll reagiert. Viel bedeutsamer sei aber, dass sie einen Teil der Beschwerden durchaus anerkannt habe, diese im letzten Kriegsjahr aber nicht mehr habe lösen können.

Im Krieg zur See standen sich jedoch nicht allein große Schlachtschiffflotten gegenüber, sondern es war ebenso die Zeit neuer Waffen, die geeignet waren, den Seekrieg zu revolutionieren. Neben dem U-Boot gehörte dazu vor allem das Flugzeug. *Christian Jentzsch* zeichnet den Weg von den ersten, in der Royal Navy bereits 1903 getesteten Flugdrachen zum modernen, trägergestützten Flugzeug am Ende des Krieges nach. Beide Marinen, so seine These, hätten ähnliche Weg beschritten. Der Krieg habe dabei nicht nur die Entwicklung immer leistungsfähigerer und kampfkräftigerer Modelle beschleunigt, sondern letztlich auch den Vorrang des Flugzeugs vor den von beiden Marinen ebenfalls lange Zeit genutzten Luftschiffen bestätigt. Gleichwohl habe es erhebliche Unterschiede gegeben. Diese betrafen zum einen die Typen: So setzte die Royal Navy schon früh auf Allroundflugzeuge, die Kaiserliche Marine hingegen auf Flugzeuge mit guten Seeflugeigenschaften, die den »reinrassigen Landjägern« der Royal Navy aber nicht gewachsen gewesen seien. Zum anderen hätte die Royal Navy sehr früh auf den Bau von Trägerschiffen gesetzt, die sich auch zum Einsatz mit der Flotte eigneten und deren Aktionsradius erheblich erweiterten. Die Kaiserliche Marine hätte demgegenüber nicht über die Ost- und Nordsee hinausgedacht. Vergleichbar wiederum seien die parallele Entwicklung von Ausbildungsvorschriften und die Standardisierung von Verfahren gewesen. Damit seien eine Professionalisierung der Marinefliegerei sowie der großflächige Einsatz von Flugzeugen überhaupt erst möglich geworden.

Die Realität des Krieges ist jedoch nur ein Aspekt wissenschaftlicher Forschung. Ein weiterer, zunehmend wichtigerer ist die Frage nach dessen Verarbeitung in den Jahren und Jahrzehnten danach. Diesen Fragen widmeten sich die drei letzten Vorträge.

Jan Kindler lenkt sein Augenmerk auf »mediale Internationalisierungen kriegerischer Erinnerung«. Deren gemeinsames Kennzeichen nach 1918 sei die positive Haltung gegenüber dem Krieg gewesen. Der Mangel an Originalbildern habe – anders als beim Landkrieg – dazu beigetragen, ein anderes Bild der Realität auf See zu zeichnen. Ungebrochen habe man an die Propagandasprache des Krieges angeknüpft. Nationalistisch-heroische Darstellungen sowohl in dokumentarischen als auch in den eher seltenen Spielfilmen hätten die maritime Kinowelt dominiert; kritische Filme und Analysen seien hingegen kaum zu finden. Erst in den 1950er-Jahren habe man sich beispielsweise dem Thema Meuterei und Revolution gewidmet, wenn auch unter stark ideologischen Gesichtspunkten.

Paul G. Halpern, einer der besten Kenner der internationalen Marinegeschichtsschreibung, wirft ein Schlaglicht auf die amtliche und private Literatur über den Krieg zur See im Ersten Weltkrieg. Angesichts des unvorstellbaren Geschehens hätten alle Marinen, aber auch viele Verantwortliche das Bedürfnis gehabt, sich gegenüber der Öffentlichkeit zu rechtfertigen. Obwohl bereits Zeitgenossen die Einseitigkeit und fehlende Überprüfbarkeit der Darstellungen und Analysen angesichts der Auswahl der berücksichtigten Dokumente oder fehlender Nachweise zu Recht beklagt hätten, so besäßen diese Werke dennoch ihren Wert. Da die Archive aber in allen Ländern noch für Jahrzehnte geschlossen gewesen seien, wären sie als »starting point« dennoch von großem Nutzen für Historiker gewesen, was teilweise bis heute gelte. Die amtlichen japanischen, italienischen oder türkischen Werke seien dafür gute Beispiele.

Stephan Huck schließlich zeichnet am Beispiel der Marineehrenmale und Marinegedenkfeiern in Wilhelmshaven, dem größten Marinestandort, die Rolle des Kriegs zur See in der Erinnerung in Deutschland nach. Die Formen dieser Erinnerung seien nicht nur vielschichtig, sondern auch zeitgebunden gewesen. Gleiches gelte für die verschiedenen Versuche der Sinnstiftung. Habe zunächst der Rachegedanke überwogen, so sei nach dem Zweiten Weltkrieg das reine Totengedenken in den Vordergrund gerückt. Die Erinnerung an die Toten, das seit Jahren allenfalls in ritualisierten Veranstaltungen stattfinde, werde heute zudem von dem an andere Opfergruppen überlagert. Die in jüngster Zeit geführte Diskussion, an die Toten der Novemberrevolution zu erinnern, zeige aber, wie schwierig es sei, Mehrheiten für eine Wiederbelebung des Gedenkens zu finden.

Jörg Hillmann fasst in seinem übergreifenden Beitrag den Umgang der Deutschen Marinen mit den Ereignissen des Ersten Weltkrieges im Laufe des 20. Jahrhunderts zusammen. Der Marine sei es nach 1918 schwer gefallen, sich mit der Niederlage abzufinden. Irgendwann, so die allgemeine Hoffnung, würde der Tag kommen, sich »die verlorene Ehre« wiederzuholen. Kaum etwas spiegele dieses Bewusstsein bis heute symbolträchtiger wider als die Aula der Marineschule in Mürwik mit ihren Tafeln, dem Vergilschen »Racheschwur« und dem Bekenntnis zur kaiserlichen Marinepolitik. Gleiches gelte für das Ehrenmal in Laboe, das ebenfalls ein Denkmal *für*, nicht *gegen* den Krieg sei. Das Admiralstabswerk mit seiner Faktendichte, aber seinen problematischen Schlussfolgerungen gehöre ebenso in diese Reihe wie die vielen Erinnerungsschriften. »Schockstarre, Überlebenssicherung und Wiederaufbau unter alliierter Besatzung« hätten auch nach 1945 keinen Raum dafür gelassen, diese Zeit »aufzuarbeiten«. Es entbehre nicht einer gewissen Ironie, dass die Debatte über die Großadmiralsfrage, die die Marine so belastet habe, wiederum den Weg für eine Rückbesinnung auf den Ersten Weltkrieg frei gemacht habe. Anders sei nicht zu erklären, dass die ersten Schulfregatten die Namen von »Scheer«, »Hipper« und »Graf Spee« erhalten hätten. Erst der Tod von Dönitz habe eine offenere Debatte auch über den Zweiten Weltkrieg ermöglicht. Die Umwidmung des Marineehrenmals in Laboe 1996 schließlich sei das sichtbare Zeichen dafür, dass das Gedenken an die Opfer an die Stelle der Erinnerung an die Skagerrakschlacht getreten sei. Ähnlich symbolträchtig sei auch der Umgang mit Namen wie »Tirpitz«, »Reichpietsch« und »Köbis«. Während letztere in der DDR zu positiv konnotierten Vorreitern einer wirklichen »Volksmarine« eines inzwischen untergegangenen Regimes verklärt worden seien, hätten deren Namen im Westen etwa im Zuge von Straßenumbenennungen »erdrutschartige Diskussionen« ausgelöst. Gleichwohl sei festzuhalten, dass das heutigen Verteidigungsministerium eben nicht nur an der Stauffenbergstraße, sondern auch am Reichpietschufer in der Nähe der Köbisstraße liege.

Fasst man die Ergebnisse der Tagung zusammen, dann wird deutlich, wie sehr die Realität des Krieges eigentlich alle Marinen – selbst die erfahrene Royal Navy – überrascht hat. Mühsam entwickelte Operationspläne entpuppten sich als Wunschträume, eingeübte taktische Verfahren waren nur teilweise erfolgreich, und die Technik erfüllte auch nicht alle Wünsche jener, die sie entwickelt hatten. Die erwartete und erhoffte Seeschlacht erwies sich schon bald nach Kriegsausbruch nicht als der Schlüssel zum Sieg. Sie zu riskieren, konnte auch bedeuten, eine Niederlage einzustecken. Das galt für das Kaiserreich ebenso wie für die erste Welt- und Seemacht, Großbritannien. Hinzu kamen die Herausforderungen durch neue Entwicklungen wie das U-Boot oder das Flugzeug. Die Organisationsstrukturen ließen in manchen Marinen unter den Bedingungen des Krieges ebenfalls früh Defizite erkennen. Überlieferte Hierarchien, persönlicher Ehrgeiz und menschliche Schwächen bildeten hier ein kompliziertes Geflecht. Zu den größten Herausforderungen gehörte wohl das Zusammenleben an Bord vor allem in den langen Zeiten des Wartens, nicht in der Zeit des Kampfes auf See, wie die Skagerrakschlacht eindrucksvoll belegt. Alle Marinen sind mit diesen Herausforderungen unterschiedlich umgegangen – die einen mehr, die anderen weniger erfolgreich. Gemeinsam war ihnen jedoch der Versuch, das Geschehen nach dem Krieg aufzuarbeiten. Der Wille zur Rechtfertigung dominierte dabei übergreifend den Willen, das Geschehen wirklich zu erklären. Dies zeigen die Filme ebenso wie, zumindest in Deutschland, die Ehrenmale, die eher Denkmäler für und nicht gegen den Krieg waren.

Und wo liegen mögliche Perspektiven für die Forschung? Zunächst einmal scheint uns der ganze Komplex der mentalen Herausforderung durch den Krieg in vergleichender Weise und aus generationsspezifischer Sicht erforschenswert. Was bedeutete es, mit – überspitzt formuliert – dem Ziel eines neuen Trafalgar in den Krieg einzutreten und mit dem U-Boot-Krieg im Atlantik zu enden? Wie verliefen die Lernprozesse in den jeweiligen Marinen? Welche Schlussfolgerungen zogen die Verantwortlichen aus dem Krieg für den Alltag der Marinen, und in welcher Weise konnten sich sogar Deck- und Portepeeoffiziere sowie Mannschaften in diesen Prozess einbringen? Welche Folgen hatte der Krieg schließlich für das maritime Bewusstsein, den Navalismus, das vor 1914 eine regelrechte Blütezeit erlebt hatte und das, wenn man die »Dickschiffe« als Maßstab nimmt, ja auch in den 1930er Jahren keineswegs verschwunden war? Es gibt also noch genug zu tun für eine Marinegeschichtsschreibung, die sich stärker und international vergleichend kulturwissenschaftlichen Themen öffnet, ohne dabei allerdings ihr eigentliches Sujet, eben die Marine und den Seekrieg, aus den Augen zu verlieren.

Werner Rahn

Die deutsche Seestrategie 1914–1918

Heute vor 100 Jahren am 24. Oktober 1914 befanden sich Einheiten der Kaiserlichen Marine weltweit im Einsatz oder lagen in ihren Stützpunkten an der Nord- und Ostseeküste.[1] Welche Einheiten waren es und welche Aufträge hatten sie? Und wo konkret waren die deutschen Kriegsschiffe an diesem Tag in den verschiedenen Seegebieten verteilt.

Dislozierung deutscher Kriegsschiffe am 24. Oktober 1914

Nordatlantik, Ärmelkanal und Skagerrak:[2] Der Hilfskreuzer »Berlin« (17 324 BRT) mit 200 Minen an Bord war am 22. September 1914 ausgelaufen und befand sich südwestlich von Island. Drei U-Boote (U-30, U-24 und U-27) operierten westlich von Le Havre und nördlich von Calais gegen britische Militärtransporte. Zwei U-Boote (U-18 und U-10) operierten im Skagerrak und vor der norwegischen Küste.

---

[1] Dieser Beitrag – der sich in ähnlicher, jedoch kürzerer Fassung in dem Sammelband Die Kaiserliche Marine im Krieg. Eine Spurensuche. Hrsg. von Lutz Adam, Jürgen Elvert und Heinrich Walle, Stuttgart 2017, findet – stützt sich u.a. auf folgende Veröffentlichungen: Werner Rahn, Strategische Probleme der deutschen Seekriegführung 1914–1918. In: Der Erste Weltkrieg. Wirkung, Wahrnehmung, Analyse. Im Auftrag des Militärgeschichtlichen Forschungsamtes [MGFA] hrsg. von Wolfgang Michalka, München, Zürich 1994 (Reprint 1997), S. 341–365; und Werner Rahn, Die Kaiserliche Marine und der Erste Weltkrieg. In: Ringelnatz als Mariner im Krieg. Hrsg. von Stephan Huck, Bochum 2003 (= Kleine Schriftenreihe zur Militär- und Marinegeschichte, 4), S. 39–89. – Jede Untersuchung zur deutschen Seekriegführung zwischen 1914 und 1918 wird auf das u.a. vom Marine-Archiv herausgegebene mehrbändige Reihenwerk »Der Krieg zur See 1914–1918« zurückgreifen müssen. Zur Geschichte dieses Werkes siehe die Einführung von Gerhard P. Groß zur kritischen Edition des Nordseebandes 7: Der Krieg zur See 1914–1918. Der Krieg in der Nordsee, Bd 7: Vom Sommer 1917 bis zum Kriegsende 1918. Kritische Edition. Textband und Kartenschuber. Im Auftrag des MGFA bearb. und neu hrsg. von Gerhard P. Groß unter Mitarb. von Werner Rahn, Hamburg, Berlin, Bonn 2006, Textbd S. 1–30. – Als Ergänzung zum o.g. Reihenwerk ist folgende Edition unverzichtbar: Die deutsche Seekriegsleitung im Ersten Weltkrieg. Dokumentation, 4 Bde. Bearb. von Gerhard Granier, Koblenz 1999–2004 (= Materialien aus dem Bundesarchiv, 9).

[2] Zu Details siehe: Der Krieg in der Nordsee, Bd 1: Von Kriegsbeginn bis Anfang September 1914. Bearb. von Otto Groos, 2. Aufl., Berlin 1922 (= Der Krieg zur See 1914–1918).

DOI: 10.1515/9783110533972-002

Ostsee[3]: Fünf U-Boote (UA, U-1, U-3, U-4 und U-32) waren in der Kieler Bucht und im Fehmarn Belt disloziert, um britische U-Boote abzufangen. Doch am 21. Oktober waren bereits zwei U-Boote der Royal Navy in Libau eingelaufen.

Mittelmeer[4]: Der Schlachtkreuzer »Goeben« und der Kleine Kreuzer »Breslau« lagen unter türkischer Kriegsflagge in Konstantinopel und bereiteten sich auf einen Überraschungsangriff gegen die russische Schwarzmeerflotte vor mit dem Ziel, die offiziell noch neutrale Türkei in den Krieg zu ziehen. Der bisherige Chef der Mittelmeerdivision, Konteradmiral Wilhelm Souchon (1864–1946), war bereits am 16. August 1914 zum Befehlshaber der türkischen Seestreitkräfte ernannt worden.

Atlantik[5]: Der Kleine Kreuzer »Karlsruhe« und der Hilfskreuzer »Kronprinz Wilhelm« führten Handelskrieg im Mittel- und Südatlantik.

Pazifik[6]: Das Kreuzergeschwader unter der Führung von Vizeadmiral Maximilian Graf von Spee (1861–1914) befand sich mit den Panzerkreuzern »Scharnhorst« und »Gneisenau« sowie den Kleinen Kreuzern »Nürnberg«, »Dresden« und »Leipzig« etwa 300 Seemeilen westlich der Insel Más Afuera (heute Alexander-Selkirk-Insel) mit Kurs Richtung Südamerika. Am 25. Oktober 1914 notierte der Kommandant der »Gneisenau«, Kapitän zur See Julius Maerker (1871–1914), in seinem persönlichen Tagebuch[7]:

»Admiral und Chef des Stabes [Kapitän zur See Otto Fielitz, 1872–1914] sind in der Regel verschiedener Ansicht. Ich stehe aufseiten des Admirals, der seine Schiffe möglichst lange zu konservieren beabsichtigt. Es kommt meiner Ansicht für einen Kreuzer hier draußen darauf an, aktionsfähig und vorhanden zu sein, damit der feindliche Handel nie sicher ist, sondern brach liegen muss, und damit die feindlichen Kreuzer gebunden sind. Lassen wir uns aufs Kämpfen ein, namentlich mit überlegenen Gegnern, so werden wir zumindest unbrauchbar und verfehlen unseren Zweck.«

Ein älterer Kleiner Kreuzer (»Geier«, Baujahr 1894) und der Hilfskreuzer »Cormoran« waren nicht einsatzbereit und lagen in Honolulu bzw. im Atoll der Lamutrik-Inseln. Der Hilfskreuzer »Prinz Eitel Friedrich« befand sich auf dem Marsch nach Valparaiso, ca. 850 Seemeilen südwestsüdlich von Más Afuera[8].

---

[3]   Zu Details siehe: Der Krieg in der Ostsee, Bd 1: Von Kriegsbeginn bis Mitte März 1915. Bearb. von Rudolph Firle, Berlin 1921 (= Der Krieg zur See 1914–1918).

[4]   Siehe dazu: Der Krieg in den türkischen Gewässern, Bd 1: Die Mittelmeer-Division. Bearb. von Hermann Lorey, Berlin 1928 (= Der Krieg zur See 1914–1918).

[5]   Siehe: Der Kreuzerkrieg in den ausländischen Gewässern, Bd 2: Die Tätigkeit der Kleinen Kreuzer »Emden«, »Königsberg« und »Karlsruhe«. Mit einem Anhang: Die Kriegsfahrt des Kleinen Kreuzers »Geier«. Bearb. von Erich Raeder, Berlin 1923 (= Der Krieg zur See 1914–1918); sowie Bd 3: Die deutschen Hilfskreuzer. Bearb. von Eberhard v. Mantey, Berlin 1937 (= Der Krieg zur See 1914–1918).

[6]   Siehe: Der Kreuzerkrieg in den ausländischen Gewässern, Bd 1: Das Kreuzergeschwader. Bearb. von Erich Raeder, 2., verb. Aufl., Berlin 1927 (= Der Krieg zur See 1914–1918); und Diether Hülsemann, Die Versorgung des deutschen Kreuzergeschwaders 1914 und ihr Einfluß auf seine Operationen. In: Die Bedeutung der Logistik für die militärische Führung von der Antike bis in die neueste Zeit. Hrsg. vom MGFA, Herford, Bonn 1986 (= Vorträge zur Militärgeschichte, 7), S. 167–209.

[7]   Das Tagebuch war für seine Ehefrau bestimmt und ging über Valparaiso mit Diplomatenpost nach Deutschland. Eine Kopie befindet sich im Besitz des Verfassers.

[8]   Zu den Hilfskreuzern siehe Der Kreuzerkrieg, Bd 3 (wie Anm. 5), passim.

Indischer Ozean[9]: Der Kleine Kreuzer »Emden« war östlich Ceylon auf dem Marsch mit Ziel Penang (Malaya). Der Kleine Kreuzer »Königsberg« befand sich nach mehrwöchigem Kreuzerkrieg und einem Gefecht vor Sansibar auf einem gut getarnten Liegeplatz an der Küste von Deutsch-Ostafrika.

Nordsee[10]: In Wilhelmshaven bzw. auf Schillig-Reede lagen fast alle Einheiten, die zum Verband der Hochseestreitkräfte gehörten: 13 Schlachtschiffe, 3 Schlachtkreuzer, 22 ältere Linienschiffe, 8 Küstenpanzerschiffe, 4 Panzerkreuzer, 11 Kleine Kreuzer sowie 143 Große und 64 Kleine Torpedoboote und 19 U-Boote[11]. Die Stützpunkte der U-Boote waren Helgoland sowie Borkum Reede und Emden.

Bis zum 24. Oktober 1914 hatte die Kaiserliche Marine in der Nord- und Ostsee sowie im Atlantik folgende Verluste hinnehmen müssen: Der Hilfsstreuminendampfer »Königing Luise« ging am 5. August in einem Gefecht mit britischen Zerstörern verloren. Zwei U-Boote (U-13 und U-15) blieben Anfang August bei einem weitreichenden Vorstoß in die nördliche Nordsee verschollen. Der Kleine Kreuzer »Magdeburg« strandete am 26. August 1914 auf den Klippen der Insel Odensholm. Dabei gerieten das Signalbuch und weitere geheime Unterlagen in russische Hände. Am 28. August 1914 gingen in der Deutschen Bucht die Kleinen Kreuzer »Ariadne«, »Cöln« und »Mainz« sowie ein Torpedoboot in Gefechten mit britischen Einheiten, darunter auch Schlachtkreuzer, verloren. Der alte Kleine Kreuzer »Hela« sank am 12. September nach einem Torpedoangriff des britischen U-Bootes E.5.[12] Die Hilfskreuzer »Kaiser Wilhelm Der Grosse« und »Cap Trafalgar« gingen am 26. August bzw. 14. September im Atlantik verloren. Am 17. Oktober sanken vier ältere Torpedoboote bei Texel unter hohen Verlusten bei Gefechten mit britischen Zerstörern.

Demgegenüber wurden bis zum 24. Oktober ebenso Erfolge erzielt: Eine Minensperre, gelegt von der »Königin Luise«, führte am 6. August 1914 zum Untergang des Leichten Kreuzers »Amphion«. Eigene U-Boote hatten am 5. September den Leichten Kreuzer »Pathfinder« sowie kurz darauf vier ältere Panzerkreuzer versenkt: die britischen Panzerkreuzer »Cressy«, »Hogue« und »Aboukir« am 22. September 1914 durch U-9 im Ärmelkanal, den russischen Panzerkreuzer »Palláda« am 11. Oktober in der östlichen Ostsee durch U-26. Die Versenkungen durch U-Boote führten beim Gegner zu hohen Personalverlusten.

---

9   Siehe Der Kreuzerkrieg, Bd 2 (wie Anm. 5); sowie R.K. Lochner, Die Kaperfahrten des Kleinen Kreuzers Emden. Tatsachenbericht, München 1979; und R.K. Lochner, Kampf im Rufiji-Delta. Das Ende des Kleinen Kreuzers »Königsberg«. Die deutsche Marine und Schutztruppe im Ersten Weltkrieg in Ostafrika, München 1987.

10 Siehe Der Krieg in der Nordsee, Bd 1 (wie Anm. 2); sowie Bd 2: Von Anfang September bis November 1914. Bearb. von Otto Groos, Berlin 1922 (= Der Krieg zur See 1914–1918).

11 Angaben zu den Zahlen gem. Tabellen 1 und 4 im Anhang von Der Krieg in der Nordsee, Bd 1 (wie Anm. 2). Abweichende Zahlen für die Torpedoboote in dem Band: Die Überwasserstreitkräfte und ihre Technik. Bearb. von Paul Köppemn, Berlin 1930, S. 38 (Tabelle).

12 Kommandant des Bootes war Lieutenant Commander Max Horten, im Zweiten Weltkrieg ab November 1942 Admiral und C-in-C Western Approaches.

Aus dieser Momentaufnahme ist kaum erkennbar, mit welchem seestrategi-
schen Konzept die deutsche Marineführung[13] im August 1914 den Seekrieg gegen Großbritannien begann. Zum besseren Verständnis der Ausgangslage ist daher ein Rückblick auf die Zielsetzung des Schlachtflottenbaus angebracht. In der
legendären Dienstschrift Nr. IX »Allgemeine Erfahrungen aus den Manövern der
Herbstübungs-Flotte« vom Juni 1894 hatte der damalige Kapitän zur See Alfred
Tirpitz (1849–1930)[14] die These vertreten, dass die strategische Offensive »die natürliche Bestimmung einer Flotte« sei. Das ganze Bestreben müsse darauf gerichtet
sein, »möglichst bald zur Schlacht zu kommen«[15]. Für den späteren Großadmiral
von Tirpitz war Großbritannien »der gefährlichste Gegner zur See«, gegen den
Deutschland »ein gewisses Maß an Flottenmacht als politischen Machtfaktor haben«
müsse. Da Tirpitz einen Kreuzerkrieg für aussichtslos hielt, setzte er den Bau einer
Flotte durch, die »ihre höchste Kriegsleistung zwischen Helgoland und der Themse
entfalten« sollte.[16]

Demgegenüber wies sein Crewkamerad, Kapitän zur See Curt Freiherr von
Maltzahn (1849–1930), bereits 1898 in einem öffentlichen Vortrag darauf hin,[17]
dass die Erkämpfung der Seeherrschaft durch die Schlacht allein nicht ausreiche, um
einen Gegner zum Frieden zu zwingen, die Seeherrschaft müsse bewahrt und ausge-
nutzt werden. Dazu sei ein Überschuss an Kraft erforderlich. Solange dies nicht erreicht sei, müsse der zur See Schwächere sich auf den Kampf gegen die Seeherrschaft
beschränken. Maltzahn sah in der Kombination von Geschwaderkampf und Kreuzerkrieg den geeigneten Ansatz: »Der Geschwaderkampf ist ein unentbehrliches Mittel

---

[13]   Unter »Marineführung« im engeren Sinne werden die Flaggoffiziere verstanden, die an der Spitze
       der wichtigsten Kommandobehörden standen, d.h. der Staatssekretär des RMA, der Chef des
       Admiralstabes und der Chef der Hochseeflotte. Darüber hinaus müssen zur Marineführung auch
       jene Stabsoffiziere gerechnet werden, die nachweislich wesentlichen Einfluss auf Konzeption,
       Führung und Stellenbesetzung der Marine genommen haben.
[14]   Tirpitz war 1865 in die Preußische Marine eingetreten und fungierte von 1892 bis 1895 als
       Chef des Stabes im Oberkommando der Marine (OKM). Zu seinem Wirken siehe v.a. Volker R.
       Berghahn, Der Tirpitz-Plan. Genesis und Verfall einer innenpolitischen Krisenstrategie un-
       ter Wilhelm II., Düsseldorf 1971; Michael Epkenhans, Die wilhelminische Flottenrüstung
       1908–1914. Weltmachtstreben, industrieller Fortschritt, soziale Integration, München 1991
       (= Beiträge zur Militärgeschichte, 32); Michael Epkenhans, Tirpitz. Architect of the German High
       Seas Fleet, Washington, DC 2008; Rolf Hobson, Maritimer Imperialismus. Seemachtideologie,
       seestrategisches Denken und der Tirpitzplan 1875 bis 1914. Aus dem Engl. übers. von Eva Besteck.
       Hrsg. vom MGFA, Potsdam, und dem Institut für Verteidigungsstudien, Oslo, München 2004
       (= Beiträge zur Militärgeschichte, 61); sowie Patrick J. Kelly, Tirpitz and the Imperial German
       Navy, Bloomington, IN 2011.
[15]   Taktische und Strategische Dienstschriften des Oberkommandos der Marine Nr. IX: Allgemeine
       Erfahrungen aus den Manövern der Herbstübungsflotte, Berlin, 16.6.1894, Bundesarchiv (BArch),
       RM 4/176. Vgl. dazu Berghahn, Der Tirpitz-Plan (wie Anm. 14), S. 45–89; sowie Ivo N. Lambi,
       The Navy and German Power Politics, 1862–1914, Boston, MA 1984, S. 68–86.
[16]   Allgemeine Gesichtspunkte bei der Feststellung unserer Flotte nach Schiffsklassen und Schiffstypen,
       Juni 1897, zit. nach Jonathan Steinberg, Yesterday's Deterrent: Tirpitz and the Birth of the German
       Battle Fleet, London 1965, S. 208 ff.
[17]   Der Kampf gegen die Seeherrschaft. Vortrag gehalten am 8. Januar 1898 in der Aula der Marine-
       Akademie von Kapitän zur See Freiherr von Maltzahn, Kiel: Druck von C. Schaidt 1898 [Umfang:
       19 Seiten, Original ist verschollen; Kopie und Abschrift im Besitz des Verfassers].

in dieser Kriegsart, aber er ist eben nur Mittel nicht Zweck, er bekommt erst den richtigen Wert durch Ausnutzung der erkämpften Bewegungsfreiheit.«

Doch ein Konzept, das eine ausgewogene Defensivflotte mit einer starken Kreuzerkomponente verband, hatte in der Kaiserlichen Marine keine Chance. Bei einer Konzeption, die auf den »eigentlichen Sieg« als Ziel des Kampfes verzichtete, sah Tirpitz eine »große Gefahr für unsere Entwicklung, für die Auffassung unseres jüngeren Offizierkorps [und ...] für die öffentliche Meinung in Deutschland. Deshalb musste der Grundgedanke dieser Lehre beseitigt werden.«[18]

Die deutsche Marineführung ging davon aus, dass die Royal Navy in einem Krieg offensiv vorgehen und eine enge Blockade errichten würde. Bei der Bekämpfung der Blockade sollte sich eine ›Entscheidungsschlacht‹ entwickeln. Diese Schlacht stand wie ein Dogma im Mittelpunkt aller operativen Überlegungen und der Ausbildung. Dementsprechend waren Kenntnisse und Erfahrungen in Waffentechnik, Taktik und Seemannschaft die ausschlaggebenden Faktoren für die Karriere der Seeoffiziere, was sich langfristig auf die Personalauswahl für Führungsverwendungen auswirken sollte.[19]

Es blieb jedoch unklar, was mit der Schlacht erreicht werden sollte.[20] Selbst bei einem deutschen Erfolg hätte der Gegner immer noch über ausreichend Seestreitkräfte verfügt, um seine Heimatbasis und Seeverbindungen zu schützen. Bei der Übernahme der Seemachttheorien von Alfred Thayer Mahan hatte die deutsche Marineführung ein Element dieser Theorie kaum beachtet: Die Bedeutung der geografischen Position und die damit verbundenen Optionen für eine Seemacht.[21] Die deutschen Seeverbindungen bündelten sich im südöstlichen Winkel der Deutschen Bucht. Die Seewege im Skagerrak und die dänischen Meerengen boten dem Reich zwar eine begrenzte Möglichkeit, die Blockade der Nordseeküste zu umgehen, doch der Admiralstab berücksichtigte bei seinen Plänen die Ostsee vor allem unter dem Aspekt, ob mit einem Einbruch des Gegners zu rechnen sei.

Die Verkennung der geografischen Vorteile des Gegners führte zu einer Fehleinschätzung der britischen Seestrategie. Großbritannien lag nicht daran, die Hochseeflotte um jeden Preis auszuschalten, sondern nur dann, wenn sie die britischen

---

18 Randbemerkungen des StS RMA, KAdm Tirpitz, vom November 1899 zu den strategischen Vorstellungen des Kapitäns z.S. v. Maltzahn und des VAdm a.D. Valois, zit. nach Volker R. Berghahn und Wilhelm Deist, Rüstung im Zeichen der wilhelminischen Weltpolitik. Grundlegende Dokumente 1890–1914, Düsseldorf 1988, S. 127 (Dok. Nr. II/11).

19 Dazu im Detail Wulf Diercks, Der Einfluß der Personalsteuerung auf die deutsche Seekriegführung 1914–1918. In: Deutsche Marinen im Wandel. Vom Symbol nationaler Einheit zum Instrument internationaler Sicherheit. Im Auftrag des MGFA hrsg. von Werner Rahn, München 2005 (= Beiträge zur Militärgeschichte, 63), S. 235–267. Vgl. auch Kurt Assmann, Deutsche Seestrategie in zwei Weltkriegen, Heidelberg 1957, S. 32–-35.

20 Siehe Paul M. Kennedy, Maritime Strategieprobleme der deutsch-englischen Flottenrivalität. In: Marine und Marinepolitik im kaiserlichen Deutschland 1871–1914. Hrsg. vom MGFA durch Herbert Schottelius und Wilhelm Deist, 2. Aufl., Düsseldorf 1981, S. 178–210; und Edward Wegener, Die Tirpitzsche Seestrategie. In: ebd., S. 236–262. Vgl. auch Assmann, Deutsche Seestrategie (wie Anm. 19), S. 15–34.

21 Dazu grundlegend: Wolfgang Wegener, Die Seestrategie des Weltkrieges, Berlin 1929; 2., erw. Aufl. 1941. – In Anlehnung an die Gedanken seines Vaters siehe auch Wegener, Die Tirpitzsche Seestrategie (wie Anm. 20), passim.

Inseln oder die Seeverbindungen im Atlantik bedrohte. Bei einer engen Blockade der Deutschen Buch wäre zwar die Vernichtung der Hochseeflotte von Vorteil gewesen, doch die britische Admiralität ging davon aus, dass eine derartige Offensive hohe Verluste bringen würde. So änderte sie ihren Operationsplan und ging zur Fernblockade über,[22] was wiederum die Dislozierung der Grand Fleet in Scapa Flow nach sich zog. Als der Admiralstab 1912 diese Neuorientierung erkannte, ließ der Admiralstabschef, Vizeadmiral August von Heeringen (1855–1927), in einem Kriegsspiel untersuchen, ob und wie die Hochseeflotte gegen eine Fernblockade vorgehen könne. Das Ergebnis war ernüchternd: Beim Rückmarsch erlitt die blaue (= deutsche) Kriegsspielpartei empfindliche Verluste. Heeringen kam daraufhin zu der Prognose:

> »Wenn der Engländer sich wirklich auf [die] Fernblockade mit konsequenter Zurückhaltung seiner Schlachtflotte verlegt, kann die Rolle unserer schönen Hochseeflotte im Kriege eine sehr traurige werden. Dann werden die U-Boote es schaffen müssen.«[23]

Ausgangslage

Bei Kriegsausbruch 1914 war die Kaiserliche Marine mit der großen Überlegenheit des Gegners konfrontiert: Allein in der Nordsee verfügte die Royal Navy über 24 einsatzbereite Großkampfschiffe (Schlachtschiffe und Schlachtkreuzer), denen auf deutscher Seite zunächst nur 16 vergleichbar moderne Einheiten gegenüberstanden. Bei älteren Linienschiffen sowie bei Kreuzern und Torpedobooten war die britische Überlegenheit noch gravierender.[24] Angesichts dieser Lage setzte die Marineführung ihre Hoffnung auf einen Kräfteausgleich, der durch Vorstöße gegen die Blockadestreitkräfte »sowie durch eine [...] rücksichtslose Minen- und U-Boots-Offensive« erzielt werden sollte. Danach war der Einsatz der Flotte in einer Schlacht »unter günstigen Umständen« vorgesehen. Man ging immer noch davon aus, dass der Gegner die Konfrontation in der südlichen Nordsee suchen würde.[25]

Der wichtigste Träger des Kleinkrieges zur See sollte die Mine sein. Damit rückte ein Seekriegsmittel in den Vordergrund, auf dessen Einsatz sich die Marineführung

---

[22] Siehe Kennedy, Maritime Strategieprobleme (wie Anm. 20), S. 178–210, hier bes. S. 197 f.; sowie Uwe Dirks, Julian S. Corbett und die britische Seekriegführung 1914–18. In: Militärgeschichtliche Mitteilungen, 37 (1985), 1, S. 35–50.

[23] William Michaelis, Tirpitz' strategisches Wirken vor und während des Weltkrieges (1933). In: Deutsche Marinen im Wandel (wie Anm. 19). S. 397–425, Zit. S. 412. Vgl. auch Assmann, Deutsche Seestrategie (wie Anm. 19), S. 30, wo das Zitat etwas abweicht. Weitere Details zu diesem Kriegsspiel bei K. Weniger, Die Entwicklung des Operationsplanes für die deutsche Schlachtflotte. In: Marine-Rundschau, 35 (1930), 1, S. 1–10, hier S. 9 f.

[24] Lediglich bei hochseefähigen U-Booten war die Kaiserliche Marine mit 28 Booten der Royal Navy überlegen, die nur über 18 vergleichbare Einheiten und weitere 40 kleinere Küsten-U-Boote verfügte. Bei den Großkampfschiffen wurde das Kräfteverhältnis nach wenigen Monaten für die deutsche Seite noch ungünstiger, da die Royal Navy bis Ende 1914 noch fünf Großkampfschiffe in Dienst stellen konnte (darunter zwei Einheiten, die für die Türkei gebaut worden waren).

[25] Operationsbefehl für den Nordseekriegsschauplatz vom 30.7.1914, Der Krieg in der Nordsee, Bd 1 (wie Anm. 2), S. 54. Vgl. auch Weniger, Die Entwicklung des Operationsplans (wie Anm. 23), S. 51 ff.

bislang weder gedanklich noch materiell angemessen vorbereitet hatte.[26] Das Minen-
material und die Minenlegekapazitäten reichten für eine weitreichende Offensive
nicht aus, sodass von der Minenkriegführung kein Kräfteausgleich zu erwarten war.
Die meisten Sperren wurden nur »auf gut Glück geworfen« und verfehlten weitgehend die ihnen zugedachte Wirkung.[27] Bis Ende 1914 verlor die Grand Fleet lediglich
ein Großkampfschiff durch einen Minentreffer.[28] Um ein erneutes Vordringen des
Gegners in die Deutsche Bucht zu verhindern, wurden Anfang September 1914 weitere Minensperren ausgelegt. Doch trotz der Einrichtung eines Sperrlotsendienstes
liefen hin und wieder Handelsdampfer auf diese Sperren, »so zwei amerikanische
Baumwolldampfer, deren Ballen wochenlang in der Bucht herumschwammen,
vielfach mit U-Booten verwechselt wurden, und schließlich an der Westküste von
Holstein antrieben, wo die Bevölkerung sie als wertvolles Strandgut auffischte«.[29]

Im Unterschied zur Minenkriegführung erwies sich die U-Boot-Offensive als
erfolgreicher und führte bald zu einer Neubewertung dieses Seekriegsmittels, was
Folgen für die deutsche Seestrategie haben sollte.

Als sich abzeichnete, dass der Kräfteausgleich nicht eintrat, folgten Auseinandersetzungen über die verbliebenen Einsatzmöglichkeiten der Flotte. Die Pläne für aus-
gedehntere Vorstöße[30] stießen auf den Widerstand des Kaisers, der die Führung des
Landkrieges zwar dem Generalstab überließ, in der Seekriegführung jedoch auf sein
Recht als Oberbefehlshaber pochte.[31] Er sah in der Hochseeflotte einen Machtfaktor,
der bis zum Friedenschluss intakt bleiben sollte, um auf England Druck ausüben zu
können. Derartige Überlegungen waren offensichtlich von der Hoffnung geprägt,
dass die Kriegsentscheidung ohnehin in absehbarer Zeit zu Lande fallen werde.

Bereits hinsichtlich des Anfangsstadiums des Krieges fällt auf, dass Deutschland
keine Gesamtstrategie hatte, die das militärische Potenzial des Reiches auf ein Ziel ausgerichtet zum Einsatz brachte. Es war Tirpitz, der bereits 1894 in der Dienstschrift IX
darauf hingewiesen hatte,[32] dass in einem Kriegsplan die Operationen der Land- und
Seestreitkräfte aufeinander abgestimmt werden müssten.

---

26 Dazu grundlegend: Korvettenkapitän Hagen, Mine und Seestrategie. Die Verwendung der Mine
    nach den Erfahrungen des Weltkrieges, Berlin 1935 (= M.Dv. Nr. 352, Dienstschrift Nr. 14).

27 Ebd., S. 28 ff.

28 Es handelte sich um das Schlachtschiff »Audacious« (23 400 t), das am 27.10.1914 nördlich
    von Irland auf eine Minensperre des Hilfskreuzers »Berlin« gelaufen war. Siehe Der Krieg in der
    Nordsee, Bd 2 (wie Anm. 10), S. 234 ff.

29 Zit. aus: William Michaelis, Episoden aus der Kaiserlichen Marine 1889 bis 1914. Aus den
    Erinnerungen des Vizeadmirals a.D. William Michaelis (1871–1948). Ausgew. und bearb. von
    Werner Rahn, hrsg. vom MGFA, Potsdam 2004 [ZMSBw, Bibliothek, 54/010], S. 201; zu weite-
    ren Details siehe Der Krieg in der Nordsee, Bd 2 (wie Anm. 10), S. 15–17.

30 Siehe Der Krieg in der Nordsee, Bd 2 (wie Anm. 10), S. 65–76 und S. 82–98; sowie Tobias R.
    Philbin, Reflections on the Strategy of a Continental Commander: Admiral Franz Hipper on Naval
    Warfare. In: Naval War College Review, Fall 1977, S. 76–87.

31 Zur militärischen Führungsstruktur des Reiches und den damit verbundenen Führungsproblemen
    des Reiches grundlegend Gerhard P. Groß, Mythos und Wirklichkeit. Geschichte des operativen
    Denkens im deutschen Heer von Moltke d.Ä. bis Heusinger, Paderborn [u.a.] 2012 (= Zeitalter der
    Weltkriege, 9), S. 116 f.

32 Taktische und Strategische Dienstschriften des Oberkommandos der Marine Nr. IX: Allgemeine
    Erfahrungen aus den Manövern der Herbstübungsflotte, Berlin, 16.6.1894, BArch, RM 4/176,
    S. 5.

Doch 1914 waren Generalstab und Admiralstab von einer solchen Zusammenarbeit weit entfernt, wie Vizeadmiral a.D. William Michaelis (1871–1948) – von 1911 bis 1913 im Admiralstab Leiter der Deutschland-Abteilung – in seinen Erinnerungen berichtet:[33]

> »Eines Tages, als Heeringen[34] gerade auf Urlaub war, kam Rieve[35] sehr erregt in mein Büro und teilte mir mit, er käme soeben von einer Sitzung im Großen Generalstab (die seines Wissens der Kaiser angeordnet habe). Dort sei folgendes passiert: Ludendorff[36] habe den Operationsplan des Heeres vorgetragen (Durchmarsch durch Belgien, Niederwerfung Frankreichs, Rückzug in Ostpreußen bis zur Weichsel). Moltke[37] habe ihn, Rieve, gefragt, ob er dazu Fragen zu stellen habe. Rieve hätte gefragt, ob die Marine die Engländer vom Festland zurückhalten solle. Darauf Moltke: ›Im Gegenteil!‹ Wenn die Engländer herüber kämen, wäre ihm das nur erwünscht. Dann würde ihre Expeditionsarmee gleich mit geschlagen, und England hätte für den Friedensschluss keine Armee mehr in die Waagschale zu werfen. Auf seine weitere Frage, ob auch im Ernstfalle der Kaiser der Preisgabe Ostpreußens zustimmen werde, sei Ludendorff aufgesprungen und hätte erklärt: ›Im Ernstfall wird der Kaiser gar nicht gefragt. Den Krieg führen wir.‹ Zum Schluss hätte Moltke ausgeführt, er sei aufgrund seines Studiums der gesamten Kriegsgeschichte zu der Überzeugung gekommen, dass Heer und Marine sich gegenseitig am meisten nützten, wenn sie unabhängig voneinander, jeder den Krieg auf seinem Element, nach den eigenen strategischen Grundsätzen führten.«

Gemäß Michaelis hatte Heeringen wenig später mehrere Besprechungen mit Moltke, um diesen umzustimmen. Doch dieser wollte sich nur im Bedarfsfall – »augenblicklich sähe er einen solchen nicht« – an den Chef des Admiralstabes wenden. Heeringen hatte sich bereiterklärt, »die Flotte im Kanal einzusetzen, wenn eine Verzögerung der englischen Truppentransporte [...] der Landkriegführung entscheidende Vorteile bringen könnte.«[38]

Bei Kriegsbeginn gab es keine aufeinander abgestimmte oder auch nur die Wechselbeziehung von Land- und Seekriegführung einkalkulierende operative Planung von Heer und Marine. Als ein Dezernent des Admiralstabes im August 1914 beim Generalstab anfragte, welche Befehle dort für die Flotte gewünscht würden, erhielt er die Antwort, die Flotte solle völlig selbstständig handeln, man wünsche nichts von ihr.[39]

Als das Heer im Westen an der Marne die Entscheidung suchte und sich auch mit dem britischen Expeditionskorps auseinandersetzen musste, blieben Forderungen

---

33   Michaelis, Episoden (wie Anm. 29), S. 182. Siehe auch Weniger, Die Entwicklung des Operations-plans (wie Anm. 25), S. 8.
34   Vizeadmiral August von Heeringen (1855–1927) war 1911–1913 Chef des Admiralstabes.
35   Kapitän zur See Rieve (Crew 1880) war 1909–1912 Chef der europäischen Abteilung des Admiral-stabes. Weitere Daten zur Person liegen zur Zeit nicht vor.
36   Oberst i.G. Erich Ludendorff (1865–1937), 1908–1913 Leiter der Aufmarschabteilung im Großen Generalstab.
37   Generaloberst Helmuth Johannes Ludwig von Moltke (1848–1916), 1906–1914 Chef des Generalstabes.
38   Michaelis, Episoden (wie Anm. 29), S. 182.
39   Brief VAdm a.D. von Mantey an VAdm a.D. Hollweg, 9.4.1929, BArch, RM 3/11675 (Handakten Hollweg).

an die Marine aus.[40] So unternahm die Hochseeflotte nichts, um das Heer mit Angriffen auf die Nachschublinien des Gegners im Ärmelkanal zu unterstützen. Aus britischer Sicht hatten die Transporte des Expeditionskorps einen hohen strategischen Stellenwert. Daher lief die Grand Fleet bei allen wichtigen Transporten aus und hielt sich in der mittleren Nordsee in Bereitschaft, um bei einem eventuellen Vorstoß der Hochseeflotte die eigene Seeherrschaft im Ärmelkanal zu behaupten. Auf deutscher Seite wurden jedoch die Transporte »nicht als ein Ziel angesehen, das das hohe Risiko offensiven Vorgehens der Hochseeflotte wert gewesen wäre«.[41] Bei den Landoperationen, die zur Marne-Schlacht und zum anschließenden »Wettlauf zum Meer« führten, sah der amerikanische Captain C.C. Gill viele Jahre später eine verpasste Chance der deutschen Kriegführung:[42]

> »Im deutschen Hauptquartier erkannte man nicht, dass die Vorbedingung eines deutschen Sieges die Sprengung der Blockade und der Zutritt zu den atlantischen Seestraßen war. Hätte man dieses Ziel verfolgt, so wäre die Festsetzung der deutschen Landmacht an den Kanalhäfen zum strategischen Ziel erhoben worden. Ob solcher Plan gelang oder nicht, ob der Weg über die Marne oder weit ausholend direkt zur Küste geführt hätte, gefasst und ausgesprochen musste er werden.«

Bei der Konzentration auf die »Entscheidungsschlacht« war das eigentliche Ziel jeder Seekriegführung – die Sicherung der eigenen und die Bekämpfung der gegnerischen Seeverbindungen – weitgehend aus dem Blickfeld geraten. Der Handelskrieg beschränkte sich auf den Einsatz der wenigen Einheiten, die ohnehin in Übersee disloziert waren. Hinzu kamen einige Schnelldampfer, die während der Mobilmachung als Hilfskreuzer ausgerüstet wurden.[43]

Ende Oktober 1914 verbesserte sich die strategische Lage der Mittelmächte durch den geschickt eingefädelten Kriegseintritt des neuen Bündnispartners Türkei. Ausschlaggebend für diese Entscheidung waren nicht zuletzt die bereits erwähnte formale Übergabe der Einheiten der Mittelmeerdivision »Goeben« und »Breslau« an die Türkei sowie eine massive finanzielle, materielle und personelle Unterstützung des neuen Bündnispartners. Die Dardanellen und der Bosporus blieben für die Alliierten gesperrt und wirkten gegenüber Russland wie eine Blockade innerhalb der Blockade, da diese Landmacht fast vollständig von Hilfslieferungen seiner westlichen Verbündeten abgeschnitten war.

Doch Anfang November 1914 sollte sich die strategische Lage Deutschlands im Hinblick auf die Durchhaltefähigkeit der Kriegswirtschaft verschlechtern. Am 2. November 1914 hatte die britische Admiralität das gesamte Seegebiet der Nordsee

---

40   Zu weiteren Details siehe: Der Krieg in der Nordsee, Bd 1 (wie Anm. 2), S. 78–86; vgl. auch Friedrich-Christian Stahl, Armee und Marine im kaiserlichen Deutschland. In: Die Entwicklung des Flottenkommandos. Vorträge der 7. Historisch-Taktischen Tagung der Flotte am 5. und 6.12.1963, Darmstadt 1964 (= Beiträge zur Wehrforschung, 4), S. 31–47; und Assmann, Deutsche Seestrategie (wie Anm. 19), S. 23 ff.

41   Dirks, Julian S. Corbett (wie Anm. 22), S. 42.

42   C.C. Gill, The Realism of Sea Power. In: U.S. Naval Institute Proceedings, September 1933, S. 1260–1268, Zitat S. 1264. – Ich danke Commander (ret.) John Kennedy, U.S. Naval War College, für die Kopie des Aufsatzes. – Übersetzung in Anlehnung an Assmann, Deutsche Seestrategie (wie Anm. 19), S. 25 f.

43   Zu Details siehe Der Kreuzerkrieg, Bd 3, (wie Anm. 5) passim.

und des Nordatlantiks zwischen Island und Norwegen zum Kriegsgebiet erklärt und der Schifffahrt die Seewege vorgeschrieben. Dadurch konnten alle neutralen Seetransporte kontrolliert werden.[44] Es war der Erste Lord der Admiralität, Winston Churchill (1874–1965), der am 9. November 1914 das Ziel der Blockade öffentlich erläuterte:[45]

> »Die wirtschaftliche Erdrosselung durch die Blockade braucht Zeit, wenn sie ihre volle Wirkung erreichen soll. Wir sehen sie jetzt erst im dritten Monat. Aber warten Sie [...] im zwölften Monat, dann werden Sie den Erfolg sehen, der nur allmählich [...] zustande kommt, der aber das Verderben Deutschlands so sicher bedeutet wie das Herannahen des Winters den Fall der Blätter von den Bäumen.«

Auf deutscher Seite hatte es zwar bereits Überlegungen gegeben, wie U-Boote gegen britische Seeverbindungen eingesetzt werden könnten, doch nicht zuletzt wegen völkerrechtlicher Bedenken gab es noch kein überzeugendes Konzept.[46] Tirpitz griff die Drohung Churchills auf und ging ohne vorherige Rücksprache beim Reichskanzler Bethmann Hollweg (1856–1921) mit einem Interview an die Öffentlichkeit. Am 21. November hatte er gegenüber dem amerikanischen Journalisten (deutscher Abstammung) Karl von Wiegand, angedeutet, wie Deutschland gegen England vorgehen könne: »England will uns aushungern, wir können dasselbe Spiel treiben, England einschließen und jedes Schiffe zerstören, das die Blockade zu durchbrechen versucht.« Auf die Frage, ob Deutschland dafür genug U-Boote habe, wies Tirpitz nur darauf hin, dass man bei größeren U-Booten den Briten überlegen sei.[47] Dieses Interview, veröffentlicht am 22. Dezember 1914, löste in Deutschland eine Diskussion aus, die der Historiker Gerhard Ritter (1888–1967) als Zeitzeuge miterlebt hatte:[48]

> »Das Wiegand-Interview des Großadmirals v. Tirpitz goss Öl ins Feuer. Von da an war der U-Boot-Krieg nicht mehr ein militärisches Problem, über das die Fachleute zu befinden hatten, sondern eine politische Frage allererster Ordnung, in die alle Welt hineinredete. Rasch entstand eine ›U-Boot-Bewegung‹, die noch weit über die Kreise der

---

44 Siehe: Der Handelskrieg mit U-Booten, Bd 1: Vorgeschichte. Bearb. von Arno Spindler, Berlin 1932 (= Der Krieg zur See 1914–1918), S. 184 (= Anl. 6), und Skizze ebd., S. 21. Zur geplanten und in Ansätzen auch durchgeführten britischen Wirtschaftskriegführung grundlegend: Nicholas A. Lambert, Planning Armageddon. British Economic Warfare and the First World War, Cambridge, MS, London 2012.

45 Der Handelskrieg mit U-Booten, Bd 1 (wie Anm. 44), S. 24.

46 Zu weiteren Details siehe ebd., S. 26–31.

47 Siehe dazu Alfred von Tirpitz, Politische Dokumente, Bd 2: Deutsche Ohnmachtspolitik im Weltkriege, Hamburg 1926, S. 621–627 (= Anhang 1: Das Wiegand Interview). Anfang November 1914 verfügte die Kaiserl. Marine über 17 U-Boote mit Dieselantrieb; Zahlen nach Der Handelskrieg mit U-Booten, Bd 1 (wie Anm. 44), S. 158–163.

48 Gerhard Ritter, Staatskunst und Kriegshandwerk. Das Problem des »Militarismus« in Deutschland, Bd 3: Die Tragödie der Staatskunst. Bethmann Hollweg als Kriegskanzler (1914–1917), München 1964, S. 152. – Es ist erstaunlich, dass dieses Interview und seine Wirkung in der neueren Literatur zum Ersten Weltkrieg nicht erwähnt werden, siehe (hier nur eine Auswahl) Michael Salewski, Der Erste Weltkrieg, Paderborn [u.a.] 2003; Enzyklopädie Erster Weltkrieg. Hrsg. von Gerhard Hirschfeld, Gerd Krumeich und Irina Renz in Verbindung mit Markus Pöhlmann, aktual. Ausg., Paderborn [u.a.] 2014; Gerhard Hirschfeld und Gerd Krumeich, Deutschland im Ersten Weltkrieg, Frankfurt a.M. 2013; Herfried Münkler, Der Große Krieg. Die Welt 1914 bis 1918, Berlin 2013; sowie Jörn Leonhard, Die Büchse der Pandora. Geschichte des Ersten Weltkrieges, München 2014.

Annexionisten hinausreichte und noch stärkere Leidenschaften entfesselte. Dabei fehlten auch die patriotischen Professoren nicht, die sogleich den Kanzler und die Flottenleitung mit Denkschriften über die Aushungerung Englands bestürmten – darunter die berühmtesten Namen der Berliner Universität.«[49]

Die öffentliche Diskussion bestärkte die Marineführung und setzte die Reichsregierung unter Druck. Anfang 1915 verfügte die Marine im Nordseebereich zwar über 22 Unterseeboote, doch nur 14 Boote (mit Dieselantrieb) konnten westlich der britischen Inseln operieren. Anfang Februar 1915 gab der Reichskanzler sein Einverständnis für den Beginn des U-Boot-Krieges.

In der deutschen Kriegsgebietserklärung vom 4. Februar 1915 wurde die Zerstörung aller britischen Schiffe angekündigt, »ohne dass es immer möglich sein wird, die dabei der Besatzung und den Passagieren drohenden Gefahren abzuwenden«.[50] Deutschland begann damit einen Seekrieg, ohne vorher dessen Methode und Erfolgsaussichten sowie die damit verbundenen völkerrechtlichen und außenpolitischen Risiken gründlich zu prüfen. Es war klar, dass ein U-Boot die Regeln des Prisenrechts nur unvollkommen einhalten konnte, zumal Großbritannien bereits 1913 dazu übergegangen war, eigene Handelsschiffe im Frieden mit Geschützen auszurüsten. Die Handelsschiffe sollten in der Lage sein, sich im Kriegsfall gegen Angriffe fremder Hilfskreuzer zu schützen. Bis März 1914 hatten 40 britische Handelsschiffe Geschütze an Bord. Diese Maßnahme war völkerrechtlich umstritten, wie dem offiziösen deutschen Jahrbuch »Nauticus« von 1914 zu entnehmen ist, das kurz vor Kriegsausbruch erschienen war:[51]

»Ein aktives Vorgehen der ›bewaffneten‹ Kauffahrteischiffe gegen Kauffahrteischiffe feindlicher oder neutraler Flagge würde sich rechtlich mangels staatlicher Autorisation nicht einmal als Kaperei im alten Sinne, sondern als nackter Seeraub darstellen [...] In Kurzem würde so die alte private Seekriegführung mit allen ihren Greueln [sic], die man längst für überwunden hielt, wieder aufleben. Nicht ein ritterlicher Kampf der Seestreitkräfte um den Lorbeer des Sieges, sondern ein wüstes Morden, Sengen und Brennen, das alte ›sink, burn and destroy‹ würde sich der erstaunten Kulturwelt als Schauspiel darbieten. Die mühevolle Arbeit Jahrhunderte langen Ringens um den Schutz des friedlichen Seehandelsverkehrs, der Passagiere und Besatzung der Kauffahrteischiffe im Kriege wäre umsonst geleistet, die Errungenschaft moderner Rechtsentwicklung vernichtet.«

Doch nur wenige Monate später sollte der Einsatz deutscher U-Boote gegen Kauffahrteischiffe britischer und neutraler Flagge zu heftigen Protesten führen, da bei warnungslosen Unterwasserangriffen der Schutz der Passagiere und Besatzungen nicht mehr gewährleistet war.

---

[49] Folgende Professoren unterstützten eine Denkschrift über die »Durchbrechung der Handelssperre gegen Deutschland«: Sering, Triepel, v. Wilamowitz-Möllendorf, Kahl, Otto v. Gierke, Schiemann, v. Harnack und v. Schmoller, siehe Der Handelskrieg mit U-Booten, Bd 1 (wie Anm. 44), S. 234–242.

[50] Zit. nach ebd., S. 87.

[51] Siehe Nauticus. Jahrbuch für deutsche Seeinteressen, 15 (1913), S. 68, und 16 (1914) [Drucklegung im Juni 1914], S. 265–278: »Das bewaffnete Kauffahrteischiff«, Zitat S. 277 f.

Zielsetzung der deutschen Seekriegführung 1915–1918

Nachdem fast alle deutschen Kreuzer und Hilfskreuzer in Übersee ausgeschaltet waren, beschränkte sich die deutsche Seekriegführung auf die Nord- und Ostsee. Während es in der Ostsee gelang, die Seeverbindungen für Erztransporte aus Skandinavien zu sichern, ging in der Nordsee von der Hochseeflotte keine unmittelbare Bedrohung des Gegners aus, weil bis Anfang 1916 die wenigen Vorstöße kaum über 100 Seemeilen von Helgoland hinausgingen. Demgegenüber führte der Einsatz der U-Boote im Handelskrieg zu einer neuen Dimension der Seekriegführung. Die U-Boots-Kommandanten erhielten keine eindeutige Weisung, wie sie im Kriegsgebiet Handelskrieg führen sollten. Offensichtlich ging man davon aus, dass die meisten Versenkungen mit Torpedos erfolgen würden. Als die US-Regierung am 12. Februar 1915 ihre Bedenken gegen diese Art der Seekriegführung übermittelte, befürchtete der Generalstabschef, General Erich von Falkenhayn (1861–1922), einen Kriegseintritt der USA. Um dies zu vermeiden, wollte er die Gewähr haben, dass England durch den U-Boot-Krieg innerhalb von sechs Wochen »einlenken« werde. Auf eine Anfrage des Kaisers bestätigten Tirpitz und der Chef des Admiralstabes, Vizeadmiral Gustav Bachmann (1860–1943), diese erstaunliche Prognose ohne zu erläutern, was sie mit dem »Einlenken« Englands überhaupt meinten.[52]

Nachdem die U-Boote leichte Geschütze (8,8 bzw. 10,5 cm) erhalten hatten, führten die Kommandanten meist Handelskrieg nach Prisenordnung – auch auf die Gefahr hin, dabei auf bewaffnete Handelsschiffe zu treffen. Doch es war die warnungslose Versenkung der »Lusitania« (30 396 BRT) am 7. Mai 1915 durch einen Torpedoangriff von U-20 mit 1201 Toten (darunter 126 Amerikaner), was zu einer harschen Reaktion der US-Regierung führte. Washington forderte von Deutschland die Einhaltung der anerkannten Prinzipien des Seekriegsrechts.[53] Noch viele Jahre später war es für Gerhard Ritter nur schwer begreiflich, dass die Versenkung der »Lusitania« in der deutschen Öffentlichkeit als »großer Erfolg« der U-Boote gefeiert wurde, »bis weit in die Zeitungen der Linken hinein«.[54]

Ohne auf weitere Details einzugehen, soll in diesem Zusammenhang nur darauf hingewiesen werden, dass die US-Regierung das unterschiedliche Vorgehen der U-Boote, d.h. warnungsloser Torpedoschuss oder Handelskrieg nach Prisenordnung, offensichtlich genau registriert hatte. Während in der 1. »Lusitania«-Note vom 15. Mai 1915 die warnungslose Versenkung von Handelsschiffen harsch kritisiert

---

[52] Siehe dazu im Detail Der Handelskrieg mit U-Booten, Bd 1 (wie Anm. 44), S. 107 ff. und S. 117–120.

[53] Die Angaben bei Rahn, Die Kaiserliche Marine (wie Anm. 1), S. 61; und Christian Stachelbeck, Deutschlands Heer und Marine, München 2013 (= Beiträge zur Militärgeschichte. Militärgeschichte kompakt, 5), S. 78, dass der Kommandant von U-20 fälschlich angenommen habe, die »Lusitania« sei ein Hilfskreuzer, treffen nicht zu, wie dem KTB von U-20 zu entnehmen ist. Die »Lusitania« gehörte jedoch zu den britischen Schnelldampfern, die bereits beim Bau für eine Verwendung als Hilfskreuzer im Kriege vorgesehen waren; sie war schiffbaulich für den Einbau von acht 15-cm-Geschützen vorbereitet. Siehe die deutsche Mitteilung an neutrale Mächte vom 11.5.1915, in: Der Handelskrieg mit U-Booten, Bd 2: Februar bis September 1915. Bearb. von A. Spindler, Berlin 1933 (= Der Krieg zur See 1914–1918), S. 91.

[54] Ritter, Staatskunst, Bd 3 (wie Anm. 48), S. 160.

wurde, zeigte Washington in der 3. »Lusitania«-Note vom 23. Juli 1915 durchaus Verständnis für das Vorgehen der U-Boote nach Prisenordnung, wie dem folgenden Auszug zu entnehmen ist:[55]

> »Die Ereignisse der letzten zwei Monate haben klar gezeigt, dass es möglich und ausführbar ist, die Operationen der Unterseeboote, wie sie die Tätigkeit der Kaiserlich Deutschen Marine innerhalb des sogenannten Kriegsgebiets kennzeichnen, in wesentlicher Übereinstimmung mit den anerkannten Gebräuchen einer geordneten Kriegführung zu halten.«

Bereits 1933 hatte Arno Spindler nachgewiesen, dass – von wenigen Ausnahmen abgesehen – der Handelskrieg der U-Boote »im Kriegsgebiet um England nach der Prisenordnung geführt [wurde] – nicht weil es unter Druck politischer Notwendigkeit verlangt wurde, sondern weil die U-Bootskommandanten sich aus rein militärischen Überlegungen dazu entschlossen hatten.« Die Kommandanten wurden zwar immer wieder davor gewarnt, über Wasser nach Art der Prisenordnung vorzugehen, doch sie handelten meist anders: »Erfolg sollte sein. Mit 7 Torpedos ließ sich nicht viel erreichen.«[56] Da bei Torpedoangriffen in Unterwasserfahrt nur eine Trefferquote von 40 Prozent erzielt wurde, war der Einsatz der Bordgeschütze viel erfolgreicher. Daher forderten die Kommandanten mehr Geschützmunition auf Kosten der Torpedozahl. Im Hinblick auf die Ergebnisse der U-Boot-Einsätze nach Art der Prisenordnung ist daher der in der neueren Literatur oft benutzte Begriff »uneingeschränkter U-Boot-Krieg« für diese erste Phase des Handelskrieges mit U-Booten nicht angemessen.

Nach der Versenkung des Passagierdampfers »Arabic« (15 801 BRT) am 19. August 1915 südlich von Irland lenkte die Reichsregierung nach erneuten Protesten Washingtons ein und befahl am 18. September die Einstellung des U-Boot-Krieges westlich der britischen Inseln. Lediglich in der Nordsee und im Mittelmeer führten die U-Boote weiterhin Handelskrieg nach Prisenordnung.

Die Auseinandersetzungen über völkerrechtliche, politische und militärische Probleme eines Handelskrieges mit U-Booten überlagerten 1915 die Diskussion über die Einsatzmöglichkeiten der Hochseeflotte. Im Grunde erforderte der U-Boot-Krieg eine neue seestrategische Konzeption, die Konsequenzen für Einsatz und Struktur der Hochseeflotte hätte haben müssen. Doch die Marineführung hatte ein »System der Halbheiten« ohne klare Schwerpunkte entwickelt:

Man wollte den Krieg gegen England mit den großen Schiffen führen, »sie aber nicht entscheidend einsetzen in Voraussicht des Misserfolges«.[57] So gab es auf der einen Seite U-Boot-Einsätze im Handelskrieg, auf der anderen Seite Flottenaktivitäten in der Nordsee nach der Devise: Es muss etwas geschehen mit der Flotte, doch es darf ihr nichts passieren.

---

55 Zit. nach Der Handelskrieg mit U-Booten, Bd 2 (wie Anm. 53), S. 179; siehe dazu Ritter, Staatskunst, Bd 3 (wie Anm. 48), S. 177.

56 Der Handelskrieg mit U-Booten, Bd 2 (wie Anm. 53), S. 183 f.

57 Brief des KptzS William Michaelis, Chef des Stabes beim Flottenkommando, an seinen Crewkameraden, KptzS Hans Zenker, Chef des Stabes im Admiralstab, vom 16.7.1915, abgedr. in: Der Krieg in der Nordsee, Bd 4. Bearb. von Otto Groos, Berlin 1924 (Der Krieg zur See 1914–1918), S. 241.

Ende 1915 kam Falkenhayn zu der Erkenntnis, dass mit allen Mitteln er-
reicht werden müsse, den Krieg bis zur Jahreswende 1916/17 zu beenden. Mit der
Landkriegführung sei dies nicht zu erreichen:[58] »Der Krieg habe die Gestalt eines
Erschöpfungskrieges angenommen, in welchem England die führende Macht der
Alliierten sei.« England war für Falkenhayn der gefährlichste Gegner, der nur auf
See entscheidend geschlagen werden könne. Daher forderte er die Wiederaufnahme
des U-Boot-Krieges ohne jede Einschränkung. Doch der Reichskanzler befürchtete,
dass bei warnungslosen Versenkungen der Handelsschiffe mit dem Kriegseintritt der
USA gerechnet werden müsse. In einer Denkschrift setzte er sich mit den Risiken
eines solchen Schrittes auseinander und kam abschließend zu der Frage,[59]

> »ob unsere Lage eine so verzweifelte ist, dass wir gezwungen sind, ein Vabanque-Spiel
> zu spielen, dessen Einsatz unsere Existenz als Großmacht und unsere ganze nationale
> Zukunft sein würden, während die Gewinnchancen, d.h. die Aussicht England bis zum
> Herbst niederzuzwingen, sehr unsicher sind. Die Frage ist unbedingt zu verneinen.«

Doch letztlich war auch der Reichskanzler damit einverstanden, dass bewaffnete
Handelsschiffe warnungslos versenkt, jedoch Passagierdampfer geschont werden
sollten. So begann ab 29. Februar 1916 der »verschärfte U-Boot-Krieg«, der durch
offensive Vorstöße der Hochseeflotte unterstützt werden sollte, wie Vizeadmiral
Reinhard Scheer (1863–1928), im Januar 1916 zum Flottenchef ernannt, dem
Kaiser am 23. Februar erläutert hatte:[60] Der Gegner könne bei seiner großen Überlegenheit offensiv bis in die Deutsche Bucht vordringen. Diese Gefahr müsse durch
eigene Vorstöße vermieden werden, u.a. durch Unternehmungen großen Stils zum
Bombardement der feindlichen Küste oder zum Handelskrieg. Scheer war sich bewusst, wie begrenzt die Möglichkeiten der Hochseeflotte waren. Die Wirkung der
eigenen Seemacht ließe sich nur durch den U-Boot-Krieg erreichen, der als Druck
dauernd auf England lasten müsse:

> »Und mit diesem U-Bootskrieg [...] sei die Tätigkeit der Flotte in Zusammenhang zu
> bringen, womit bei allen Schiffsbesatzungen das Gefühl erzeugt wird, an dem Krieg selbst
> aktiv tätig zu sein und die Flotte, als Werk des Kaisers, auch gerade in dieser letzten
> entscheidenden Phase als überaus nützlich und unentbehrlich in Erscheinung träte und
> damit auch ihre Existenzberechtigung erwiese, wenn sie verhinderte, dass der Feind die
> Quellen des U-Bootkrieges selbst verstopft.«

---

[58] Die folgende Ausführung in Anlehnung an Der Handelskrieg mit U-Booten, Bd 3: Oktober 1915
bis Januar 1916. Bearb. von A. Spindler, Berlin 1934 (= Der Krieg zur See 1914–1918), S. 70–76,
Zitat S. 71. Siehe auch Karl E. Birnbaum, Pease Moves and U-Boat Warfare. A Study of Imperial
Germany's Policy towards the United States, April 18, 1916–January 9, 1917, Stockholm 1958,
S. 46 ff.

[59] Die Denkschrift vom 29.2.1916 ist vollständig veröffentlicht in: Der Handelskrieg mit U-Booten,
Bd 3 (wie Anm. 58), S. 94–101, Zitat S. 98. Siehe in diesem Zusammenhang auch Gerhard
Granier, Kriegführung und Politik am Beispiel des Handelskriegs mit U-Booten 1915–1918.
In: Archiv und Geschichte. Festschrift für Friedrich P. Kahlenberg. Hrsg. von Klaus Oldenhage,
Hermann Schreyer und Wolfram Werner, Düsseldorf 2000, S. 595–642.

[60] Die folgenden Ausführungen und Zitate stützen sich auf den Brief von VAdm Scheer an VAdm
z.D. Dähnhardt vom 12.3.1916, abgedr. in: Die deutsche Seekriegsleitung, Bd 2 (wie Anm. 1),
Dok. Nr. 186, S. 87–91.

Bei diesen Formulierungen werden zwei Aspekte deutlich: Es ging einmal um die Existenzberechtigung der Flotte und zum anderen um ihre Abschreckungswirkung als »Fleet-in-being«.[61] Die Flotte hatte nur eine indirekte strategische Wirkung allein durch ihre Kampfkraft und einsatzbereite Präsenz in der südlichen Nordsee. So konnte Scheer beim Kaiser, dem Oberbefehlshaber der Marine, durchsetzen, dass die Flotte im Frühjahr 1916 in der Nordsee wieder Vorstöße bis in den Hoofden (5./6. März) und bis zur britischen Ostküste (24./25. April) unternehmen konnte.

Inzwischen war es jedoch zu einer erneuten Krise der deutsch-amerikanischen Beziehungen gekommen: Am 24. März 1916 hatte UB-29 den französische Kanaldampfer »Sussex« (1353 BRT) torpediert und dabei schwer beschädigt.[62] Daraufhin drohte Washington am 18. April in einer ultimativ scharfen Note mit dem Abbruch der diplomatischen Beziehungen, falls weiterhin Handelsschiffe warnungslos versenkt würden. Um den Kriegseintritt der USA zu vermeiden, verlangte der Reichskanzler, dass die U-Boote ab sofort Handelskrieg nur nach Prisenordnung führen sollten. Am 4. Mai gab Deutschland den USA das sogenannte »Sussex-Versprechen«, d.h. die Zusicherung, künftig Handelsschiffe »nicht ohne Warnung und Rettung der Menschenleben zu versenken, es sei denn, dass sie fliehen oder Widerstand leisten«.[63] Die Seebefehlshaber der Marine, d.h. der Flottenchef, Vizeadmiral Scheer, und der Kommandierende Admiral des Marinekorps in Flandern, Admiral Ludwig von Schröder (1854–1933), reagierten darauf mit dem Rückzug ihrer U-Boote aus dem Handelskrieg. Scheer begründete seine Entscheidung damit, dass ein Handelskrieg nach Prisenordnung für U-Boote nicht durchführbar sei, da er die Boote unnütz einer Vernichtung preisgebe: »Diese Überwasserverwendung widerspricht der Eigenart der Waffe und liefert die Boote jedem heimtückischen Überfall wehrlos aus, sodass mit Bestimmtheit große Verluste an Booten vorauszusehen sind, ohne entsprechende Erfolge erhoffen zu können.«[64] Doch diese Begründung entsprach nicht der tatsächlichen Lage: Von den 35 bis Juli 1916 verloren gegangenen U-Booten waren nur vier durch britische U-Boot-Fallen (d.h. getarnte Hilfskreuzer), aber kein einziges durch ein bewaffnetes Handelsschiff versenkt worden.[65]

---

61 Zum Begriff Fleet-in-being siehe die Definition in Der Kreuzerkrieg, Bd 1 (wie Anm. 6), S. 81: »eine Flotte, die schon durch ihr Vorhandensein wirkt, ohne dass sie grundsätzlich den Kampf mit dem Gegner sucht; indem z.B. ihre Anwesenheit in einem bestimmten Seegebiet den Handel lahmlegt, oder indem ihre Anwesenheit in den heimischen Küstengewässern die feindliche Flotte von einem Angriff auf die Küste abhält usw.«

62 Zu Details siehe Der Handelskrieg mit U-Booten, Bd 3 (wie Anm. 58), S. 125.

63 Die amerikanische Note vom 18.4. und die deutsche Antwort vom 4.5.1916 sind publiziert in ebd., S. 139 f. und S. 146–149, Zitat S. 148.

64 Zit. nach Werner Rahn, Die Seeschlacht vor dem Skagerrak: Verlauf und Analyse aus deutscher Perspektive. In: Skagerrakschlacht. Vorgeschichte – Ereignis – Verarbeitung. Im Auftrag des MGFA hrsg. von Michael Epkenhans, Jörg Hillmann und Frank Nägler, München 2009 (= Beiträge zur Militärgeschichte, 66), S. 139–298, Zitat S. 145.

65 Zu den U-Boot-Verlusten siehe Robert M. Grant, U-Boat Intelligence 1914–1918, London 1969. Scheer stand bei seiner Einschätzung wahrscheinlich unter dem Eindruck des sogenannten Baralong-Falls, d.h. der Erschießung von elf Überlebenden von U-27 am 19.8.1915 durch die Besatzung des britischen Hilfskreuzers »Baralong«. In der Reichstagsdebatte vom 15.1.1916 hatten Parlamentarier aller Parteien Vergeltungsmaßnahmen gefordert. Zu weiteren Details siehe Rahn, Die Kaiserliche Marine (wie Anm. 1), S. 62; Der Handelskrieg mit U-Booten, Bd 2 (wie Anm. 53), S. 250–255; Wolfram Wette, Gustav Noske. Eine politische Biographie, Düsseldorf

Im Flottenstab sah man in dem Zurückweichen der Reichsregierung unter dem Druck Washingtons nicht nur ein Symbol der Schwäche, sondern bereits den Anfang vom Ende einer deutschen Flottenpolitik, wie der Chef des Stabes, Kapitän zur See Adolf von Trotha (1868–1940), am 19. Mai 1916 an den Chef des Marinekabinetts, Admiral Georg von Müller (1854–1940), schrieb:[66]

»1. Unsere Regierung gibt den Krieg verloren und sucht nach einem Wege, wie sie zu einem Frieden kommt [...] 2. Die Entwicklung unserer Marine war eine verfehlte Spekulation. Man muss versuchen, dies dem Volk langsam verständlich zu machen.[67] 3. Die Marine wird als politisches Instrument vor der Nation für das Unglück verantwortlich dastehen, sie wird für die Zukunft zur Küstenverteidigungstruppe herabsinken. 4. Damit gibt man die Politik der letzten 20 Jahre auf. Der Gedanke, das deutsche Volk national zu entwickeln und seiner Bedeutung nach in die Welt zu stellen, ist damit ein verlorener.«[68]

Mit dem von Scheer befohlenen Rückzug der U-Boote aus dem Handelskrieg hatte die Hochseeflotte ihre Unterstützungsfunktion für den Handelskrieg verloren. Doch Scheer wollte weiterhin den Gegner mit Flottenvorstößen herausfordern. So bereitete er für Ende Mai 1916 einen riskanten Vorstoß vor, der die Flotte bis in die Nähe der Stützpunkte des Gegners an der britischen Ostküste führen sollte. Im Rahmen dieser Vorbereitungen wurden 12 U-Boote auf Wartepositionen disloziert. Da die Wetterlage eine Luftschiff-Aufklärung nicht zuließ, wurde das Unternehmen aufgegeben. Doch Scheer wollte die Dislozierung der U-Boote an der britischen Ostküste nutzen und bereitete daher einen Vorstoß in das Skagerrak vor mit dem Ziel, dort Handelskrieg zu führen und den Gegner zum »Vorschieben von Streitkräften« zu veranlassen.[69] Es kam ihm offensichtlich darauf an, in einer Auseinandersetzung mit der Grand Fleet zumindest einen Achtungserfolg zu erringen, auch wenn dieser mit empfindlichen Verlusten erkauft werden musste.

Bereits Ende Mai 1916 konnte die britische Admiralität den Ergebnissen der Funkaufklärung entnehmen, dass Scheer für die Flotte eine höhere Einsatzbereitschaft befohlen hatte. Am 30. Mai wusste man in London, dass der Gegner seine Flotte auf der Außenreede von Wilhelmshaven versammeln würde, und man vermutete, dass die Hochseeflotte möglicherweise am Morgen des 31. Mai auslaufen würde. Bald darauf erhielt die Grand Fleet aus London den Auslaufbefehl, um für alle Eventualitäten gerüstet zu sein.

1987, S. 161–166; und Ludovic Kennedy, War Crimes on the Ocean. In: Telegraph Magazine, June 1991, S. 18 ff.

[66] Auszüge zit. nach Rahn, Die Seeschlacht vor dem Skagerrak (wie Anm. 64), S. 147.

[67] Dazu die handschriftliche Bemerkung von VAdm a.D. Dr. h.c. Eberhard v. Mantey (1869–1940) etwa 20 Jahre später: »Sie war nur insofern verfehlt, als Tirpitz ganz einseitig für die ›Schlacht bei Helgoland‹ baute u. an ein größeres Ziel nicht dachte. Er war stehen geblieben i.d. Gedanken der 90er Jahre.« Ebd.

[68] Dazu Mantey in einer Randbemerkung: »Diese Sätze sind insofern bemerkenswert, als das, was Trotha in seiner Herzenssorge etwa 2 Wochen vor der Skagerrakschlacht fürchtete, Wort für Wort eingetreten ist.« Ebd.

[69] Siehe Operationsbefehl Nr. 6 vom 28.5.1916, abgedr. bei Rahn, Die Seeschlacht vor dem Skagerrak (wie Anm. 64), Dok. Nr. 1, S. 199–204.

Am 31. Mai/1. Juni kam es zur Skagerrakschlacht, deren Ausgang für beide Seiten unbefriedigend war. Der von der Royal Navy erhoffte Vernichtungssieg wie bei Trafalgar 1805 war ausgeblieben. Für die deutsche Seite hatte die Schlacht noch nicht einmal den als Teilerfolg angestrebten Kräfteausgleich gebracht, denn das Stärkeverhältnis der beiden Flotten zueinander war unverändert geblieben.

Die in der Schlacht erzielten Erfolge sah Scheer zwar als Bestätigung der bisherigen Flottenrüstung. Doch für die weitere Kriegführung kam er zu einer realistischen Lagebeurteilung:[70]

> »Bei günstigem Verlauf der neu einsetzenden Operationen wird der Gegner zwar empfindlich geschädigt werden können, trotzdem kann kein Zweifel bestehen, dass selbst der glücklichste Ausgang einer Hochseeschlacht England in *diesem* Kriege nicht zum Frieden *zwingen* wird.«[71]

Scheer setzte sich massiv für den uneingeschränkten U-Boot-Krieg ein und erwartete von der Hochseeflotte keine Wende im Seekrieg. Trotzdem wollte er die Flotte weiterhin in der Nordsee offensiv einsetzen, um noch einen Erfolg zu erzielen. Dabei blieb unklar, was mit durchaus möglichen Teilerfolgen überhaupt erreicht werden sollte. Bei dem Vorstoß am 18./19. August 1916 sollte der Gegner »unter günstigen Bedingungen für uns zur Schlacht gestellte werden.«[72] Der Vorstoß führte jedoch nicht zu der angestrebten Gefechtsberührung, da die Hochseeflotte nach einer – wie sich später herausstellte – falschen Aufklärungsmeldung eines Luftschiffes auf Südkurs gegangen war. Lediglich den U-Booten gelang es, zwei Leichte Kreuzer zu versenken.

Im Mai 1916 hatte das Flottenkommando als Reaktion auf das sogenannte Sussex-Versprechen (d.h. Handelskrieg nur nach Prisenordnung) die U-Boote vom Handelskrieg zurückgezogen und in der Nordsee gegen militärische Ziele angesetzt.[73] Da die Boote kaum Ziele fanden, gingen Kommandanten eigenständig dazu über, auch Handelsschiffe gemäß Prisenordnung zu kontrollieren und ggf. zu versenken. Doch Risiken und Erfolgsaussichten eines U-Boot-Krieges nach Prisenordnung blieben innerhalb der Marineführung strittig. Die Stimmung unter den Seeoffizieren beschrieb der damalige Kapitänleutnant Ernst Freiherr von Weizsäcker (1882–1951) – damals Flaggleutnant bei Scheer – am 27. September in seinem Tagebuch:[74]

> »Das Seeoffizierkorps sitzt herum, isst, trinkt, politisiert und kommt sich dabei noch patriotisch vor, indem es auf unlauterem Wege den U-Bootkrieg durchzusetzen sucht.

---

[70] Kommando der Hochseestreitkräfte Gg. 5068 O vom 4.7.1916: Immediatbericht, BArch, RM 8/878, Bl. 48–66; in Auszügen ediert bei Rahn, Die Seeschlacht vor dem Skagerrak (wie Anm. 64), S. 205–214, Zitat S. 213.

[71] Dazu am Rand die Marginalie des Kaisers: »richtig«. In diesem Satz sind bei der Druckfassung des Admiralstabes die Worte »diesem« und »zwingen« in Fettdruck hervorgehoben. Man könnte diesen an sich harmlosen Fettdruck auch so interpretieren, dass die Marineführung bereits damit rechnete, es würde früher oder später zu einer zweiten Konfrontation mit Großbritannien kommen.

[72] Zit. aus: Der Krieg in der Nordsee, Bd 6: Von Juni 1916 bis Frühjahr 1917. Bearb. von Walter Gladisch, Berlin 1937 (= Der Krieg zur See 1914–1918), S. 34; zum Verlauf des Vorstoßes und der Reaktion der Grand Fleet siehe ebd., S. 36–74.

[73] Zu weiteren Details (mit Karten) siehe ebd., S. 17–29.

[74] Zit. nach: Die Weizsäcker-Papiere 1900–1932. Hrsg. von Leonidas Hill, Berlin, Frankfurt a.M. 1982, S. 215.

Der U-Bootkrieg soll die Dummheiten im Flottenausbau und in der Flottenverwendung im Kriege verdecken.«

Erst allmählich setzte sich die Erkenntnis durch, dass ein Handelskrieg nach Prisenordnung durchaus vertretbar war. So begann die U-Flottille Flandern bereits im August 1916 eigenständig mit dieser Form des Handelskrieges. Es ist bemerkenswert für die innere Struktur der Kaiserlichen Marine, dass der Flottillenchef, Korvettenkapitän Karl Bartenbach (1881–1949), am 6. Oktober 1916 beim Chef des Admiralstabes, Admiral Henning von Holtzendorff (1853–1919), durchsetzen konnte, dass allen U-Booten befohlen wurde, wieder den Handelskrieg nach Prisenordnung zu führen.[75] Damit begann bei dieser Einsatzform der U-Boote die dritte Phase, die in der neueren Literatur über den Ersten Weltkrieg meist ausgeblendet bleibt.[76]

Anfang Oktober 1916 verfügte die Marine für Operationen im Atlantik und im Mittelmeer über 82 Boote, die bis Januar 1917 im Monatsdurchschnitt 324 810 BRT Schiffsraum versenkten. Damit war im Wirtschaftskrieg gegen Großbritannien zwar keine Entscheidung, doch eine Schwächung des Gegners zu erzielen, die dem Reich möglicherweise eine Ausgangsbasis für einen Verhandlungsfrieden geboten hätte, zumal diese Art des U-Boot-Krieges keine Konflikte mit den USA heraufbeschwor. Im Rückblick ist es kaum verständlich, warum die Hochseeflotte im Herbst 1916 darauf verzichtete, den Handelskrieg der U-Boote mit weitreichenden Vorstößen der verfügbaren modernen Kreuzer und größeren Torpedobooten zu unterstützen, was durchaus erfolgreich gewesen wäre, wie die späteren Erfahrungen im Oktober und Dezember 1917 bewiesen.[77] Doch die Marineführung forderte immer wieder den »uneingeschränkten U-Boot-Krieg« in der festen Überzeugung, damit eine strategische Entscheidung erringen zu können. Der zu erwartende Bruch mit den USA wurde bewusst in Kauf genommen.

Bethmann Hollweg wollte den Kriegseintritt der USA unbedingt vermeiden, da er von Präsident Woodrow Wilson die Vermittlung eines Verständigungsfriedens erhoffte. Als jedoch die britische Regierung im Dezember 1916 ein deutsches Friedensangebot in schroffer Form zurückwies, kam es zu einem Stimmungsumschwung. Hindenburg und Ludendorff forderten jetzt kategorisch den »uneingeschränkten U-Boot-Krieg« als letztes Siegesrezept und setzten sich damit beim Kaiser durch. Der Reichskanzler verzichtete darauf, »seinen Abschied einzureichen, weil er gegenüber der in geschlossener Form auftretenden Entente im Augenblick des höchsten Einsatzes keinen Einblick in die konfliktbeladene Unsicherheit der deutschen Seite geben wollte und innenpolitisch das Schlimmste von seinem Ausscheiden befürchtete.«[78]

---

[75]   Zu Details siehe Der Handelskrieg mit U-Booten, Bd 3 (wie Anm. 38), S. 242–245.
[76]   Siehe die in Anm. 48 genannten Titel von Salewski, Krumeich, Hirschfeld, Münkler und Leonhard. Dies gilt auch für den Beitrag »U-Boot-Krieg« in der Enzyklopädie Erster Weltkrieg (wie Anm. 48), S. 931–934.
[77]   Zu den Erfolgen dieser Vorstöße siehe: Der Krieg in der Nordsee, Bd 7 (wie Anm. 1), S. 83–92 und S. 132–139. Ende 1916 verfügte die Kaiserliche Marine über zehn moderne Kleine Kreuzer, die einen relativ großen Fahrbereich von etwa 5000 Seemeilen (bei 12 Knoten) und weitreichende 15-cm-Geschütze (d.h. 176 hm) hatten, und über etwa 20 große T-Boote mit einem Fahrbereich von über 2000 Seemeilen (bei 20 Knoten).
[78]   Hans Herzfeld, Der Erste Weltkrieg, München 1968, S. 209.

Obwohl Anfang 1917 nur 95 U-Boote für Einsätze im Atlantik und Mittelmeer zur Verfügung standen, gab der Admiralstab die Garantie, dass monatlich 600 000 BRT Schiffsraum versenkt werden könnten, sodass Großbritannien innerhalb von fünf Monaten zum Frieden gezwungen werde.[79] Mit welcher Hybris die Marineführung einem Krieg mit den USA entgegensah, bewies der Staatssekretär des Reichsmarineamtes, Admiral Eduard von Capelle (1855–1931), am 31. Januar 1917 vor dem Hauptausschuss des Reichstages: Er behauptete, dass die militärische Bedeutung eines Kriegseintritts der USA »gleich null« sei, da amerikanische Truppen aus Mangel an Schiffsraum Frankreich gar nicht erreichen könnten.[80] Diese Haltung kommentierte Gerhard Ritter später mit deutlichen Worten:[81]

> »Nachträglich kann man sich gar nicht genug darüber wundern, dass technisch geschulte Marineoffiziere jemals ein so waghalsiges, ja abenteuerliches Unternehmen wie den Handelskrieg mit U-Booten für eine sicheres Siegesrezept im Kampf mit der Weltmacht England halten, zum mindesten aber seine Chance so hoch einschätzen konnten, dass sie den Krieg mit Amerika dafür riskieren zu sollen meinten.«

Mit Beginn des »uneingeschränkten U-Boot-Krieges« am 1. Februar 1917 kam es zum Bruch mit den Vereinigten Staaten, die allerdings zunächst nur eine »bewaffnete Neutralität« verkündeten. Doch die Entente strebte – nicht zuletzt aus wirtschaftlichen Gründen – den baldigen Kriegseintritt dieser Großmacht an, um deren Kriegswirtschaft voll nutzen zu können. Demgegenüber wollte die Reichsregierung mit einem strategischen Schachzug erreichen, dass die USA auf ihrem Kontinent militärisch gebunden blieben. So ging am 16. Januar 1917 telegrafisch ein Bündnisangebot an Mexiko. Das legendäre Telegramm des Staatssekretärs Arthur Zimmermann (1864–1940) wurde vom Room 40 der britischen Admiralität entziffert und an die US-Regierung weitergeleitet. Die Veröffentlichung des Schriftstückes in Washington und die Bestätigung der Richtigkeit auf einer Pressekonferenz durch Zimmermann in Berlin am 2. März 1917 führten in den USA zu einem Stimmungsumschwung gegen Deutschland und Anfang April 1917 zum Kriegseintritt dieser Seemacht.[82]

Die hohen Versenkungserfolge der U-Boote im Frühjahr 1917 führten zu einer Krise bei den Alliierten. Erst nach der Einführung des Konvoisystems gingen ab Sommer 1917 die Versenkungen zurück. Im letzten Quartal 1917 lagen sie mit einem Monatsdurchschnitt von 365 489 BRT kaum höher als im gleichen Zeitraum des Vorjahres beim Einsatz der U-Boote nach Prisenordnung. Die Marineführung hat ihr Ziel nicht erreicht. Neben der Unterschätzung der Abwehr des Gegners kam hinzu, dass der Wirkungsgrad der U-Boote erheblich überschätzt wurde. Es gelang nicht, die Zahl der einsatzbereiten U-Boote über 129 (Juni 1917) hinaus zu steigern. Die Alliierten verstärkten ihre U-Boot-Abwehr und nutzten erfolgreich ihre überlegene Funkaufklärung. Vor allem die Verminung der Auslaufwege der U-Boote führte zu hohen Verlusten. Von den 132 U-Booten, die 1917 und 1918 verloren gingen,

---

79 Der Handelskrieg mit U-Booten, Bd 3 (wie Anm. 38), S. 369.
80 Ritter, Staatskunst, Bd 3 (wie Anm. 48), S. 404.
81 Ebd., S. 146. Der von Ritter benutzte Begriff ›Tauchboote‹ wurde hier durch ›U-Boote‹ ersetzt.
82 Zu weiteren Details siehe Barbara Tuchman, Die Zimmermann-Depesche, Bergisch Gladbach 1982, passim; sowie Patrick Beesly, Room 40. British Naval Intelligence 1914–18, London 1982, S. 204–224; zur Pressekonferenz in Berlin ebd., S. 223.

sind mindestens 50 nach Minentreffern gesunken. Im Herbst 1918 standen etwa 1,4 Millionen amerikanische Soldaten in Frankreich. Der Kriegseintritt der USA erwies sich als entscheidender Faktor für die deutsche Niederlage.

Ergebnis und Bilanz

Die Marineführung hatte nicht erkannte, dass Seemacht das Produkt aus den Faktoren Flottenstärke und geografischer Position bedeutete. Wenn ein Faktor gering ausgeprägt war, musste das gesamte Produkt niedrig ausfallen. Dies war ein wesentlicher Grund dafür, dass die Hochseeflotte im Rahmen der Gesamtkriegführung nur einen geringen strategischen Wert besaß. Es gelang nicht, eine Konzeption zu entwickeln, in der Überwasserstreitkräfte und U-Boote effektiv gegen Schwachpunkte des Gegners – die Seeverbindungen im Atlantik und die russische Ostseeküste – eingesetzt wurden.

Die Auseinandersetzungen um Form und Erfolgsaussichten eines Handelskrieges mit U-Booten sind ein klassisches Beispiel für das Ringen zwischen politischer und militärischer Führung eines Staates im Kriege. In einer Fehleinschätzung der eigenen Leistungsfähigkeit setzte die Marineführung starr auf eine einseitige und letztlich unzureichende Konzeption, die den Kriegseintritt der USA bewusst einkalkulierte und damit zur Niederlage des Reiches beitrug.

Bei der Kriegführung gegen Russland verzichtete die Marineführung in der Ostsee weitgehend auf die Ausnutzung der eigenen Überlegenheit. Doch es gab einen Kriegsschauplatz, bei dem die deutsche Strategie gegenüber Russland erfolgreich war: die Blockade der Dardanellen und des Bosporus kurz nach Kriegsausbruch. Es war der britische Historiker Sir Julian S. Corbett (1854–1922), der bereits 1920 im ersten Band des Werkes »History of the Great War: Naval Operations« den deutschen Erfolg, vor allem den klugen Schachzug von Konteradmiral Souchon, würdigte:[83]

> »Zunächst gab es in der öffentlichen Meinung nur Hohn und Spott darüber, dass die deutschen Seestreitkräfte so schnell aus dem Mittelmeer vertrieben waren und eine schmachvolle Internierung hinnehmen mussten. Wie falsch diese Sicht war, konnte niemand, auch nicht im Traum erahnen. – Monate hat es gedauert, bis es möglich geworden war, die in dem Durchbruch vereint bewiesene Keckheit, Fixigkeit und Spürkraft voll zu würdigen. Stellen wir uns vor: die Dardanellen waren durch Minen gesperrt, keine Erlaubnis zur Einfahrt lag vor, alles hing von der deutschen Verführungskunst in Konstantinopel ab. Erinnern wir uns gleichzeitig der unabsehbaren Folgen, die eintraten, so sage ich nicht zu viel, wenn ich behaupte, dass kaum jemals im Seekrieg eine kühner überlegte Entscheidung getroffen worden ist. So gründlich verwandelte das sehr riskante Wagnis eine verzweifelte Lage in eine solche von hoher moralischer und materieller

---

[83]   History of the Great War: Naval Operations, vol. 1: To the Battle of the Falklands, December 1914. By Julian S. Corbett, London 1920, S. 70 f.; zur dt. Fassung siehe Der Krieg in den türkischen Gewässern, Bd 1 (wie Anm. 4), S. 27 f.

Überlegenheit, dass es den fundamentalen Fehler der deutschen Staatskunst aufwiegt, den Angriff auf Frankreich mit dem Einfall in Belgien zu beginnen.«[84]
Die Sperrung der Ostseezugänge und die Beherrschung der türkischen Meerengen haben die russische Kampfkraft erheblich geschwächt, da neben der Ostsee auch die zweite wichtige Seeverbindung der Alliierten nach Russland gesperrt blieb. Die fast vollständige Abschnürung des Landes von der Rüstungsindustrie der Westmächte trug entscheidend dazu bei, dass Russland 1917 für die Alliierten als Bündnispartner ausfiel. Diese von deutscher Seite nicht geplante Wirtschaftskriegführung hat das Reich ab Frühjahr 1918 wohl aus dem Zweifrontenkrieg herausgeführt, doch für die Gesamtkriegführung kam dieser Erfolg zu spät.

Trotz beachtlicher Leistungen und Erfolge auf den verschiedenen Seekriegsschauplätzen im Kampf gegen einen überlegenen Gegner stand die Kaiserliche Marine am Ende des Ersten Weltkrieges vor dem Ergebnis, dass ihre Seestrategie erfolglos geblieben war. Die Vorstöße der Hochseeflotte können nicht darüber hinwegtäuschen, dass die Flotte primär als »Fleet-in-being« wirkte: Sie sicherte den eigenen Küstenbereich, blockierte die Ostsee für Nachschublieferungen nach Russland und bot der U-Boot-Kriegführung einen Rückhalt. Die Flotte hatte also – entgegen der gängigen Bewertung durch Historiker – durchaus ihren Wert für die deutsche Kriegführung. Doch eine nüchterne Kosten-Nutzen-Rechnung kommt zu dem Ergebnis, dass die Flotte letztlich nicht das geleistet hat, was man von ihr erwartete bzw. erwarten konnte. Es waren nicht nur unzureichende Mittel und Konzeptionen, die zu diesem Ergebnis führten, sondern auch Unzulänglichkeiten im strategischen Denken einer Marineführung, die nicht die natürlichen Grenzen erkannte, die jeder deutschen Seestrategie im Rahmen einer Gesamtstrategie gesetzt waren, ja gesetzt werden mussten.

---

[84] History of the Great War: Naval Operations, vol. 1 (wie Anm. 83), S. 71: »It would appear that the final decision was taken by Admiral Souchon himself. According to Admiral von Tirpitz, when on August 3 news was received of the alleged alliance with Turkey, orders were sent to Admiral Souchon to attempt to break through to the Dardanelles. On August 5 the German Embassy at Constantinople reported that in view of the Situation there it was undesirable for the ships to arrive for the present. Thereupon the orders for the Dardanelles were cancelled, and Admiral Souchon, who was then coaling at Messina, was directed to proceed to Pola or else break out into the Atlantic. Later in the day, however, Austria, in spite of the pressure that was being put upon her from Berlin to declare war, protested she was not yet in a position to help with her fleet. In these circumstances it was thought best to give Admiral Souchon liberty to decide for himself which line of escape to attempt, and the he chose the line of his first instructions.« Vgl. dazu Alfred v. Tirpitz, Erinnerungen, neue, durchges. Aufl., Leipzig 1920, S. 302 f.; und Der Krieg in den türkischen Gewässern, Bd 1 (wie Anm. 4), S. 13–21.

James Goldrick

Learning to Fight On, Above and Below the Water: Operational Challenges of the Royal Navy, 1914–1916

The Royal Navy was not only the largest navy in the world at the start of the Great War, it was also the most sophisticated. But it was a service under stress, struggling to cope with the conceptual and practical demands of new technologies. We often think of the »Age of Fisher« as having started in 1904 when Admiral Sir John Fisher entered the office of First Sea Lord. In reality, his dreams and innovations were only just coming to fruition a decade later. The new battle fleet that was emerging as a concept in 1914 was larger, much more complex, operated at higher speed, communicated at greater distances and had a much wider tactical horizon than did its predecessors of only a few years before. It was also three dimensional in a way that was wholly new, with threats from above and under the water now primary concerns. It cannot be emphasised too strongly, however, just how experimental individual platforms and systems were at this time, not only in their individual working, but their interaction. There was a huge gap between their potential capabilities and what had been realised in practice.

Over the years, military historians have come to understand much more clearly the problems of land warfare in the industrialised age and apply a more sophisticated, as well as perhaps a more sympathetic, approach. It is time that the same thing happened for the conflict at sea. Despite many faults, the Royal Navy was further ahead in identifying and beginning to solve the new operational problems than any other service. The evidence is of a culture of innovation, experimentation and debate, particularly at the levels of Commander and Captain. If expansion had been so great that too many mediocre officers were achieving high rank, it is also true that there was talent within the service, while the Royal Navy did have a systematic approach to the development of technical expertise in its staff. Propulsion and platform engineers were not part of the executive branch,[1] but at that stage, weapon, and what would today be considered system engineering certainly were – and that included responsibility for electrics, the new »hidden revolution« in progress inside the ships. The specialist officers undertook lengthy training and were very much »hands on« with their systems, as were the aviators and submariners. Although there was far too great a gulf between the wardroom and the lower deck, the Royal Navy also rested upon a backbone of long-service ratings that were the envy of other services and included

---

[1] And still are not, although their contemporary status is equivalent in all matters but sea command.

DOI: 10.1515/9783110533972-003

more than two and a half thousand warrant officers, critical to the maintenance of standards.

The real problem that the Royal Navy faced in August 1914 was that it had run out of time. Just how much more would have been needed to bring together all the threads of innovation will never be known – largely because the pace of change was still increasing. One has only to compare the specifications of the ships entering service in 1914 and 1915 with those of 1910 and 1911 to understand this. Nevertheless, the new battle fleet that was emerging as a concept in 1914 was not yet complete or coherent as a tactical grouping. The operational force was inevitably comprised of a mix of old and new – pre-dreadnoughts, for example, were still integral to the battle lines of every navy. Many of the scouting cruisers were proving to be too slow for their work and desperately vulnerable to the new battle cruisers, while the light craft needed to screen the big ships against surface, and submerged torpedo firers generally lacked the necessary endurance and sea keeping qualities.[2]

Furthermore, the Royal Navy had been hamstrung by financial restriction in learning how to make everything work. The British were much better off in this regard than the imbalanced Imperial German Navy, but still gave priority to new construction, at least partially at the expense of operational training and of tactical and weapon development. The situation was exacerbated in the three years immediately before the conflict because of the British plunge into even heavier battleship main armament and oil firing. The latter in particular was undoubtedly the right, indeed the only, step to take to provide reliable high speed propulsion, but it not only meant that ships cost more to build, but also significant increases in operating overheads.[3] Oil fuel had a much higher calorific value than coal, but its price was twice as much per ton. Until the July Crisis, there were strict limits on oil consumption – mixed firing units were only allowed to use oil to achieve a minimum level of training in engineering staff[4] – and an emphasis on reducing coal use as well. This meant that the fleet spent less time at sea and had to operate at much slower speeds than ideal. Both the British and German navies conducted almost all of their tactical exercises at scaled-down speeds.[5] This allowed – in theory – for the same relative effects of movement, but did not provide an adequate test of the problems of high speed steaming in battle. They were to come as a shock.

---

[2]   This remained a serious problem for the entire war and forced the C-in-C of the Grand Fleet to issue repeated instructions to destroyers screening the fleet to conserve fuel and adopt the most economical approach to station changing, contrary to the fast small ships' traditions. C-in-C Grand Fleet Memorandum HF 499/9 of 27 April 1916, The National Archives (TNA), ADM 137/1975.

[3]   Jon Tetsuro Sumida, *Defence of Naval Supremacy: Finance, Technology and British Naval Policy 1889–1914* (Annapolis, MD: Naval Institute Press, 2014; reissue), p. 353.

[4]   First Fleet Temporary Memorandum No. 131 of 16 April 1914, »Burning of oil fuel for instructional purposes«, Admiral of the Fleet Sir Roger Backhouse Papers, Naval Historical Branch (NHB) Portsmouth.

[5]   For German speeds of 12–15 knots for battleships, 16 for battle cruisers and 19 for light craft see: »Translation of *Taktische Befehle der Hochseeflotte 1914*«: Battle Exercise 5, dated 17 April 1914, p. 3, TNA, ADM 137/2346.

Similar restraints applied to innovative gunnery, torpedo firing and mine work. A twelve-inch shell cost nearly 50 pounds.[6] The sheer expense of any firing limited the number that could be undertaken and meant that there was an inevitable tension between maintaining the fighting efficiency of each unit and experimenting with more challenging conditions – experiments that might fail and contribute little or nothing to training. A 21-inch torpedo cost over a thousand pounds,[7] and the loss of an exercise weapon was the cause of much trouble – including stopping exercises to search for a missing unit. Live practice torpedo firings were almost never conducted at night. After 1911, mine warfare development practically came to a halt in the Royal Navy, at least in terms of mining. While work on minesweeping continued, known defects in the British mine inventory were not fixed. Money was so short that the small British mine laying force was not allowed to lay actual practice mines during the 1913 Grand Manoeuvres, but was employed as additional cruisers, with instructions only to simulate the laying of a field if the tactical opportunity arose.[8]

Both submarine and aviation forces were also still at the experimental stage. The British in submarine warfare were further ahead than the Germans, yet their new overseas submarines had only just become comfortable with operating for extended periods, let alone out of sight of land[9] – which the U-boats had yet to achieve. Only after the 1910 Grand Manoeuvres, in which the submarine *D1* deployed from Portsmouth to the west coast of Scotland and conducted successful attacks on heavy ships, did British eyes begin to open to the expanding nature of the capability of submarines – and the threat they posed. The first wireless set was not fitted experimentally in a British submarine until the same year and its specified range was only 30 nautical miles.[10] Systematic installation began in 1912, but in 1913 many submarines had yet to have soundproof cabinets installed, so operators found it very difficult to hear signals when the diesel or petrol engines (in the case of the older *C* class) were running.[11]

The first British trials of submarines working with the battle fleet at sea were conducted in 1913 and 1914.[12] They showed promise, but it was beginning to be realised that the increases in the normal operating speeds of the battle fleets – forced amongst other things by the open sea threat of submarine attack – meant that it would be practically impossible for diesel-electric boats to operate with the big ships.

6   Nicholas A. Lambert, »Admiral Sir Arthur Knyvet Wilson V.C.«, in Malcolm H. Murfett (ed.), *The First Sea Lords: From Fisher to Mountbatten* Praeger, (Westport, CT: Praeger, 1995), p. 51 (fn. 50).
7   Edgar J. March, *British Destroyers, 1892–1953* (London: Seeley Service, 1966), p. 353.
8   »Naval Manoeuvres 1913: Orders for ships of Blue Fleet operating in Western Area: Part IV: Orders for the Malin Head Patrol«, dated 5 July 1913, Backhouse Papers, NHB.
9   Senior Officer Submarines (HMS *D3*), »General Notes and Remarks«, »Naval Manoeuvres 1912: Report and Diary by Senior Officer of Red Submarines *D3, D4* and *D6*«, TNA, ADM 116/1176B.
10 Commanding Officer HMS *Forth*, Letter to the Inspecting Captain Submarines dated 24 July 1910, TNA, ADM 116/1361; and Note annotated by C.J.B. (?) dated 7 April 1911 to Minute »Fitting Wireless Telegraphy to Submarines«, TNA, ADM 116/1361.
11 C-in-C Home Fleet Letter HF 0235 of 28 November 1913, »Fleet Exercises in North Sea, 6th–10th October 1913«, TN/1/6, Papers of Vice Admiral D.W. Trevylyan Napier, Imperial War Museum (IWM).
12 C-in-C Home Fleet Letter HF 0235 of 28 November 1913, »Fleet Exercises in North Sea, 6th–10th October 1913«, Trevylyan Napier Papers, TN/1/6, IWM.

Safety restrictions on exercises also meant that submarine commanders had much to learn about making a successful attack on a fast-moving, uncooperative target, as would be demonstrated by the number of attacks that failed in the early months of the war – and by the difficulties which the submarines of both sides experienced in maintaining their depth when in close contact or firing a war shot torpedo. Poor depth control would contribute to the loss of more than one boat.

The reality is that the submarine had only *just* become a true option for the open sea, while neither side had much experience of night operations – again, mainly because of safety problems.[13] In August 1914, German U-boats were not fitted with chronometers[14] and were therefore incapable of conducting astro-navigation at the accuracy required for sustained periods offshore. British boats had only just got the necessary equipment. Thus, the need for the British battle fleet to operate *at all times* and *in all parts of* the North Sea, however distant from German ports, in a mode which provided for defence against a surprise underwater attack, had not been fully appreciated. It is easy to be critical in hindsight, but the German U-boat force had yet to exercise in any systematic way at long range from its bases, so that in 1914 there was no way that the British could have intelligence that they did – or would. The U-boat sortie of 6 to 11 August 1914 that sent the First Flotilla into the middle of the North Sea – and which resulted in the loss of two boats – came as a shock to the Grand Fleet, but was just as much of a novelty for the German submariners.

The British took time to learn the lesson in full, as the sinking of the three armoured cruisers by *U9* in September and the loss of the battleship *Formidable* in January 1915 would show, but after August 1914 the Fleet would no longer patrol at seven or eight knots. By the end of that year, average operating speeds had risen by at least four knots and, for the battle cruisers at least, they would go higher still – to nearly 18 knots in 1915.[15] Sustained high speed steaming and extended periods at sea were to provide other shocks to the British. The lack of North Sea anchorages which were properly protected from submarine attack only exacerbated the problem. The hasty arrangements for Scapa Flow put in place by the end of 1914 probably just saved the British from real trouble. Too-frequent coaling, with its exhausting and back-breaking work, together with accumulating machinery defects had brought the Grand Fleet to a near-crisis.[16] It soon also became apparent that the big ships had real problems in maintaining the flow of coal from bunkers to stoke holds at higher speeds – this became an issue for the battle cruisers in particular when they were still at as much as 60 per cent fuel capacity.[17]

---

[13] C-in-C Home Fleet Letter No. 1266 H.F. 7 S of 28 August 1913, »Naval Manoeuvres 1913 – Remarks on North Sea Strategy«, TNA, ADM 116/3130.

[14] Otto Groos, *Der Krieg zur See 1914–1918: Der Krieg in der Nordsee*, vol. 1 (Berlin: Mittler, 1922), p. 124.

[15] Lieutenant HSH Prince George of Battenberg (writing anonymously), »Monthly Statistics HMS *New Zealand*«, *The Naval Review*, 4 (1917), p. 171.

[16] See the James Goldrick, »The Impact of War: Matching Expectations with Reality in the Royal Navy in the First Months of the Great War at Sea«, *War in History* 14, 1 (2007), pp. 22–35; and »Coal and the Advent of the First World War at Sea«, *War in History* 21, 3 (2014), pp. 322–337.

[17] W.M. Brown, »The Royal Navy's Fuel Supplies 1898–1939. The Transition from Coal to Oil«, Unpublished PhD Thesis, King's College, London, 2003, p. 21.

The aviators were even further behind than the submariners. Although the Royal Naval Air Service was and would remain until 1918 the most sophisticated and innovative of the world's military air arms, it was still struggling to achieve real operational capabilities. There had been only one sustained seaborne tactical deployment of aircraft, aboard the old cruiser *Hermes* for the 1913 Grand Manoeuvres. Over fourteen days, only nine proved suitable for operating the two seaplanes carried. Successful use of airborne radio was demonstrated, but in all there were just five successful sorties. The last resulted in a forced landing and the recovery of seaplane and crew – by a German merchant ship![18] The Admiralty later admitted that in August 1914 there were only about 50 truly serviceable heavier than air machines available for operations.[19] And, until three cross-Channel ferries were hastily converted with canvas hangars and the *Hermes* recommissioned from reserve, all those aircraft had to operate from ashore.

Much has been made of the cultural problems of the Royal Navy and its command and control. But there was more to the situation than an excessive deference to authority. The root of the problem was that the Navy's historic bi-polar culture of independence and initiative when detached, and strict control and obedience when in sight, was coming under terrible strain because of the introduction of radio. The new technology had the effect of creating a »virtual unreality« in that both seniors and subordinates began to act as though the ability to communicate remotely created the same relationship between commander and subordinates that operated within a fleet in visual contact. What was not fully understood was that this virtual reality was always subject to time-lag, generally incomplete and frequently wrong. During the annual pre-war Grand Manoeuvres, there were many failures to act because of an assumption that higher authority knew more than the men on the spot,[20] but there had not been enough opportunities to really prove the root causes of the problem and find solutions.

There was at least partial awareness. From today's vantage point we tend to think of communication as something practically instantaneous, but it was clear to many in the navy of the last century that it was not, even after the invention of radio. An expert in 1906 estimated that the speed of visual signalling by day rarely exceeded two and a half miles per minute in effect – and was often slower – and that the early experience of radio showed that the problems of transmission and reception – even

---

[18] »Report of Captain of *Hermes* on use of aircraft during manoeuvres«, »Naval Manoeuvres 1913: Report by Umpire-in-Chief«, Appendix 1, pp. 79–82, TNA, ADM 116/1169.

[19] Admiralty: D.A.D., »Appreciation of British Naval Effort: R.N.A.S. Aircraft Operations«, Part 1, January 1919, NHB.

[20] See for example the cruiser *Talbot's* sighting reports for the encounter on 24 July 1913. Only her third signal (after 14 minutes) gave the enemy position. »Naval Manoeuvres 1913: Report by Umpire-in-Chief«, p. 102, TNA, ADM 116/1169. Admiral Sturdee's *Report on the Principal Cruiser Work Carried out by the Home Fleets During 1913*, O.D. 13 Operations Division, Admiralty War Staff, July 1914 emphasised the reporting problem. See pp. 5–6, SDEE 2/7, Sturdee Papers, Churchill College Archives.

when ciphers were not in use – meant that its effective speed was often not much better and sometimes very much worse.[21] The greater the distance, the greater the delay.

Furthermore, neither the language nor the associated concepts for communication by radio existed. This was at the root of many of the Navy's problems with staff work and why Army observers of naval manoeuvres had good reason to criticise. One senior observer noted that »the preparation of orders is not understood in the Navy, making all allowance for the general differences inherent to the two Services«.[22] What the Navy had yet to do was to develop a system for coordinating the movements of remote formations in a tactical environment, something with which the Army had been struggling for more than a century.

There were thus key aspects of understanding the intricacies of communication as well as problems of technology. Before the radio, all tactical reporting was visual. This meant that neither absolute nor relative positional errors mattered much – in general, what a commander was interested in was what the enemy bore from him and in what direction he was steaming, the distances involved being so limited that these did not matter. A remote report required not only much more precision – and the greater the distance between units the more important precision was – but also much more detail. This was not fully understood. The first British radio format for an enemy contact report did not include the enemy or reporting unit's position,[23] while both the concept and practice of a tactical plot would take some years to formulate[24] – and many more years before the ideal was matched by the reality.

The problems of navigation further undermined much of the value of remote reports. With its poor weather, variable currents and lack of fixing aids, the North Sea was an extremely difficult theatre in which to operate. After the war, one of the most experienced of the British fleet's navigators remarked that he had never trusted his estimate of position within five nautical miles after eight hours out of sight of land.[25] Depth soundings were often the only reliable means of estimating position and it is to the Royal Navy's credit that it had the foresight from 1907 onwards to accumulate as much information on depths and tidal streams in the southern North Sea as it did.[26] Underwater formations, such as the north-south running Brown Ridge, were to prove invaluable in providing a position line to ships at sea.[27]

---

[21]   Vice Admiral Sir Baldwin Wake Walker, *The Employment of Cruisers and Destroyers* Intelligence Department, Admiralty, no. 801, September 1906, p. 8, NHB.
[22]   Major General T.L.N. Morland, »Report of the 1913 Manoeuvres«, dated 11 August 1913, p. 17, TNA, ADM 116/1214.
[23]   C-in-C Home Fleet Letter 267/H.F. 0269 of March 1913, »Instructions for the Conduct of a Fleet in Action«, Backhouse Papers, NHB.
[24]   Lieutenant Commander W.S. Chalmers, »Tactical Plotting«, Lecture to the RN Staff College 14 August 1919, TNA, ADM 116/2090. Chalmers, who ran the tactical plot for Beatty at sea, was posted to the *Lion* from service ashore in France in August 1915.
[25]   Commander L. Pitcairn-Jones, »Navigation in War of 1914–1918«, p. 12, Lecture to the RN Staff College 1938, NHB.
[26]   See Vice Admiral Sir Archibald Day, *The Admiralty Hydrographic Service 1795–1919* (London: HMSO, 1967), pp. 206–287, for a narrative of the activities of the Royal Navy's Hydrographic Service during the period.
[27]   Pitcairn-Jones, »Navigation in War of 1914–1918« (see note 25), p. 16.

Both sides faced this problem. It is worth noting that leading his first raid against the English East Coast in November 1914, Rear Admiral Hipper had good reason to be anxious about avoiding the shoals and banks south of Yarmouth – he could well have run his ships aground on them. His force became about an hour out in its navigational reckoning, an error of at least ten nautical miles.[28] During the Scarborough Raid of December 1914, the German torpedo boat which first reported the British position was 15 miles out in its reckoning.[29] The first British destroyer making contact failed to report any position, but would also have been 15 miles in error had it done so. Another British destroyer which did finally make a position report was ten miles out – it thus should not be surprising that both German and British commanders found the situation extremely confusing. As the visibility on the day dropped on occasion to well under a mile, it will be understood that errors of this scale could and did contribute to forces going in completely the wrong direction with no chance of ever making contact with the enemy. An authority on scouting at sea made a particularly percipient comment about the reality of ship reconnaissance in 1906, noting that

>It is usual to describe cruisers as being the ›Eyes of a Fleet‹, but actually they bear a much closer resemblance to the antennae of some huge crustacean, feeling blindly in all directions, always limited in their scope, and always bound to the main body of the battle fleet, where lie the powerful claws.«[30]

This was still true eight years later.

Given that these ships were using magnetic compasses, all this is understandable. Compass accuracy was influenced by ship structure – sometimes in unexpected ways. As in the *Orion* class, a magnetic unit would be affected by the heat of the forward funnel if it were located too close to the compass platform. Rotating heavy turrets and gunfire could also unsettle compasses, while local magnetic influences could change. Variation alters by five degrees along 400 nautical miles of the English Channel,[31] although it is relatively consistent (12 West) in the southern North Sea. Gyroscopic compasses were only just being introduced into the Royal Navy; in August 1914 only the super dreadnoughts and some of the newest submarines had them. They were not completely trusted and for good reason.[32] Ships may have had logs to estimate their speed through the water, but many smaller vessels had to rely on their engine revolution indicators, which were a particularly poor guide in rough weather.

After the outbreak of war many navigational aids were quickly removed from around the North Sea, and the prevailing weather conditions often did not allow the use of astro-navigation, so all these problems should be hardly surprising. In fact,

---

[28] See James Goldrick, *Before Jutland: The Naval War in Northern European Waters August 1914 – February 1915* (Annapolis, MD: Naval Institute Press, 2015), Chapter 11 for an account of the Yarmouth Raid.

[29] Otto Groos, *Der Krieg zur See 1914 – 1918: Der Krieg in der Nordsee*, vol. 3 (Berlin: Mittler, 1923), Appendix 1. British Admiralty Naval Historical Branch (NHB) translation lists German signal traffic during the raid.

[30] Walker, *The Employment of Cruisers and Destroyers* (see note 21), p. 10.

[31] Admiralty, *North Sea Pilot*, Part III (London: HMSO, 1933), p. xxiii.

[32] Admiralty: Technical History Section, *The Development of the Gyro-Compass Prior to and During the War*, CB 1515(20) October 1919, p. 3, NHB.

some had been appreciated before the war. Amongst other things, the accumulating navigational errors made rendezvous or return to the main body in the open sea a chancy business. This was one reason why the British viewed night fighting as risky, and it may have been at the root of the difference between attitudes to night warfare, in that the Royal Navy had to assume it would be working in or from the open sea, with an uncertain sense of position, while the High Sea Fleet expected to be operating defensively, very close to its own coasts and with more confidence in its collective navigational reckoning. As the British C-in-C Home Fleets reported of the 1913 manoeuvres, »night attacks by destroyers were practically non-existent, the reason being doubtless the same as it would be in war time, namely, that no one knew where to send them to attack either the enemy fleet or enemy torpedo craft.«[33]

Space does not permit full coverage of the myriad other operational problems, but the point should be clear that the difficulties which navies faced at sea in 1914 were substantial and complex in identification, analysis and solution. It was one thing in the era of science fiction to imagine the potential of the new weapon systems, it was another to find the time and money to trial them in realistic conditions, and yet another to solve the inevitable difficulties that would arise with their employment. The Royal Navy, despite its failings, was further ahead in identifying and beginning to solve many of the new operational problems than any other service, but after August 1914 the British – and, even more, the Germans – had much more to learn as they went along, with all the pain that this entailed.

---

[33] »Naval Manoeuvres 1913: North Sea Strategy«, C-in-C Home Fleet Letter 1266/H.F. 7 S of 28 August 1913, TNA, ADM 116/3130.

Jean Martinant de Preneuf

Unvorbereitet und schockiert.
Die französische Marine im Ersten Weltkrieg

»So galant, geistreich und charmant unsere französischen Verbündeten auch sein mögen, sie haben uns gegenüber einen Rückstand von 25 Jahren [...] Infolgedessen müssen wir diese Aufgaben [...] selbst in die Hand nehmen und dabei stets darauf achten, ihnen nicht auf die Füße zu treten [...] Es kommt bei dieser Vorgehensweise darauf an, ihnen nette und angenehme Dinge zu sagen, sie bei Laune zu halten, also eigentlich auf dem schmalen Grat zu wandern, Aufgaben effizient, zuverlässig und in scheinbarer Freundschaft für diese Leute zu erledigen, die dazu noch nicht selbst in der Lage sind.«[1]
Admiral Sir Arthur Limpus, 1916 Kommandant des Marinestützpunkts in Malta, zeichnete dieses wenig schmeichelhafte Bild von der französischen Marine und schloss sich damit der sehr harschen Kritik des damaligen First Sea Lord[2], Admiral John Fisher, an, die dieser bereits 1914 am Marineministerium in der Rue Royale geübt hatte. Fraglich ist, ob dieser sehr kritische und leicht herablassende Blick der Admiralität der Royal Navy auf die französischen Verbündeten gerechtfertigt war. Die Analyse der Situation am Vorabend des Ersten Weltkriegs liefert Hinweise, auf deren Basis sich das strenge Urteil der britischen Admiräle im Verlauf des Konflikts erklären und zugleich relativieren lässt.

Dieser Beitrag möchte die Stärken und Schwächen der französischen Marine während der Operationen der Entente im Laufe der ersten sechs Kriegsmonate differenzierter und anhand umfangreicher neuer Quellen beleuchten. Denn die amerikanischen, britischen und deutschen Historiker neigen dazu – mit der bemerkenswerten Ausnahme von Paul Halpern[3] und seinen wegweisenden Arbeiten –, die Rolle der französischen Marine im Ersten Weltkrieg kleinzureden. So reiht sich die Geschichtsschreibung in die nach dem Zweiten Weltkrieg begründete Tradition ein, die sich in hohem Maße auf die Rivalitäten zwischen Großbritannien und Deutschland in Bezug auf die Nordsee konzentriert hat.[4] Neuere Arbeiten, die an-

---

[1] Vgl. Arthur J. Marder, From the Dreadnought to Scapa Flow. The Royal Navy in the Fisher Era, vol. 2: The War Years: To the Eve of Jutland, London 1965, S. 338.

[2] Christopher Martin, La Marine nationale vue par l'amiral Fisher. Entre rival au long cours et allié inutile. In: Revue d'histoire maritime, Nr. 20/2015, S. 137 f.

[3] Paul G. Halpern, A Naval History of World War I, London, New York 1995; Paul G. Halpern, The Naval War in the Mediterranean, 1914–1918, London 1987.

[4] Barry Gough, Historical Dreadnoughts: Marder and Roskill: Writing and Fighting Naval History, Barnsley 2010.

DOI: 10.1515/9783110533972-004

lässlich des hundertsten Jahrestags des ersten Weltkriegs publiziert wurden, verfolgen diesen Ansatz beharrlich weiter.[5] Auf französischer Seite waren die in den 1920er Jahren erstellten Arbeiten des Service historique de la Marine lange Zeit maßgeblich, auch im anglo-amerikanischen Raum. Diese Studien verfolgten einen positivistisch, marinefreundlich und nationalistisch motivierten Ansatz und sind mittlerweile überholt.[6] Analog zur Praxis im anglo-amerikanischen Raum[7] wird dieses Thema in Frankreich aber nun schon mehr als zehn Jahren immer wieder erneut von der Forschung aufgegriffen.[8]

Ohne den Anspruch auf Vollständigkeit erheben zu wollen, soll dieser Beitrag einen Überblick bzw. eine teilweise Neuinterpretation der Rolle der französischen Marine in den militärischen Operationen im Jahr 1914 ermöglichen, indem er sich auf diese neueren Arbeiten stützt und sie durch eine systematische Auswertung des im Service historique de la Défense in Vincennes verwahrten Marinearchivs ergänzt.

I.

Die Dynamik und die Expansionsbestrebungen des wilhelminischen Reichs im frühen 20. Jahrhundert gingen in Frankreich sowohl mit einem Bevölkerungsrückgang als auch einem industriellen Niedergang einher. Unter diesen Bedingungen musste Paris zur Sicherung seiner nordöstlichen Grenze vorrangig auf den Einsatz des Heeres setzen sowie auf Allianzen, die Frankreichs Sicherheit gewährleisten. Die 1894 mit Russland eingegangene Allianz schien zwar auf einer soliden Grundlage zu stehen, doch das 1904 mit dem Vereinigten Königreich geschlossene Abkommen der Entente cordiale bot diesbezüglich weniger Sicherheiten. In der Zeit bis zum Ersten Weltkrieg versuchte das Marineministerium in der Rue Royale nun, eine ursprünglich von kolonialer Interessenspolitik geprägte Beziehung in eine förmliche und verbindliche Verpflichtung umzuwandeln. Auf französischer Seite gab sich die Marine – von wenigen Ausnahmen abgesehen – als Musterschülerin der Entente cordiale. Den von Flottenminister Théophile Delcassé unterstützten und mobilisierten Marinestreitkräften kam eine zentrale Rolle bei den Vorgängen zu, die im November 1912 in einen Briefwechsel mündeten, in dem eine zweifache Verpflichtung beider Regierungen festgehalten wurde: Einerseits wollte man einander im Falle eines

---

[5] Dies gilt beispielsweise für Lawrence Sondhaus, The Great War at Sea. A Naval History of the First World War, Cambridge, MA 2014.

[6] Martin Motte et Jean de Préneuf, L'écriture de l'histoire navale française à l'époque contemporaine. Un modèle national? In: Revue d'histoire maritime, Nr. 10–11/2011, S. 341–356.

[7] James Goldrick, The Need For a New Naval History of First World War, Corbett Paper, Nr. 7, November 2011.

[8] Ein Überblick hierzu findet sich im Beitrag von Jean de Préneuf, Thomas Vaisset und Philippe Vial, La Marine nationale et la Première Guerre mondiale. Une histoire à redécouvrir. In: Revue d'histoire maritime, Nr. 20/2015, S. 13–191; sowie in den Vortragsthemen des Kolloquiums »La Marine et les marins: 1914–1918. Une autre histoire de la France en guerre«, das am 24. und 25. Mai 2016 gemeinsam von der Académie de Marine, der Universität Paris-Sorbonne und dem Centre d'études stratégiques de la Marine an der Universität Sorbonne und an der École militaire (Paris) durchgeführt wurde.

Angriffs von dritter Seite konsultieren und andererseits die Kontakte zwischen den beiden Führungsstäben vertiefen, um für jenen Fall militärisch gewappnet zu sein.[9]

Vor dem Abkommen gliederten beide Länder ihre Flotten um und ermöglichten damit de facto die Realisierung der Entente cordiale auf See. Auf Churchills Veranlassung hin wurde die Mediterranean Fleet im Frühjahr 1912 in die Nordsee zurückbeordert. Delcassé hatte seinerseits im Rahmen der im Oktober 1911 neu aufgestellten Seestreitkräfte alle französischen Kampfverbände in Toulon zusammengefasst. Der Admiralstab nahm trotz allem erleichtert die Entscheidung der Briten auf, drei Schlachtkreuzer nach Malta zu verlegen, nachdem im November 1912 die Aufstellung der deutschen Mittelmeerdivision erfolgt war.

Für den Fall eines Bündnisses regelten drei in den Monaten Januar und Februar 1913 von der Marineführung geschlossene Abkommen die praktischen Einzelheiten der Zusammenarbeit zwischen den beiden Marinen mit Blick auf die unterschiedlichen Einsatzgebiete. In der Region Pas-de-Calais würde die französische Marine der Royal Navy das Kommando überlassen und lediglich einige U-Boote und Torpedoboote einsetzen.[10] Für die übrigen Gebiete des Ärmelkanals sollte der Grundsatz der geteilten Verantwortung gelten. Die Franzosen übernähmen die Führung der Operationen westlich der Linie Barfleur–Isle of Wight und würden dort leichte Kräfte in beträchtlichem Umfang einsetzen.[11] Sehr zum Leidwesen der französischen Marineführung waren die im dritten Abkommen enthaltenen Absprachen in Bezug auf das Mittelmeer weniger konkret. Zwar erfolgte eine Verteilung der Aufgaben zwischen der Royal Navy, die die k.u.k. Kriegsmarine daran hindern sollte, aus der Adria auszubrechen, und der französischen Marine, die die italienische Regia Marina zu bekämpfen hatte, doch wer das Oberkommando ausüben sollte, wurde nicht geregelt. Da die beiden Marinen darüber hinaus nicht die Absicht hatten, der jeweils anderen Partei ihre Kriegspläne zu offenbaren, waren sie gezwungen, getrennt voneinander zu operieren. Allerdings sahen die Bestimmungen vor, gemeinsame Signale für die Kommunikation untereinander zu nutzen.[12] Aufgrund fehlender Einzelheiten zur Durchführung konnte die entsprechende Maßnahme jedoch erst sehr spät an Ort und Stelle umgesetzt werden. So wies die Admiralty beispielsweise am 22. Juni 1914 das Ansinnen der Franzosen zurück, einen gemeinsamen Schlüssel für die drahtlose Funkübertragung festzulegen, der den Austausch von Informationen über die Positionen feindlicher Schiffe im Mittelmeer bereits zu Friedenszeiten ermöglicht hätte.[13] Erst am 3. August um 13 Uhr wurde der britische Flottenchef schließlich dazu ermächtigt, hierzu Absprachen mit dem französi-

---

9   Marinearchiv, verwahrt im Service historique de la Défense (im Folgenden: SHD-MV), SS Es 11, Kurze historische Rückschau französisch-englischer Abkommen bzw. Bündnisse zum Zwecke maritimer Operationen im Falle eines Krieges gegen Deutschland, s.d. Das schon etwas ältere Buch von Samuel Williamson, The Politics of Grand Strategy. Britain and France Prepare for War 1904–1914, Cambridge, MA 1969, ist immer noch das umfassendste Werk zur Rolle der französischen Marine als Akteur einer strategischen Partnerschaft zwischen den beiden Ländern.
10   SHD-MV, SS Es 10, Geheimdokument Nr. F06, 23.1.1913.
11   Ebd., Geheimdokument Nr. F07, 10.2.1913.
12   Ebd., Geheimdokument Nr. F010, 10.2.1913.
13   SHD-MV, SS Xa 1, Geheimes Schreiben Nr. 12 C des Marineattachés in London an den Marineminister, 22.6.1914.

schen Flottenchef zu treffen.[14] Diese Verzögerung, gepaart mit der Tatsache, dass es keine gemeinsamen taktischen Verfahren der französischen Seestreitkräfte und der Mediterranean Fleet gab, war für die eingeschränkte Kooperation im Mittelmeer während der ersten Kriegswochen mit verantwortlich.

Trotz dieser Mankos befürwortete die Mehrheit der Verantwortlichen der französischen Marine diese Aufgabenteilung mit der Royal Navy, denn sie sahen in der Regia Marina – einst eine »verschmähte Rivalin«, aber ab Ende des 19. Jahrhunderts die »Lieblingsgegnerin« der französischen Flotte – ihren Hauptfeind.[15] Diese Einstellung scheint die These zu untermauern, nach der die Strategen der Rue Royale keine Kenntnis von dem Briefwechsel zwischen Frankreich und Italien hatten, in dem Botschafter Camille Barrère und Außenminister Giulio Prinetti 1902 die Neutralität Roms für den Fall eines deutschen Angriffs gegen Frankreich festhielten. In der Tat wurde Italien sowohl in den im Verlauf des Krieges ergangenen Instruktionen als auch in den bereits vor 1914 durchgeführten Großmanövern systematisch als Gegner der französischen Marine bei einem Konflikt mit dem Dreibund bezeichnet.[16]

Allerdings lässt ein kürzlich wiedergefundenes Dokument in den Archiven des Conseil supérieur de la Défense nationale (CSDN) keinen Zweifel zu. 1912 hatten der Marineminister und der Admiralstabschef sehr wohl Kenntnis von dem zehn Jahre zuvor geschlossenen Abkommen. Während General Joseph Joffre erklärte, dass es ein »Fehler« wäre, Truppen entlang der italienischen Grenze zu stationieren, war Delcassé absolut anderer Meinung. Wie die große Mehrheit der französischen Marinesoldaten glaubte auch er nicht daran, dass die Italiener Wort halten würden. So wandelte er die französische Marine in ein Instrument der Abschreckung um, damit die Anwendung des Abkommens gewährleistet werden konnte.[17] Mit dem Aufmarsch der Flotte gegen die Schiffe der Regia Marina sollte die Neutralität Roms auf die Probe gestellt und die Rückholung des in Afrika stationierten 19. Armeekorps abgesichert werden, das am 17. Tag der Mobilmachung nördlich von Toul eintreffen sollte. Die offizielle Erklärung der Neutralität Italiens brachte das französische Marineministerium völlig aus der Fassung, denn man hatte scheinbar zu keinem Zeitpunkt Vorbereitungen für einen Krieg gegen Österreich-Ungarn als einzigem Gegner im Mittelmeer getroffen, geschweige denn sich letzteren überhaupt vorstellen können. Die italienische Neutralitätserklärung leitete somit eine radikale Änderung in der strategischen Ausrichtung der französischen Seestreitkräfte ein. Man würde nicht im westlichen Mittelmeer operieren müssen, sondern im Zugangsbereich zum schmalen Binnenmeer der Adria, das sich besonders gut für Guerilla-Aktionen eig-

---

[14] Ebd., Telegramm Nr. 16 des französischen Marineattachés in London an das Marineministerium in Paris, 3.8.1914.

[15] Jean de Préneuf, Du rival méprisé à l'adversaire préféré. L'Italie dans la stratégie navale française de 1870 à 1899. In: Revue historique des armées, Nr. 250/2008/1, S. 34–52.

[16] SHD-MV, BB4 2681, Geheime Instruktionen des Marineministers an den Oberbefehlshaber der französischen Seestreitkräfte für den Fall eines Krieges mit dem Dreibund, 6.10.1908; Compte-rendu des manœuvres navales françaises dans la Méditerranée en 1913, Paris 1914.

[17] Archiv des Kriegsministeriums, verwahrt im Service historique de la Défense (im Folgenden: SHD-GR), 2 N 1, Protokoll der Konferenz vom 21.2.1912 im Außenministerium.

nete. Das war für die französische Marine umso gefährlicher, als sie darin nur wenig Erfahrung hatte.[18]

Dieser neue, auf die italienische Bedrohung hin ausgerichtete strategische Aufmarsch schlug sich von da an in operativen und taktischen Einsatzgrundsätzen nieder, die stark von den marinehistorischen Schriften Alfred Thayer Mahans geprägt waren. In Frankreich wurden die Theorien des amerikanischen Marinestrategen von einem brillanten Trio junger Denker aufgegriffen, den späteren Admiralen Gabriel Darrieus, Raoul Castex und René Daveluy. Sie lieferten die notwendigen Impulse dafür, dass Angriff, taktisches Manöver, Bündelung der Kräfte und Verfolgung des Feindes auf See fortan als Schlüsselelemente einer für die Erlangung der Seeherrschaft unvermeidlichen Entscheidungsschlacht galten. Die meisten der französischen Marineoffiziere machten sich dieses Credo zueigen.[19] Dieses Denken leistete dem Mythos des rücksichtslosen Angriffs Vorschub – einer Seekriegstheorie, die in vielerlei Hinsicht mit dem im Heer am Vorabend des Krieges herrschenden Gedankengut vergleichbar war. So ließ Delcassé 1911 den französischen Flottenchef, Konteradmiral Auguste Boué de Lapeyrère, wissen, dass sein »einziges Ziel [...] die *totale Vernichtung der feindlichen Flotte* ist«. Der Doktrin von Mahan folgend, befahl er ihm, »dem Feind hinterher zu setzen, ihn zu stellen, wo auch immer er sich befindet und ihn mit allen Mitteln vollständig zu vernichten«.[20]

Da Frankreich von einer kurzen Auseinandersetzung ausging, entwickelte die Marine weder Pläne für Handelskrieg, noch bereitete sie besondere Vorschriften für Operationen gegen die feindlichen Nachschublinien vor. Frankreich beabsichtigte, die Bestimmungen der Londoner Seerechtsdeklaration von 1909 einzuhalten, die weder von ihm selbst, noch von Großbritannien ratifiziert worden waren. Die am Vorabend des Konflikts noch gültigen Anweisungen zur Anwendung des Völkerrechts in bewaffneten Konflikten aus dem Jahre 1912 übernahmen die in London eingeführten Bestimmungen in Bezug auf die Konterbande sowie im Hinblick auf die Maßnahmen gegenüber feindlichen und neutralen Handelsschiffen. Darüber hinaus schrieben die Anweisungen den Kommandanten vor, »jegliche an Bord befindliche Personen in Sicherheit zu bringen«, bevor die Versenkung des Schiffes eingeleitet wurde.[21]

II.

Die zögerliche Umsetzung der Planungen für die Marine am Ende des 19. und zu Beginn des 20. Jahrhunderts hatte zur Folge, dass Frankreich im Flottenwettrüsten

---

[18] Olivier Chaline, La grande explication (1912–1918). In: Histoire de l'Adriatique. Ed. par Pierre Cabanes, Paris 2001.

[19] Martin Motte, Une éducation géostratégique. La pensée navale française de la Jeune École à 1914, Paris 2004, S. 564–572.

[20] SHD-MV, BB4 2681, Geheime Weisungen des Marineministers an den Oberbefehlshaber der Seestreitkräfte vom 29.7.1911. Hervorhebung im Original.

[21] SHD-MV, SS Ea 220, Instructions sur l'application du droit international en temps de guerre Marineministerium Paris, 1912, Artikel XXVIII, S. 30.

den Anschluss verlor. Erst das Flottengesetz vom 30. März 1912, das Delcassé zu seiner
Verabschiedung vorlegte, war diesbezüglich eine Wende. Es sah erhebliche Mittel für
ein Flottenrüstungsprogramm im Umfang von zweieinhalb Schlachtschiffen pro Jahr
vor und befreite die Marine somit vom Joch des jährlichen Haushaltsplans. Obgleich
es nach 1912 zwar rascher voranging, lag die Verwirklichung des Programms noch
in weiter Ferne. Bei Ausbruch der Feindseligkeiten befand sich Frankreich in einer
geschwächten Position, was den Gefechtswert und die Anzahl seiner Schiffe betraf:
Seine Flotte war inzwischen hinter die Royal Navy, die Hochseeflotte und die U.S.
Navy zurückgefallen und belegte nur noch den letzten Platz in der Rangfolge der
stärksten Seemächte beziehungsweise den ersten Platz der zweitstärksten Seemächte,
ganz knapp vor der japanischen Marine.[22]. Angesichts der umfangreichen italienischen und österreich-ungarischen Flottenrüstungsprogramme stand sogar die französische Vorherrschaft im Mittelmeer auf dem Spiel.[23] Im August 1913 zeigte sich
der Conseil supérieur de la Marine (CSM) sehr besorgt über den Befund, dass die
französischen Seestreitkräfte scheinbar über etwa 70 Großkampfschiffe weniger
verfügten als ihre potenziellen Widersacher,[24] was angesichts der kürzlich erfolgten
Aufstellung der Mittelmeerdivision umso mehr Anlass zu Besorgnis war. Die von der
Admiralität erstellten Prognosen für Ende 1915 in Bezug auf die Entwicklung der
Kräfteverhältnisse waren somit sehr beunruhigend.[25]

Dafür gab es mehrere Gründe. Die Probleme waren nicht allein bedingt durch
die zögerliche Umsetzung marinepolitischer Maßnahmen seit dem ausgehenden
19. Jahrhundert, vielmehr waren sie auch zu einem großen Teil auf die mangelhafte,
industrielle Kapazität der französischen Marine zurückzuführen. Die Schwierigkeiten
waren vielfältiger Art. Zunächst einmal unterhielt das Marineministerium aus politischen Gründen fünf Marinewerften in Frankreich sowie zwei in Übersee, nämlich in
Bizerta und in Saigon. Dies zog eine Streuung der Investitionskredite nach sich und
hemmte die dringend erforderliche Modernisierung veralteter Anlagen. Im Jahr 1909
waren 36 Prozent der Werkzeugmaschinen über vierzig Jahre alt. Erschwerend kam
hinzu, dass mit dem Bau der Schiffe bereits begonnen worden war, obwohl die den
Werften übergebenen Schiffspläne eigentlich nur Vorentwürfe waren und noch zahlreiche weitere Studien ausstanden. An den im Bau befindlichen Einheiten wurden
ständig Änderungen vorgenommen: Allein für das Schlachtschiff »Justice« wurden
14 zusätzliche Aufträge zwischen dem Baubeginn 1902 und dem Stapellauf 1909
vergeben. Und dabei handelte es sich um wesentliche Änderungen wie die Anzahl der
Geschütztürme oder ein größeres Kaliber der Sekundärbewaffnung, die sich beide
auf die Konstruktion des Schiffsrumpfs auswirken.[26] Konstruktionsänderungen gab
es allerdings nicht bei allen Schwesterschiffen der »Justice«. Daher glich im Rahmen

---

[22] Diesbezüglich sei auf die etwas ältere Dissertation von John R. Walser, France's Search for a
      Battlefleet. French Naval Policy 1898-1914, PhD, Chapel Hill, University of North Carolina 1976,
      verwiesen.
[23] Halpern, The Naval War (wie Anm. 3), S. 1–20.
[24] SHD-MV, BB8 2424 (18), Bericht an den CSM vom 30.8.1913.
[25] SHD-MV, BB7 160, Vergleichsstudie zum Gefechtswert der Seestreitkräfte im Mittelmeer, Juni
      1912.
[26] SHD-MV, Allgemeiner Bericht Nr. 2554 der Untersuchungskommission zur Marine, 10.6.1909,
      S. 234.

dieses Rüstungsprogramms kein Schiff dem anderen. Darüber hinaus scheint es seit Beginn des Jahrhunderts soziale Spannungen auf den Marinewerften gegeben zu haben, die die Produktivität beeinträchtigten. Diese weitverbreitete Annahme wissenschaftlich erneut auf den Prüfstand zu stellen, wäre wissenschaftlich sicherlich lohnenswert.[27]

Zudem waren die staatlichen Marinewerften nicht mehr in der Lage, die Nachfrage zu befriedigen. Die französische Marine war daher gezwungen, sich an private Unternehmen[28] zu wenden, die preislich nicht so konkurrenzfähig waren. Verantwortlich dafür waren der geringe Grad der Konzentration derartiger Unternehmen auf dem Markt und Preisabsprachen. Die starke Stellung der Chambre syndicale de la construction navale, die alle Unternehmen im Schiffbausektor unter ihrem Dach vereinte, setzte dem Marineministerium bei der Auftragsvergabe enge Grenzen. Aufgrund ihrer geringen Anzahl konnten die Unternehmer ihre beherrschende Stellung auf dem Markt ausnutzen und die Aufträge noch vor der Vergabe untereinander aufteilen. So waren die aprivat hergestellten Rümpfe des Schlachtschiffs »Danton« um 25 bis 30 Prozent teurer als die in den Marinewerften hergestellten Schiffsrümpfe. Diese in Frankreich in zahlreichen parlamentarischen Untersuchungsberichten immer wieder angeprangerte Praxis führte im Vergleich mit dem Ausland zu einem viel höheren Preis pro Tonne Neubau. Die Untersuchungskommission hielt 1909 abschließend fest, dass für die gleichen Kosten in Frankreich lediglich fünf Schlachtschiffe gebaut wurden, während es in Deutschland sechs und in Großbritannien sechseinhalb waren. Darüber hinaus stellte sie fest, dass auch die Bauzeit ungewöhnlich lang war.[29] Bis ein Schlachtschiff vom Stapel laufen konnte, dauerte es in Frankreich sechs Jahre, in Deutschland dagegen nur drei und in Großbritannien zwei.[30] All diese Missstände zeigen sehr deutlich, dass die französische Marine im Jahr 1914 lediglich über eine »Flotte aus Musterschiffen« verfügte, die das Personal im Hinblick auf den Bau wie auch die Indienststellung vor enorme Probleme stellte.

Auch die Admirale und Ingenieure trugen ihren Teil dazu bei, dass die Flotte im internationalen Vergleich so weit zurückfiel war. Dies wird besonders deutlich am Beispiel der revolutionären Entwicklung der »Dreadnought«, die sie vollständig verschlafen hatten. Als das erste Kriegsschiff dieser neuen Klasse im November 1913 von Frankreich in Dienst gestellt wurde, nutzten bereits zehn Länder Schiffe dieser Bauart oder standen kurz davor.[31] Zu Kriegsbeginn konnte Frankreich nur mit zwei »Dreadnoughts« aufwarten, die mit Mühe einsatzbereit waren, sowie mit zwei weiteren, die sich jedoch noch in der Erprobung befanden. Auch die Frage nach der Verantwortung des Marineministeriums in Bezug auf die Schwerölfeuerung

---

27 Ebd., S. 118–125; Donald Reid, The Third Republic as Manager: Labor Policy in the Naval Shipyards, 1892–1920. In: International Review of Social History, 30 (1985), 2, S. 183–206.

28 Siehe vertiefend hierzu den richtungsweisenden und auch heute noch hilfreichen Beitrag von François Crouzet, Recherches sur la production d'armements en France (1815–1913). In: Revue historique, Nr. 509, Januar–März 1974, S. 45–84.

29 SHD-MV, Allgemeiner Bericht Nr. 960 von Louis Nail zum Gesetzesentwurf über die Aufstellung der Flotte, Marinekommission, 14.4.1911, S. 42–46.

30 SHD-MV, Allgemeiner Bericht Nr. 2554 der Untersuchungskommission zur Marine, 10.6.1909, S. 15.

31 Sondhaus, The Great War at Sea (wie Anm. 5), S 25.

der Kriegsschiffe muss gestellt werden. Während die Flotten der anderen Seemächte
nach und nach zu diesem Antriebssystem übergingen, sträubte sich die französische
Marine dagegen, weil sie befürchtete, dass das Land »auf Erdölimporte aus dem
Ausland angewiesen« sein würde.[32] So wurden nur einige kleinere Kriegsschiffe mit
diesem Antrieb ausgestattet. Allerdings gelang es nicht, die Technik wirklich zu be-
herrschen, noch die erforderliche Infrastruktur bereitzustellen. Ab Mitte August 1914
übernahmen die Engländer selbst die Versorgung der französischen Kriegsschiffe mit
Schweröl, nachdem ein solcher Vorschlag von französischer Seite gebilligt worden
war.[33]

Doch es reicht nicht aus, nur die Anzahl der Schlachtschiffe oder Geschütze
als Maßstab für den Zustand der französischen Marine heranzuziehen. Auch die
Qualität der Schiffe muss berücksichtigt werden, um ein vollständiges Bild zeichnen
zu können. Hier war die Situation kaum besser. Die beiden ersten französischen
»Dreadnought«-Typklassen »Courbet« und »Bretagne« waren im Vergleich zu ähn-
lichen Kriegsschiffen der anderen Seemächte veraltet. Aufgrund der ungenügenden
Anzahl an Trockendocks, ihrer geringen Breite und schwierigen Einfahrten waren die
Konstrukteure gezwungen, die Größe der Schiffsrümpfe zu begrenzen und zu diesem
Zweck Einbußen bei der Panzerung oder der Geschwindigkeit der Schiffe in Kauf
zu nehmen. Im August 1914 gab es somit kein einziges französisches Schiff, das in
der Lage gewesen wäre, die deutschen Schiffe der Mittelmeerdivision.[34] einzuholen.
Ferner war die Reichweite der Geschütze französischer Dreadnoughts sehr gering.
Die Geschütze der »Courbet«- und »Bretagne«-Klasse konnten allenfalls Gefechte
auf Entfernungen von maximal 14 500 Metern führen, wohingegen die vergleichba-
rer Einheiten der k.u.k. Marine eine Reichweite von 18 000 Metern hatten.[35]. Diese
Nachteile dürfen jedoch nicht über die hohe Qualität der Schiffstechnik hinwegtäuschen, über die die französischen Schiffe verfügten. Dass die »Jean Bart« noch in
der Lage war, bis nach Malta weiterzufahren, nachdem sie im Dezember 1914 einen
Torpedotreffer erhalten hatte, löste bei den britischen Offizieren Bewunderung aus,
denn diese waren davon überzeugt, dass ihre eigenen Schlachtschiffe dazu nicht in
der Lage gewesen wären.[36] Dagegen wiesen die zwischen 1891 und 1899 fertigge-
stellten Linienschiffe Mängel auf, die sich gravierend auf die Stabilität auswirkten,
wie die tragischen Ereignisse während der Schlacht von Gallipoli zeigten.[37]

Doch nicht nur die großen Einheiten der französischen Marine wiesen qualitative Defizite auf. Eigentlich waren sämtliche Schiffsklassen betroffen. Besonders
die zur Aufklärung auf See eingesetzten Verbände zeigten große Mängel. Der

---

[32] SHD-MV, BB8 2424 (10), Conseil supérieur de la Marine, Sitzung vom 23.10.1907.
[33] Thomas Vaisset, Du charbon au mazout. La révolution de la chauffe dans la Marine nationale
      (1895–1935). In: Le pétrole et la guerre. Ed. par Alain Beltran, Brüssel 2012, S. 71–89.
[34] Walser, France's Search for a Battlefleet (wie Anm. 22), S. 206.
[35] SHD-MV, SS Ed 83, Bericht von André Hesse zur Vorlage an den Haushaltsausschuss, Oktober
      1916.
[36] Commandant Morache, La dernière campagne du Gaulois. Journal du commandant (1915–1916).
      In: Revue des Deux Mondes, 1.1.1925, S. 119.
[37] Jean-Yves Billard, Isabelle Delumeau und François Grinnaert, Les Dardanelles ou la fin de l'illusion
      des prédreadnoughts. L'apport de la modélisation informatique. In: Revue d'histoire maritime,
      Nr. 20/2015, S. 25–41.

Oberbefehlshaber der französischen Flotte beklagte sich bitter über die ungenügende Anzahl an Zerstörern, die während der Seemanöver 1913 und 1914 den Schutz der Schlachtschiffe gewährleisten sollten.[38] Die Marine setzte stattdessen Torpedoboote ein, die jedoch nicht das nötige, für den Auftrag erforderliche Seeverhalten aufwiesen: Sie waren bereits bei leichtem Seegang nicht mehr seetüchtig.[39] Die anlässlich jener Manöver festgestellten Probleme hatten schon in den ersten Kriegstagen gravierende Folgen. So weigerte sich der Flottenchef bereits im August 1914, die mit Ölfeuerung ausgestatteten 800-t-Torpedoboote, die erst kurz vor Kriegsbeginn in Dienst gestellt worden waren, zur Aufklärung einzusetzen, weil sie seiner Ansicht nach »vielleicht für Militärparaden geeignet, aber ganz sicher keine Kriegsschiffe sind«.[40] Abgesehen von ihrer begrenzten Seetauglichkeit und ihren zweifelhaften militärischen Fähigkeiten bedeutete allein schon der geringe verfügbare Bestand eine erhebliche Einschränkung. Mitte August 1914 war gerade einmal ein Viertel der Torpedoboote einsatzbereit![41]

Was den Bereich der Marinefliegerei betrifft, so war die Marineführung hinsichtlich des Nutzens der dritten Dimension für die Seekriegführung nach wie vor skeptisch, obwohl die französische Marine bei der Aufstellung von Marinefliegereinheiten eine Vorreiterrolle spielte. Erst auf Druck des Parlaments erklärte sich die Marine bereit, eine Marinefliegerabteilung innerhalb des Admiralstabes sowie eine Marinefliegerstation in Saint-Raphaël einzurichten und das Versorgungsschiff für Torpedoboote »Foudre« in ein Flugzeugmutterschiff umzurüsten. Diese Schritte reichten jedoch nicht aus. Die Rolle der Marineflieger im Rahmen offensiver Operationen wurde schlichtweg nicht berücksichtigt, stattdessen wurden diese nach wie vor nur zur Aufklärung in küstennahen Gewässern eingesetzt.[42] Aufgrund dieser Vorbehalte hat die Marine bei Ausbruch der Feindseligkeiten nur 13 Marineflugzeuge unterschiedlichen Typs im aktiven Dienst, von denen ein Offizier später sagen würde, dass sie »für den Sport entwickelt wurden und nicht für den Kampf«.[43] Auch während der ersten Kriegsmonate verbesserte sich die Situation nicht, da beispielsweise der Admiralstab 1914 die vom Parlament für die Marineflieger bewilligten Mittel gar nicht in Anspruch nahm.[44]

Der unerfreuliche Befund trifft auch auf die U-Boot-Flotte zu. Zwar hatte Frankreich auch auf diesem Gebiet eine Vorreiterrolle übernommen und verfügte 1914 über eine der größten U-Boot-Flotten weltweit, aber die Vielfalt der U-Boot-Typen und deren geringe Leistungsfähigkeit unter Einsatzbedingungen wirkten sich lähmend aus. Dies geht aus einer Einschätzung der k.u.k. Marine hervor, die das

38   SHD-MV, BB4 2591, Kritische Berichterstattung zu den Seemanövern im Jahr 1913.
39   SHD-MV, SSA 78, Schreiben Nr. 1210 von KAdm Boué de Lapeyrère an den Marineminister, 18.6.1914.
40   Ebd., Bericht Nr. 1286 von KAdm Boué de Lapeyrère an den Marineminister, 22.8.1914.
41   SHD-MV, SS Ed 83. Diese Zahl erwähnt KAdm Boué de Lapeyrère in seinem Bericht Nr. 1290 vom 25.8.1914.
42   SHD-MV, SSA 78, Schreiben Nr. 1210 von KAdm Boué de Lapeyrère an den Marineminister, 18.6.1914.
43   Amiral Docteur, Carnet de bord 1914–1918, Paris 1932, S. 81 f.
44   Archives nationales (im Folgenden AN), 313 AP 64, Bericht der Kommission der Kriegsmarine, 31.3.1916.

U-Boot »Curie« aufbrachten, als dieses versuchte, am 20. Dezember 1914 in den Hafen von Pola einzudringen: »Die Franzosen hatten wohl in ihrer Art das Boot genial erdacht und hergestellt, doch erst unsere Gründlichkeit hat aus ihm ein Kriegsboot gemacht, dass mehr kann, als nur unter Wasser fahren.«[45]

Und schließlich waren die Hilfs- und Trossschiffe unfähig, die Flotte ausreichend zu versorgen. Daher wurde die Handelsflotte zur Unterstützung der Marine herangezogen, die vorrangig in Geschwadern operieren sollte und bei deren Umstrukturierung man den Schwerpunkt auf die Schlachtflotte gelegt hatte. Das Gesetz vom 2. August 1877, dessen Durchführungsverordnungen zuletzt erst im Sommer 1914 überarbeitet worden waren, sah eine mögliche Beschlagnahmung von Handelsschiffen durch das Kriegsministerium für die Truppentransporte aus Übersee vor, unter der Bedingung, dass die Maßnahmen unter Beteiligung des Marineministeriums durchgeführt würden. Letzteres konnte zur Unterstützung von Operationen auch Beschlagnahmungen für eigene Zwecke vornehmen, und zwar kraft einer Verordnung vom Mai 1900, die am Vorabend des Ersten Weltkriegs ebenfalls in extremis überarbeitet worden war. Ursprünglich wollte man die Schiffe der Handelsflotte nur in Anspruch nehmen, um die Geschwader zu unterstützen und die französisch-britischen Verbände im westlichen Ärmelkanal aufzustocken. Im Mittelmeer wollte die Marine nur sieben Kohlenfrachter und zwei Öltanker für die Versorgung der Seestreitkräfte beschlagnahmen. Dass dies bei Weitem nicht ausreichen würde, war klar. Gleich zu Beginn des Jahres 1914 wiesen mehrere interne Berichte auf die Grenzen dieses Vorhabens hin, insbesondere auf die fehlenden Hilfskreuzer, die fehlenden Funkgeräte bei fast allen beschlagnahmten Schiffen oder die geringe Anzahl an Kohlenfrachtern und Lazarettschiffen.[46]

Die genannten Stärken und Schwächen erstreckten sich auch auf den Bereich des Personals, das 65 000 Mann zählte. Im Verhältnis zur Gesamttonnage der Flotte verfügte Frankreich aber über viel mehr Führungspersonal als andere Marinen. Ferner wies die Dienstgradpyramide ein starkes Ungleichgewicht auf, da es zwar viele Admirale und subalterne Offiziere, aber vergleichsweise nur wenige Stabsoffiziere gab. Die durch diese Situation bedingten spärlichen Aufstiegsmöglichkeiten für die betroffenen Soldaten hatten einen regelrechten Verfall der Sitten zur Folge, wobei der Konsum von Opium und die häufigen Treffen mit Prostituierten nach Ansicht von Beobachtern zu einem echten Problem wurden.[47] Die überwiegend konservativen französischen Offiziere aus bürgerlichen Kreisen lehnten zwar mehrheitlich den Parlamentarismus ab, nicht aber unbedingt die Republik, solange diese die Aufrechterhaltung der sozialen Ordnung und die Zuweisung der Haushaltsmittel an die Marine gewährleisten konnte. Das Marinekorps war also weder in soziologischer

---

[45] Georg von Trapp, Bis zum letzten Flaggenschuß. Erinnerungen eines österreichischen U-Boots-Kommandanten, Salzburg, Leipzig 1935, S. 127; zu den technischen Unzulänglichkeiten auch S. 97; zum Aufbringen der »Curie«, die dann in »U 14« umbenannt wurde, ebd., S. 94–96.

[46] SHD-MV, 1 CC 315, LV Bard, La mobilisation. Situation des forces navales et répartition stratégique, École de guerre navale, 1925.

[47] Michael Epkenhans, La flotte allemande de haute mer et la marine française de la fin du XIXe siècle à la Première Guerre mondiale. In: Revue d'histoire maritime, Nr. 20/2015, S. 149 f.

noch in politischer oder religiöser Hinsicht die von den meisten gemäßigten und radikalen Sozialisten verteufelte »elitäre Kaste« oder »Jesuitengemeinschaft«.[48]

Bei den mittleren und unteren Rängen – den Unteroffizieren und Manschaften – war ein zahlenmäßiger Rückgang der beim Seemannsamt gemeldeten Seeleute deutlich erkennbar.[49] 1914 betrug deren Anteil am Personalumfang nur noch ein Drittel. Die freiwillig Dienstleistenden und die Wehrpflichtigen stellten von nun an den Hauptanteil und wurden vorrangig für technische Aufgaben eingesetzt. In der Tat taten sich die beim Seemannsamt gemeldeten Seeleute schwer, ihren Platz in einer zunehmend technisierten Flotte zu finden: 20 Prozent von ihnen galten als absolute Analphabeten, wohingegen 60 Prozent der Freiwilligen die Volks- oder sogar eine weiterführende Schule besucht hatten.[50] Die wenigen Aussagen zu mittleren und unteren Dienstgraden sind widersprüchlich und lassen eher Rückschlüsse auf die Vorurteile der jeweiligen Urheber zu. Der erzkonservative Admiral Jules Théophile Docteur, stellvertretender Admiralstabschef bei Ausbruch des Krieges, kritisierte sie jedenfalls sehr scharf. Sein direkter Vorgesetzter dagegen lobte die Professionalität dieser Seeleute während der großen Manöver im Jahr 1914.[51]

III.

Erst am 25. Juli 1914 erkannte die Marineführung, wie gefährlich die internationale Lage inzwischen geworden war. Zu diesem Zeitpunkt befanden sich der französische Staatspräsident und der Regierungschef auf hoher See, und zwar auf den aus Russland zurückkehrenden Schlachtschiffen »France« und »Jean Bart«, während der Marineminister sich im Urlaub befand. Der Flottenchef hatte zudem soeben die Urlaubsplanung für die traditionell dienstfreien Monate August und September erstellt. Am 26. wurden alle beurlaubten Marineangehörigen aus dem Urlaub zurückbeordert.[52] Die Rückbeorderung der Reservisten verlief ohne Probleme, sodass die personell voll aufgewachsenen Schiffe unmittelbar nach erfolgter Kriegserklärung in See stechen konnten.

Der Bereich der Personalreserve befand sich zu jenem Zeitpunkt aber in einer Übergangsphase. Im Zuge des im August 1912 verabschiedeten neuen Wehrgesetzes, das vorsah, die beim Seemannsamt gemeldeten und in den Häfen überzähligen Seeleute an das Heer weiterzureichen, war die Organisation der Personalreserve komplett überarbeitet worden. Als am 2. August 1914 die Mobilmachung angeordnet wurde, hatte der Umbau kaum begonnen, und die Haushaltsmittel für die im Zuge des Gesetzes von 1912 zu erlassenden Weisungen waren gerade erst beantragt

---

48 Jean de Preneuf, La politique de républicanisation de la Marine à la Belle époque. In: Revue d'histoire maritime, Nr. 14/2011, S. 29–60.

49 In das 1669 eingeführte Register beim Seemannsamt wurden diejenigen Seeleute eingetragen, die ihren Wehrdienst in der Kriegsmarine abzuleisten hatten. Im Rahmen der Wehrdienstreform wurde dieses Amt 1965 wieder aufgelöst.

50 Bericht von Georges Le Bail über die Rekrutierung der Marine, Marinekommission, 20.5.1911.

51 Docteur, Carnet de bord (wie Anm. 43), S. 23; SHD-MV, SS A 78, Schreiben Nr. 1210 von KAdm Boué de Lapeyrère an den Marineminister, 18.6.1914.

52 SHD-MV, SS Ed 36, Telegramm Nr. 2028 des Marineministeriums in Paris, 26.7.1914.

worden.[53] Trotz dieser ungünstigen Rahmenbedingungen ging die Mobilmachung reibungslos vonstatten; nicht zuletzt, weil das Marineministerium lediglich einen geringen Bedarf angemeldet und nur 35 000 von den verfügbaren 90 000 Reservisten einberufen hatte.[54] Die Tatsache, dass es keinen Gesamtplan gab, war also kein Problem, zumal der für Kriegszeiten vorgesehene Personalstand auf den Kriegsschiffen bereits seit mehreren Wochen erreicht war. An Land allerdings waren die Meldestellen aufgrund der großen Anzahl der zum Kriegsdienst einberufenen Männer alsbald völlig überlastet und die Marine war gezwungen, einen Teil der einberufenen Soldaten an andere Ministerien abzugeben (76 000 Mann im Laufe des gesamten Krieges).

Die Mobilmachung des militärischen Personals erfolgte also unter zufriedenstellenden Bedingungen, ganz im Gegensatz zum Aufwuchs der Schiffswerften. Ein Bericht des Admiralstabs nach Kriegsende räumte ein, dass »nicht oder so gut wie nicht vorausgeplant worden war«.[55] Die Beschäftigung von Arbeitskräften stand bei Kriegsbeginn noch nicht auf der Agenda. In den ersten Kriegswochen kam es daher in diesem Bereich, wie auch in vielen anderen Bereichen, zu einer chaotischen Personalführung, denn die Marine gab auf der einen Seite Arbeiter an das Kriegsministerium ab, trieb jedoch auf der anderen Seite mit großer Dringlichkeit die Wiedereinberufung von Werftarbeitern voran.[56]

Die Mobilmachung von Handelsschiffen, die für den Truppentransport und die Versorgung aus Übersee eingesetzt wurden, verlief scheinbar ohne nennenswerte Probleme, was von den Einsätzen zur Unterstützung der in Belgien und Nordfrankreich laufenden Operationen und zur Evakuierung mehrerer zehntausend Flüchtlinge nicht behauptet werden kann. Entgegen des im Deutsch-Französischen Krieg von 1870/71 geschaffenen Präzedenzfalles erwies sich das System als ungeeignet. Ab August wurde dringend eine große Anzahl von Schiffen benötigt, sowohl für den Transport von Wehrpflichtigen bzw. Reservisten, als auch für den Einsatz im rückwärtigen Gefechtsraum, für den Abtransport von Verwundeten oder für die Versorgung der weit von ihrem jeweiligen Stützpunkt entfernt operierenden Einheiten. Zu Beginn war die Situation unübersichtlich. Als Mitte Oktober die systematische Evakuierung der französischen und belgischen Flüchtlinge über den Seeweg beschlossen wurde, waren die Militärbehörden gezwungen, zu improvisieren. Erst Ende 1914 einigten sich das Kriegs- und das Marineministerium schließlich darauf, die Zivilbevölkerung aus dem Norden in regelmäßigen Abständen über den Seeweg zu evakuieren.[57] Doch das System funktionierte nicht. Die Reedereien waren nur ungern zur Zusammenarbeit bereit. Die Abstimmung zwischen den einzelnen Führungsstäben ließ ebenfalls zu wünschen übrig. Der Marinepräfekt war für die Küstenregionen zuständig und der Kommandant des 2. Leichten Geschwaders für

---

53 Ebd., Ministerielle Weisung zur Organisation der Personalreserve in der Marine, 2.6.1914.
54 SHD-MV, 1CC 218, Vortrag KzS Chaigneau an der École de guerre navale, 1924/25.
55 SHD-MV, SS Ca 5, Protokoll der Konferenz der services action, 19.2.1919.
56 SHD-MV, SS Eb 5, Bericht KAdm Auvert an den Marineminister, März 1915.
57 SHD-MV, SS Eb 128, Schreiben Admiralstab 2, Handelsmarine, an den kommandierenden KAdm und Marinepräfekten von Cherbourg, 31.12.1914.

alle Operationen auf See.[58] Die Zusammenarbeit funktionierte jedoch nicht nur zwischen den einzelnen Behörden schlecht, sondern auch innerhalb der Marineführung selbst.

Kennzeichen der Operationen im Jahr 1914 war eine »Diktatur des Ministers«, wohingegen bei den Landstreitkräften eine »Diktatur des Stabes« vorherrschte.[59] Dabei spielten mehrere Faktoren eine Rolle. Der erste Faktor war die Persönlichkeit des Marineministers. Victor Augagneur, ehemaliger Gouverneur von Französisch-Indochina, löste am 3. August seinen Vorgänger Armand Gauthier an der Spitze des Kriegsministeriums ab, und zwar auf Antrag seines Kollegen Adolphe Messimy, der sich weigerte, »noch länger mit einem Unfähigen bzw. einem Dummkopf zusammenzuarbeiten«.[60] Augagneur macht seinem Beinamen »Victor I.« bald alle Ehre, der ihm wegen seines autoritären Führungsstils von den Satireblättern verliehen worden war. Bereits kurz nach seinem Dienstantritt im Marineministerium stellte er die Arbeitsweise des Ministeriums in Frage: »Ich habe Vorschriften vorgefunden, die dazu bestimmt sind, die Maßnahmen des Ministers vollständig zu untergraben. Ich lege aber nun mal keinen Wert darauf, Minister zu sein, nur damit ich mir diesen Titel auf die Visitenkarte drucken lassen kann. Wenn ich Amtsträger bin, dann möchte ich das Amt auch ausüben und die entsprechende Verantwortung übernehmen, denn nur für diese lohnt es sich in Wirklichkeit, nach der Macht zu greifen, der Rest ist Eitelkeit.«[61]

Dieser Seitenhieb richtete sich jedoch nicht primär gegen den Admiralstabschef. Anders als im Kriegsministerium stand Konteradmiral Louis-Joseph Pivet an der Spitze einer Dienststelle, die keine wesentliche Entscheidungsbefugnis hatte und deren Zuständigkeiten zu Beginn des 20. Jahrhunderts beschnitten und in der Folge nur sehr eingeschränkt wiederhergestellt worden waren.[62]. Bereits kurz nach Ausbruch der Feindseligkeiten ließen ihn die meisten seiner Offiziere im Stich, zugunsten einer Verwendung auf See.[63] Augagneurs Kritik galt vielmehr dem Oberbefehlshaber der Flotte, Konteradmiral Auguste Boué de Lapeyrère, der sich damit brüstete, über Erfahrung als Marineminister zu verfügen sowie damit, zwei Jahre lang einen Großteil der Flotte kommandiert zu haben, und nicht zuletzt damit, vom Entscheidungszentrum weit entfernt zu sein. Augagneur sah sich klar im Mittelpunkt eines extrem zentralisierten Entscheidungsprozesses und befürchtete, dass dem Flottenchef ein unerträglich großer Handlungsspielraum eingeräumt werden könnte. Er äußerte sich später dazu wie folgt: »Ich habe entschieden, dass kein Telegramm beim Ministerium eingeht oder dieses verlässt, ohne dass es registriert und

---

58 Ebd., Schreiben an den Marineminister, 6.1.1915.
59 Thomas Vaisset et Jean de Préneuf, Le Parlement, la Marine et la création de la Direction de la guerre sous-marine, 1914–1917. In: Revue d'histoire maritime, Nr. 20/2015, S. 67–89.
60 Adolphe Guillaumat, Correspondance de guerre du général Guillaumat 1914–1919, Paris 2008, Eintrag vom 3.8.1914, S. 13.
61 SHD-MV, Ca 9, Anhörung des Victor Augagneur vor der Kommission der Kriegsmarine der Abgeordnetenkammer, 18.7.1917.
62 Walser, France's Search for a Battlefleet (wie Anm. 22), S. 283; Hervé Coutau-Bégarie, Castex, le stratège inconnu, Paris 1985, S. 28–33.
63 SHD-MV, 1 CC 217, »Stabskonferenz« im Rahmen des Lehrgangs an der Marineakademie 1920, FKpt Castex.

von mir abgezeichnet wird, sofern es sich um wichtige Angelegenheiten handelt.«[64]
Der »Diktatur des Ministers« dürfte es auch sehr zuträglich gewesen sein, dass die beiden Abgeordnetenkammern mit ihrer Entscheidung vom 4. August zugunsten einer
Aussetzung der Beratungen das Parlament praktisch entmachtet hatten. Auch wenn
diese Entscheidung nicht überbewertet werden sollte, so unterlagen die Maßnahmen
des Ministeriums de facto monatelang doch keiner wirklichen parlamentarischen
Kontrolle. Diese seit 1871 nicht mehr praktizierte, völlig neue Arbeitsweise im
Marineministerium wirkte sich unmittelbar auf die Kriegführung aus. Nach Aussage
von Konteradmiral Pivet duldete der Minister »keine Einmischung des Admiralstabs
in die Operationen«.[65] Außerdem stand Admiral Boué de Lapeyrère ständig unter
direkter, ministerieller Aufsicht. Er hatte nur geringen Handlungsspielraum bei der
Ausübung seiner Kommandogewalt als Oberbefehlshaber der Flotte wie auch im
Hinblick auf die Beziehungen zu den Verbündeten.

Die Verhandlungen im Rahmen des Abkommens vom 6. August 1914 sind dafür
ein gutes Beispiel. Dieser Vertrag schuf die Grundlage für die französisch-britische
Zusammenarbeit im Mittelmeer. Die französische Marine wurde mit der allgemeinen Operationsführung sowie mit der Sicherung der Handelswege der Entente
betraut. Ebenso wollte man eng zusammen arbeiten, um den Schlachtkreuzer
»Goeben« und den Kleinen Kreuzer »Breslau« zu versenken oder aufzubringen,
doch danach sollen die daran beteiligten britischen Schiffe sogleich wieder aus ihren Verpflichtungen entlassen werden.[66] Obwohl Boué de Lapeyrère zu jener Zeit
Oberbefehlshaber der Flotte war, wurde er an den von den beiden Admiralstäben
geführten Verhandlungen nicht beteiligt. Die Lektüre des Abkommens bereitete ihm
»eine sehr große Enttäuschung« und er beklagte sich darüber, dass »seine Meinung
so wenig Beachtung findet«.[67] Seiner Ansicht nach verfügte die französische Marine
nicht über die notwendigen Mittel zur Sicherung der Seewege im Mittelmeer, doch
im Pariser Admiralstab war man anderer Ansicht.[68] Diese Situation blieb nicht ohne
Auswirkungen auf die Vorgehensweise in den ersten Stunden des Konflikts sowie auf
das frühe Stadium der Schlacht von Gallipoli.

Der Transport des 19. Armeekorps nach Europa wie auch die Unfähigkeit der
Flotte, die Mittelmeerdivision abzufangen, sind wahrscheinlich die von Anfang an
am besten erforschten Operationen der französischen Marine im Ersten Weltkrieg.[69]
Boué de Lapeyrère war zwar ein großer Anhänger von Mahans Lehren, befürchtete
jedoch, dass die deutschen Schiffe das Übersetzen des 19. Armeekorps von Algerien
nach Europa stören könnten. Er schlug dem Marineminister daher am 28. Juli vor, die
bereits für die Sicherung des 19. Armeekorps eingesetzten Kräfte zu verstärken und

---

[64] SHD-MV, Ca 9, Anhörung des Victor Augagneur vor der Kommission der Kriegsmarine der
      Abgeordnetenkammer, 18.7.1917
[65] Ebd., Schreiben KAdm Pivet an den Vorsitzenden der Kommission der Kriegsmarine der
      Abgeordnetenkammer, 10.1.1917.
[66] SHD-MV, SS Es 10, Protokolle der zwischen dem britischen und dem französischen Admiralstab
      geschlossenen Abkommen, 6.81914.
[67] SHD-MV, SS Es 11, Schreiben KAdm Boué de Lapeyrère an Admiral Schwerer, 8.8.1914.
[68] Ebd., Antwortschreiben Admiral Schwerer an Admiral Lapeyrère, s.d.
[69] Die Affaire löste umgehend eine heftige Debatte aus und führte 1916 zur Einrichtung einer parlamentarischen Untersuchungskommission. Siehe hierzu die Dokumente in SHD-MV, SS Ed 76.

dafür unter anderem Begleitschiffe zu nutzen. Doch Gauthier lehnte diesen Vorschlag am 30. Juli kurzerhand ab und verwies auf die Einhaltung der vom Conseil supérieur de la Défense nationale (CSDN) genehmigten Pläne. Dementsprechend liefen sämtliche Schiffe am 3. August um 4 Uhr morgens aus Toulon aus, obgleich Boué de Lapeyère die genauen Positionen der »Goeben« und der »Breslau« gar nicht kannte. Er beschloss, die schnellsten und kampfkräftigsten Schiffe in der Mitte der aufmarschierenden Flotte zu positionieren. Falls nötig, sollten diese dann den etwas weiter westlich eingesetzten älteren Schiffen schnell zu Hilfe eilen, die zur Nahsicherung des überlebenswichtigen Truppentransports eingesetzt waren. Doch auch nachdem der Flottenchef am 6. August endlich darüber unterrichtet worden war, dass die »Goeben« und die »Breslau« sich in Messina befanden, zog er die Begleitschiffe nicht ab, weil er eine Rückkehr der deutschen Schiffe in das westliche Mittelmeer nicht ausschloss. Alle mit der Nahsicherung der Truppentransporte von Boué de Lapeyère beauftragten Einheiten, darunter auch die modernsten Schiffe, erreichten zwei Tage später gerade das Seegebiet vor Sète, als Boué de Lapeyère den ausdrücklichen Befehl erhielt, den Sicherungsauftrag an die beiden Unterabteilungen »Division spéciale« und »Division de complément« zu übergeben. Er selbst hingegen sollte sich zunächst mit seinen schlagkräftigsten Verbänden in Bizerta versorgen und dann so schnell wie möglich zur britischen Flotte aufschließen, die sich vor Malta befand. Doch zu jenem Zeitpunkt hatte sich die Mittelmeerdivision schon wieder weit von Malta entfernt. Mit seiner Entscheidung, vorrangig für die Sicherung des 19. Armeekorps zu sorgen, hat sich Konteradmiral Boué de Lapeyrère über die Anweisungen des Ministeriums hinweggesetzt. Während des gesamten Zeitraums hatte er allerdings auch widersprüchliche und bruchstückhafte Informationen zur exakten Position der deutschen Schiffe erhalten.[70]

Der Durchbruch der »Goeben« und der »Breslau« ins Schwarze Meer ließ die Adria für die französische Marine zum Hauptkriegsschauplatz werden. Nach der Kriegserklärung Frankreichs an Österreich-Ungarn erhielt der Flottenchef aus dem Ministerium die Anweisung zur Durchführung »jeder kriegerischen Operation gegen einen österreichischen Hafen, die Ihnen geeignet erscheinen mag«.[71] Am 16. August schickte Boué de Lapeyrère seine gesamten Einheiten in die Adria mit dem Befehl, die Flotte der Donaumonarchie aufzuspüren. Doch am Ende führte diese Operation lediglich zu der Versenkung des Kleinen Kreuzers Zenta. Österreich-Ungarn, das seine Kriegsflotte sicher in Pola vor Anker wusste und fest davon überzeugt war, dass seine leichten, in der Bucht von Kotor ankernden Kriegsschiffe durch ihre bloße Präsenz eine Bedrohung für die französischen Schiffe darstellten, ließ sich nicht in Kampfhandlungen verwickeln, sondern verfolgte das strategische Konzept der *fleet in being*.

Die zentrale Herausforderung für die Seestreitkräfte der Entente bestand nun darin, die k.u.k Kriegsmarine daran zu hindern, über die Straße von Otranto ins Mittelmeer auszubrechen. Doch eine Blockade der österreich-ungarischen Schiffe

---

70 SHD-MV, SS Ed 76 bis, L'Affaire du Goeben-Breslau (août 1914), Abhandlung des »Service historique de l'état-major de la Marine«, KKpt Richard, s.d.
71 SHD-MV, SS A 31, Telegramm Nr. 3189 des Marineministeriums in Paris an den Oberbefehlshaber der französischen Seestreitkräfte, 13.8.1914.

in ihren Marinestützpunkten war unmöglich, weil einerseits die Kosten für den Kohlenverbrauch zu hoch gewesen wären und andererseits die Gefahr zu groß erschien, von feindlichen Torpedobooten angegriffen zu werden. Also planten die Verantwortlichen eine Nahblockade am Ausgang der Adria, die als Binnenmeer dafür ähnliche Bedingungen bietet wie ein großer Hafen. Diese Operation setzte allerdings die ununterbrochene Präsenz auf See voraus, was im Zeitalter der Dampfschiffe kaum zu leisten war.[72] Da die französische Marine keinen Stützpunkt in der Adria hatte, musste sie auf Malta ausweichen, obgleich die Marineführung der Ansicht war, dass Malta für diese Zwecke zu weit entfernt lag.[73] Die französischen Offiziere berichteten zwar davon, dass ihre Schiffe in Malta herzlich empfangen wurden, aber auch davon, dass sie zu zahllosen An- und Rückmärschen gezwungen waren, wodurch die tatsächliche Präsenz in der Straße von Otranto nur eingeschränkt zu realisieren war.[74]

Boué de Lapeyrère schreckte nicht davor zurück, sich der feindlichen Flotte entgegenzustellen. Wiederholt stieß er in die nördlich der Straße von Otranto liegenden Gewässer vor, um die k.u.k. Marine herauszulocken. So unternahmen französische Einheiten in den ersten sechs Monaten des Krieges zehn Vorstöße in die Adria. Bisweilen kam es dabei zu einem Schlagabtausch mit den Küstengeschützen der Festungsanlagen in Kotor, jedoch ohne ernsthafte Folgen. Ebenso führte die französische Marine einige Kleinkriegsaktionen auf See durch. Am 18. und 19. September beispielsweise erkundeten die französischen Schlachtschiffe 48 Stunden lang die Inseln Dalmatiens. Im Hafen von Lissa zerstörten sie den optischen Windanzeiger Semaphor und die Telegraphenleitung.[75] Knapp zwei Wochen später liefen sie diesen Ort erneut an aufgrund der Vermutung, Österreich-Ungarn hätte dort einen Flottenstützpunkt eingerichtet. Bei der Durchsuchung der Insel kam es zu einem Zwischenfall, da der Kommandant eines Torpedobootes den Bürgermeister entführte, drei Geiseln nahm und Kriegsentschädigungen eintrieb.[76] In einem Kommentar zu diesem Vorfall räumte der stellvertretende Flottenchef ein: »wenn die ›Boches‹ von dieser Sache erfahren, würden sie unsere Auffassung von Kriegführung sicher sehr missbilligen«.[77]

Ferner versuchte Admiral Boué de Lapeyrère die österreich-ungarischen Schiffe daran zu hindern, aus ihren Häfen auszulaufen. Ab Anfang September verlegte er mehrere U-Boote in die Gewässer um Kotor.[78] Aufgrund der begrenzten Reichweite dieser Einheiten war eine ununterbrochene Präsenz auf See nicht zu gewährleisten,

[72] Thomas Vaisset, Interdire la mer ou s'interdire la mer? La Marine nationale et le blocus du canal d'Otrante (août 1914–mai 1915). In: Entre Terre et Mer. L'occupation militaire des espaces maritimes et littoraux en Europe de l'époque moderne à nos jours. Ed. par. Jean de Préneuf, Eric Grove et Andrew Lamber, Paris 2013, S. 351–368.
[73] SHD-MV, SS A 78, Bericht Nr. 1282 von KAdm Boué de Lapeyrère an den Marineminister, 17.8.1914.
[74] Ebd.
[75] Ebd., Bericht Nr. 1306 von KAdm Boué de Lapeyrère an den Marineminister, 25.9.1914.
[76] SHD-MV, SS Ed 83, Bericht Nr. 1334 von KAdm Boué de Lapeyrère an den Marineminister, 4.11.1914.
[77] Docteur, Carnet de bord (wie Anm. 43), S. 49.
[78] SHD-MV, SS Ed 83, Bericht Nr. 1295 von KAdm Boué de Lapeyrère an den Marineminister, 3.9.1914.

die für diese Form der Blockade jedoch erforderlich gewesen wäre. Zwischen dem 13. September und 22. Dezember 1914, konnte die Überwachung tagsüber lediglich an 28 Tagen wirksam durchgeführt werden; nachts hingegen waren das Ein- und Auslaufen in den Hafen immer möglich.[79] Für eine kontinuierliche Präsenz in der Bucht von Kotor wäre der Einsatz von drei U-Booten gleichzeitig erforderlich gewesen.

Der einzige in der nördlichen Adria unternommene Versuch eines *sea denial* entwickelte sich zu einer Tragödie. Am 20. Dezember stieß das U-Boot »Curie« in den Hafen von Pola vor und blieb in einem Schutznetz hängen, woraufhin die Besatzung gefangen genommen wurde. Außerdem wurden – entgegen der Erwartung der französischen Offiziere – keine Minen verlegt, um die Landungsversuche Österreich-Ungarns zu unterbinden.[80] In der Tat schreckte Boué de Lapeyrère davor zurück, die Neutralität Italiens zu verletzen.

Bei ihren Operationen in der Adria setzten sich die französischen Schiffe der großen Gefahr aus, von U-Booten der k.u.k Kriegsmarine angegriffen zu werden. Diese wurden nämlich ab Herbst 1914 erneut in Kotor, ganz nah an der Blockadelinie, eingesetzt.[81] Die Auswirkungen dieser Maßnahme ließen nicht lange auf sich warten. Am 21. Dezember, als die französische Marine erneut einen Vorstoß in die Adria wagte, wurde das Flaggschiff des Flottenchefs, das Schlachtschiff »Jean Bart«, in der Straße von Otranto torpediert. Trotz mehrerer Lecks gelang dem Schiff die Rückkehr nach Malta. Keines der französischen Schiffe wagte von da ab jedoch noch einen Vorstoß in dieses Binnenmeer. In einem Memorandum teilte die französische Marineführung der britischen Admiralität eine Woche nach dem Torpedotreffer mit, dass die Adria für ihre großen Schiffe von nun an tabu wäre. Das erklärte Ziel der französischen Flotte wäre vielmehr, »in der Straße von Otranto eine undurchdringliche Blockade einzurichten, sodass jeder Ausbruchsversuch der österreichischen Flotte bemerkt und mit absoluter Sicherheit verhindert werden würde«.[82] Von Angriffen war in diesem Dokument nicht die Rede. Vor Ort wurde die Blockadelinie in der Straße von Otranto weiter nach Süden verlegt und die Schlachtschiffe wurden aus der Gefechtsgliederung herausgelöst.[83] Diese Entscheidungen besiegelten Ende 1914 die Handlungsunfähigkeit der französischen Marine in der Adria.

Die Bekämpfung der österreichischen Flotte stand für die französische Marine nun im Vordergrund. So war Boué de Lapeyrère auch damit einverstanden, dass die Royal Navy die Dardanellen gegen die Mittelmeerdivison verteidigte, solange weiterhin der Grundsatz galt, dass Frankreich das Oberkommando im gesamten Mittelmeer ausübte. Ende September zeigte er sich äußerst besorgt über die Lage in der Adria und stimmte widerstrebend zu, zwei Linienschiffe in das östliche Mittelmeer zu entsenden, um die britischen Einheiten zu verstärken. Wenn man den

---

[79] SHD-MV, 1 CC 309, a.a.O.

[80] Louis Venin, Lettres d'un officier de marine à son épouse (1912–1919), Paris 2008, S. 104.

[81] Lawrence Sondhaus, The Naval Policy of Austria-Hungary, 1867–1918. Navalism, Industrial Development, and the Politics of Dualism, West Lafayette, IN 1994, S. 264.

[82] SHD-MV, SS Es 11, Memorandum des Admiralstabs, 28.12.1914.

[83] SHD-MV, SS Ed 83, Bericht Nr. 1385 von KAdm Boué de Lapeyrère an den Marineminister, 7.1.1915.

Worten des Kommandeurs des französischen Geschwaders, Konteradmiral Émile Guépratte, Glauben schenken darf, verliefen die Zusammenarbeit und die taktische Integration dieser Schiffe absolut reibungslos.[84] Am 3. November beteiligten sich die Schlachtschiffe Suffren und Vérité an der Beschießung der Befestigungen in der Einfahrt zu den Dardanellen, und zwar an der Seite der Royal Navy, die ihre große Zufriedenheit darüber zum Ausdruck brachten, wie Guépratte konstatierte.[85]

Dennoch führte die Kräfteverteilung zwischen Franzosen und Briten im östlichen Mittelmeer zu Spannungen. Angesichts zunehmender Schwierigkeiten, die Blockade an der Straße von Otranto aufrecht zu erhalten, weigerte sich Boué de Lapeyrère Ende November erneut, zusätzliche Schiffe in die Region zu verlegen. Darüber hinaus stellt er auf der Grundlage des Abkommens vom 6. August das Vorhaben der Royal Navy in Frage, die Schlachtkreuzer aus den Dardanellen abzuziehen.[86] Mit Unterstützung des Marineministeriums erreichte er schließlich nicht nur den Verbleib der Schlachtkreuzer der »Indefatigable«-Klasse und des Schlachtkreuzers HMS »Dublin« im östlichen Mittelmeer, sondern auch deren Verstärkung durch die HMS »Blenheim«. Boué de Lapeyrère zeigte sich erfreut über dieses Ergebnis und versicherte seinen Vorgesetzten, dass er »Admiral [Sackville] Carden weiterhin jede mögliche Unterstützung gewähren [werde], soweit dies in unserer Macht steht«, während Frankreich vier Linienschiffe zusammen mit einigen leichten Einheiten an die Meerengen beorderte.[87]

Doch seine versöhnliche Haltung änderte sich schlagartig, als die Admiralty der französischen Marine am 26. Dezember empfahl, auf größere Operationen im Mittelmeer zu verzichten und die Masse der Kräfte lieber an den Dardanellen einzusetzen, womit diese aber unter britischem Kommando stehen würden. Die zwei Tage später vom Marineministerium abgegebene Stellungnahme läutete ein Umdenken in Bezug auf die bisherige Zusammenarbeit mit der Royal Navy ein, über das man Boué de Lapeyrère allerdings nicht informierte. Mit dem von Paris geplanten Verbleib der französischen Einheiten vor Otranto deutete sich zum ersten Mal an, dass man willens war, von dem seit Kriegsbeginn geltenden Grundsatz abzuweichen, das Oberkommando nicht aus der Hand zu geben. In der Tat schlug Frankreich nicht ohne Hintergedanken vor, einem »unabhängigen« britischen Admiral die Verantwortung für die Operationen in Ägypten und im Roten Meer zu überlassen. Im Gegenzug verlangte Paris, dass ein französischer Admiral das alleinige Kommando über alle Operationen in syrischen Gewässern bekäme, da Syrien im Mittelpunkt der strategischen Interessen stünde, die Frankreich im östlichen Mittelmeer verfolgte. Auch in Bezug auf Operationen in türkischen Gewässern, wozu die Dardanellen zählten,[88] wollte Frankreich den Oberbefehl ausüben – ein geradezu radikaler

---

[84] Bericht des Flottillenadmirals Guépratte, s.d., zitiert nach Adolphe Laurens, Travaux du service historique de l'état-major général de la Marine, Le commandement naval pendant la Grande Guerre, t. 1, s.d., SHM, S. 392; Paul Émile Guépratte, L'expédition des Dardanelles, Paris 1935, S. 12 und S. 17.

[85] SHD-MV, SS Ob 1, Tagesbefehl Nr. 145 von FltlAdm Guépratte vom 3.11.1914.

[86] SHD-MV, SS A 78, Bericht Nr. 1357 von KAdm Boué de Lapeyrère an Augagneur, 29.11.1914.

[87] Ebd., Schreiben Nr. 1364 von KAdm Boué de Lapeyrère an Augagneur, 3.12.1914.

[88] SHD-MV, SS Es 11, Memorandum des Admiralstabs, 28.12.1914.

Vorschlag , der allerdings in der Geschichtsschreibung keine Erwähnung findet. Vor dem Hintergrund der alten geopolitischen Feindschaft mit England in dieser Region erwog das Marineministerium in der Tat seit diesem Zeitpunkt eine Kräfteverteilung und Aufgabenteilung im Mittelmeerraum. Denn es verdächtigte die Briten, sich den Konflikt zunutze zu machen und so Großbritanniens Position bereits mit Blick auf die Nachkriegszeit stärken zu wollen.[89] Im Laufe des Januar 1915 kamen diese Meinungsverschiedenheiten in Bezug auf den Mittelmeerraum zum Vorschein, aber die französische Marine musste sich der Entscheidung ihrer Regierung fügen, die sich dazu durchrang, Winston Churchills Lösungsvorschlag einer Operation unter britischem Kommando zu akzeptieren.

Im nördlichen Operationsgebiet war die operative Überlegenheit der Royal Navy nicht von der Hand zu weisen. Da die französische Admiralität in der Nacht des 2. August aber noch nicht mit Sicherheit wusste, ob es der Royal Navy gelingen werde, einen Vorstoß der Hochseeflotte in den Ärmelkanal zu verhindern, erhielt Flottillenadmiral Albert Rouyer, Kommandant des 2. Leichten Geschwaders, den Befehl, unverzüglich auszulaufen und die Hochseeflotte am Einlaufen in den Ärmelkanal zu hindern.[90] Die Torpedo- und U-Boote der französischen Flotte stachen von ihrem Stützpunkt Dünkirchen aus in See und legten in der Region Pas-de-Calais eine völlig unzureichende Sperre gegen die deutschen Schiffe. Doch erst am 4. August um 3.30 Uhr, als London offiziell den Kriegseintritt Großbritanniens verkündete, erhielt Rouyer die Erlaubnis, die in den Abkommen von 1913 geregelten Verfahren anzuwenden. Unter dem Befehl der britischen Dover Patrol beteiligten sich seine Einheiten daraufhin an der Überwachung des westlichen Ärmelkanals am Schutz des Hafens von Dünkirchen und an der Unterstützung der Operationen gegen die in Belgien vorrückenden deutschen Truppen.[91]

Die französische Marine konzentrierte sich darauf, die für Deutschland bestimmten Nachschubwege zu kontrollieren. Dabei war Frankreich gezwungen, sich den Vorgaben Großbritanniens zu beugen, das eine beherrschende Stellung auf den Weltmeeren einnahm und dessen Wirtschaft vom Seehandel abhing. Auf massiven Druck der Amerikaner gingen die Briten jedoch deutlich zögerlicher vor als die Franzosen. Letztere wollten eine strengere Definition der relativen Konterbande sowie strengere Bestimmungen bei den Kontroll- und Seebeuterechten anwenden als ursprünglich im Rahmen der Londoner Konferenz von 1909 vorgesehen. Bei dem Gedanken, Lebensmittel und Kohlen als Waren der absoluten Konterbande klassifizieren zu lassen, dachte Frankreich an die Vorteile, die sich daraus für seine Soldaten ergeben konnten, doch die britische Regierung lehnte den Vorschlag ab.[92]

---

89 Dies geht beispielsweise aus der Anhörung des Victor Augagneur vor der Kommission der Kriegsmarine der Abgeordnetenkammer am 18.7.1917 hervor (SHD-MV, Ca 9).
90 SHD-MV, SS Ed 62, Telegramm Nr. 2701 des Marineministeriums in Paris, 3.8.1914, 1:40 Uhr.
91 Auguste Thomazi, La guerre navale dans la Zone des armées du Nord, Paris 1925, S. 33–77. Dieses Werk wurde von dem im Jahr 1919 gegründeten »Service historique de la Marine« auf der Basis von Archivdokumenten erstellt. Es gilt nach wie vor als Standardwerk in Bezug auf die in dieser Region durchgeführten militärischen Operationen.
92 SHD-MV, SS Ea 222, Telegramm Nr. 209 von Paul Cambon, 5.8.1914.

Die Beteiligung der französischen Marine an der Blockade gegen Deutschland wurde zwar umfangreich untersucht, jedoch fast ausschließlich auf der Grundlage der vorhandenen, diplomatischen Noten.[93] Der überwiegende Anteil der Arbeiten französischer und ausländischer Verfasser stützte sich dabei nicht auf das Marinearchiv, sondern verwies nach wie vor auf die in der Zeit zwischen den beiden Weltkriegen vom Service historique de la Marine veröffentlichten Arbeiten.[94] Gleichwohl wäre eine systematische Aufarbeitung dieses Sachverhalts anhand der in Vincennes vorhandenen Dokumente sicher lohnenswert. Wie im Fall der Royal Navy und dem Foreign Office verfolgte auch das französische Marineministerium einen viel schärferen Kurs als das Außenministerium. An dieser Stelle soll nur auf einige symbolträchtige Beispiele eingegangen werden. Die Marine nahm mit großem Bedauern zur Kenntnis, dass sich der Erlass der französischen Regierung vom 11. August, der eine Liste mit allen gemäß Seekriegsrecht zur Konterbande zählenden Waren enthält, am Order in Council der Briten vom 6. August orientierte, der wiederum im Einklang mit den im Jahre 1909 getroffenen Regelungen stand. Als aber die französische Admiralität zu der Auffassung gelangte, dass Admiral Rosslyn Wemyss den Befehl erhalten hätte, auf der Grundlage einer einfachen Vermutung sämtliche Getreideladungen neutraler Handelsschiffe mit Kurs auf Rotterdam zu beschlagnahmen, erteilte sie dem Leichten Geschwader postwendend die geheime Anweisung, es den britischen Schiffen gleich zu tun.[95] Ein Rundschreiben wurde vorbereitet, um die Anweisung an sämtliche Schiffe weiterzugeben. Doch nach Rücksprache mit dem Außenministerium wurde entschieden, das Rundschreiben solange nicht zu versenden, bis London eine offizielle Stellungnahme abgegeben hätte. In der Zwischenzeit ging die Marine bei der Kontrolle neutraler Schiffe mit Kurs auf Rotterdam sehr aggressiv vor, denn Rotterdam galt als Tor zum Ruhrgebiet.[96] Bis Mitte September wurden mehr als 25 Ladungen beschlagnahmt. Mehrere Zwangsmaßnahmen zur Umleitung von Schiffen verstießen gegen geltendes Recht und zogen einen Verweis durch das Außenministerium nach sich mit der Aufforderung, die Bestimmungen des Völkerrechts strikt einzuhalten. Die Diplomaten wollten die Durchsuchungen und Beschlagnahmen auf See fortführen, wohingegen die Soldaten auf die Schwierigkeiten, den ausbleibenden Erfolg und die Gefahren im Zusammenhang mit diesem Verfahren hinweisen.[97] Ein weiteres Indiz für die unnachgiebige Haltung der französischen Marine ist ihre alsbaldige Forderung, Baumwolle in die Listen der als bedingte Konterbande klassifizierten Waren aufzunehmen. Aber, wie Konteradmiral Pivet sagte, »entgegen [seiner] Erwartung und zu [seinem] großen Bedauern« musste

---

[93] Marjorie M. Farrar, Conflict and Compromise: The Strategy, Politics and Diplomacy of the French Blockade 1914–1918, The Hague 1974; Yves-Henri Nouailhat, France et États-Unis août 1914–avril 1917, Paris 1979, S. 119–136; Eric Osborne, Britain's Economic Blockade of Germany, 1914–1919, London, New York 2004.
[94] Louis Guichard, Histoire du blocus naval, Paris 1929; und Adolphe Laurens, Le blocus et la guerre sous-marine (1914–1918), Paris 1924.
[95] SHD-MV, SS Ea 222, Telegramm an Admiral Marseillaise, 20.8.1914.
[96] Ebd., Schreiben des Admiralstabs bezüglich der von der 2e Escadre légère beschlagnahmten holländischen Dampfschiffe, mit einem Vermerk von KAdm Pivet versehen, 28.8.1914.
[97] Ebd., Schreiben an den Minister, 18.9.1914.

das französische Marineministerium die ablehnende Entscheidung der Briten akzeptieren, welche zudem bereits von der französischen Regierung gebilligt worden war.[98]

Anlässlich der Operationen zur Kontrolle der Handelswege sowie zur Unterstützung der Landoperationen und zur Evakuierung von Flüchtlingen erkannte die französische Marine die große Gefahr, die ihr durch U-Boote und Minen drohte. Zunächst war die Freiheit der Meere im Ärmelkanal nur in begrenztem Ausmaß bedroht. Solange die Deutschen die belgischen Häfen nicht eingenommen hatten, lagen ihre Stützpunkte zu weit entfernt, um sie anzugreifen, zumal die Briten eine zweifache Seesperre eingerichtet hatten. Zwischen 7. und 18. August setzten die Schiffe mit den Infanterie- und Kavalleriedivisionen der British Expeditionary Force an Bord ohne Geleitschutz über den Ärmelkanal. Mitte September wähnten sich die Alliierten in Sicherheit und erwogen, die vor der Landspitze Cap Gris-Nez und der Halbinsel Cotentin eingerichteten Sperren aus Untersee- und Torpedobooten in das Mündungsgebiet der Schelde »Bouches de l'Escaut« zu verlegen, um den Zugang nach Antwerpen abzuriegeln. Gemäß Einsatzbefehl sollten die französischen Flottillen dazu vom Stützpunkt Dünkirchen aus die Häfen Ostende und Seebrügge anlaufen, aber nachdem die drei Panzerkreuzer HMS »Aboukir«, HMS »Cressy« und HMS »Hogue« am 22. September von Torpedos des U-Bootes U9 getroffen worden waren, waren die Pläne noch einmal geändert worden. Am 5. Oktober passierten die Hilfskreuzer mit der 87. Infanteriedivision an Bord die Gewässer in nächtlichen »Konvois« in Richtung Dünkirchen und erhielten dabei Geleitschutz von einem Kreuzer und mehreren Torpedobooten des 2. Leichten Geschwaders.[99] Schließlich wurden die Fahrrinnen weiter nach Westen verlegt und die Panzerkreuzer durch leichtere Einheiten ersetzt.[100] Konteradmiral Charles Eugène Favereau, Nachfolger von Admiral Rouyer, war zwar der Meinung, dass es ineffizient wäre, beschlagnahmte Trawler als Patrouillen einzusetzen, aber er erlaubte den Heringsfischern, weiterhin Fischfang zu betreiben, weil die von ihnen verwendeten Netze gute Hindernisse für U-Boote darstellten. Daneben rief er zu Versuchen mit unterseeischen Sprengladungen auf, die von den überseeischen Einheiten verlegt werden sollten.[101] Erst sehr spät stellte sich die französische Marine auf die von den deutschen U-Booten ausgehende Gefahr ein und traf erste Maßnahmen zu deren Bekämpfung.

Eine andere Situation lag im Falle der mit belgischen Flüchtlingen beladenen Schiffe vor. Der fehlende Geleitschutz war hier nicht die Folge mangelnder Weitsicht oder nicht vorhandener Mittel. Vielmehr waren die vorgebrachten Argumente juristischer Natur. Die Schiffe mit einem Geleitschutz zu versehen, würde militärische Ziele aus ihnen machen – und dies zu einem Zeitpunkt, da Deutschland den Ärmelkanal und die Nordsee nicht zum Kriegsgebiet erklärt hatte. So bot zu Beginn

---

[98] Ebd., handschriftlicher Briefwechsel zwischen KAdm Pivet und dem Marineminister vom 26.9. und 27.9.1914.

[99] SHD-MV, SS Te 13, Anweisungen an die Kommandanten der Savoie, der Lorraine, der Niagara, der Malte, der New Haven und an das Seemannsamt in Le Havre, das von einem Gouverneur im Range eines Flottilleadmirals geführt wird, 5.10. und 6.10.1914. Allerdings wurden die ersten Trawler nicht vor Februar 1915 beschlagnahmt.

[100] SHD-MV, SS Es 11, Schreiben des Marineattachés in London an den Marineminister, 24.10.1914.

[101] Thomazi, La guerre navale (wie Anm. 91), S. 65–67.

des Konflikts aus französischer Sicht die Einhaltung der geltenden Regeln des Völkerrechts den besten Schutz gegen die deutschen U-Boote. Die Bestimmungen der Haager Konventionen und der Londoner Seerechtsdeklaration untersagten in der Tat das Versenken eines unbegleiteten Handelsschiffes ohne vorherige Warnung und schrieben vor, dass Besatzung und Passagiere vor jedem feindlichen Akt in Sicherheit zu bringen seien.[102] Dennoch wurde die »Amiral Ganteaume« am 28. Oktober vor dem Hafen von Boulogne-sur-Mer torpediert. Von den 2000 Passagieren an Bord galten ungefähr 40 als verschollen.[103] Der Admiralstab verweigert sich zwar nach wie vor der Einführung eines systematischen Geleitschutzes, immerhin wies er dann jedoch die mit dem Transport von Flüchtlingen beauftragten Schiffe an, vorrangig nachts auszulaufen. Erforderten die Umstände dennoch ein Auslaufen bei Tage, sollten Torpedoboote als Geleitzug eingesetzt werden und die Schiffe bis zum Längengrad des Cap La Hêve eskortieren.[104] Bis zum Abschluss der Evakuierung im Februar 1915 waren jedoch keine weiteren Angriffe durch Torpedos zu verzeichnen. Zu dem Zeitpunkt, als Deutschland seine erste Offensive im Rahmen des uneingeschränkten U-Boot-Kriegs begann, waren die Evakuierungen also bereits abgeschlossen. Bis dahin wurden ungefähr 60 000 belgische Flüchtlinge über den Seeweg nach La Pallice evakuiert.[105]

Ende 1914 war die strategische Mobilität, die der Seeweg im nördlichen Teil des Operationsgebiets eröffnete, während Straßen und Eisenbahnstrecken völlig verstopft waren, zweifellos ausschlaggebend für die Fähigkeit der alliierten Truppen, den deutschen Vormarsch nach der Schlacht an der Marne in Belgien und im Norden aufzuhalten. Die Öffentlichkeit nahm diesen entscheidenden Beitrag der französischen Marine an den Operationen der Entente im Jahr 1914 größtenteils nicht zur Kenntnis und auch die Entscheidungsträger waren blind für die Aktionen der Marine, weil ihr Denken vollkommen von den an Land stattfindenden Kampfhandlungen beherrscht wurde. Am Ende blieb das gesamte Handeln der Marine unberücksichtigt – ja, sie wurde sogar wegen »Untätigkeit« kritisiert. In Zeiten des Sieges an der Marne und der großen verlustreichen Schlachten im Rahmen des Wettlaufs zum Meer wurde die Tatsache, dass es keine Seeschlachten größeren Ausmaßes gab, als Versagen gewertet. Durch die unerwartete Wendung des Konflikts waren die Defizite der französischen Marine am Vorabend des Krieges deutlich zutage getreten. Dies galt sowohl für die Operationen im Ärmelkanal bzw. in der Nordsee als auch für die im Mittelmeer.

Dank ihres Improvisationstalents und einer umfassenden Anpassung gelangt es der Marine dennoch, den überwiegenden Teil der ihr übertragenen Aufgaben zu erfüllen, unabhängig davon, ob diese vor 1914 in der Planung vorgesehen waren

---

[102] Martin Motte, La guerre au commerce maritime. Un exemple de violence contre les civils (1914–1945). In: Guerres, idéologies, populations, 1911–1946. Ed. par Martin Motte et Frédéric Thébau, Paris 2005, S. 97–112.

[103] SHD-MV, SS Es 128, Mitteilung der Abteilung 2 des Stabes an den Leiter des Ministerbüros, 14.12.1914.

[104] SHD-MV, SS Ta 2, Schreiben Nr. 62 und Nr. 67 des Kommandanten für das Küstengebiet Dünkirchen an den Kommandanten für das Küstengebiet Pas-de-Calais in Boulogne-sur-Mer, 28.10. und 30.10.1914.

[105] Jean de Préneuf, L'évacuation par voie maritime des réfugiés belges des ports du Nord et du Pas-de-Calais. Octobre 1914–février 1915. In: Revue du Nord, Nr. 404–405, Januar–Juni 2014, S. 102 f.

oder nicht. Die erfolgreiche Mobilisierung, die Wahrung der Neutralität Italiens, der störungsfreie Nachschub von Truppen und Schiffsbedarf aus Übersee und sogar die Festsetzung der k.u.k. Flotte in ihren Heimathäfen – all diese Erfolge wurden schlichtweg übergangen oder kleingeredet. Im Endeffekt richtete sich die ganze Aufmerksamkeit auf die militärischen Erfolge der französischen Marineinfanteristen in Diksmuide, denn an diesem Ort wurde für die Bevölkerung sichtbar, dass sich auch die Marinetruppen in dem Kampf befanden, der bislang vom massiven Blutvergießen der Bodentruppen beherrscht worden war. In den Reihen der französischen Marine war man deshalb sehr enttäuscht und verbittert. Und bis zum Sieg im Jahr 1918 und darüber hinaus nahmen die Verbitterung und die Enttäuschung immer weiter zu.

Denis J. Kozlov

Die russische Flotte im Ersten Weltkrieg.
Aufgaben, Einsätze, Erfolge

Der Erste Weltkrieg zieht bis auf den heutigen Tag die Aufmerksamkeit von Marinehistorikern auf sich, obwohl uns bereits ein ganzes Jahrhundert vom größten militärischen Konflikt des ersten Drittels des 20. Jahrhunderts trennt. In der Geschichte der Seekriegskunst war dieser Krieg ein Wendepunkt: In der Entwicklung von Waffen und Gerät gab es einen nie dagewesenen Sprung nach vorne und die Kampfbedingungen auf See wurden schnell komplizierter. Die Folge war eine radikale Transformation der Einsatzformen und -verfahren in der Seekriegführung aller Marinen.

So entwickelten sich zwischen 1914 und 1918 neue Waffengattungen in den Seestreitkräften – Marineflieger und U-Boote – zu vollwertigen Teilnehmern an der bewaffneten Auseinandersetzung, die sich damit zu einem »räumlichen«, dreidimensionalen Geschehen wandelte. Zugleich kamen neue Klassen von Kriegsschiffen wie die ersten Flugzeugträger und unterschiedliche Arten an Seekriegsmitteln wie die Wasserbombe im Seekrieg zum Einsatz. Verbesserte Fernmeldemittel erhöhten darüber hinaus spürbar die Möglichkeiten der Führung der Verbände auf See. Auch das Spektrum der von den Flotten zu erfüllenden Aufgaben sowie der Formen und Methoden der Operationen auf See erweiterte sich. Die Bedingungen des Seekrieges waren schließlich so kompliziert geworden, dass die gesteckten Ziele häufig erst nach einer Reihe von aufeinanderfolgenden und gleichzeitigen Vorstößen, Gefechten und Schlachten erreicht werden konnten. Voraussetzung für mögliche Erfolge der gemischten Verbände waren eine einheitliche Konzeption, ein einheitlicher Plan und einheitliche Führung. Gleichermaßen wichtig war in diesem Zusammenhang auch eine gut organisierte Unterstützung durch Aufklärung oder Maßnahmen zur Täuschung des Feindes usw. Alle diese Faktoren hatten die Entstehung einer neuen Einsatzform der Flotten zur Folge – die Seeoperation.

Gleichzeitig wuchs auch die Bedeutung einer anderen Form des operativen Einsatzes der Seestreitkräfte – nämlich der systematischen Kampfhandlungen: Die bewaffnete Auseinandersetzung auf See hatte sich von einer unstetigen Abfolge kurzzeitiger Zusammenstöße von Überwasserschiffsgruppierungen zu einem ununterbrochenen Kampf in allen Naturelementen gewandelt, dessen Ergebnisse sich häufig nur mithilfe statistischer Angaben feststellen ließen.

DOI: 10.1515/9783110533972-005

Vor welchen Aufgaben stand also die russische Flotte in den Jahren des Ersten Weltkrieges und welche Formen für deren Lösung wählte die russische Marineführung?

Die erste war die Verteidigung der wichtigsten Küstenabschnitte und Aufmarschräume der Flotte. Besondere Bedeutung gewann dieses Problem in der Ostsee, wo die deutsche Führung die Möglichkeit hatte, Marinekräfte zusammenzuziehen, die der russischen Baltischen Flotte um ein Vielfaches überlegen waren (diese Bedrohung wurde in der Praxis umgesetzt, z.B. im August 1915 bei der von den Deutschen durchgeführten Irben-Operation und im Oktober 1917 bei der Landungsoperation »Albion« zur Einnahme der baltischen Inseln Dagö, Ösel und Moon). Vor diesem Hintergrund war auch die Gefahr eines Eindringens der Hauptkräfte der deutschen Hochseeflotte in den Finnischen Meerbusen zum Absetzen von Landungstruppen vor den Toren der Hauptstadt das wichtigste Szenario, das die Pläne für den Einsatzes der Marine in der Ostsee vor dem wie auch im Krieg bestimmte.

Der »Operationsplan der Seestreitkräfte der Ostsee für den Fall eines Europäischen Krieges von 1912«[1], nach dem sich die Baltische Flotte unter Führung von Admiral Nikolaj O. von Essen im August 1914 entfaltete, beinhaltete die wichtigste operative Aufgabe: nicht zuzulassen, dass die feindliche Flotte in den Ostteil des Finnischen Meerbusens eindrang. Damit sollte die Mobilmachung der für die Verteidigung von St. Petersburg vorgesehenen Truppen gewährleistet werden. Um dieses Ziel zu erreichen war eine Schlacht vorgesehen, die die deutsche Flotte abfangen sollte. Diese Auffangstellung an der engsten Stelle des Finnischen Meerbusens zwischen der Insel Nargen und dem Kap Porkala-Udd bestand aus einer großen Minensperre, die an den Flanken durch zahlreiche Küstenbatterien gesichert wurde. Östlich davon sollten Angriffs- und Unterstützungskräfte der Flotte zum Einsatz kommen. Die Schlacht in dieser Auffangstellung war als gemeinsame Operation von Überwasserschiffen und U-Booten angelegt, die an einem vorbereiteten Abschnitt Schläge gegen die Hauptkräfte der feindlichen Flotte führen sollten. Unter Verwendung von Begriffen der modernen Seekriegskunst können diese Handlungen als Seeoperation zur Verteidigung eines wichtigen Küstenabschnitts und Stationierungsraums der Flotte bezeichnet werden.[2]

Die Verteidigung der Seezugänge nach Petrograd blieb im Verlauf des gesamten Krieges die wichtigste Aufgabe der Baltischen Flotte. Um diese Aufgabe erfüllen zu können, setzte diese auf dem Kriegsschauplatz auf ein tief gestaffeltes System von Minenfeldern und Küstenbatterien, die die Hauptstadt direkt bzw. an den Flanken in den Schären oder weiter vorgeschoben an der Irben-Straße und am Moon-Sund schützten, um die Angriffswucht des Feindes schrittweise zu schwächen. Ein wichtiges Element der Verteidigung waren Minensperren (insgesamt 34 846 Minen[3]); an den Flanken der Auffangstellungen und an wichtigen Küstenabschnitten west-

[1]   Russisches Staatliches Marinearchiv [RGA VMF], F. 418, Op. 1, D. 5534, S. 121−144, und Op. 2, D. 215, S. 37−60.
[2]   V.D. Dozenko, Baltijskij i Černomorskij floty v pervoj mirovoj vojne [Die Baltische Flotte und die Schwarzmeerflotte im Ersten Weltkrieg]. In: Morskoj Sbornik, 9/1994, S. 40.
[3]   L.G. Gončarov und B.A. Denisov, Ispol'zovanie min v mirovuju imperialističeskuju vojnu 1914−1918 [Einsatz von Minen im imperialistischen Weltkrieg], Moskva, Leningrad 1940, S. 29.

lich der Insel Gotland waren zu Beginn des Jahres 1917 83 Küstenbatterien stationiert, die über 284 Geschütze mit einem Kaliber bis 305 mm verfügten.[4] Die Sicherung der Minensperren oblag den Einheiten der Flotte, der Küstenartillerie und den Marinefliegern. Die Verteidigung der Flanken erfolgte gemeinsam mit den Landstreitkräften.

Die Verteidigung des Finnischen Meerbusens wurde im Laufe des Krieges keiner Bewährungsprobe unterzogen, da die Deutschen ihre Hochseeflotte nicht riskieren wollten, ohne zuvor ihre eigentliche Hauptaufgabe – die Erringung der Seeherrschaft in der Nordsee – gelöst zu haben. Der einzige Versuch, die vorgeschobene Stellung zu durchbrechen, wurde von der deutschen 10. Torpedobootsflottille in der Nacht zum 29. Oktober (11. November) 1916 unternommen und endete mit einem vollständigen Fiasko – 7 von 11 Schiffen wurden durch Minen zerstört.[5] Hingegen war die Irben-Stellung im August 1915 und im Oktober 1917 Angriffen starker Kräfte der deutschen Flotte ausgesetzt; sie wurde in beiden Fällen vom Gegner durchbrochen. Die Erfahrungen der Irben-Operation (Schlacht um den Rigaischen Meerbusen) 1915 und das Gefecht im Moon-Sund 1917 zeigten, dass selbst überaus starke Minensperren vom Gegner überwunden werden können, wenn diese nicht zuverlässig durch Küstenbatterien gesichert sind, die ihrerseits von der Landseite her verwundbar sind.

Für den Zeitraum 1914–1915 erhielt die Schwarzmeerflotte von der obersten Führung den Auftrag, die Anlandung feindlicher Truppen im Raum Odessa zu verhindern. Grundlage dieser Befürchtung waren falsche Aufklärungsmeldungen über die Absichten des Feindes.[6] Zur Erfüllung dieses Auftrags legte die Flotte Minensperren in landungsgefährdeten Gewässern. Gleichzeitig führte sie Operationen durch, die auf die rechtzeitige Aufklärung und Bekämpfung von gegnerischen Landungstrupps bei der Überfahrt abzielten sowie die Seeverbindungen des Gegners stören und das Auslaufen deutsch-türkischer Verbände aus dem Bosporus verhindern sollten.

Die Sicherung der rechten bzw. linken strategischen Flanke der Front vor Angriffen von der Seeseite und die Unterstützung der Landstreitkräfte bei der Lösung sowohl von Verteidigungs- als auch von Angriffsaufgaben war ein wichtiges Element der Gefechtstätigkeit von Einheiten der Baltischen Flotte und der Schwarzmeerflotte.

In der Regel wurden zur Unterstützung der Armee zeitweilig besondere gemischte Verbände gebildet, in der Ostsee ebenso wie im westlichen Bereich des Schwarzen Meeres. Im Laufe der gemeinsamen Operationen arbeiteten Marine und Landstreitkräfte sowohl in strategischer als auch in taktischer Hinsicht eng zusammen. Der Charakter dieser Zusammenarbeit bestimmte die Entwicklung entsprechender Organisationsformen durch eine operative Unterstellung der

4   M.A. Petrov, Obzor glavnejšich kampanij i sraženij paravogo flota v svjazi c èvoljuciej voenno-morskogo iskusstva [Übersicht über die wichtigsten Feldzüge und Schlachten der Flotte im Hinblick auf die Entwicklung der Seekriegskunst], Leningrad 1927, S. 534.

5   RGA VMF, F. 716, Op. 1, D. 92, Bl. 146; Staatsarchiv der Russischen Föderation[GARF], F. r-6666, Op. 1, D. 18, S. 18; N.P. Solodkov, Baltijskij flot v vojnu 1914-1917 [Die Baltische Flotte im Krieg. In: Voennaja byl', November 1973, Nr. 125, S. 12 f.; Der Krieg zur See 1914–1918. Der Krieg in der Ostsee, Bd 3: Von Anfang 1916 bis zum Kriegsende, Frankfurt a.M. 1964, S. 95–97.

6   Russisches Staatliches Militärarchiv [RGVIA], F. 2003, Op. 1, D. 550, S. 150–155.

Flotte insgesamt oder einzelner Verbände unter die Führung eines Großverbandes der Landstreitkräfte, in dessen Interesse die Zusammenarbeit organisiert wurde. Von erheblichem Interesse sind auch die Erfahrungen bei der Schaffung gemischter Verbände von Armeeeinheiten und Marineinfanterie, bei der Küstenartillerie, Schiffen und Marinefliegern unter dem Kommando eines Marineoffiziers, wie das bei der Verteidigung der Donaumündung Ende 1916 umgesetzt wurde. Die Organisation der Einheiten zu deren Verteidigung kann ohne Übertreibung als Prototyp eines »Verteidigungsraumes« gelten – als Form einer Gefechtsgliederung von Verbänden der Armee und Flotte an der Küste, wie sie in den Jahren des Großen Vaterländischen Krieges häufig praktiziert wurde.[7] Im Rahmen der Zusammenarbeit mit den Landstreitkräften leistete die Flotte Artillerieunterstützung für die sich verteidigenden und angreifenden Truppen. In einigen Fällen war diese Unterstützung entscheidend für die Lage im Küstenabschnitt der Front, indem sie die Stabilität der Verteidigung gewährleistete bzw. die Verteidigungsabschnitte des Feindes aufbrach.

Die Schwarzmeerflotte erfüllte zugleich ihren Auftrag, indem sie Truppen an die Kaukasus- und die Rumänienfront transportierte und deren Versorgung sicherstellte. In der Regel fanden Militärtransporte nur bei größeren Kampfhandlungen statt. Allerdings gingen Verlegungen großer Truppenkontingente mit Seeoperationen zum Schutz der Seeverbindungswege einher, bei denen die ganze Flotte zum Einsatz kam. Die Schwarzmeerflotte führte im April und Mai 1916 drei derartige Operationen an der ostanatolischen Küste durch, um den Transport der 1. und 2. Kosakenbrigade sowie der 127. Infanteriedivision zu sichern.[8]

Die von der Flotte abgesetzten Landungstruppen – eine im Baltikum und vier im Schwarzen Meer – verfolgten jedoch nur taktische Ziele. Die Erfahrungen bei der Vorbereitung von Landungsoperationen auf der operativen Ebene – im Rigaer Meerbusen 1916 – und sogar auf der strategischen Ebene – am Bosporus zwischen 1915 und 1917 –, fanden schließlich 1917 ihren Niederschlag in der »Dienstvorschrift zur Durchführung von Landungsoperationen«,[9] obwohl sie nicht in die Praxis umgesetzt worden waren. Damit leisteten sie einen bedeutsamen Beitrag zur Erarbeitung eines breiten Spektrums an Fragen zur Vorbereitung und Durchführung von amphibischen Operationen.

Einer der wichtigsten Aufträge, den die Baltische Flotte und die Schwarzmeerflotte zu erfüllen hatte, war die Störung der Seeverbindungswege des Gegners. Dabei erprobte die russische Flotte zugleich neue Formen des operativen Einsatzes von Kräften und Mitteln. Zunächst führte sie Minenlegeoperationen an Knotenpunkten der Verbindungswege und an den Zufahrten zu feindlichen Häfen oder Meerengen durch: zwischen Oktober 1914 und Februar 1915 in der Ostsee, zwischen Juli

7   Siehe im Einzelnen D.J. Kozlov, Flot v rumynskoj kampanii 1916–1917 [Die Flotte im Rumänien-Feldzug], Sankt-Peterburg 2003, S. 108 f.
8   RGVIA, F. 2100, Op. 1, D. 1067, S. 78–80, 82–84; und D. 1069, S. 2–5; N.V. Novikov, Operacii flota protiv berega na Černomorskom teatre v vojnu 1914–1917 [Flottenoperationen gegen die Küste auf dem Schwarzmeer-Kriegsschauplatz], Moskva 1937, S. 180–230; N.B. Pavlovič, Vojskovye perevozki morem [Truppentransporte über See], Leningrad 1935, S. 50–52; Perevozka vojsk iz Novorossijska v Rize [Truppentransport aus Noworossijsk nach Rize]. In: Russische Seekriegskunst, Moskva 1951, S. 439–442.
9   »Dienstvorschrift zur Durchführung von Landungsoperationen«, Sevastopol' 1917.

und Dezember 1916 im Schwarzen Meer. Darüber hinaus gab es Operationen zur Störung der Verbindungswege des Gegners unter Führung des Flottenbefehlshabers, der sich dabei auf speziell dafür geschaffene gemischte Verbände stützte, deren Kern taktische Angriffs- und Unterstützungs-Einsatzgruppen von Überwasserschiffen bildeten (Ostsee 1916). Außerdem gab es gemeinsame Operationen von U-Booten und Überwasserschiffsgruppierungen, bei denen im Schwarzen Meer zunächst fast die gesamte Flotte, später Verbände von Schlachtschiffen, Kreuzern sowie Gruppen von Zerstörern gehörten. In der Ostsee bestanden diese Verbände allein aus Kreuzern und Zerstörern. Im Rahmen dieser Operationen wurden zumeist auch Minenfelder gelegt. Auffallend hierbei ist die zunehmende Komplexität von Such-, Angriffs-, und Unterstützungsaufgaben. Neben Aufklärung, navigatorischen und hydrografischen Aufgaben usw. dienten diese in einzelnen Fällen auch zur Unterstützung der Landstreitkräfte, die an feindlichen Verbindungswegen operierten.

Aus dem Blickwinkel der Weiterentwicklung von Formen und Verfahren des Einsatzes von Verbänden an Verbindungswegen sind die Operationen der Schwarzmeerflotte im »Kohlengebiet« (Zonguldak, Eregli) und in dem der Meerenge vorgelagerten Gebiet von Interesse, für die eine ständige Verstärkung der eingesetzten Kräfte und Mittel charakteristisch war. Die Flotte führte eine ganze Reihe von Operationen entlang des 600 Meilen langen Verbindungsweges zwischen dem Bosporus und Trapezunt durch, um die Seetransporte des Gegners zu stören: Suchen nach türkischen Schiffen mit Schiffsgruppen, Artillerie- und Luftangriffe auf Häfen, Anlegen von Minensperren am Bosporus und vor anatolischen Häfen, die »Verstopfung« von Zonguldak, des wichtigsten Kohlehafens an der türkischen Schwarzmeerküste durch Brandschiffe – ein Versuch, der allerdings mit einem Misserfolg endete.[10] Dabei setzte die Führung der Flotte gemischte Kräfte ein: Überwasserschiffe, U-Boote und Flugzeuge, die operativ und in einigen Fällen auch taktisch zusammenwirkten. Die Flottenführung war sehr kreativ der Lösung des Problems, die feindlichen Verbindungswege zu stören, und führte eine ganze Reihe von Neuerungen in die Organisation von Operationen gegen die Schifffahrt des Feindes ein. Beim U-Boot-Einsatz wurde beispielsweise das Warten auf festen Positionen am Ende der Navigationsperiode 1915 durch das Kreuzen in einem begrenzten Raum abgelöst. Zugleich wurden neue Einsatzverfahren für leichte Überwasserschiffe entwickelt und in die Gefechtspraxis übernommen. Beispiel dafür sind gleichzeitige überraschende Angriffe durch mehrere – bis zu sieben – Einsatzverbände, die jeweils aus zwei Zerstörern bestanden, entlang der türkischen Verbindungslinien im südöstlichen Teil des Schwarzen Meeres und selbstständige Operationen von Zerstörern, die zuvor über Funk an Objekte herangeführt worden waren, die andere Kräfte und Mittel aufgeklärt hatten. Zur Bekämpfung von Handelsschiffen in Häfen wurden erstmals schiffsgestützte Flugzeuge eingesetzt. Mit Inbetriebnahme der Schlachtschiffe »Imperatrica Marija« (Juni 1915) und »Imperatrica Ekatarina Velikaja« (Oktober 1915) und der Aufstellung von drei taktischen Verbänden, die der Reihe nach in

---

10 GARF, F. r-5881, Op. 2, D. 532, S. 10; RGVIA, F. 2003, Op. 1, D. 550, S. 84 f.; Flot v pervoj mirovoj vojne [Die Flotte im Ersten Weltkrieg]. Red.: N.B. Pavlovič, T. 1: Dejstvija ruskogo flota [Tätigkeit der russischen Flotte], Moskva 1964, S. 355–357.

ihre Operationsgebiete verlegten, entwickelten sich die Operationen zur Störung
der feindlichen Verbindungswege vor der türkischen Schwarzmeerküste zu einer
Blockade als höchster Form des Kampfes auf Verbindungswegen.[11]

Aufgrund der Operationen russischer Einheiten, denen auch eine Gruppe englischer U-Boote unterstellt war, gingen auf deutscher Seite 127 Handelsschiffe mit
insgesamt 187 868 BRT verloren.[12] Das Ergebnis der Anstrengungen der russischen
Flotte lässt sich am besten mithilfe des wichtigsten Kriteriums für die Wirksamkeit
von Operationen zur Störung der feindlichen Verbindungswege verdeutlichen – dem
Grad der Verringerung des Transportvolumens. Die Baltische Flotte erschwerte etwa
die feindlichen Seetransporte auf dem »schwedischen« Seeverbindungsweg, d.h.
sie reduzierte das Volumen dieser Transporte um etwa 30 Prozent.[13] Dies hatte zur
Folge, dass die deutsche Führung gezwungen war, 1916 das Konvoi-System ein-
zuführen.[14] Was hingegen das Schwarze Meer betrifft, so fehlen leider detaillierte
Informationen über das türkische Transportvolumen und vollständige Angaben zu

---

[11] I.A. Kozlov, Dejstvija russkogo Černomorskogo flota na morskich soobščenjach v pervuju mirovuju
vojnu [Die Tätigkeit der russischen Schwarzmeerflotte auf den Seeverbindungswegen im Ersten
Weltkrieg]. In: Morskoj Sbornik, 10/1951, S. 76–93.

[12] Errechnet nach Angaben in: RGA VMF, F. 418, Op. 1, D. 524, S. 87–89; H. Lorey, Operacii
germano-tureckich morskich sil v 1914–1918, Moskva 1934 [Übers. von: Der Krieg zur See
1914–1918. Der Krieg in den türkischen Gewässern, 2 Bde, Berlin 1928, 1938], S. 174–177, 242,
245 f.; H. Rollmann, Vojna na Baltijskom more 1915, Moskva 1937 [Übers. von: Der Krieg zur
See 1914–1918. Der Krieg in der Ostsee, Bd 2, Berlin 1929], S. 507; K.B. Strel'bickij. Boevoj sčet
russkich podvodnikov [Abschussliste der russischen U-Boot-Fahrer] 1914–1917. In: Podvodnik
Rossii [U-Boot-Fahrer Russlands], o.O. 2002, S. 78–93; Der Krieg zur See 1914–1918. Der Krieg
in der Ostsee, Bd 3 (wie Anm. 5), S. 426 f.; Erich Gröner, Die deutschen Kriegsschiffe 1815–1945,
Bd 1, München 1966, S. 342–377; Bernd Langensiepen u.a., Halbmond und Kaiseradler: Goeben
und Breslau am Bosporus 1914–1918, Hamburg u.a. 1999, S. 234–254.

[13] Unter »Erschweren« von Seetransporten versteht man die Verringerung ihres Volumens, wodurch den feindlichen Truppen in diesem Raum des Kriegsschauplatzes auf dem Festland die
Möglichkeit genommen wird, die ihnen gestellten Aufgaben zu erfüllen (einen Angriff zu führen,
Landungstruppen abzusetzen usw.). Ausgehend von den Erfahrungen beider Weltkriege, muss die
Gütertransportleistung des Gegners etwa um ein Drittel reduziert werden, um dieses Ziel zu erreichen. Die »Unterbindung« von Transportleistungen (in der Regel für einen kurzen Zeitraum)
bedeutet eine Verringerung des Transportvolumens von 30 bis 60 Prozent. Bei »Vereitelung« von
Transporten büßen die zu versorgenden Truppen auf dem Festlandskriegsschauplatz und (oder)
die Rüstungswirtschaft die Fähigkeit ein, ihre Funktionen wirksam zu erfüllen. Dies wird erreicht, indem das Transportvolumen durch Vernichtung von Frachttonnage, durch Verringerung
der Durchlassfähigkeit von Häfen und andere Arten der Einwirkung auf die Verbindungswege
um 60 bis 80 % reduziert wird. Dabei sind Streitkräfte und Wirtschaft zur Aufrechterhaltung der
Fähigkeit zur Kriegführung und die Bevölkerung zur Erhaltung des Lebens gezwungen, sich auf die
Nutzung von Produkten eigener Produktion und frühzeitig angelegte Reserven an Lebensmitteln,
Rohstoffen und anderer materieller Mittel zu beschränken. V.N. Černavin, Bor'ba na kommunika-
cijach: uroki vojn i sovremennost' [Kampf auf den Verbindungswegen: Lehren der Kriege und die
Neuzeit], Moskva 2003. S. 152.

[14] V. Belli, Bor'ba na morskich kommunikacijach [Der Kampf auf den Seeverbindungswegen]. In:
Morskoj Sbornik, 12/1939, S. 62; J.A. Makedon, Ispol'zovanie sudov torgovogo flota v voen-
noe vremja [Einsatz von Schiffen der Handelsflotte im Krieg], Moskva, Leningrad 1940, S. 11;
Friedrich Lützow, Der U-Bootskrieg. In: Der Große Krieg 1914–1918, Bd 4: Der Seekrieg. Der
Krieg um die Kolonien. Die Kampfhandlungen in der Türkei. Der Gaskrieg. Der Luftkrieg, Leipzig
1922, S. 235.

den Verlusten der osmanischen Handelsschifffahrt. Indirekte Angaben[15] erlauben jedoch die Schlussfolgerung, dass die Schwarzmeerflotte Seetransporte im großen Maßstab erschwerte und vereitelte, wenn nicht gar, wie zu Beginn des Herbstes 1916, gänzlich unterband.

Das Problem des Schutzes der Seeverbindungswege erlangte besondere Bedeutung im Schwarzen Meer und auf dem nördlichen Seekriegsschauplatz. Aufgrund äußerst begrenzter Möglichkeiten des Eisenbahntransports in den südlichen Gebieten des Zarenreiches waren Transporte über das Schwarze Meer zur Versorgung der Truppen an der rumänischen, an der Südwest- und an der Kaukasusfront sowie zur Aufrechterhaltung eines normalen Wirtschaftslebens in den Schwarzmeeranrainergouvernements lebenswichtig. Noch wichtiger war jedoch der Schutz der Seeverbindungen im Norden aufgrund der strategischen Transporte zwischen den Verbündeten. Zwischen 1914 und 1917 wurden in den Häfen im Norden Russlands fast 25 Mio. Tonnen Importgüter[16] gelöscht, in erster Linie teure Waffen und militärisches Gerät. Um die Verbindungswege im Norden zu schützen, wurde erstmals ein Großverband zum Legen von Minen- und zur U-Boot-Abwehr aufgestellt – die Nördliche Eismeerflottille. Dieser gelang es, trotz des akuten Mangels an Kräften und Mitteln in Zusammenarbeit mit den Seestreitkräften der Verbündeten, die Verluste der Handelsschifffahrt zu minimieren. Selbst im Jahr 1916, als die deutschen U-Boote die größten Erfolge im Kampf gegen Transporte der Verbündeten in den nördlichen russischen Gewässern erzielten, gingen von 1582 Schiffen, die auf den nördlichen Verbindungswegen unterwegs waren, lediglich 31 (weniger als zwei Prozent) verloren.[17] Der Schutz der Seeverbindungswege war nach dem Objekt-Zonenprinzip aufgebaut und wurde in der Regel in Form systematischer Kampfhandlungen umgesetzt. Lediglich im Schwarzen Meer gingen beim Transport von Truppen oder besonders wertvollen Frachten wie den Turbinen für das im Bau befindliche Schlachtschiff »Imperator Aleksandr III.« von Kerč nach Nikolaev vom 7. (20.) bis 9. (22.) Oktober 1916[18] diese Operationen in eine größere Unternehmung zum Schutz der Verbindungswege über.

---

15 Nach einheimischen Gefechtsdokumenten zu urteilen beträgt die Zahl der versenkten und verbrannten türkischen Schiffe kleiner Tonnage mehrere Hundert. Zum Beispiel meldete der Befehlshaber der Schwarzmeerflotte, Admiral A.A. Eberhardt, am 17. (30.) Juni 1916 an den Marinestab des obersten Befehlshabers die Vernichtung von 54 Segelschiffen und am 21. Juni (4. Juli) von weiteren 48 durch Torpedoboote des Schiffsverbandes Batumi (RGVIA, F. 2003, Op. 1, D. 555, S. 125, 129). Im Laufe von Kampfhandlungen einer Gruppierung leichter Kräfte vernichteten russische Zerstörer vor der Küste Ostanatoliens im Januar des gleichen Jahres an der Küste und auf Fahrt 204 Segelschiffe und zwei Motorschiffe (V.S. Slomin, Boevye dejstvija Černomorskogo flota v kampaniju 1916 [Kampfhandlungen der russischen Schwarzmeerflotte in der Navigationsperiode 1916], Manuskript, Leningrad 1954–1955).

16 P.D. Bykov, Voennye dejstvija na Severnom russkom teatre v imperialističeskuju vojnu 1914–1918 [Militärische Handlungen auf dem nördlichen russischen Kriegsschauplatz im imperialistischen Krieg]. In: Vojna na Severnom morskom teatre [Krieg auf dem Nördlichen Seekriegsschauplatz], 1914–1918, Sankt-Peterburg 2003, S. 8.

17 Flot v pervoj mirovoj vojne (wie Anm. 10), T. 1, S. 617.

18 RGA VMF, F. 418, Op. 1, D. 902, S. 50, 71 f., 99 f.; RGVIA, F. 2003, Op. 1, D. 555, Bl. 209 v, 132 v, 245 v.

Die Bekämpfung feindlicher Verbände war seitens der Baltischen Flotte und der Schwarzmeerflotte ein Teil der Anstrengungen, die Seeherrschaft zu erringen und zu behaupten. In einigen Fällen konnte Einheiten nach erfolgreicher Funkaufklärung an den Feind herangeführt werden, wie es zum Beispiel am 19. Juni (2. Juli) 1915 der Funkaufklärung der Baltischen Flotte unter Admiral Adrian I. Nepenin gelang, was in diesem Fall im Gefecht bei Gotland zwischen der 1. Kreuzerbrigade unter dem Kommando von Konteradmiral Michail K. Bachirev (»Admiral Makarov«, »Bajan«, »Oleg« und »Bogatyr«) und dem Verband von Kommodore Johannes von Karpf (Kleiner Kreuzer »Augsburg«, Minenkreuzer »Albatross« und drei Torpedoboote) mündete. Dabei ging der deutsche Minenkreuzer verloren.[19]

Ein Beispiel für eine Operation zur Vernichtung eines feindlichen Verbandes auf einem wichtigen Teil des Kriegsschauplatzes unter Einsatz aller Kräfte der Flotte ist das vom Befehlshabers der Flotte, Admiral Andrej A. Eberhardt, geführte Unternehmen zur Vernichtung der deutsch-türkischen Kreuzer »Goeben« und »Breslau« vom 21. bis 24. Juni (4. bis 7. Juli) 1916.[20] Erfolgreich war diese Operation jedoch ebenso wenig wie spätere ähnliche Versuche, die unter Führung von Vizeadmiral Aleksandr W. Koltčak versuchten, mithilfe des Schlachtschiffs »Imperatrica Marija«, des Kreuzers »Kagul« und von fünf Zerstörern den kleinen Kreuzer »Breslau« am 9./10. (22./23.) Juli 1916 zu vernichten.

Wie die Erfahrungen des Ersten Weltkrieges auch auf den russischen Kriegs-schauplätzen zeigten, können Operationen und Kampfhandlungen zur Suche und Bekämpfung feindlicher Verbände nur bei einem komplexem Einsatz von Kräften – in der Regel gemischten –, deren operativem und taktischem Zusammenwirken und der Organisation einer effektiven Aufklärung erfolgreich sein. Der Krieg of-fenbarte auch eine sich deutlich abzeichnende Diskrepanz zwischen dem gestiege-nen Angriffspotenzial der Schiffe und ihren überaus bescheidenen Möglichkeiten, den Feind aufzuklären und der Schiffsartillerie ein Ziel zuzuweisen: Die visuellen Beobachtungsmittel, mit denen die Schiffe ausgestattet waren, machten es nachts und bei ungünstigen Witterungsverhältnissen unmöglich, das Angriffspotenzial der Schiffe umzusetzen, was häufig dazu führte, dass die gestellten Aufgaben nicht erfüllt werden konnten. Die deutlichsten Beispiele dafür sind das Gefecht vor Kap Saryč am 5. (18.) November 1914 und die Schlacht im Skagerrak vom 31. Mai bis 1. Juni 1916. Dieser Umstand war eine wesentliche Einschränkung der taktischen und folglich auch der operativen Möglichkeiten von Schiffsverbänden und setzte die Entwicklung und Einführung neuer technischer Aufklärungs- und Zielzuweisungsmittel auf die Tagesordnung – ein Problem, das in der Zwischenkriegszeit durch die Erfindung des Radars gelöst wurde.

---

[19]   RGA VMF, F. 716, Op. 1, D. 14, S. 115 118; M.A. Petrov, Dva boja (Černomorskogo flota c l. kr. »Gjoben« 5-IX-1914 i krejserov Balt. flota u o. Gotland 19-VI-1915 [Zwei Gefechte der Schwarzmeerflotte gegen Schlachtkreuzer »Goeben« am 5.9.1914 und von Kreuzern der Baltischen Flotte bei der Insel Gotland am 19.6.1915], Leningrad 1926; V.J. Gribovskij, Boj u Gotlanda 19 ijunja 1915 [Gefecht bei Gotland am 19.6.1915]. In: Gangut, 11 (1996), S. 35–55

[20]   Siehe im Einzelnen: D.J. Kozlov., »Takogo slučaja ... za vcjo vremja vojny do sich por ne predstav-ljalos« [Einen solchen Fall ... hat es in der gesamten Kriegszeit bisher nicht gegeben]. In: Voenno-istoričeskij Žurnal, 1/2004. S. 35–43.

Die Aufgabe zur Bekämpfung von Kriegs- und Hilfsschiffen des Gegners übernahmen U-Boote, die in vermuteten oder aufgeklärten Seegebieten oder auf Verbindungswegen gegnerische Verbände angriffen. Russische U-Boote konnten aus einer Reihe von technischen und taktischen Gründen auf diesem Gebiet keine Erfolge erzielen. Dafür gelang es englischen U-Booten, die dem Befehlshaber der Baltischen Flotte für den Einsatz unterstellt waren, den deutschen Seestreitkräften in der Ostsee spürbare Verluste zuzufügen. Ein Panzerkreuzer und ein Leichter Kreuzer wurden versenkt, ein Schlachtkreuzer, zwei Torpedoboote und mehrere Hilfsschiffe wurden beschädigt. Zudem erzielten die Einheiten der Baltischen Flotte auch einige operative Erfolge, in dem sie z.B. langfristig den Einsatz schwerer deutscher Schiffe durch ihre Präsenz unterbanden und die Einstellung der Irben-Operation im August 1915 erzwangen.[21]

Auf diese Weise wurden die Störung der Seeverbindungswege des Gegners und die Unterstützung der Landstreitkräfte in den Küstenregionen entlang der Ostsee und am Schwarzen Meer sowie der Schutz der eigenen Seeverbindungswege auf dem nördlichen Seekriegsschauplatz zum Hauptziel der Operationen der russischen Flotte während des Ersten Weltkrieges.

Beurteilt man die Ergebnisse der russischen Marine, so lässt sich die strategische Bedeutung der Anstrengungen von Schwarzmeerflotte und Baltischer Flotte hervorheben, vor allem bei der Störung der Seeverbindungen des Gegners. Das Aufrechterhalten eines störungsfreien Transports schwedischer Erze und türkischer Kohle war eine lebenswichtige Voraussetzung für das Funktionieren der Wirtschaft und der Streitkräfte der Gegner. In Bezug auf die Türkei ist es außerdem angebracht, den »Kohlehunger« und die Lebensmittelknappheit, die sie heimsuchten und die durch Lieferungen aus Rumänien über das Meer gedeckt wurden, als Bedrohung der innenpolitischen Stabilität zu bezeichnen. Daher hatten die Operationen der russischen Flotte auf den feindlichen Verbindungswegen in ihrer Gesamtheit unmittelbaren Einfluss auf die Fähigkeit Deutschlands und der Türkei, Krieg zu führen. So ließ es die Baltische Flotte nicht zu, dass Deutschland seine Importe aus Schweden wesentlich erhöhen und dadurch den Verlust anderer Bezugsquellen für den Import von Erz hoher Qualität kompensieren konnte. Das Importvolumen dieses lebenswichtigen Industrierohstoffes aus Schweden blieb spürbar hinter dem Bedarf der Wirtschaft des Kaiserreiches zurück. Das war ein wichtiger Grund für den Rückgang der Roheisen- und Stahlproduktion in Deutschland: Bei Roheisen war ein Rückgang auf 55 Prozent im Vergleich zu 1913, bei Stahl um 71 Prozent zu verzeichnen.

Die Erfahrungen des Ersten Weltkriegs hatten auch erheblichen Einfluss auf die Entwicklung einer »russischen Schule« der Seekriegführung. Die verallgemeinerten und kritisch analysierten Lehren aus den Operationen zwischen 1914 und 1918 waren der Kern für die Schaffung eines neuen Zweiges der Seekriegführung – der Kunst der Operationsführung. Deren Grundlagen wurden im Zuge der theo-

---

[21] Siehe im Einzelnen: D.J. Kozlov, Britanskie podvodnye lodki v Baltijskom more [Britische U-Boote in der Ostsee] 1914–1918, Sankt-Peterburg 2006; W.A. Tomašević, Podvodnye lodki v operacijach russkogo flota na Baltijskom more v 1914–1915 [U-Boote in Operationen der russischen Flotte], Moskva, Leningrad 1939; Michael Wilson, Baltic Assignment. British Submariners in Russia 1914–1919, London 1985.

retischen Erschließung der Quellen ab 1932 an der Marineakademie »Vorošilov«
der Roten Armee[22] in Ausbildungslehrgängen erprobt und anschließend im ersten Grundsatzdokument für die operative Ebene – der vorläufigen »Vorschrift zur
Führung von Seeoperationen« 1940 (NMO-40) - umgesetzt.

---

[22] V.D. Docenko und V.N. Ščerbakov, Professora Voenno-morskoj akademii [Die Professoren der
Seekriegsakademie]. Red.: N.D. Zakorin, Sankt Peterburg 2004, S. 15, 42–44.

John R. Ferris

To the Hunger Blockade:
The Evolution of British Economic Warfare, 1914–1915

This chapter assesses the relationship between international law, the intelligence and power of states, and economic warfare at sea during the First World War. These topics are underexplored individually and misconstrued collectively. Historians agree that economic warfare shaped the First World War, but neither its application nor its effect have been studied thoroughly.[1] Economic warfare aims to weaken an enemy's economy while strengthening one's own. Its central means between 1914–18, maritime blockade, sought to prevent an enemy from exporting or importing goods by sea, denying it the ability to maintain markets and to garner foreign currency, or to acquire raw materials which it did not produce at home, so to create social and economic disruption, and to weaken its ability to produce military forces and equipment.[2] These aims were ambitious, and so were the means. Pursuit of this aim led Britain to intervene in the economy of every neutral country, and to struggles with most of the world's firms. In order to blockade Germany, Britain needed to regulate imports into neighbouring neutral countries, like the Netherlands, Norway, Denmark, Sweden and, until 1915, Italy, so preventing them becoming a conduit to the Central Powers. Britain also had to control exports of raw materials and manufactured goods from distant neutral polities, most notably the United States, but also Spain, and many countries and colonies in Latin America, Africa and Asia.

---

[1] Useful accounts of the topic include Archibald C. Bell, *A History of the Blockade of Germany and of the Countries Associated with Her in the Great War, Austria, Bulgaria and Turkey, 1914–1918* (London: HMSO, 1937); Nicholas Lambert, *Planning Armageddon. British Economic Warfare and the First World War* (Cambridge, MA: Harvard University Press, 2012); Eric W. Osborne, *Britain's Economic Blockade of Germany, 1914–1919* (London: Frank Cass, 2004) and Marion Siney, *The Allied Blockade of Germany, 1914–1916* (Ann Arbor, IL: The University of Michigan Press, 1957).

[2] The term blockade has two meanings relevant to this paper. The first, a narrow legal definition, dominant before 1916, focused on how effectively one prevented access to and from specific coasts and ports, as distinct from the broader rights of belligerent warships to seize enemy merchant ships or to search neutral ones for contraband, wherever encountered at sea. Increasingly from 1916, however, and universally after the war, the term became the standard descriptor for all of the allies' wartime practices of maritime economic warfare. The latter did not meet the prewar meaning of blockade, because the allies never prevented mercantile access to German ports, especially in the Baltic Sea: nor did they claim to do so. Instead, the allies justified their actions purely as retaliation for German practices of unrestricted submarine warfare. To avoid confusion, the paper will use the term »blockade« to describe prewar legal concepts, and blockade when discussing a form of maritime economic warfare.

DOI: 10.1515/9783110533972-006

These needs forced Britain into complex arrangements with foreign governments and firms, which often had political power of their own.

The aim was to inflict the maximum harm to enemy states and their affiliated firms, with the minimum collateral damage to one's own. The balance between these outcomes might force one to use powerful tools with care, or not at all. The classic instance of failure to appreciate this point was Germany's adoption of unrestricted submarine warfare, which cost far more than it gained by pushing the United States into the war – the greatest consequence of the blockade itself, however indirect and unintended. With less justification, similar calculations slowed Britain's pursuit of a financial blockade, or the tightening of its system of maritime control.

Since 1815, the great powers had fought no prolonged war, nor any to which »blockade« or economic warfare was fundamental, except the American Civil War. In 1914 they entered a kind of war for which none had prepared, a total war between societies and armed forces. Economic warfare was the epitome of total war, with states directly attacking enemy civilians. When war broke out, however, Britain was unsure about its policy on the matter, or how to exercise it and against what targets. Other states and firms were equally confused.

Before the war, British commentators often described economic warfare as being Britain's chief and unique weapon. Some claimed that economic warfare might work magically, but most thought its effect would be notable but limited, damaging an enemy slowly, and not destroying it. During 1900–14, the Royal Navy (RN) considered three distinct concepts of economic warfare. First, Nicholas Lambert argues that the RN intended to shut down the world economy at the start of a war, in the belief that these actions would cause Germany to collapse without combat, while Britain could survive the fall. This argument is clever, but unproven. Legerdemain does not replace evidence. Lambert's broader claim that had this magical policy been executed, it would have worked, is unprovable, either way. His assertion that this policy lay at the heart of British strategy is wrong. If so, Britain would have followed this strategy when war began. In fact, these ideas were ignored by everyone. The government merely authorized the Admiralty to pursue whatever technical plans for economic warfare it wished, precisely as the War Office was allowed to do regarding the despatch of an Expeditionary Force to France, and left itself free to act as the politicians wished on the night. On that night the Admiralty pursued different plans than the magical policy, and the politicians downplayed even these proposals.[3] Meanwhile, the magical policy contradicted planning for defensive forms of economic warfare which Britain intended to minimize the financial and economic consequences of war.[4]

The second concept was close blockade, a variant of older practices, with warships closing all trade to and from enemy ports and dashing after merchant ships, inspecting them at sea and dispatching suspects ashore under the command of prize crews.

---

[3]   Lambert, *Planning Armageddon* (see note 1). The best critique is Matthew S. Seligmann, »The Renaissance of Pre-First World War Naval History«, *The Journal of Strategic Studies,* 36, 3 (2013), pp. 454–479.

[4]   David French, *British Economic and Strategic Planning, 1905–1915* (London: HarperCollins, 1982).

This idea was abandoned as impractical, because to »blockade« German ports in the Baltic Sea was impossible, and increasingly even those in the North Sea. The RN slowly moved from this idea, through intermediate stages which Shawn Grimes calls »observational blockade«, with ports »blockaded« by small ships and fleets standing progressively further out, towards the third concept – »distant blockade«, which, despite the name, was not a »blockade« but rather a means to inspect ships for contraband.[5] This strategy had costs: it restricted economic warfare to seizing German merchant ships and contraband on neutral ones, while still leaving neutral and enemy vessels direct access to German ports. However, the Naval War College calculated that combined with the withdrawal of British bottoms from the carrying trade with Germany, this approach might reduce by 80 percent the number of mercantile vessels reaching German ports at the start of a war, though neutrals would redress the balance significantly.[6] The fleet exercises of July 1914 tested modes of distant blockade, which reflects the strategy which the Admiralty really was pursuing.[7] Even so, naval officers entertained plans for a close blockade of the Heligoland Bight, perhaps based on the seizure of Dutch or Norwegian islands.[8] In moving towards distant blockade, naval officers understood that they were reducing their ability to press Germany – that in strategic terms, its defence was working without being tested – by limiting their ability to risk more.

These ideas of close and distant blockade treated economic pressure as the RN's basic contribution to the defeat of Germany, with the containment of the High Seas Fleet, or its destruction if it came out, a close second, though highly desirable. They assumed that economic warfare might destroy Germany faster and cheaper than proved possible between 1914–18, but still were fairly hard-headed. The Admiralty's war plans of July 1914 aimed to »exercise economic pressure upon Germany by cutting off German shipping from oceanic trade through the action of patrolling cruisers across the approaches to the North Sea«. The »war may be a long one and time is one of our most important weapons«, but »as time passes« distant blockade would »inflict a steadily increasing degree of injury on German interests and credit sufficient to cause serious economic and social consequences«, and perhaps force it to send out its fleet.[9] The Admiralty appreciated that the RN might win the war at sea even if it could not destroy the German Navy, but that these successes would be just one element, however significant, in the defeat of the foe – a sound judgment.

These ideas were challenged by a fourth concept of economic warfare, advocated by much civilian opinion, particularly within the Liberal government, the Foreign Office, and the departments involved with commerce and finance, the Board of Trade and the Treasury, alongside the Bank of England and significant figures in

5   Shawn T. Grimes, *Strategy and War Planning in the British Navy, 1887–1918* (Woodridge, Suffolk: Boydell & Brewer, 2012); Admiralty to Home Fleet, 26.10.1911, Admiralty to Commander in Chief Home Fleet, 11.7.1914, »War Orders No. 1 (War with Germany)«, The National Archives (TNA), ADM 137/1936.
6   Admiral Slade, Naval War College, to First Sea Lord, 11.2.1907, »War Games and Sketches of War Operations«, TNA, ADM 116/1043 B.
7   Admiralty to Flag Officers, M. 0673, 1.7.1914, passim, TNA, ADM 1/8387.
8   Plans L a, L b and T, by LWD, 27.7.1914, passim, TNA, ADM 137/995.
9   »Notes on Attached ›War Plans‹«, undated, no author, TNA, ADM 116/1043 B.

finance and academe. These voices sought to limit economic warfare to the seizure of enemy-owned merchant ships at sea, and of munitions and a few raw materials being shipped by neutrals to a hostile state. They wished to minimise interference with neutral shipping, even when it worked to an enemy's advantage. They favoured allowing enemies to use British financial facilities, rather than trying to stop these practices and so driving foreigners away from reliance on the City to other bourses, thus damaging »London's supremacy as the international banking centre of the world«.[10] These views were father to the later arguments about the fourth arm of defence, but more ambitious and naive. They were not just a limit to Admiralty planning, but a distinct strategy about economic warfare and sea power. They had two roots. One was ideological, a liberal internationalist effort to restrain the use of force and emphasise that of law in power politics, and an effort of liberal political economics to protect the rights of private property at sea, and to limit the power of states against individuals and societies in war. These views were independent, though exponents of one generally supported the other. The second reason was to protect Britain's centrality in international trade by avoiding the counter-productive effect of wrecking the international economic system and thus the position of its maker and master, Britain. This argument had force, because economic warfare posed a tragedy for Britain, where any and every action would have great costs, arguably outweighing the benefits. The ideological arguments were weak in hindsight, yet powerful at the time. Rarely has ideology shaped debates over strategy as much as in this case. We find this matter hard to understand because we, too, are liberals, of different sorts, and do not view liberalism as an ideology, but rather as the natural way to understand the world. For many contemporary Britons, legalism and ideas of political economics like free trade and private property were almost articles of religious faith, or scientific law.

These strategies were linked to law in complex, inchoate and contradictory ways. Victorian statesmen adopted a loose logic suiting a dominant sea power, based on a good grasp of how the law and politics of the seas really worked in peace and war. It might be called »pragmatic hegemonism«, which aimed to encourage general support for a law of the sea that protected British interests as a neutral, and as a combatant during minor struggles, at the price of weakening belligerent rights. The latter were unnecessary for major wars at the moment, but could expand if and when needed in the future. International law regarding economic warfare at sea was mutable, and would be changed through force and interest in any war. During a great war, these laws would fail if they damaged the vital interests of any belligerent, as was likely to happen. Enemies would break these laws if they seemed to help Britain dominate the seas which, given the strength of the Royal Navy (RN), any set of laws must do, somehow. Alternately, Britain would find an excuse to abandon these rules. Until then, so long as Britain could write the rules, it was willing to enforce them equitably, or see them used by others, even to its own cost. As a neutral, Britain accepted

---

10   Report of the Sub-Committee on Trading with the Enemy in Time of War (1911), TNA, CAB 16/18A.

how other states used the rules for belligerent rights, even when it did not like the outcome. As a belligerent, Britain would do what it willed.

These attitudes changed increasingly until 1914, while arguments based on them became muddled. Pragmatic hegemonism remained powerful in the Admiralty. It survived among statesmen, but in an attenuated form. Meanwhile, the belief that belligerents would, and Britain should, follow international law during great wars, rose, though never to rule. Statesmen held that sea powers would follow the framework of previous practice, as had happened with every maritime campaign since 1815. Thus, in 1903, when testifying before an important strategic committee, the Director of Naval Intelligence, Captain Prince Louis of Battenberg, was asked whether »the Admiralty have framed their plans on the assumption that the International Laws of warfare will be binding under all circumstances upon all nations?« He replied that belligerents generally would obey »the International Laws of warfare ... It is rather difficult to see how civilized warfare can be carried on unless you assume that«. Enemies, however, might adopt some uncivilized methods of warfare and »it would be undoubtedly unwise to depend too strongly upon every point of International Law being adhered to.«[11]

The basis of economic warfare under international law was uncertain and controversial. Before 1914, Britain led the world towards eliminating that uncertainty by codifying a narrow set of rules, through the Declaration of London. The Declaration was accepted in principle by leading states but ratified by none and hence had no legal force, though some political impact. It defined contraband narrowly, as being either (a) absolute, essentially munitions sent directly or indirectly to an enemy country, or (b) conditional, basically food and some finished items like optical instruments sent straight (without an intermediate neutral destination) to an enemy military base, or to a contractor known to be working for the enemy's government. Items of conditional contraband assigned to enemy civilians, carried on neutral vessels, could not be seized without proof that it fit these categories. All items of conditional contraband assigned to enemy civilians, or sent straight to a neutral port, were safe from an enemy's hands. All other materials, so called free goods, explicitly including major commodities like raw cotton or metallic ores, »may not be declared contraband of war«. These rules did not prevent belligerents from seizing all merchant ships under the enemy's flag, or from searching neutral vessels for contraband anywhere on the high seas and bringing them into a Prize Court for adjudication. No »blockade« was legally acceptable unless it met rigorous definitions of effectiveness, which for the allies during 1914–18 would have included coverage of every German port in the Baltic.[12]

Supporters of the Declaration of London emphasised its ideological value in promoting the common good over the maritime commons, and ideals of international arbitration and the sanctity of private property. When Britain was a neutral, these principles would minimize interference with its mercantile marine, the largest on

---

[11] Nineteenth Meeting of the Royal Commission on the Supply of Food and Raw Material in Time of War, 5.11.1903, TNA, ADM 137/2872.
[12] Osborne, *Britain's Economic Blockade* (see note 1), pp. 34–41.

earth, and keep cotton off contraband lists, so preventing harm to the textile industry in Lancashire. As a belligerent, they would reduce interference with food imported into Britain, as a defensive measure of economic warfare. There was surprisingly
little public or official discussion about the Declarations' effect on Britain's ability
to wield economic warfare as a weapon.[13] Despite protests by unofficial publicists,
the Admiralty never openly challenged the Declaration, because for many reasons it
thought these principles would not compromise its plans for economic warfare. The
ability to search neutral vessels at sea for contraband would enable distant blockade;
these legal issues were irrelevant under the magical concept of economic warfare.
Leading admirals, like »Jacky« Fisher and Charles Beresford held that law was irrelevant in war, when Britain would discard the Declaration. Yet many officers internal-
ized ideas about civilised warfare. In 1903, Battenberg noted »the larger question of
humanity. You cannot condemn forty millions [sic] to starvation on the ground that
they assist in defending their country, because you include women and children.« In
1912, the Chief of the War Staff, Admiral Ernest Troubridge, said regarding foodstuffs, »we should vary our policy according to whether Germany declared them
contraband or not. If Germany declared food contraband we should do the same,
and spare no effort to prevent food reaching Germany«.[14] As events turned, however,
the Declaration of London crippled British economic warfare when the war began,
and food became the key target for blockade.

Before August 1914, Britain could not prepare a policy of economic warfare. Its
plans for offensive and defensive procedures were incoherent and contradictory. Its
authorities were too divided to cooperate. None understood the magnitude of the
task. When war began they did not know what that policy would be, nor who would
run it. These questions were answered only through a long and confusing clash between policies, dominated by ignorance about the issues among all decision makers,
ideology, and irony in the relations between Britain and Germany.

When war began, the RN started to interfere with trade through measures which
suited both distant blockade and the magical policy of economic warfare. Private
firms and the civil departments complained immediately and bitterly. Neither the
First Lord of the Admiralty, Winston Churchill, the First Sea Lord, Battenberg, nor
other admirals resisted this pressure. They were willing to combine distant blockade
with the Declaration of London. So were Liberal politicians and the civil departments, especially the one which quickly dominated economic warfare, the Foreign
Office. The latter assigned that task, and diplomatic relations with most neutrals,
especially the United States, to a new unit, the Contraband Department. The
Foreign Secretary, Edward Grey, wished to follow a liberal position in economics
and law. Bitter towards Germany, still he had regard for neutral rights, and hoped for
American cooperation with British policy. Perhaps Grey saw the danger he had forecast in 1911, that if Britain rejected the Declaration of London, the »probable consequence« in any war with a continental power was that the enemy, »knowing perfectly

---

[13]   For one example, see *House of Commons Debates*, 28.6.1911, vol. 27, cols 434–548.
[14]   Minute by Crowe, 24.12.1908, TNA, FO 371/794; *House of Commons Debates*, 29.6.1911, vol. 27,
       p. 631; TNA, ADM 137/2872 (see note 11); 6th meeting, 23.2.1912, Sub-Committee on Trading
       with the Enemy in Time of War (1911), TNA, CAB 16/18A.

well the risk, and desiring to avoid the danger of any friction with the United States«
would propose that each should accept the Declaration and »refer to arbitration any
question which arose between them«, driving danger towards England.[15] Even in
June 1915, when economic warfare had become ruthless, Grey held

> »that if we can be secured against aggressive war being made upon us we should agree to
> forgo [sic] interference with commerce in time of war. I believe also that in view of the
> future development of the submarine and our excessive dependence on oversea commerce
> it will be to our interest that the sea should be free in time of war.«[16]

Nor did Whitehall act from fear of the United States. When the British embassy
in Washington warned that controls over American exports might cause Entente
purchases to be banned, Orme Sargent of the Contraband Department doubted the
threat would »come to anything. The U.S. trader won't want to cut off his nose to
spite his face: besides we have luckily the means of retaliation by preventing goods of
which the Allies have complete control from going to the U.S.«[17] Yet alienating that
country unnecessarily would have costs, which Whitehall wished to avoid, just as it
hoped to gain through cooperation. These ideas bolstered Grey's calculations about
the value of belligerent rights at the time, against the rule of law tomorrow.

Grey, overwhelmed by work, missed key details about economic warfare which
he did not like or understand. He thought that to control contraband would be hard
because to prove the purchaser was so. He overstated this problem – communications intelligence quickly proved able to provide such evidence – but British authorities had no idea of this power at that time and could not exercise it. They wished to
minimize the scale and inconvenience of censorship while the censors were swamped
with material.[18] Spasmodic examination of intercepts demonstrated this source was
valuable while enemies and neutrals were evading British controls. Britain tightened
these practices, but not systematically until unrestricted submarine warfare began.
Not even those authorities most aggressive about economic warfare understood how
effective it could be, nor how quickly, until they had to make the campaign work
from March 1915.

Grey misconstrued the costs and benefits of economic warfare. He doubted its
immediate value. He feared that to tighten procedures would gain little and anger
neutrals who could cease to cooperate, while damaging neutral rights Britain might
need in the future. His peers did not press him. Like him, liberals within and without the government supported the fourth school of economic warfare. Strategic dis-
cussions within the Liberal government rarely considered economic warfare, which

---

[15] *House of Commons Debates*, 3.7.1911, vol. 27, pp. 870–71.
[16] Minute by Grey, undated, on memorandum by Drummond, 7.6.1915, TNA, FO 800/95.
[17] Minute by Sargent, 26.11.1914, Foreign Office to British Embassy, Washington, No. 109,
Commercial, 1.12.1914, TNA, FO 368/1162, 75179. Lambert, *Planning Armageddon* (see note 2),
is the best and a strong account of the first months of the campaign of economic warfare.
[18] Minute by Sperling, 11.9.1914, Butler to Colonel Churchill, 10.9.1914, TNA, FO 371/2192,
48540; John Ferris, »Reading the World's Mail: British Censorship, Communications Intelligence
and Economic Warfare, 1914–1919«, in John Ferris, *Issues in British and American Signals
Intelligence, 1919–1932* (Fort George G. Meade, MD: The National Security Agency, Center for
Cryptologic History, 2015), United States Cryptologic History, X/X, pp. 1–21.

seemed irrelevant to their hopes of winning the war fast and cheap. A rare advocate of hunger blockade before the war, the *eminence grise*, Lord Esher, agreed that

>»The attrition of German manhood from losses in battle, of German wealth by English sea command, of the material of war by lack of imports of raw material, are grave considerations in a war prolonged over a period of years; but their immediate and vital effect in a war of moderate duration is extremely difficult to estimate.«[19]

Even less optimistically, the Chancellor of the Exchequer, David Lloyd George, doubted that success in economic warfare could matter until German armies suffered great defeats, when the effect might be great.[20]

Grey supported the Declaration of London for ideological reasons, but also because any other action would create an incoherent legal basis for economic warfare, with diplomatic costs for this war and future ones. On 4 August 1914, the Foreign Office issued a contraband list virtually identical to that of the Declaration of London, which was restated through an Order in Council on 20 August. The latter noted that Britain intended to follow that Declaration »so far as may be practicable«. It defined regulations which did so with one major exception, extending the doctrine of continuous voyage (which allowed a belligerent to seize goods being sent to a neutral if the enemy was the ultimate recipient) to items of conditional contraband intended for sale to an enemy state or its agents. That exception stemmed from reports, which proved to be wrong, that the German government was nationalizing the imports of foodstuffs. Between August and December 1914, these procedures fluctuated in intensity, as Britain responded to the pressure of neutrals and the exigencies of economic warfare. An Order in Council of 21 September defined several metals which were essential to munitions production, especially copper, lead and iron, as conditional contraband. Another Order of 29 October made these materials, and others like aluminum and petroleum, absolute contraband. That Order also withdrew the doctrine of continuous voyage from conditional contraband, which had had little effect, but warned it would be restored if Germany »is drawing supplies for its armed forces from or through a neutral country«. The list of absolute contraband was extended again on 23 December in minor ways.[21]

In 1914, Britain could have conducted the most ruthless campaign of economic warfare ever known, precisely as it did by 1916. The effort to follow the Declaration of London, »so far as may be practicable«, however, dominated economic warfare. The central problems were defined in legal terms, rather than economic, naval or strategic ones: not how best to damage the German economy, but rather, how to redefine absolute contraband and to handle conditional contraband, including food, being shipped to neutrals adjacent to Germany, and to win cases in Prize Court. The problems were legal and evidentiary, how to detect absolute and conditional contraband and prove their purchaser. The solutions were extra-legal and diplomatic: to

---

[19] Memorandum G-4, Lord Esher, »The War, After Six Months«, 29.1.1915, TNA, CAB 24/1.
[20] Memorandum G-2, by David Lloyd George, The War, »Suggestions as to the Military Position«, 1.1.1915, 29.1.1915, TNA, CAB 24/1.
[21] Osborne, *Britain's Economic Blockade* (see note 1), pp. 58–79. For a useful assessment, see Isabel V. Hull, *A Scrap of Paper, Making and Breaking International Law during the Great War* (Ithaca, NY: Cornell University Press, 2014), pp. 171–80.

coerce and reward firms and to persuade neutral states to let Britain manipulate their nationals, especially by pressing foreign businesses to create import or export cartels which would police bad behavior by their fellows. Neutrals demanded that Britain honour the Declaration of London, which they had not ratified and were violating, as when the United States government let German shippers sell its vessels to Americans, and then placed them under its flag. All knew that some of their citizens were importing or exporting contraband to Germany. Neutrals were less noble than mercenary – as usual. These attitudes first shocked and then angered British authorities, but had to be handled. Britain did so with some success. The Dutch government let a cartel of national firms, the *Nederlandsche Overzee Trustmaatschappij*, or Netherlands Overseas Trust (NOT), take responsibility for imports into the Netherlands and to prevent the re-export of contraband to Germany, subject to sanctions. That procedure let a neutral caught between Britain and Germany sidestep their pressure, and still make money from the war. The Norwegian and Danish governments did not go so far but were cooperative, while the United States let Britain organize American exporters into cartels which policed each other. That mixed experience, compared to a Swedish refusal to tolerate such procedures, demonstrated the value of cooperation from neutrals.

Those legal difficulties drove Britain to conduct economic warfare through extra-legal means, not illegal but coercive, stemming from its dominance in the Atlantic Ocean. They included political pressure against foreign states and firms to abandon or adopt certain practices, warning merchant ships that the German practice of floating mines made the North Sea dangerous to cross, »diplomatic prize courting« (detaining ships that carried items of absolute or conditional contraband which could not be proven bound for the enemy as a means to pressure firms, and to prevent neutral countries from building surpluses of materials useful to the German economy) and preemptive purchasing of select goods, including those which a Prize Court might refuse to condemn, so denying them to Germany. The circumstances drove Britain to a complex and, seen from outside, seemingly contradictory policy of economic warfare, like the redefinitions of absolute contraband, and especially attitudes towards shipments of food.

»Public information and intercepted messages of neutral and enemy firms began to dispel the extraordinary ignorance about the issues at hand. They demonstrated that German and American firms were cooperating to send vast supplies to neutral countries for transshipment to the Central Powers. Chicago meatpacking firms sent 23 million pounds of meat and lard to Denmark. American firms boosted their shipments of copper to Italy, Scandinavia and Switzerland from 8 million tons per year to 33 million tons in four months. At that rate, Germany easily could maintain its prewar imports of copper through neutral neighbours, avoid any problems with its food supply, and escape economic pressure. Britain stopped most of these shipments before they reached their destination.[22] By November 1914, the Restriction of Enemy Supplies Committee (RESC), which assessed cargoes and commodities, and the Contraband Department believed, as

---

22 TNA, ADM 186/603, Memorandum by W.E. Arnold-Forster, Lt. Commander RNVR, undated, »The Economic Blockade, 1914–1919«, p. 36.

Sargent wrote, Our policy of restricting enemy supplies is just beginning to make itself felt, and in view of the high prices which are beginning to rule in Germany we may expect from now onwards that shippers will try every conceivable means of smuggling through commodities, such as copper & rubber, which they can sell in Germany for 4 times the price they can anywhere else. The most natural form for this smuggling to take will be by means of false manifests & descriptions of goods. We have recently discovered by means of intercepted tells instances of rubber being shipped as gum & no doubt there have been several similar cases which we have not discovered.

It is evident therefore that if we are to continue the policy of depriving the enemy of supplies essential for carrying on the war, we must maintain to the full our right of search & detention, in spite of the U.S. campaign which will no doubt be worked against us.

Another point to be remembered is that as long as we detain & inconvenience ships carrying potential contraband the trade in these articles will be hampered & restricted by exorbitant freight rates & insurance premiums. If it once became known that we were no longer going to enforce our right of search & detention, these rates would fall & contraband trade to neutral countries adjacent to Germany grow enormously. And if once these neutral countries were flooded with contraband, the local prohibitions of export would – what with smuggling & Govt [sic] exemptions – prove but a feeble barrier against reexport to Germany.«[23]

Among commodities, petroleum was easy to stop, because it was carried by specialized tankers, few in number, easily identified. Oil had immediate operational value, making preemptive purchase rational in negative and positive terms. By 28 August, the RESC identified petroleum as a problem and offered solutions, like buying up tanker charters, and ostentatiously seizing a ship and offering preemptive purchase or taking it before the Prize Court, in the hope of winning, despite the danger of losing. »Adjudication by the Prize Court will take two or three months, and we think the effect produced by one or two captures will be valuable even if the Crown is mulcted in damages«.[24] These procedures worked, although Germany procured sufficient oil from Rumania to survive the effort. Metals and metallic ores were harder to control, because they could be shipped or smuggled on standard vessels. So great was the unit value of cargoes, the allies' willingness to purchase them and the costs to firms of being dragged before prize courts, however, that these materials were controlled through similar means a few months behind petroleum, though not before German stockpiles multiplied.

Food was harder to control. Shipments of American meat reached Copenhagen, where it was processed, tinned and shipped to Germany, with soldiers the prime consumers. The Danish Foreign Minister unofficially indicated that he wished Britain could contain »all imports not required for home consumption in Denmark, and likely to cause embarrassment to the Danish Government«, so to move his country from the crossfire hurricane.[25] Stopping this trade was easy in naval terms but hard in legal ones. To declare food absolute contraband would wreck the Declaration of

[23]   Minute by Orme Sargent, 26.11.1914, passim, TNA, FO 368/1162, 75179.
[24]   Fourth and Sixth RESC Reports, 28.9., 29.9.1914, passim, TNA, ADM 137/2988.
[25]   British Legation, Copenhagen, to Foreign Office, Despatch No. 79 (Commercial), 4.12.1914, passim, TNA, FO 368/1103; Minutes by Webb, DTD, 21.12., 25.12.1914, TNA, ADM 137/2806.

London. The Naval Trade Division (NTD), in charge of blockade, the RESC and the Contraband Department, thought the only solution was to define Denmark as an »enemy base of supply«, as foreshadowed in the Order of Council of 29 October. That act would place a presumption of guilt on all conditional contraband shipped to Denmark. Britain then could allow such shipments solely through a Danish version of the NOT, which would prevent their re-export to Germany. Grey opposed this idea. The NTD mistakenly thought he did so because it would prevent Britain as well as Germany getting food from Denmark: »In other words, it seems that German troops must be fed rather than that the British population should go without such luxuries as Bacon, Butter, etc.«[26] In fact, Grey was driven by an alloy of political and legal factors. Under Article 34 of the Declaration of London, »an enemy base of supply« could exist only on enemy territory. The Declaration also did not extend «continuous voyage« to conditional contraband, which must happen were Denmark declared a base for enemy supply. To give Denmark that status would directly attack the Declaration, neutral rights and the fourth school of economic warfare and everything it protected.

Despite pressure from his subordinates, Grey paralyzed this action for five months. Britain stopped food shipped from the United States when, as with the *Wilhelmina* and *Kim* cases, intelligence suggested the buyers were agencies of the German government, which in those instances was true. These authorities expected to lose those cases, for lack of the evidence required to condemn cargoes, and so to pay damages or purchase the cargoes, but thought any other action would encourage such shipments. Thus, failure to seize the *Wilhelmina*, the first ship to carry food straight to Hamburg, would encourage other neutral vessels to do that same.[27] Still, until March 1915, such shipments grew steadily, moving through a legal loophole opened by the Declaration of London and the Orders in Council. Britain could not hold cargoes of food shipped to a named consignee, real or dummy, who lacked clear links to the German state. Officials looked for extra-legal solutions, by convincing one of the parties – the United States or Danish governments, or the meat-packers – to close the channel for food to Germany, including civilians to some degree. Whitehall rightly viewed soldiers as the main consumers for these shipments. It sought (how seriously is uncertain) to make the meat packers limit food shipments to European neutrals to their small prewar levels, »the bona fide normal internal consumption of such exports in these countries, not including re-exports therefrom«. Such actions would contain the status of food as conditional contraband, without eliminating it in law.[28] These parties, however, had no incentive to solve Britain's problems. It had no leverage on them. Unless, warned Sargent, Denmark was named a base of enemy supply, »we have absolutely nothing to bargain with« against the packers, except the four ships already interned in the *Kim* case.

---

[26] Minutes by DTD, 22.12., 25.12.1914, and Hopwood, 22.12.1914, ADM 137/2806.
[27] »Summary of the Present Position with regard to Intercepting Commerce for and from Germany«, Foreign Office, 17.2.1915, TNA, FO 800/909.
[28] Foreign Office to Washington Embassy, 23.12.1914, No. 156 Commercial, TNA, FO 368/1162, 83941.

»All the recent shipments of meat stuffs have been consigned to the shipping agents in Denmark & in consequence we have been unable to touch them. So long as we limit our powers of action in this way, the packers I am afraid will have little inducement to come to any arrangement with us, for they can always evade seizure by consigning their goods to some dummy consignee.«[29]

Grey's efforts to maintain the Declaration of London centred increasingly on two points, even though both of them worked for German interests in the short term: to keep cotton a free good, and food an item of conditional contraband. He ordered the Procurator General, in charge of prosecuting cases before the Prize Courts, to

»hold on to all Absolute *Contraband* articles such as Copper and Rubber as long as we can, and even should we have no very strong evidence for use in the Prize Court the cases should go in to Court at the risk of losing and having to pay damages. In case of need these articles should be bought or requisitioned instead of being released. Neutral Countries should not be permitted to have an excess of Copper or Rubber or other Contraband useful for war purposes over their normal requirements.«

However, Britain should handle food as conditional contraband: »to treat leniently Foodstuffs unless there is sufficient evidence of Enemy destination to secure a probable condemnation in the Prize Court«.[30] The outcome was confusing. Much food crossed the Atlantic because Britain missed the shipments or let them pass, even when German soldiers probably were the destination. However, the Foreign Office ordered the detention of ships suspected of carrying major shipments of food to the German government.[31] Even more confusingly, some RN captains detained vessels containing food, which later were released by the Prize Marshal, as part of a cat and mouse game with the Foreign Office. Until March 1915, Britain allowed through virtually all shipments of American food destined for Germany and all other categories of free goods and conditional contraband. Before the German declaration of unrestricted submarine warfare, Britain was not moving towards a harder line, though the Prize Court cases for *Kim* and *Wilhelmina* would have forced a decision by April 1915, perhaps creating tighter controls over food intended for the German government. Ultimately, a complete blockade of food to Germany might have been inevitable, given the nature of the war, but it was not yet on the horizon.

British economic warfare had mixed success in the first months of the war. Most neutral merchant vessels voluntarily called at British ports. Any which preferred otherwise could try to run the blockade without much penalty: many or most of them succeeded. Blockade was not applied by far distant weather-beaten ships – the weather beat the initial efforts by the blockaders of the Tenth Cruiser Squadron. Its first warships were quickly withdrawn and scrapped as inadequate; the second group, passenger liners equipped with guns, sailed into a wild winter on the north Atlantic, where one simply vanished, presumably in a storm. These warships could not intercept every merchant ship crossing the Atlantic Ocean, let alone inspect them, or send all suspects ashore under prize crews. In November, when reappointed as First

[29]   Minute by Sargent, 18.12.1914, TNA, FO 368/1162, 83941.
[30]   »Memorandum of Conversation with Sir Edward Grey«, unsigned, but probably John Mellor by internal evidence, 19.12.1914, TS 13/234 B, TNA.
[31]   Minute by Crowe, 25.12.1914, passim, TNA, FO 368/1162.

Sea Lord, Fisher declared a war zone across the North Sea, to press neutral vessels to call at British ports for inspection. The Grand Fleet was uncertain how to handle neutral ships which tried to enter that zone. Churchill replied that he did »not wish force used« to stop them, but instead they should be told »if they cross the line Iceland-Faoroes-Hebrides they do so at their own peril«, though his subordinates sought to harden his hand.[32] Fifteen neutral merchant ships sailed directly from the United States to Hamburg without being stopped in the first seven months of the war. Between 7 March to 19 April 1915, the Admiralty later noted, 73 of the 455 merchant ships making the northern route »passed through unexamined«.[33]

Through diplomatic means, Britain quickly restrained shipments of contraband to the Netherlands, which diverted the problem to Scandinavia. After much confusion, which enabled the enemy to boost its stockpiles, Britain and France halted the exports to Germany of absolute contraband, including the major materials added to the list. Britain handled the cotton problem by purchasing the American crop. Between August 1914 to February 1915, blockade drove German shipping from the seas, and harmed German exports, imports, and GDP. The German population and economy relied more than ever before on imported goods, and paid extra for them. German exports were crippled. Yet Germany never had imported so many goods from the United States as it did between August 1914 and February 1915, measured by value. After a short shock, German exports to the United States returned towards prewar levels, measured by value, in January and February 1915, because they could be carried directly on neutral ships crossing the Atlantic Ocean. Blockade did little to Germany beyond worsen the terms of trade for its imports and exports. Even in September 1915, when experts considered »how far Germany was in fact being injured by our present policy of blockade as regards import«, they concluded »that the only argument which could have justified the blockade in so far as concerned articles of non-military value was that of success. Our policy, however, had been chiefly successful in helping Germany to economise on imports, and thereby protect her gold reserves.«[34]

Slowly, British attitudes towards blockade changed. The early months of the war had a radicalizing effect. Experience with British mobilization demonstrated that the enemy's power did not stem simply from the state, but its society and economy: any item which helped industry boosted an army. These lessons undercut the liberal position towards blockade, and challenged the idea of conditional contraband and free goods. So did the mercenary behaviour of neutral firms and states, and the fragmentary intelligence about them. The earliest challengers to the prevailing policy of economic warfare were the few people involved in it, who could see the problems and prospects, especially intelligence and naval officers, the Procurator General's branch and the Contraband Department. Ultimately, the pressure of events probably

---

[32] Director of Trade Division to Admiral de Chair, 13.12.1914, TNA, ADM 137/2909.
[33] »Spare papers re effect of reprisals«, no author cited and undated, but likely April/May 1915, TNA, ADM 137/2909.
[34] »Memorandum by Mr. Parker, September 3, 1915«, in David Stephenson (ed.), *British Documents on Foreign Affairs, Part 2, Series H, vol. 6: Blockade and Economic Warfare, II, July 1915–January 1916* (Frederick, MD: UPA, 1989), p. 96.

would have driven British authorities to abandon that policy and the Declaration of London, but in early 1915, no department, not even the Admiralty, rejected the status quo. The debate was over how to make the system work, through cooperative and coercive diplomacy with other countries, and carrots and sticks with firms. Despite a tug of war over details, and a drift towards tougher procedures, Grey and liberal attitudes dominated the fray, with no sign they were losing, until Germany declared an unrestricted submarine blockade of British waters.

In economic warfare, unintended consequences matter no less than intended ones. During 1914–15, British actions in economic warfare had unanticipated effects. They crippled the prewar strategy of the German Army, which viewed the ability to trade through the »windpipe« of the Netherlands as essential to victory if a European war lasted for several years. That Army assumed that the Declaration of London would let Germany benefit from international law, despite breaking the latter whenever it wished. British actions also wrecked the strategy of the German Navy which, by 1914, knew it had no answer to distant blockade. If Britain pursued such a strategy, the Chief of Admiralty Staff, August von Heeringen, forecast a »very sad role for our beautiful High Seas Fleet«.[35] Soon after the war began, Germany realized that the allies were freely importing and exporting items across the seas, while damaging the German economy and being able to escalate that damage at their will. German leaders, knowing their submarines might sink merchant ships, could not refuse the temptation to strike even if so doing broke international law: that very prospect doubled the attraction of the action, as did the instinct to deny the enemy a free hand anywhere. These failures sparked yet another, Germany's decision to answer distant blockade with unrestricted submarine warfare. This action was a crime, and a mistake. Germany created the hunger blockade against Germans.

This action, in the context of others, especially the sinking of *Lusitania*, transformed British attitudes towards economic warfare. Britain adopted a rigorous definition of blockade rights and contraband, similar to that of the Union government during the American Civil War. It used American legal precedents to defend its actions against criticism from the strongest neutral, the United States. Britain declared that it would regard the shipment of virtually any goods to Germany, including food, as contraband, and tighten its scrutiny of neutral ships, forcing all of them to enter British ports and applying the doctrine of continuous voyage to every cargo. Britain did not justify the abandonment of the Declaration of London and its increasingly radical actions in economic warfare on the grounds of law, but simply as a retaliation for German actions.[36] It did not even declare that Declaration dead. For months to come, the Foreign Office treated neutrals more generously than it had said would happen, and restrained power through allegiance to law. Along with other civil departments, it sought to restrain the expansion of economic warfare, and so salvage the fourth school, and the values and matters that defended.

---

[35]   Annika Mombauer, »German War Plans«, in Richard F. Hamilton and Holger H. Herwig (eds), *War Planning 1914* (Cambridge: Cambridge University Press, 2009), pp. 48–79, pp. 59, 66, 70; Holger H. Herwig, »Conclusions«, ibid., pp. 226–56.

[36]   TNA, FO 800/ 909-910, contains key material on this issue; see Hull, *A Scrap of Paper* (see note 21), pp. 171–80.

Nonetheless, power slipped from its hands, and theirs. From November 1914, the main authorities involved in economic warfare – the Admiralty, Contraband Department and the RESC – agreed on the next steps, but Grey and Churchill paralysed these actions. The need to form a coalition with the Conservatives made the Cabinet more radical about the war and gave key positions to men with harder attitudes towards economic warfare. Arthur Balfour replaced Churchill as First Lord, and Robert Cecil became Parliamentary Under-Secretary for Foreign Affairs, under Grey, with special responsibility for the Contraband Department. Though Churchill argued in September 1914 that the RN's chief duty was to »devote our entire efforts to strangling German Trade and protecting our own«, he largely ignored the matter. Six months later, he favoured more moderate retaliation against unrestricted submarine warfare than did his admirals: »Prima facie, I do not favour the wholesale arrest of ships. We should proceed selectively where we have clear cases, and operate by a deterrent effect on others who may think they come near the line.« The RN should seize »at least a dozen ships sailing within the next week, for arrest on grounds outside the penalties of international law« while rapidly developing spy networks »so that we get really good information of cargoes which are German tainted, and do not have to rummage ships unnecessarily«.[37] Under Balfour, the Admiralty as an institution for the first time spurred blockade, towards radical ends. After the *Lusitania* was sunk, the NTD held that Britain had been »lamentably weak ... *Everything* must be stopped. This is a war of extermination not one of platitudes about business as usual. The best way of protecting our trade is by beating the enemy. If we don't do that there won't be any trade to protect.«[38] When intelligence and executive authorities, especially the Contraband Department – soon renamed Blockade Department – attempted to make economic warfare work, they found that task easier than they ever had dreamed. These authorities, protected and led by Cecil, became increasingly powerful and autonomous. Grey lost his grip on the Foreign Office's tool to handle economic warfare. Cecil, the greatest liberal internationalist among ministers, proved a terrible warlord on behalf of the Empire and of international law: the master of the hunger blockade.

---

[37] First Lord to Commander in Chief, Home Fleet, No. 519, 30.9.1914; Churchill to Jellicoe, 30.9.1914 CHAR 13/41, Churchill College, Cambridge; Minute by Churchill, 3.3.15, TNA, FO 800/909 .
[38] Webb to Hankey, 28.5.1915, TNA, ADM 137/2735.

Nicholas A.M. Rodger

The Culture of Naval War, c. 1860–1945

It is profoundly puzzling to observe with what unanimity and confidence British and German officers of all ranks, and indeed the whole naval world with them, looked forward to the certainty of a great naval battle in the North Sea in the opening days, or at most weeks, of the Great War.[1] The disparity of force between the two main fleets was known to all, and the likelihood that the weaker side would be defeated was obvious. It was, or should have been, inescapably clear that it was in the German Navy's interest to avoid such an action, and that they could easily do so at little strategic cost by simply remaining in port. Yet the British persuaded themselves that the High Seas Fleet would undoubtedly steam out to fight in highly unfavourable circumstances, and the Germans persuaded themselves that the Grand Fleet would take the first opportunity to entangle itself in the shoals of the German Bight, within easy reach of German torpedo craft. The Germans were informed that the British had no such intention, but preferred to ignore the fact.[2] The British officers were representatives of the first great age of serious naval history: many of them had some acquaintance with the history of the Royal Navy, and some of them were genuine experts. They knew how difficult it had been in the naval wars of the eighteenth century to bring a reluctant enemy to battle, and how seldom battles had been decisive when they did occur, but they convinced themselves that this time it would be different. On both sides these officers were intelligent men, highly trained and moderately

1   Nicolas Wolz, *Das lange Warten: Kriegserfahrungen deutscher und britischer Seeoffiziere 1914 bis 1918* (Paderborn: Schöningh, 2008), pp. 73–74, 100–101; James Goldrick, »The Impact of War: Matching Expectations with Reality in the Royal Navy in the First Months of the Great War at Sea«, *War in History* 14, 1 (2007), pp. 22–35, pp. 23–24 ; Robert L. Davison, »*Auxillium ab Alto*‹ [sic] – The Royal Navy Executive Branch and the Experience of War«, *Northern Mariner* 15, 3 (2005), pp. 87–105, p. 91; Jan S. Breemer, »The Burden of Trafalgar: Decisive Battle and Naval Strategic Expectations on the Eve of World War I«, *Seapower: Theory and Practice*, ed. Geoffrey Till (London: Cass, 1994; originally *Journal of Strategic Studies* 17, 1 (1994), pp. 33–62.
2   Frank Nägler, »Operative und strategische Vorstellungen der Kaiserlichen Marine vor dem Ersten Weltkrieg«, in Michael Epkenhans, Jörg Hillmann and Frank Nägler (eds), *Skaggerakschlacht: Vorgeschichte – Ereignis – Verarbeitung* (Munich: Oldenbourgh, 2009), pp. 19–56; Carl-Axel Gemzell, trans. W.F. Salisbury, *Organization, Conflict, and Innovation: A Study of German Naval Strategic Planning, 1888–1940* (Lund: Esselte Studium, 1973), p. 139; Werner Rahn, »Seestrategisches Denken in Deutschen Marinen von 1848–1990«, in Jörg Duppler (ed.), *Seemacht und Seestrategie im 19. und 20. Jahrhundert* (Hamburg: Mittler, 1999), pp. 53–79, p. 62; Michael Epkenhans, »Der Deutschen Griff nach der Weltmacht: Die Tirpitzsche Flottenplanung 1897–1914«, *ibid.*, pp. 121–131, p. 128.

DOI: 10.1515/9783110533972-007

well educated, fully capable of evaluating the situation. It is very hard to believe that they were unable to draw the obvious conclusion: instead, one has to conclude that, consciously or unconsciously, they refused to do so, and that they willfully closed their eyes to the reality of the situation. It is true that the cult of secrecy kept operational plans hidden even from senior officers, that »Not one naval officer out of fifty has any knowledge of what the British fleet will do in war, or how it will do it«, as Rear-Admiral Charles Ottley wrote in 1909,[3] but the basic strategic situation was so simple that no knowledge of secret plans was needed to grasp it.

We cannot understand why these reasonable men thought in such an apparently paradoxical way without studying their motivations. The strategy, tactics and doctrines of the navies of the era have often been examined, but such studies do not explain why in this case, and a good many others, naval men thought in seemingly unprofessional and irrational ways which were not in the least justified by what they professed to believe. To explain these inexplicable decisions we have to go beyond the study of war as a rational activity, as the pursuit of policy by violence, to explore the unspoken and unexamined assumptions about war which everyone shared and no-one questioned. These beliefs were then, and as a rule are still, often glanced at but seldom examined. Though the subject of this chapter is naval warfare, much of the lore and language of war at sea derived from war on land. Not only in Germany but everywhere, naval warfare was saturated with military phrases and military concepts. Navies as well as armies were haunted by the figure of Napoleon, from whom they derived the worship of victorious battle and the cult of the offensive. Eighteenth-century generals had retained a sense of the just war and congratulated themselves on vindicating their sovereign's honour while minimizing the costs and risks of battle. »Je ne suis cependant point pour les batailles«, declared Marshal Saxe, »surtout au commencement d'une guerre: et je suis persuadé qu'un habile général peut la faire toute sa vie, sans s'y voir obligé.«[4] In the spirit of the Enlightenment they valued rational, orderly war, and above all sieges, which replaced the unpredictable brutality of battle with the neat angles of ravelin and salient.[5] Writers on naval tactics, aspiring to the same status, expressed their subject in the same way by the use of complex diagrams closely modelled on contemporary editions of Euclid; they bore little relation to the messy simplicity of real naval tactics,[6] and the writers themselves had little experience of real battles,[7] but they carried an intellectual credibility which reality could never

[3] Nicholas A. Lambert, *Sir John Fisher's Naval Revolution* (Columbia, SC: University of South Carolina Press, 1999), p. 167.
[4] Maurice de Saxe, *Mes Rêveries* (Amsterdam: Arkstée & Merkus, 1757, 2 vols.), vol. 2, p. 148.
[5] Ken Alder, *Engineering the Revolution: Arms and Enlightenment in France, 1763–1815* (Princeton: Princeton University Press, 1997), pp. 33–34; Thomas L. Hankins, *Science and the Enlightenment* (Cambridge: Cambridge University Press, 1985), pp. 11–12.
[6] Sam Willis, *Fighting at Sea in the Eighteenth Century: The Art of Sailing Warfare* (Woodbridge: Boydell Press, 2008).
[7] The principal seventeenth and eighteenth-century writers on naval tactics were Paul Hoste (a Jesuit naval chaplain), Sébastien-François Bigot de Morogues (an artilleryman turned sea officer), Jacques-Pierre Bourdé de La Villehuet (of the Compagnie des Indes), Jean-François du Cheyron du Pavillon (an infantryman turned sea officer), Jean-René-Antoine, marquis de Verdun de la Crenne, Jacques, vicomte Grenier, Thomas-Claude Renart, marquis d'Amblimont (all sea officers) and John Clerk of Eldin (a merchant). None of them ever commanded a fleet.

have done. Geometry produced perfect systems, and for the Enlightenment mind, »systems«, schemes of classification and taxonomy offered intellectual control of the most intractable problems.[8]

All this belonged quintessentially to the mental and social world of the gentleman and the *philosophe* which the French Revolution overthrew. Instead of reason, calculation and economy of force, the armies of the Revolution taught the nineteenthth century to crush the enemy by the irresistible ardour and overwhelming numbers of the *peuple en masse*, and to glory in blood shed for the country's cause. Only the offensive could yield victory: soldiers came to regard even the word »defensive« as dishonourable and demoralizing. Victory became an absolute concept, not a means to an end; an expression of the will rather than the mind. Apart from Clausewitz, only Otto Rühle von Lilienstern at the beginning of the nineteenth century, and Julian Corbett at the end, insisted that wars were fought for political objectives. For most military and naval writers, particularly towards the end of the century, the cult of annihilation (*Vernichtung*) was a sufficient reason to fight, and the decisive battle (*Entscheidungsschlacht*) was what counted, no matter what it decided.[9]

In Britain in the mid-nineteenth century the cult of the decisive naval battle was particularly attractive to Liberal politicians, not because they found military or naval matters congenial, but because it implied a small but powerful fleet maintained in home waters for national defence alone. Committed to British naval supremacy, but disliking overseas adventures on both financial and moral grounds, they were happy to believe that the limit of their responsibilities was to equip the Navy with a force of ironclads sufficient to win a decisive battle in the English Channel against France (at that point still the only plausible enemy).[10] These ironclads were »fighting ships« in the language of the mid-century, before the word »battleship« had been coined, and they were the only warships which would matter in wartime, when many expected unarmoured cruisers to be laid up. Though there were some writers (notably the Conservative M.P. and retired Royal Marine officer J.C.R. Colomb) who studied such unfashionable matters as colonial and even trade defence, most people in and out of uniform who concerned themselves with naval warfare in the 1850s and 1860s took it for granted that »fighting ships« and fighting battles were all that mattered. It was assumed that battles would happen swiftly, naturally and inevitably, and that they would always yield a clear victory, leading automatically to command of the sea and victory in war. Everything therefore depended on the decisive battle, which became a gambler's throw which would settle the fate of nations in a few hours. These

---

8   Michel Depeyre, *Tactiques et stratégies navales de la France et du Royaume-Uni de 1690 à 1815* (Paris: Economica, 1998), pp. 263–288; N.A.M. Rodger, »Image and Reality in eighteenth-century Naval Tactics«, *Mariner's Mirror* 89, (2003), pp. 280–296; *idem*, »Navies and the Enlightenment«, in Pieter van der Merwe (ed.), *Science and the French and British Navies, 1700–1850* (London: National Maritime Museum, 2003), pp. 5–23.

9   Beatrice Heuser, *The Evolution of Strategy: Thinking War from Antiquity to the Present* (Cambridge: Cambridge University Press, 2010), pp. 139–149, 216–217.

10 Bernard Semmel, *Liberalism and Naval Strategy: Ideology, Interest and Sea Power during the Pax Britannica* (London: Allen & Unwin, 1986), p. 125; C.I. Hamilton, *Anglo-French Naval Rivalry 1840–1870* (Oxford: Clarendon Press, 1993), pp. 111–139.

ideas influenced Mahan, but they were not invented by him.[11] Thanks to him, they became deeply embedded in the naval consciousness. As late as 1923 they emerge in Churchill's famous comment that Sir John Jellicoe at Jutland »was the only man who could lose the war in an afternoon«.[12] Churchill certainly knew that it was not that simple, but as a rhetorician he knew that he could confidently appeal to the universal idea that battles were all that mattered in war. The same idea must lie behind the famous titles he coined in the Second World War: »The Battle of Britain« and »The Battle of the Atlantic«. Both were obviously campaigns, not battles, but they had to be called »battles« if the public were to take them seriously.

The cult of the decisive battle imposed a simplistic model derived from a rudimentary knowledge of the land campaigns of the French Revolutionary Wars. Leaving out all aspects of war except battle reduced or altogether eliminated the role of policy, and therefore of civilian government. In its place the cult of battle exalted the responsibilities and social status of the military men who risked their lives for their countries. The decision of battle was the noblest moment in national life; negotiation and compromise were inherently weak and unmanly. Many naval and military writers in all countries took it for granted that politics was a dirty business. Sir John Laughton, who stamped his views on British naval history by writing all the naval entries for the *Dictionary of National Biography*,[13] systematically omitted the political careers of all admirals (except for a few whom he disliked) in order not to taint the reputation of the Navy. In France and Germany the majority opinion was that civilian ministers had no business exercising responsibility in wartime, and even in Britain, with its robust Parliamentary political culture, many people agreed. In August 1914 Sir Edward Grey declined to offer any Foreign Office input into policy-making, since war was the province of the military alone.[14] In Germany, of course, the 1871 constitution excluded the government and civilian ministers from almost all military decision-making both in peacetime and wartime. The Kaiser alone, as Supreme Warlord, advised by his senior officers, had authority over army and navy. Only Japan copied this constitutional principle, but the superior social standing of military men and military thinking was a common feature of all the great powers at the end of the nineteenth century.

---

[11] Donald M. Schurman, *The Education of a Navy: The Development of British Naval Strategic Thought, 1867–1914* (London: University of Chicago Press, 1965), pp. 20–21; Azar Gat, *The Origins of Military Thought, from the Enlightenment to Clausewitz* (Oxford: Clarendon Press, 1989), pp. 205–207; N.A.M. Rodger, »The Dark Ages of the Admiralty, 1869–85, Part 2: Change and Decay, 1874–80«, *Mariner's Mirror*, 62, (1976), pp. 33–46, pp. 41–42; Wolz, *Das lange Warten* (see note 1), pp. 279–280.

[12] Winston S. Churchill, *The World Crisis* (London: Butterworth, 1923–36, 6 vols.), vol. 3, p. 112.

[13] There are more than a thousand of them; I was responsible for revising them for the new *Oxford Dictionary of National Biography*, Colin Matthew et al. (eds), (Oxford: Oxford University Press, 2004, 60 vols.); cf. Andrew Lambert, *The Foundations of Naval History: John Knox Laughton, the Royal Navy and the Historical Profession* (London: Chatham, 1998), pp. 90–96.

[14] Heuser, *Évolution of Strategy* (see note 9), pp. 121–122, 132–135; Zara Steiner, »The Foreign Office and the War«, in F.H. Hinsley (ed.), *British Foreign Policy under Sir Edward Grey* (Cambridge: Cambridge University Press, 1977), pp. 516–531, p. 517; Schurman, *Education of a Navy* (see note 11), p. 104.

Connected with this was the rise of Social Darwinism in the second half of the century. Though associated with the theories of Charles Darwin, the idea that human society, like nature, was naturally and inevitably shaped by a process of ceaseless and remorseless struggle actually derived from the writings of Herbert Spencer. States, in this view, resembled other organisms and grew old and died: war was the natural law, the mechanism by which the young and healthy supplanted the feeble and exhausted. In Europe contemporaries feared that their wealthy but weary civilization was threatened, like ancient Rome, by the virile barbarians beyond the frontiers.[15] The British worried that (as Arnold White put it in 1910),

> »the strong and hungry will eat the weak, fat & defenceless whenever they can get a
> chance [...]. No matter what the sentiments of the sheep are, mutton to wolves will con-
> tinue to be an agreeable form of diet [...] We have all we want and now only wish to be
> left alone; but that desire is not shared by the great military nations on the Continent. If
> we want to keep what we have, we must defend it.«[16]

The Germans were certain that destiny had called them to world power, and that beneath a false pretence of friendship, the British feared and envied them as commercial rivals.[17] The writings of Admiral Mahan confirmed the message of Tirpitz; suitably translated, they became an orthodoxy which German officers were forbidden by imperial decree to debate. Mahan's *The Interest of America in Sea Power* was translated as *Die Weisse Rasse und die Seeherrschaft*; Mahan's works on strategy and international relations were not translated at all.[18] In the United States Mahan explained the inevitable rise of the United States to world power in Social Darwinist terms which flattered America's self-image as the vigorous young republic supplanting the exhausted monarchies of the Old World.[19] Mahan was convinced that growing industrial surpluses would bring about wars to open and control new markets, beginning with a war against Japan for the control of China. His Japanese readers readily took the point. Even more unreadable in Japanese than in English, Mahan provided them with the image of America and the guide to the future which they wanted and expected.[20]

Mahan on naval history, like Spencer on biology and Marx on economics, offered Positivist general principles, the laws governing human development which the age longed to uncover. Mahan was neither an original thinker nor a gifted writer, but his readers – especially his American readers – were not looking to him for an intellec-

15   Heuser, *Evolution of Strategy* (see note 9), pp. 123–128.
16   Paul M. Kennedy, *The Rise of the Anglo-German Antagonism 1860–1914* (London: Allen & Unwin,
     1980), pp. 307–309.
17   Jonathan Steinberg, »The Copenhagen Complex«, *Journal of Contemporary History* 1, 3 (1966),
     pp. 23–46.
18   Holger H. Herwig, »The Influence of A. T. Mahan Upon German Sea Power«, in John B. Hattendorf
     (ed.), *The Influence of History on Mahan* (Newport, RI: Naval War College Press, 1991), pp. 67–80,
     pp. 68–70.
19   Jonathan R. Dull, »Mahan, Sea Power, and the War for American Independence«, *International
     History Review* 10, (1988), pp. 59–67, pp. 59–60.
20   Sadao Asada, »Alfred T. Mahan, Navalist, Imperialist, and Racist«, in Sadao Asada, *Culture Shock
     and Japanese-American Relations: Historical Essays* (Columbia, MO: University of Missouri Press,
     2007), pp. 53–83; Sadao Asada, *From Mahan to Pearl Harbor: The Imperial Japanese Navy and the
     United States* (Annapolis, MD: Naval Institute Press, 2006), pp. 3–15, 26–27, 44.

tual formation. He provided them with the key to history, with a bank of historical facts which could be used to construct mechanical, determinist accounts of history in the manner of the political scientist. Denis Mahan had been the expert on Jomini, the Swiss general who provided a clockwork historical explanation of the rise of Napoleon; his son applied the same method and many of the same ideas to the rise of British naval power.[21]

In its nature Social Darwinism was easily compatible with another popular science: eugenics; the genetic determinism which called for the purification of the racial stock to ensure victory. This was intended to yield physical vigour, but it was even more a matter of moral regeneration, a mental if not spiritual expression of racial superiority. For Bismarck this would ensure the survival of a Reich surrounded by enemies. For the French it would bring out their national gifts of *ésprit* and *élan* which would sweep them forward to victory in an offensive *à outrance*. In the United States, whose domestic politics were defined and dominated by racial discrimination, pseudo-scientific racialism found a receptive audience. Mahan enthusiastically backed the anti-Japanese laws in California which came close to provoking war in 1906–07, and his Japanese followers read his views with fascinated horror, as the confirmation of all they themselves believed about the inevitable struggle to be the master race of the future world.[22] The militarization of decision-making affected thinking everywhere. Morale, the triumph of the will, was generally seen as both the instrument of victory and the expression of racial superiority. Will-power was seen as an essential virtue for the fighting man who is expected to muster his courage in the face of death, and the military and naval powers' will-power tended to distort, if not displace, reason as the driver for decisions, and not only military ones. For most military men, and many civilians, it was axiomatic that the noblest national virtues were expressed by the will rather than the mind.[23]

The ideas of the nineteenth century, which shaped the navies of the age, had consequences both for their attitudes to war and for their relations with civil society. Similar ideas circulated everywhere, and leading authors like Mahan were read around the world, but the application of the ideas varied from country to country. Naval officers everywhere thought of themselves as examples of the traditional military virtues of honour and courage, but also as examples of the new professionalism, as members of a corps distinguished from armies by their training and education, masters of the new Positivist sciences of war and naval strategy. The new navies of Germany and the U.S.A. in particular badly needed to understand and justify themselves by aligning themselves with the latest scientific thinking. The U.S.N. was infatuated with the German General Staff, and with Spencer Wilkinson, the

---

[21] Paul Kennedy, »The Influence and the Limitations of Sea Power«, *International History Review* 10, 1 (1988), pp. 2–17; Donald M. Schurman, »Mahan Revisited«, in John B. Hattendorf and Robert S. Jordan (eds), *Maritime Strategy and the Balance of Power: Britain and America in the Twentieth Century* (Basingstoke: Macmillan, 1989), pp. 95–109; Heuser, *Evolution of Strategy* (see note 9), pp. 218–219.

[22] Ibid., pp. 128–132; Asada, »Alfred T. Mahan« (see note 20); Asada, *From Mahan to Pearl Harbor* (see note 20), pp. 3–4, 9–21, 26–27.

[23] Avner Offer, »Bounded Rationality in Action: The German Submarine Campaign, 1915–18«, in Bill Gerrard (ed.), *The Economics of Rationality* (London: Routledge, 1993), pp. 179–202, p. 192.

Oxford don who wrote about it in English. Here they found the epitome of the scientific management of war, and the explanation for Germany's profound military superiority. American admiration transferred from the German army to the German navy (rather overlooking the fact that it did not have a general staff), and convinced U.S. naval officers that the Germans would triumph at sea over the British who had rejected a naval staff.[24] In Britain the cultural associations of a naval staff were rather different: there it seemed to undermine the Napoleonic status of the admiral as sole commander, as the directing will on whom all decisions depended. History was a record of the lives of great men, and naval history, as it was then written, was composed of the lives of great admirals who had triumphed alone. A staff could only undermine their god-like authority.[25] American officers, on the other hand, wanted a naval staff (composed only of naval officers) as a key instrument of emancipation from the political control of Congress and the administrative control of the »Bureaus« and their master, the Secretary of the Navy. Though they denied it, they really wanted German-style independence from civilian government, with Congress bound by German-style Navy Laws.

> »The navy's social imperialism was a state-building proposition. The vision of a strong national state and the political insulation of its officials anchored the navy's political agendas. The call for naval expansion and a maximum degree of military self-governance amounted to the demand for a powerful warfare state manned by decision-making elites committed to the national interest and impervious to domestic political pressures.«[26]

The General Board of 1900 and the Chief of Naval Operations of 1915 were failed attempts to achieve the U.S.N.'s political agenda, and the politicians made sure it never got a naval general staff. In Mahan's vision, the »Great White Fleet«, by 1900 newly purged of Blacks and foreigners, was the instrument of White America and the answer to racial degeneration. Threatened (like Britain) by mass suffrage and its assumed natural consequences of weakness, socialism and effeminacy, the United States would be saved by its Navy.[27] America was destined to lead the world, and the U.S. Navy was destined to lead America. »Providence«, wrote a U.S. admiral in 1903, »seems to have ordained that the world's history for many centuries shall be strongly affected by [...] the American navy; by the quality of the weapon which the great republic wields in its imperial path of progress and development.«[28]

The character and purposes of the U.S. Navy, therefore, were shaped more by internal politics than by external strategy, and in that it was typical of the era. Much the

---

[24] Dirk Bönker, *Militarism in a Global Age: Naval Ambitions in Germany and the United States before World War I* (Ithaca, NY: Cornell University Press, 2012), pp. 251–270.

[25] Robert L. Davison, *The Challenges of Command: The Royal Navy's Executive Branch Officers, 1880–1919* (Farnham: Ashgate, 2011), pp. 167–171, 198–205.

[26] Bönker, *Militarism* (see note 24), p. 236. The best general study of U.S. naval officers of this period is Peter Karsten, *The Naval Aristocracy: The Golden Age of Annapolis and the Emergence of Modern American Navalism* (2nd edn, Annapolis, MD: Naval Institute Press, 2008).

[27] Bönker, *Militarism* (see note 24), pp. 175–199, 238–248; Thomas C. Hone and Trent Hone, *Battle Line: The United States Navy, 1919–1939* (Annapolis, MD: Naval Institute Press, 2006), pp. 126–127; Phillips Payson O'Brien, *British and American Naval Power: Politics and Policy, 1900–1936* (London: Praeger, 1998), pp. 113–115.

[28] Bönker, *Militarism* (see note 24), p. 83, quoting Rear-Admiral Henry C. Taylor.

same could be said of the German Navy of the Wilhelmine era. For Tirpitz the new navy »drew a cheque on the future«[29] to buy great-power status (*Weltgeltung*) abroad, and to frustrate the dangers of socialism at home: »gleichseitig das beste Mittel gegen gebildete und ungebildete Sozialdemokratie«.[30] The fleet was, in the words of one of its captains, » der natürliche Kraftausdruck des zur Weltmacht reifenden Volkes«.[31] This remark is typical of German naval thinking in the Tirpitz era in that it introduces the navy in social terms, without reference to policy or purpose. This is not to imply – as Eckart Kehr and Volker Berghahn did – that the navy was mainly an instrument of domestic politics rather than of aggression abroad.[32] It is manifest that the navy was intended to force Germany's way to world power, by aggressive diplomacy if not war – but how it was to do so was explained in cultural rather than rational terms, invoking not policy or strategy, but nature and destiny. Instead of a strategy, Tirpitz offered the choice of decisive battle or »inactivity, that is, moral self-destruction«.[33] A short-range fleet was to secure Germany's overseas trade and build a colonial empire; but how was never clearly explained.[34] Tirpitz's political and bureaucratic triumph was achieved at the expense of all other officers and organisations. Professional rivals and strategic thinkers (especially those who asked what the fleet was for) were forced out of the service, the former Admiralty was divided into competing centres of power (none of which included an effective operational staff), and many of the investments in dockyards, research, training and resources necessary for a real war effort were sacrificed to the relentless drive to build more battleships. In the process Tirpitz divided the country at home, isolated it abroad, and destroyed the navy's own basis of support.[35]

In France, too, naval thinking reflected domestic politics, but whereas the German and American naval officer corps were politically and socially monolithic, French officers, like French society in general, were deeply divided between conservative

---

[29] Christian Rödel, *Krieger, Denker, Amateure: Alfred von Tirpitz und das Seekriegsbild vor dem Ersten Weltkrieg* (Stuttgart: Steiner, 2003), p. 1, n. 1; Cf Alfred von Tirpitz, *My Memoirs* (London: Hurst & Blackett, 1919, 2 vols.), vol. 1, p. 61.

[30] Epkenhans, »Der Deutschen Griff nach der Weltmacht« (see note 2), p. 122.

[31] Michael Epkenhans, »Die kaiserliche Marine im Ersten Weltkrieg: Weltmacht oder Untergang?«, in Wolfgang Michalka (ed.), *Der Erste Weltkrieg. Wirkung, Wahrnehmung, Analyse* (Munich: Piper, 1994), pp. 319–340, quoting Captain Adolf v. Trotha of the Kaiser (p. 325).

[32] Eckhart Kehr, *Schlachtflottenbau und Parteipolitik 1894-1901. Versuch eines Querschnittes durch die innenpolitischen, sozialen und ideologischen Voraussetzungen des deutschen Imperialismus* (Berlin: E. Ebering, 1930); see also the translation: *Battleship Building and Party Politics in Germany, 1894–1901* (London: University of Chicago Press, 1973); Volker R. Berghahn, *Der Tirpitz-Plan: Genesis und Verfall einer innenpolitischen Krisenstrategie unter Wilhelm II.* (Düsseldorf: Droste, 1971).

[33] Herwig, »The Influence of A.T. Mahan« (see note 18), p. 72.

[34] Paul M. Kennedy, »Tirpitz, England and the Second Navy Law of 1900: A Strategical Critique«, *Militärgeschichtliche Mitteilungen*, 4, 2 (1970), pp. 33–58.

[35] Michael Epkenhans, *Die wilhelminische Flottenrüstung 1908-1914: Weltmachtstreben, industrieller Fortschritt, soziale Integration* (Munich: Oldenbourg, 1991), pp. 409–414; idem, *Tirpitz: Architect of the German High Seas Fleet* (Washington, DC: Potomac Books, 2008), pp. 41–56, 163–164; Volker Berghahn, »Naval Armaments and Social Crisis: Germany before 1914«, in Geoffrey Best and Andrew Wheatcroft (eds), *War, Economy and the Military Mind* (London: Croom Helm, 1976), pp. 61–88, at pp. 75–84; Bönker, *Militarism* (see note 24), pp. 278–284.

Catholics and radical Republicans, with the navy of the 1880s firmly in the hands of the right. British and American officers were astonished at the aristocratic (not to say crypto-royalist) and gerontocratic nature of French wardrooms, where promotion came late, and a small circle of good families controlled everything. In 1894 the mean age of a lieutenant was 52 (compared to 41 in the German navy, and 31 in the British); until 1917 French vice-admirals remained in service to 65. An ironclad fleet reflected an ironclad political establishment: »comme autrefois le vaisseau de ligne, le cuirassé, c'était Versailles sur l'eau.«[36] The *Jeune Ecole* of the 1880s advocated torpedo craft as the remedy for enemy (i.e. British) superiority in ironclads in the Channel. This was a genuine professional argument which the British took seriously, but most of its meaning in France was social and political. Its leader Admiral Aube made himself the spokesman for a Radical and Republican way of war at sea, proclaimed the superiority of moral over material and intellectual factors in war, and offered junior officers the prospect of early promotion to command the new torpedo-boats. Aube served as Minister of Marine in the brief Radical government of 1886–87, but the collapse of that ministry and the failure of the torpedo-boats in the 1887 manoeuvres marked the end of the first, quasi-professional stage of the *Jeune Ecole*.[37] After 1887 it came to be dominated by the writings left by the journalist Gabriel Charmes, a naval fantasist in the mode of his contemporary Jules Verne, who roused the politicians of the left in the name of modernity, industrialization and mass democracy. Where Aube foresaw that torpedo-boats would torpedo ironclads, Charmes was thrilled at the prospect of sinking passenger ships without warning. In its later form the *Jeune Ecole* was largely disconnected from the practicalities of naval warfare, but became a social movement which evoked the glamour of modernity, speed, youth and brutality. All were symptoms of the supremacy of moral over material factors in war, and of course of the fighting man over the civilian. They foreshadowed the later features of nihilism, futurism and fascism.[38]

For all these navies 1914 should have brought the abrupt shock of real war, but one cannot help being struck by how successfully most of them resisted the lessons of experience. Tirpitz had always insisted that the purpose of the High Seas Fleet was to win the inevitable battle which would decide the fate of Germany. Until that was fought there was no need to consider strategy,

[36] Martin Motte, *Une Éducation Géostratégique: La pensée naval française de la Jeune École à 1914* (Paris: Economica, 2004), pp. 203–204.
[37] Ibid., pp. 181–200; Rémi Monaque, »L'amiral Aube, ses idées, son action«, *L'évolution de la pensée navale,* ed. Hervé Coutau-Bégarie (Paris: Fondation pour les Etudes de Défense Nationale, 1990–99, 7 vols.), vol. 4, pp. 133–143; Arne Røksund, *The Jeune École: The Strategy of the Weak* (Leiden, 2007); Hamilton, *Anglo-French Naval Rivalry* (see note 10), pp. 314–318; Theodore Ropp, *The Development of a Modern Navy: French Naval Policy 1871–1904* (Annapolis, MD: Naval Institute Press, 1987), pp. 155–166; Volkmar Bueb, *Die »Junge Schule« der französischen Marine: Strategie und Politik 1875–1900* (Boppard a.Rh.: Boldt, 1971), pp. 31–34.
[38] Motte, *Une Éducation Géostratégique* (see note 36), pp. 206–209; Martin Motte, »La Jeune École et la généalogie de la guerre totale«, *L'évolution de la pensée navale* (see note 37), vol. 8, pp. 131–182; Ropp, *The Development of a Modern Navy* (see note 37), pp. 167–178; Paul Halpern, »The French Navy, 1880–1914«, in Phillips Payson O'Brien (ed.), *Technology and Naval Combat in the Twentieth Century and Beyond* (London: Cass, 2001), pp. 36–52, pp. 38–40.

»weil wir unsere gesamte Kraft konzentrieren müssen auf die Schaffung einer Schlachtflotte gegen England, die uns England gegenüber allein Seegeltung verschaffen kann. Außerdem muß erst die Schlacht geschlagen u[nd] gewonnen sein, ehe man an eine Ausnutzung derselben denken darf.«[39]

But when it came to it in 1914, Tirpitz's aggressive language dissolved into hesitation: was the High Sea Fleet an expression of national identity, or did it have a strategic purpose? Should it fight and be defeated rather than face a future as a second-class power, or should it be preserved as a diplomatic lever in eventual peace negotiations?

The Austro-Hungarian fleet was in very much the same ambiguous position, and on the outbreak of war it, too, found itself in a useful but unglamorous strategic situation, blocking the allies from the Adriatic with scarcely any possibility of fighting a glorious battle. Unlike the Germans, however, Admiral Haus and his officers understood what they were there to do.[40] The German High Seas Fleet never resolved whether its functions were strategic, political or psychological. One battleship captain used the first anniversary of the battle of Jutland not to encourage his ship's company with hopes of victory, but to remind them of their political function:

»Wenn [...] die Hohenzollern verjagt sind, dann soll uns ein parlamentarisches Regime, ähnlich dem von England und Frankreich, aufoktroyiert werden. Dann werden, wie dort, die Koofmichs, Advokaten und Zeitungsschreiber regieren [...] Ihr sollt allen denen entgegentreten, die das parlamentarische System in Deutschland einführen wollen und nie vergessen, daß Deutschlands Größe mit dem Bestande seines Kaiserhauses, seines Heeres und seiner jungen Marine steht und fällt.«[41]

The same scale of values was displayed in the conduct of the U-Boat campaign. In 1916 and the first half of 1917 Britain was brought near to defeat by a campaign waged largely by submarines operating on the surface in coastal waters, sinking their victims by gunfire or scuttling and allowing the crews to escape in their boats. Apart from the spectacular and well-publicised sinking of a handful of large liners, this form of warfare entailed few civilian casualties and fell more or less within the accepted rules of war. Precisely for this reason it was vigorously rejected by German admirals and generals; because it was supported by civilian leaders like Bethmann-Hollweg and represented civilian values which had no place in war. Though the submarine commanders wanted to stick with their proven and successful methods, the senior officers insisted on the less effective but more murderous »unrestricted« submarine warfare – meaning surprise attack by submerged submarines, with torpe-

---

[39] Volker Berghahn, »Des Kaisers Flotte und die Revolutionierung des Mächtesystems vor 1914«, in John C.G. Röhl (ed.), *Der Ort Kaiser Wilhelms II. in der deutschen Geschichte* (Munich: Oldenbourg, 1991), pp. 173–188, p. 175.

[40] Rolf Hobson, *Imperialism at Sea: Naval Strategic Thought, The Ideology of Sea Power and the Tirpitz Plan, 1875–1914* (Boston: Brill, 2002), pp. 307–309; Paul G. Halpern, *The Naval War in the Mediterranean, 1914–1918* (London: Allen & Unwin, 1987), pp. 14–16, 30, 37–39, 41, 285–286; Lawrence Sondhaus, *The Naval Policy of Austria-Hungary, 1867–1918: Navalism, Industrial Development, and the Politics of Dualism* (West Lafayette, IN: Purdue University Press, 1994), pp. 257–300.

[41] Epkenhans, »Die kaiserliche Marine im Ersten Weltkrieg« (see note 31), p. 327.

does – because it better represented their social and political values.[42] In the words of Admiral Adolf von Trotha:

>Der Geist, der den U-Krieg beherrscht, übt auf den Gegner und die Neutralen die stärkste Wirkung aus [...] Je näher wir dem Ende des Krieges kommen, desto größere Bedeutung bekommt der Kraftwille; letzten Endes entscheidet doch das stärkere Gemüt.«[43]

The fact that civilian and neutral opinion was outraged was a positive benefit, for it showed that German military values were still in command of the situation.[44] »Der große Menschenverlust ist mir ebenso wichtig wie die materielle Einbuße«, commented one officer on the sinking of the *Lusitania*, »Die Abschreckung ist das wesentliche beim U-Bootskrieg.«[45] To understand how the submarine campaign was really, going German officers would have had to embrace the alien concept of economic analysis, but they preferred intuitive reasoning and the value-system they understood. In 1918 Admiral Scheer tried to provoke defeat to reclaim moral standing: »eine Ehren- und Existenzfrage [...] im letzten Kampf ihr Äußerstes getan zu haben«. When forced to choose it seems that Tirpitz's followers preferred the fleet as an expression of will-power, of the superiority of military over bourgeois and civilian values, rather than an instrument of victory.[46] As the military situation began to collapse, naval officers engaged more and more openly in the politics of the extreme right.[47] When they were defeated in the end, it only proved to them that the civilians

---

[42] Raffael Scheck, »Der Kampf des Tirpitz-Kreises für den uneingeschränkten U-Boot-Krieg und einen politischen Kurswechsel im Deutschen Kaiserreich 1916–1917«, *Militärgeschichtliche Mitteilungen*, 55, 1 (1996), pp. 69–91; Joachim Schröder, *Die U-Boote des Kaisers: Die Geschichte des deutschen U-Boot-Krieges gegen Großbritannien im Ersten Weltkrieg* (Lauf a.d. Pegnitz: Europaforum-Verlag, 2000), pp. 17–18, 146–154, 208, 247–248; Dwight R. Messimer, *Find and Destroy: Antisubmarine Warfare in World War I* (Annapolis, MD: Naval Institute Press, 2001), pp. 92–95; Bernd Stegemann, *Die Deutsche Marinepolitik 1916–1918* (Berlin: Duncker & Humblot, 1970), pp. 34, 49–52, 60.

[43] Ibid., p. 79

[44] Schröder, *Die U-Boote des Kaisers* (see note 42), pp. 17–18; Jörg-Uwe Fischer, *Admiral des Kaisers: Georg Alexander von Müller als Chef des Marinekabinetts Wilhelms II.* (Frankfurt a.M.: Lang, 1992), pp. 224–227.

[45] Wolz, *Das lange Warten* (see note 1), p. 327, quoting Ernst Freiherr von Weizsäcker. The comment is particularly striking coming from the son of the prime minister of Württemberg, a rare German naval officer of his generation who was familiar with a wider world and kept his distance from Prussian militarism.

[46] Bönker, *Militarism* (see note 24), pp. 89–90; Gemzell, *Organization, Conflict, and Innovation* (see note 2), pp. 193–196; Fischer, *Admiral des Kaisers* (see note 44), pp. 211–216, 258; Rahn, »Seestrategisches Denken in Deutschen Marinen« (see note 2), p. 66; Werner Rahn, »Kriegführung, Politik und Krisen – Die Marine des Deutschen Reiches 1914–1933«, *Die Deutsche Flotte im Spannungsfeld der Politik 1848–1985*, Deutsches Marine Institut and Militärgeschichtliches Forschungsamt (ed.), (Herford: Mittler, 1985), pp. 79–104, quoted pp. 89–90.

[47] Schröder, *Die U-Boote des Kaisers* (see note 42), p. 17; Fischer, *Admiral des Kaisers* (see note 44), pp. 231, 244–245; Offer, »Bounded Rationality« (see note 23); Philip K. Lundeberg, »The German Naval Critique of the U-Boat Campaign, 1915–1918«, *Military Affairs* 27, 3 (1963), pp. 105–118; Holger H. Herwig, *The German Naval Officer Corps: A Social and Political History, 1890–1914* (London: Clarendon Press, 1973), pp. 203–214; Wolz, *Das lange Warten* (see note 1), pp. 362–365.

had stabbed them in the back, that they had not lost at sea, but »durch den geis-
tig-seelischen Zusammenbruch der Heimat und der Etappe«.[48]

The German officer-corps survived the war with its composition and attitudes
unchanged, and from the beginning worked illegally to subvert the parliamentary
republic. Public opinion and the outside political world had been decisively changed
by the war, but the navy had become only more radical and fanatical.[49] It would not
be true to say that the German navy learnt nothing from the First World War, for its
strategic thinking was certainly affected by the experience, but its political and social
outlook preserved and even enhanced Wilhelmine preference for internal culture
over external reality. Hitler's coming to power provided it with the perfect opportunity for a *Flucht nach vorn* into an agreeable fantasy world, shielded from unpleasant
facts by its characteristic »autistic thinking«.[50]

Of all the belligerents in the Great War, the British and the Germans had the
most fighting experience. The U.S. and Japanese navies emerged from the war in
1918 with their Mahanian faith intact and unused. They still believed devoutly in
the inevitable decisive battle, and devoted all their efforts to building the great bat-
tle-fleets which would win the war in an afternoon. They both (the Japanese especially) placed enormous faith in their perceived racial and moral superiority. In both
navies, a high proportion of their inter-war training effort was devoted to re-staging
the battle of Jutland. Though both invested heavily in carriers and naval aircraft, the
leaders of the two navies agreed entirely that their role was auxiliary. Both built large
submarine fleets, but only to contribute to the fleet action. Indifferent to other people's experience, neither navy applied much thought to trade protection or anti-submarine warfare. To a remarkable extent, the Pacific navies prepared for a second
world war on the assumption that the first had changed nothing.[51]

48   Michael Salewski, »Menschenführung in der deutschen Kriegsmarine 1939–1945«, in Militär-
     geschichtliches Forschungsamt (ed.), *Menschenführung in der Marine*, (Herford: Mittler, 1981),
     pp. 83–103, p. 99, quoting Karl Dönitz.
49   Bönker, *Militarism* (see note 24), pp. 308–310; Keith W. Bird, *Erich Raeder: Admiral of the Third
     Reich* (Annapolis, MD: Naval Institute Press, 2006), pp. 34–45; Keith W. Bird, »The Origins and
     Role of German Naval History in the Inter-War Period 1918–1939«, *Naval War College Review*
     32, 2, (1979), pp. 42–58; Jost Dülffer, »Determinants of German Naval Policy, 1920–1939«, in
     Wilhelm Deist (ed.), *The German Military in the Age of Total War* (Leamington Spa: Berg, 1985),
     pp. 152–170, p. 160.
50   Wilhelm Deist, *The Wehrmacht and German Rearmament* (London: Macmillan, 1981), pp. 71–79,
     quoted p. 79; Dülffer, »Determinants of German Naval Policy« (see note 49). Michael Salewski,
     »Das maritime Dritte Reich – Ideologie und Wirklichkeit 1933–1945«, *Die Deutsche Flotte im
     Spannungsfeld der Politik* (see note 46), pp. 113–138; Carl-Axel Gemzell, *Raeder, Hitler und
     Skandinavien: Der Kampf für einen maritimen Operationsplan* (Lund: Gleerup, 1965); Gemzell,
     Organization, Conflict, and Innovation (see note 2), pp. 278–284.
51   Sadao Asada, »The Japanese Navy's Road to Pearl Harbor, 1931–1941«, in Sadao Asada, *Culture
     Shock* (see note 20), pp. 137–173; Alvin D. Coox, »The Effectiveness of the Japanese Military
     Establishment in the Second World War«, in Allan R. Millett and Williamson Murray (eds),
     Military Effectiveness (Boston: Allen & Unwin, 1988, 2010, 3 vols.), vol. 3, pp. 1–44; David C.
     Evans and Mark R. Peattie, *Kaigun: Strategy, Tactics and Technology in the Imperial Japanese Navy
     1887–1941* (Annapolis, MD: Naval Inst. Press, 1997), pp. 131–132, 212, 515; Thomas C. Hone
     and Trent Hone, *Battle Line: The United States Navy, 1919–1939* (Annapolis, MD: Naval Institute
     Press, 2006).

In 1941 Japan was driven to war essentially by a small group of officers in the Naval General Staff, followers of Admiral Katō Kanji, who devoutly believed that Japan's superiority in cultural and »spiritual« values would make up for any material weakness.[52] In considering this and other apparently irrational and disastrous Japanese decisions, Western historians often invoke *bushidō* and *samurai* values, hinting at the alleged inability of the oriental mind to accommodate western ideas of rationality. In fact, as we have seen, the supremacy of moral over material factors in war was characteristic of western thinking in the nineteenth century – the Meiji era in which Japan borrowed so much from Europe. Translation from the Japanese lent an oriental flavour to an idea which was, or had recently been, the common coin of military thinking in the West.[53]

In Britain, as we have seen, the Royal Navy was affected by many of the same cultural factors as other navies. The Napoleonic cult of the battle and of the admiral, the superior status of military men and military thinking, the supremacy of the will over the mind, Social Darwinism, racialism and positivism, were all present in Britain at least as strongly as overseas. The Royal Navy was powerfully affected by the military cult of the offensive. In 1902 the colonial prime ministers assembled in London to be told (as they hoped) that the Royal Navy would defend them, instead of which the Admiralty magisterially informed them that,

> »In the foregoing remarks the word *defence* does not appear [...] To use the word *defence* would be misleading, because the word carries with it the idea of a thing to be defended, which would divert attention to local defence instead of fixing it on the force from which attack is to be expected. The traditional role of the Royal Navy is not to act on the defensive, but to prepare to attack the force which threatens – in other word to assume the offensive.«[54]

Then and for a long time afterwards the words »offensive« and »defensive« could be relied upon to remove reason from naval discussion. The basic fault was British officers' inability to distinguish a noun from an adjective. They were right that an offensive – or rather »aggressive« – mentality was indispensable to successful commanders in war, and doubly so to those whom circumstances obliged to retreat or fight on the defensive. Julian Corbett tried to teach senior officers that both words were nouns as well as adjectives, describing modes of warfare which might or might not be appropriate to Britain's circumstances:[55]

> »Devoutly as we may hold the battle faith, it is not always possible or wise to act upon it. If we are strong, we press to the issue of battle when we can. If we are weak, we do not accept the issue unless we must. If circumstances are advantageous to us, we are not

---

52 Evans/Peattie, *Kaigun* (see note 51), pp. 212, 457–464.
53 Ibid., pp. 500, 511–512, 543, n. 4, 609, n. 46; Arthur J. Marder, Mark Jacobsen & John Horsfield, *Old Friends, New Enemies: The Royal Navy and the Imperial Japanese Navy* (Oxford: Clarendon Press, 2 vols., 198–90), vol. 2, pp. 560–563. I am grateful to Dr Shinsuke Satsuma and Mr Hiraku Yabuki for discussing this point with me.
54 Nicholas Tracy (ed.), *The Collective Naval Defence of the Empire, 1900–1940*, (Aldershot: Ashgate, 1997), p. 7.
55 Bernard Semmel, *Liberalism and Naval Strategy: Ideology, Interest and Sea Power during the Pax Britannica* (London: Allen & Unwin, 1986), pp. 141–142; Schurman, *Education of a Navy* (see note 11), pp. 147–184.

always able to effect a decision; and if they are disadvantageous, we are not always obliged to fight.«[56]

This cool rationalism aroused instinctive revulsion, and would have done so in any navy of Corbett's day.

Nevertheless the Royal Navy was different in significant ways from other navies. Jan Rüger has used the ceremonies of launching major warships in Edwardian Britain and Wilhelmine Germany to bring out some of these differences. In both countries the navy was a central element of national prestige and self-identity, and the launch of a battleship was organized with great care and expense, but the meanings of the ceremonies were not the same. In Germany it was an occasion for the Kaiser to meet his navy, his private concern, with the civilian world rigidly excluded, and women (of appropriate social standing) allowed only a secluded and subordinate presence. In Britain, by contrast, the civilian and naval worlds mingled, with many guests (including women and children) aboard warships, and officers sometimes not in uniform. Women often took a prominent role in the ceremonies, making speeches and launching ships, while male and female spectators mingled freely. Where German launches emphasized the navy's elevated and isolated constitutional status as the private responsibility of the Kaiser, in Britain the navy figured – and chose to figure – as an embodiment of national identity.[57]

The real gulf between naval culture in Britain and elsewhere opened after the First World War, as the British (and to some extent the French) learnt the lessons of experience which other navies had not had, or did nor care to study. The British had always preferred practical experience to abstract study. Navies without history had to found colleges to study it; until the late nineteenth century it was assumed that British admirals would know without needing to be told.[58] But even before the Great War had ended they looked at their collective experiences with a new eye, and realized that battle was not the only possible route to victory.[59] Now the admirals began to understand that Britain owned a vast Empire, dependent on a world-wide trading system and merchant fleet. It had vital interests to defend all over the world, and few unsatisfied ambitions. Its strategic posture, therefore, had to be defensive, however aggressively it might attack at a tactical level. The inter-war naval conferences, where Britain claimed a given number of cruisers to defend its extensive interests and the U.S. claimed the same number to assert its extensive prestige, forced British officers to think more clearly about what they really needed, and what words really meant. The study of Jutland and other actions of the Great War encouraged the Royal Navy to develop bold and aggressive tactics to seize fleeting opportunities to force an action – but it now knew they would in all probability be applied in a

[56] Julian S. Corbett, *Some Principles of Maritime Strategy* (London: Longmans, Green, 1911), p. 166.
[57] Jan Rüger, *The Great Naval Game: Britain and Germany in the Age of Empire* (Cambridge: Cambridge University Press, 2007), pp. 129–139.
[58] Paul M. Kennedy, »The Relevance of the Prewar British and American Maritime Strategies to the First World War and its Aftermath, 1898–1920«, *Maritime Strategy and the Balance of Power* (see note 21), pp. 165–188; Hobson, *Imperialism at Sea* (see note 40), p. 79.
[59] Arthur J. Marder, *From the Dreadnought to Scapa Flow: The Royal Navy in the Fisher Era, 1904–19* (London: Oxford University Press, 1961–70, 5 vols.), vol. 3, pp. 263–268.

defensive strategic context. Though the admirals longed for the opportunity of battle and victory, which was the major British motive for developing naval aviation, they were no longer naive about its likelihood. Now they fully appreciated the importance of communications, and devoted many inter-war exercises to the problems of fighting a convoy through against enemies on and under the surface. They were certainly not innocent of cultural assumptions, some of them unhelpful, but the experience of the war had firmly reconnected them with a realistic sense of strategy and tactics.[60] Moreover, they now possessed a powerful naval staff which integrated intelligence, planning and research with overall control of naval operations throughout the world[61] – something which none of the other major navies (except to some extent the Italians) possessed during the Second World War.

Of the British armed services, only the Royal Air Force actively retained the reactionary, anti-intellectual pre-war military culture after the war. The bloody aggressiveness and insistence on the superiority of moral over material factors displayed by Major-General Hugh Trenchard, commanding the Royal Flying Corps, had caused it appalling casualties in 1916 and 1917 as ill-trained pilots in inferior aircraft were ordered over the German lines to assert moral superiority. The experience only confirmed his life-long belief that »the moral is to the material as twenty to one«.[62] After the war the important technical advances made by the Royal Naval Air Service in such areas as air navigation and bomb targeting were suppressed by the Royal Air Force. Indifferent to science and engineering, actively hostile to intellectual enquiry, it preferred martial values and horsemanship. Its internal culture has reminded several scholars of one of the duller Edwardian infantry regiments (one is tempted to name the Royal Scots Fusiliers, Hugh Trenchard's regiment).[63] Pre-war racialism and

---

60 Christopher M. Bell, *The Royal Navy, Seapower and Strategy between the Wars* (Basingstoke: Macmillan, 2000), pp. 131–137; Jon Tetsuro Sumida, »The Best Laid Plans: The Development of British Battle-Fleet Tactics, 1919–1942«, *International History Review* 14, 4 (1992), pp. 681–700; G.A.H. Gordon, »The British Navy, 1918–1945«, in Keith Neilson and Elizabeth Jane Errington (eds), *Navies and Global Defense, Theories and Strategy* (Westport, CT: Praeger, 1995), pp. 161–180; Andrew Field, *Royal Navy Strategy in the Far East, 1919–1939: Preparing for War against Japan* (London: Cass, 2004), pp. 123–177.

61 Alan Harris Bath, *Tracking the Axis Enemy: The Triumph of Anglo-American Naval Intelligence* (Lawrence, KS: University Press of Kansas, 1998), pp. 13, 32, 59–64, 75–79; Patrick Beesly, *Very Special Intelligence: The Story of the Admiralty's Operational Intelligence Centre, 1939–1945* (London: Hamilton, 1977); idem, »British Naval Intelligence in Two World Wars – Some Similarities and Differences«, in Christopher Andrew and Jeremy Noakes (eds), *Intelligence and International Relations, 1900–1945* (Exeter: Univiversity of Exete, 1987), pp. 253–273; Donald P. Steury, »Naval intelligence, the Atlantic campaign and the sinking of the *Bismarck*: a study in the integration of intelligence into the conduct of naval warfare«, *Journal of Contemporary History* 22, 2 (1987), pp. 209–233.

62 Richard Overy, »Allied Bombing and the Destruction of German Cities«, in Roger Chickering, Stig Förster and Bernd Greiner (eds), *A World at Total War: Global Conflict and the Politics of Destruction* (Cambridge: Cambridge University Press, 2005), pp. 277–295, p. 282.

63 Neville Jones, *The Origins of Strategic Bombing: A Study of the Development of British Air Strategic Thought and Practice up to 1918* (London: Kimber, 1973), pp. 16–18, 43–44, 60–61, 84, 205–206, 210–211; Neville Jones, *The Beginnings of Strategic Air Power: A History of the British Bomber Force 1923–1939* (London: Cass, 1987), passim especially pp. xi–xxiv, 22–24, 53–68, 83–150; Malcolm Smith, *British Air Strategy between the Wars* (Oxford: Clarendon Press, 1984), pp. 57–73, 270–280; John James, *The Paladins: A Social History of the RAF up to the Outbreak of*

Social Darwinism combined with fascism to mark a new culture of aerial violence, as the knights of the air relished the thought of raining death on the little people whose moral weakness would cause the rapid collapse of society.[64] Only the navy and army had learnt to reconcile their professions with the modern world, and the cultural gap between them and the R.A.F. created serious difficulties in the conduct of the Second World War.

Of course naval culture was not dead in 1918, and it is not dead now. Rational thinking about professional problems was still affected by subconscious, atavistic assumptions deeply ingrained in society, and undoubtedly it still is. No doubt there has never been a time when human activity was guided entirely by conscious reasoning, and perhaps that is a good thing. It seems clear, however, that over the long nineteenth century when practical experience of naval war was so scarce, the ideas of the major navies were heavily influenced by assumptions drawn from the military world and from social movements which suppressed professional thinking, elevated will-power over logic, and made it difficult or impossible for the admirals of 1914 to think rationally about their situation. During and after the war some navies and some countries adjusted to new social and military realities better than others. Some had suffered painful experiences and had learnt from it, but others went into the Second World War with a military culture which had not yet escaped from the nineteenth century. The extent to which officers of the 1940s allowed practical experience to overrule the social prejudices of their youth closely matches the effectiveness with which they fought in the next World War.

World War II (London: Macdonald, 1990), pp. 20–23, 149–151, 168–173; Tami Davis Biddle, *Rhetoric and Reality in Warfare: The Evolution of British and American Ideas about Strategic Bombing, 1914–1945* (Princeton, NJ: Princeton University Press, 2002), pp. 13–15, 27–28, 69–80, 88–93; David Edgerton, *England and the Aeroplane: An Essay on a Militant and Technological Nation* (Basingstoke: Macmillan, 1992), pp. 50–52, 57–58; Scot Robertson, *The Development of RAF Strategic Bombing Doctrine, 1919–1939* (Westport, CT: Praeger, 1995), pp. 68–103, 131–153; C.G. Jefford, *Observers and Navigators, and Other Non-pilot Aircrew in the RFC, RNAS & RAF* (Shrewsbury: Airlife, 2001), pp. 240–241.

[64] The links between fascism and military aviation make R.A.F. culture a delicate subject which historians of the service have tended to avoid. Besides the references in the previous note, see Bernhard Rieger, *Technology and the Culture of Modernity in Britain and Germany, 1890–1945* (Cambridge: Cambridge University Press, 2005), pp. 119–125, 255–263; Richard Griffiths, *Fellow Travellers of the Right: British Enthusiasts for Nazi Germany, 1933–39* (London: Constable, 1980), pp. 137–141; John Ferris, »Achieving Air Ascendancy: Challenge and Response in British Air Defence, 1915–1940«, in Sebastian Cox and Peter Gray (eds), *Air Power History: Turning Points from Kitty Hawk to Kosovo* (London: Cass, 2002), pp. 21–50, pp. 23–25.

Thean Potgieter

German Commerce Raiders in the Southern Oceans: Experiences from Wartime South Africa

Maritime communication is an important determinant in the history of South Africa as it brought contact with Western Europe and other parts of the world in the form of colonial conquest, settlers, new ideas and diverse cultural and economic influences. South Africa's easy access to the world and mineral riches stimulated development and economic growth, which led to the conquest of a continuously greater part of South Africa and concurrent industrialisation.

The Cape of Good Hope was British and it was of considerable strategic value to Britain as the link with a great part of the British Empire. As voyages were long, dangerous and often beset with enemies in the age of maritime empires, it became important to have stations along sea routes, for replenishment and trade, but primarily for defence and war.[1] By the late nineteenth century the British Empire was at its height, controlling vast portions of land across the world, while British naval power went unchallenged.

At the dawn of the twentieth century Germany was Britain's main naval antagonist. It was evident that Germany had the potential to be one of the three or four great powers of the century, but to be able to achieve and sustain such a position it had either to be dependent on others, such as Britain, or it had to create sufficient naval capacity to secure its own long-term interests. In the Mahanist conception a large, modern battle fleet was considered as the ideal power-political tool for Germany to endure in the Darwinian struggle ahead.[2]

In the years leading up to the First World War and with the creation of a German Empire outside Europe, major questions had to be answered about the type of fleet and the type of ships that would be ideal for Germany, where these ships should be based, and the best strategic, operational and tactical approaches. The large battleship was still seen as the core of naval power, yet some German theorists called for more funding for cruisers, submarines and flotillas.

With the outbreak of the First World War the major units of the German navy were concentrated at home. Germany had two heavy cruisers, six light cruisers and

---

[1]   Alfred T. Mahan, *The Influence of Sea Power upon History, 1660–1783* (London: Sampson Low, Marston, 1890), p. 28.
[2]   Paul M. Kennedy, »Context and Approach in Naval History: Admiral Tirpitz and the Origin of Fascism«, in John B. Hattendorf (ed.), *Doing Naval History* (Newport: Naval War College Press, 1995), pp. 146–147.

DOI: 10.1515/9783110533972-008

four gunboats stationed at various ports of her colonial empire, or at neutral ports protecting German interests. These ships were ordered to attack Allied trade wherever they found it, while the British Royal Navy immediately commenced with hunting down these ships across the world. Throughout the war Germany dispatched a number of surface raiders, referred to as auxiliary cruisers, to lay mines and attack British commerce.

At this stage the Union of South Africa had no Navy. and with a well-appointed naval base at Simon's Town the maritime defence of South Africa remained a colonial responsibility for Britain. However, South Africans did participate in the war at sea, fought in German colonies in Southern Africa and were affected by the activities of German cruisers and auxiliary cruisers in the southern oceans. This paper endeavours to link the activities of the *Königsberg* and the *Wolf* with South Africa's experience of the war at sea. It will first provide background on the South African maritime and colonial legacy before the war and its participation in the First World War, before focusing on the activities of the *Königsberg* and the *Wolf* with specific reference to the effects of their actions on wartime South Africa.

South African Maritime Defence before the First World War

The Dutch created a settlement at the Cape of Good Hope in 1652 as an important refreshment post and link to the Dutch seaborne empire. After Britain lost its American colonies its focus moved to the East and India. As the sea route that linked Britain to its wealthy possessions in the East was vulnerable in military and strategic terms, Britain conquered the Cape (the so-called »Gibraltar of the East«) during the Napoleonic wars. This conquest was directly associated with the immense British commercial interest in Asia and the perception that the Cape was of supreme strategic value as a maritime link. The Cape was of very little economic value, but the economic exploitation of India was of fundamental importance to Britain and India was the »Citadel« of British dominion in the East.[3]

As always, in the colonial struggles between Britain and her European rivals, sea power had decided the ultimatel outcome: Britain's ability to contain her enemies' fleets within European waters and to punish them severely whenever they emerged from port turned the scale and determined the fate of the Cape.[4] The Royal Navy had learnt that the *raison d'être* for a navy is not only linked to trade protection, blockading the enemy, stopping invasion attempts, destroying the enemy's navy and ruining the enemy's trade, but also to the projection of military power across the seas. As Britain succeeded in all of the above, she became the unchallenged mistress of the sea during the early nineteenth century.

Britain controlled a wide variety of the choicest strategic ports on the sea lanes of the world. As Admiral Fisher suggested, they were »the ›keys‹ which lock up the

3   Gerald S. Graham, *The Politics of Naval Supremacy* (London: Longmans, 1965), p. 43.
4   Paul M. Kennedy, *The Rise and Fall of British Naval Mastery* (London: MacMillan, 1986), p. 129.

world.«[5] The Cape itself was not of great importance to Britain, but it added to the strategic defence of the Empire and controlling it kept vital maritime links clear. It was regarded as the true centre of the British Empire, as it was clear of Suez complications, and nearly equally distant from Australia, China, India, Gibraltar, the West Indies and the Falklands. In fact, according to Paul Kennedy, Cape Town was »perhaps the most important strategic position in the world in the age of sea power«.[6] The strategic location of South Africa was therefore important. However, it was difficult for Britain to maintain dominance on land because of the political and economic fragmentation of the region, the existence of Boer republics, independent African kingdoms and British Colonies with ill-defined boundaries. This soon changed as South Africa was inherently valuable to Britain after the discovery of gold and diamonds. Britain now had to become hegemonic in the interior.

At sea the Royal Navy went unchallenged. Though historians generally neglect British sea power as a crucial determinant in the history of South Africa, it prohibited other powers from becoming involved in the affairs of Southern Africa.[7] This was clearly illustrated during the Anglo-Boer War (1899–1902) when the Royal Navy had the capacity to stop European nations who sympathised with the Boers from putting their sympathy into meaningful support. A number of examples testify to this. General Buller wanted the Royal Navy to impose a complete naval embargo on the Boer Republics by blockading the Portuguese port at Delagoa Bay. Although Alfred Milner backed him, the British Cabinet only agreed to an arms embargo. As a result the Royal Navy prudently kept an eye on shipping to Delagoa Bay, even forcing into port and searching three German ships, the *Bundesrath* (in December 1899) and the *Herzog* and *General* (in January 1900), on suspicion that they carried arms and ammunition to the Republics. They did not, andthe incident created a storm of protest in Germany, but no action. Britain also concluded a secret treaty with Portugal, vowing to defend Portuguese colonial possessions if the Portuguese promised to stop the movement of arms and ammunition to the Boers. British officials thus co-operated closely with Portuguese officials in Lourenço Marques.[8]

Britain had the maritime capacity to transport an immense number of soldiers (about half a million men) with equipment and supplies from Britain and the British Empire to South Africa. Mahan reported that between 20 October 1899 and 31 March 1900 alone, a »truly gigantic figure« of approximately 166,277 men sailed for South Africa from Britain (a distance of at least 6,000 miles, not including troops that arrived from India). The Admiralty's meticulous planning and the control the Royal Navy exercised at the different ports during the movement of the troops were remarkable feats.[9] For the remainder of the war the Royal Navy kept a close watch

---

[5] The five keys are: the imperial fortresses of Gibraltar, Singapore, Alexandria, Dover, and the Cape of Good Hope.
[6] Kennedy, *The Rise* (see note 4), pp. 129–131.
[7] Gert Daniel Scholtz, *Die Afrikaner en die See* (Johannesburg: Perskor, 1969), pp. 51–53.
[8] Fransjohan Pretorius, *Kommandolewe tydens the Anglo-Boereoorlog, 1899–1902* (Cape Town: Human & Rousseau, 1999), pp. 28–30.
[9] Alfred T. Mahan, *The Story of the War in South Africa* (London: Sampson Low, 1901), pp. 84, 94–95.

on the South African coast and British warships were ever-present. This even led to the odd scrap with the Boers, such as an incident on 10 October 1901 when a Boer patrol armed with rifles exchanged fire with the *HMS Partridge* in Saldanha Bay.[10] British maritime capacity was a critical variable that ensured success in the War, indicating the role maritime power and naval forces can play in the projection of force. Military power essentially consists of two factors, namely force and position, and the British had both. Positioning their forces in the theatre of operations was made possible by maritime power-projection.

In times of crisis navies usually rely on part-time naval reserves for manpower. South Africa was no exception, and naval volunteer units were created in Natal in 1885 and in the Cape in 1905.[11] The units existed long before South Africa had its own navy; they were British in character, and created to serve British imperial interests. In addition the colonial governments made annual contributions to the Royal Navy from 1898 onwards. It commenced with the Natal government providing an annual sum of £35,000 and 2,000 tonnes of coal to be made available to any Royal Navy vessel visiting Durban, up to 12,000 tonnes annually. The Cape government provided an annual contribution of £50,000 and passed the Simon's Town Defence Act in 1898, authorising the development of a base for the Royal Navy. The new dockyard (completed in 1910) with a 228 metre graving dock and a protected tidal basin became the base for the Royal Navy's Cape of Good Hope Station. The Royal Navy showed its appreciation to the colonies by naming two armoured cruisers *HMS Good Hope* and *HMS Natal*.[12]

South Africa was for the first time united in 1910 when the four colonies conquered by the British Empire became the Union of South Africa under the auspices of the Empire. In 1912 the Union Defence Force (UDF) was created, but without a naval force. The two naval volunteer units were officially amalgamated into the *South African Division of the Royal Naval Volunteer Reserve*, RNVR(SA) on 1 July 1913 in accordance with the South African Defence Act of 1912.[13] Although this division would be financially maintained by the Union Government and constitutionally formed part of the UDF, it had to be placed at the disposal of the British Admiralty in time of war, and the Royal Navy assumed responsibility for its peacetime organisation, training, administration and discipline.

South Africa and the First World War at sea

As the war expanded into a global conflict it necessarily impacted on the southern tip of Africa – a distant, yet economically valuable part of the British Empire. Despite the fact that the Union of South Africa was newly formed, and despite its vast distance from the main protagonists and European theatres of war, it was nonethe-

---

[10] Johannes A. Smith, *Ek Rebelleer* (Cape Town: Nasionale Pers, 1946), pp. 88–89.
[11] Government of the Cape Colony, *Government Gazette*, Cape Town, 7.2.1905.
[12] Thean Potgieter, »Maritime Defence and the South African Navy. To the Cancellation of the Simon's Town Agreement«, *Scientia Militaria* 30, 2 (2000), pp. 166–167.
[13] South African Defence Act 1912 (Act 13 of 1912).

less quickly sucked into this great and devastating European conflict. South African involvement commenced with the invasion of neighbouring German South West Africa resulting from a request by the British Imperial Government.[14] This led to the 1914 Rebellion, pitting Boer against Brit. Many of the Afrikaners refused to take up arms against Germany (which had been supportive of the Afrikaner cause during the Anglo-Boer War), and an armed rebellion against British authority ensued. The rebellion was quickly crushed, but was viewed by some as another step in weakening the Afrikaner, suffering from poverty and destruction caused by the Anglo-Boer War. However, most of the White population were eager to foster reconciliation and many South Africans answered the call to arms with enthusiasm (including both English, Afrikaans-speaking and Black South Africans). As only those of »European« descent could serve as combatants, members of the Black population served as non-combatants in uniform.[15]

Before the outbreak of the war, the Minister of Defence, General J.C. Smuts, had wished to create a navy for South Africa (akin to the new navies of Australia and Canada). He suggested that the British Admiralty station a flotilla of torpedo-boat destroyers and submarines in South African waters, to be funded and manned by South Africa, with the hope of it evolving into an indigenous navy. The First World War broke out before the plan could be executed, and as South Africa had no naval vessels of its own, the maritime protection of South Africa and the Cape sea-route remained the task of the Royal Navy. Strong supporters of the British Empire, like the novelist Sir Percy Fitzpatrick (author of *Jock of the Bushveld*), suggested that security of South Africa depended on the Royal Navy, as this »was one of the privileges of belonging to an Empire« with a powerful navy.[16]

Immediately after the outbreak of the war the RNVR(SA) was mobilised and it instantly provide twelve officers and 267 men to the Royal Navy for service on naval vessels and at shore establishments around the world.[17] Many of these men served in the theatres of German South West Africa, East Africa, the Mediterranean and in British waters, and manned the harbour defences of Durban throughout the war. Some immediately joined the crews of *HMS Hyacinth* and *HMS Astraea* in Simon's Town, while others worked on the conversion of merchant vessels in Simon's Town dockyard. The British Admiralty commandeered a number of South African registered ships for service during the war, but despite many South Africans serving on these vessels they remained Royal Navy units.

As the German South West Africa campaign plan called for a large proportion of the troops to embark in Cape Town and disembark in Port Nolloth, Luderitzbucht, Walvis Bay and Swakopmund, a number of British liners and merchantmen as well as local coastal steamers, trawlers and tugs were commissioned to join the service.

---

[14]   C.F.J. Muller, *Vyfhonderd Jaar Suid-Afrikaanse Geskiedenis* (Pretoria: Third Impression, Academia, 1980), p. 404.

[15]   Thean Potgieter, »Südafrika«, in Erwin Schmidl (ed.), *Was sagt uns der Erste Weltkrieg heute?*, ISS Aktuell, 3/2014, Vienna, 2014, pp. 11–12.

[16]   *The Nongquai. The Illustrated Monthly Magazine of the South African Mounted Riflemen, South African Police and South African Prisons' Service*, October 1914, p. 328.

[17]   Departement van Verdediging (Department of Defence), *Rapport voor het jaar*, 30.6.1921, p. 4.

To assist with the responsibility of loading and offloading about 100,000 men, horses, equipment, weapons and ammunition, a naval transport detachment with nine officers and 135 men was formed from the ranks of the RNVR(SA).[18] British naval vessels provided protection during the landings at Luderitzbucht (on 18 September 1914), and the fact that there was no opposition to the landings was influenced by the presence of the big naval guns on board the cruisers. The Royal Navy was tasked with destroying the wireless station at Swakopmund, which was done on 14 September 1914 by the former Union Castle Liner *Kinfauns Castle* (converted into an auxiliary cruiser).[19] Troops landed at Walvis Bay on Christmas Day 1914 and in Swakopmund during the following month.[20]

For the duration of the war members of the RNVR(SA) served with distinction in the Royal Navy around the world. Some served in German East Africa and participated in the action leading to the destruction of the German cruiser *Königsberg,* while others perished with the battle-cruiser *HMS Queen Mary* at Jutland on 31 May 1916.[21] A number of former members of the RNVR(SA) made the Royal Navy Air Service and the Royal Navy their career, including Admiral Edward Syfret and Vice Admiral V.B. Molteno who commanded the armoured cruiser *HMS Warrior* at the Battle of Jutland.[22]

The coastal defence of South Africa and the movement of foreign ships around the southern tip of Africa were important to Britain before and during the war. The coastal defensive capabilities of South African ports were assessed to establish if they could provide defence against battleships and specifically cruisers. If the Suez Canal route were to be blocked to British trade with the East, South African ports and their value for coaling would become vital for the British Empire.[23] The two most important ports (Cape Town and Durban) had extensive coastal batteries, but they had to be improved. It was easier to protect Durban with fixed defences than Cape Town. Durban was a large landlocked port with deep water, with a narrow approach channel, while by comparison Cape Town harbour was a small with a cramped area suited for limited numbers of ships only and an exposed anchorage.[24] Durban was very valuable as a commercial port and a coaling station (specifically due to the proximity of coal mines in the interior). As it was considered probable that harbour entrances and their approach might be blockaded as they had been at Port Arthur during the Russo-Japanese War (1904–1905), the port defences of both harbours had to be im-

---

[18] Allan du Toit, *South Africa's Fighting Ships Past and Present* (Rivonia: Ashanti, 1992), p. xxii.
[19] Gerald l'Ange, *Urgent Imperial Service. South African Forces in German South West Africa 1914–15,* (Rivonia: Ashanti, 1991), pp. 7, 9, 13, 40–41 and 93–99.
[20] Ibid., pp. 138–139.
[21] D.J. Potgieter (ed.), *Standard Encyclopaedia of Southern Africa,* vol. 8 (Cape Town: Nasou, 1973), p. 113.
[22] Ian Uys, *South African Military Who's Who* (Germiston: Fortress, 1992), pp. 158–159.
[23] South African Department of Defence Archive (SADODA), Diverse GF 1, Box 22, 56/127 Proposals with regard to the strengthening of the fixed defences of Durban, Lt Col R.G.A. James, 23.8.1910; and Vice Adm G. Egerton (Commander in Chief) to Lord Metheun (Commanding in Chief, South Africa), 20.7.1910.
[24] SADODA, Diverse GF 1, Box 52, D262 vol. V., Cape Peninsula defence scheme 1917–19; and Box 22, 56/127/16, Memorandum by the Oversees Sub-Committee of Imperial Defence, No 469 M. Natal: fixed Defences, Durban (c 1913).

proved.[25] As a result the readiness and upgrading of these defensive systems received attention throughout the war.[26]

Ongoing British concern with the movement of German ships in and around the South Africa had already become more pronounced in the months leading up to the war, and the British government requested the Union of South Africa to keep good records of all »enemy ships of war in the vicinity«.[27] In June 1914 the South African Prime Minister issued instructions to various ministries to concur with this request, and on 1 August all ministries were instructed to bring under »war conditions the system of reporting the movements of foreign ships of war and merchant vessels«.[28] At the same time the South African Police had to patrol the coastline and report to the Royal Navy intelligence centres in South African Ports.[29]

After the war the RNVR(SA) were demobilised and South African ships requisitioned by the Admiralty were either returned to their owners or sold. With no navy or warships of her own, South Africa thus remained dependent on Britain for maritime defence. This situation soon changed, however, as South Africa discontinued its annual contribution to the Royal Navy (£85,000 at that stage) in order to establish its own navy. On 1 April 1922 three small ships were commissioned by the South African Naval Service (SANS) which became a permanent unit of the Union Defence Force on 1 February 1923.[30]

German surface raiders: the cruiser *Königsberg* and German East Africa

SMS Königsberg (launched in 1906) was one of a new class of fast, well-armed cruisers built in the years before the First World War, destined for service in the colonies. In June 1914 the *Königsberg*, commanded by *Fregattenkapitan* Max Looff, arrived in German East Africa as a symbol of German naval power in the region and as a replacement for the old sail and steam corvette *SMS Gier*. The *Königsberg* was armed with ten 4.1 inch (10.5 cm) guns, lesser guns and torpedo tubes.

The arrival of the *Königsberg* posed a serious threat in case war was declared as the Royal Navy's Cape Squadron at Simon's Town (South Africa), under the command of Rear Admiral Herbert King-Hall, only had three out-dated cruisers (1890s vintage). Late in July 1914 King-Hall went to the coast of German East Africa to keep an eye

25   SADODA, 56/127, Minute 56/127, Fixed Defences at Durban, 14.8.1913.
26   W. Mac E. Bisset, »Coast Artillery in South Africa«, in C.J. Nothling (ed.), *Ultima Ratio Regum. Artilleriegeskiedenis von Suid-Afrika*, (Pretoria: Suid-Afrikaanse Weermag, Militere Informatsieburo, 1987), pp. 333–339.
27   SADODA, Diverse GF 1, Box 76, 1751A Foreign Ships of War and Merchant Vessels 1914–18, 41/1751, Secretary of State for Colonies (Lord Harcourt) to the Governor-General South Africa (Viscount Gladstone), 10.6.1914.
28   SADODA, Diverse GF 1, Box 76, 48/171, Office of the Prime Minister (Louis Botha), Instructions on war conditions for the system of reporting the movements of foreign ships, 1.8.1914.
29   SADODA, Diverse GF 1, Box 76, 68/1751, Patrolling of Coast Belt by Police, Reporting Instructions – List of Naval Intelligence Centres, 13.11.1914.
30   J.C. Goosen, *Ons Vloot. Die Eerste Vyftig Jaar* (Cape Town: W.J. Flesch, 1973), pp. 13–17.

on the *Königsberg* and block the exit in case hostilities commenced. On 31 July 1914 the *Königsberg* sailed from Dar-es-Salaam. King-Hall deployed his three cruisers, the flagship *HMS Hyacinth*, *HMS Pegasus* and *HMS Astraea* around the *Königsberg* to shadow her if war broke out. Looff was clearly aware of the danger these ships posed, made up steam and outran them.[31] As Looff was instructed to conduct commerce raiding in the case of hostilities, when war was declared, the *Königsberg* was at large somewhere between Cape Town and Singapore.

On 6 August 1914 the *Königsberg* captured the liner *The City of Winchester* (carrying the best of the season's tea harvest) some 280 miles east of Aden. This was the first commercial vessel loss of the war. King-Hall only received the news on 21 August. It was of immediate concern to commanders of far-flung British naval stations as they had to guard the routes which carried urgent supplies and Imperial troops to Europe. However, the *Königsberg* was not the only threat as the *SMS Emden*, an unknown number of armed merchant cruisers and Admiral Graf von Spee's China squadron were also still at large. Though the Royal Navy had an impressive superiority in capital ships, most were kept in home waters and station commanders had to work their ships and crews hard.

At the end of August Looff sought shelter in the muddy waters of the Rufiji River delta south of Dar-es-Salaam to await supplies. After shipping sufficient coal his plan was to attempt to return to Germany via the Cape of Good Hope and to capture allied shipping en route for additional supplies. In the meantime King-Hall and the *Hyacinth* were ordered back to patrol the Cape of Good Hope, as the British Admiralty feared that von Spee's squadron might cross the southern Atlantic.[32] Upon his departure Looff received information that a British cruiser was anchored at Zanzibar (about 150 miles up the coast). This was an ideal opportunity to strike a blow at the enemy and Looff took the *Königsberg* to Zanzibar, arriving early on the morning of 20 September 1914. The Royal Navy's cruiser *HMS Pegasus* was cleaning her boilers in Zanzibar's harbour. The *Königsberg* attacked just before dawn. The outranged and out-gunned *Pegasus* was hit at least sixty times and reduced to a wreck in a brief 16 minute bombardment. The *Königsberg* then sank a steam lighter and shelled the wireless station at Ra's Mbweni. The *Pegasus* sank later that day with the loss of 33 lives and 59 serious injuries.[33]

The *Königsberg* then turned south to round the Cape. However, it was not to be: she soon suffered a major engine failure and was forced to return to the Rufiji River delta while the damaged parts had to be taken overland so that new parts could be manufactured at the railway workshops in Dar-es-Salaam.

After the loss of the *Pegasus* the full force of the Royal Navy in the region was now searching for, and bent on destroying, the *Königsberg*. Three large cruisers were scouring the coastline, but it was evident that the best way of establishing the whereabouts of the cruiser was through aerial reconnaissance. This occurred with the aid of a South African pilot and aircraft.

---

[31]   John Walter, *The Kaiser's Pirates. German Surface Raiders in World War One* (London: Arms and Armour, 1994), pp. 113–114.
[32]   Ibid., p. 116.
[33]   Ibid., pp. 116–118.

Late in 1914 the Royal Navy hired a flimsy 90 horsepower *Curtiss* flying boat (employed for providing passenger flights in Durban) from its owner Gerald Hudson. After a demonstration flight in Simon's Town the pilot, H.D. Cutler, was commissioned in the Royal Navy Air Service as a Flight Sub-Lieutenant. Cutler is credited with making the first coastal reconnaissance flights of South African waters.[34] As the Royal Navy was hoping to locate the *Königsberg* from the air, pilot and plane was shipped to the coast of German East Africa aboard the *Kinfauns Castle*.[35]

Niororo Island was selected as a base and preparations for the reconnaissance flights began. The thin wooden hull and the engine of the *Curtiss* were not suited for the tropical climate and experienced problems from the onset. The first flight occurred on 22 November 1914, but due to shortage of fuel Cutler had to land on another island. During the second flight two days later Cutler reported that he had spotted the *Königsberg* up the delta.[36] However, the Royal Navy did not believe this as it did not correspond with their data on the depth of the river at that point. Another flight had to be undertaken with a naval observer, but as the hull of the *Curtiss* was now leaking and showed considerable stress, a replacement hull first had to be brought from Durban before the next flight could take place. Cutler's observations were confirmed early in December and during a further flight, Cutler indicated that the *Königsberg* had moved twelve miles up the delta. On Cutler's next flight the *Curtiss* had an engine failure at the river mouth: he was forced to land and was captured by German troops as he tried to restart his engine. The *Curtiss* was rescued by an armed tug, but Cutler remained a Prisoner of War until November 1917.[37] Thus Cutler had located the *Königsberg* and indicated that it has moved upstream, but he was not instrumental in the final destruction of the *Königsberg*. The honour fell to the *Short* seaplanes of the Royal Navy Air Service.

The Royal Navy instituted a blockade to prevent the *Königsberg* from escaping. As it was impossible to move upriver with the British cruisers, they decided to use shallow draft gunboats to destroy the cruiser. Two river monitors (*Severn* and *Mersey*), designed by Vickers for Brazil but never delivered, were towed from the Mediterranean to Zanzibar. These vessels were armed with two 6 inch guns and one 4.7 inch howitzer and on 6 July 1915 they took position five miles downstream from the *Königsberg* and opened fire. Two aircraft were used to spot where the shells of the monitors fell. Both the *Königsberg* and the monitors suffered some damage, but due to the tide the monitors had to withdraw.[38] During the second attempt five days later the aerial spotting proved invaluable and many direct hits were registered. They knocked out the communication with the German spotting station on a nearby hill and the fire control positions on-board the *Königsberg* with the result that the

---

[34] James A. Brown, *A Gathering of Eagles. The Campaigns of the South African Air Force in Italian East Africa June 1940–November 1941, with an Introduction 1912–39* (Cape Town: Purnell, 1970), p. 4.

[35] John W. Illsley, *In Southern Skies. A Pictorial History of Early Aviation in Southern Africa 1816–1940* (Johannesburg: Jonathan Ball, 2003), p. 47.

[36] Ibid., p. 48.

[37] Ibid.

[38] »Story of the Attacks on the *Königsberg*«, *Weekly Cape Times and Farmers Record,* 16.7.1915.

fire from the *Königsberg* decreased. One of the final rounds from the *Königsberg* hit a spotter plane, forcing it to ditch. By early afternoon of 11 July 1915 the *Königsberg* was severely damaged and Looff ordered the ship to be scuttled. The breech-blocks of the guns were thrown overboard, the magazines flooded and the order to abandon ship was given.[39]

However, the military contribution of the *Königsberg's* lived on in the land campaign of Colonel Paul von Lettow-Vorbeck in German East Africa in the shape of its 4.1 inch (10.5 cm) guns that reappeared during the fighting on land. Divers retrieved the breech-blocks, the guns were salvaged and were sent overland to Dar-es-Salaam to be mounted on improvised field carriages (pulled by up to 400 native labourers). These guns were a vital addition to von Lettow-Vorbeck's artillery, and South African records of the campaign in East Africa abound with references to the *Königsberg's* guns. South African troops first encountered their fire power in March 1916 when the Allied forces attacked the German-held Kahe. Their initial assault was repulsed by guns from the *Königsberg* which also pounded their transport concentrations from miles behind the front line. Specifically the 4.1 inch guns (nicknamed »Coughing Clara«) were at times used very successfully with the aid of spotters on higher ground.[40] In April 1917, during the German attack on Lindi, the guns from the *Königsberg* were again used very successfully and Royal Navy warships had to provide naval gunfire support to assist with the defence of Lindi.[41]

However, artillery was of limited use during this campaign. The guns of the *Königsberg* were often »regarded with derision« not because of their accuracy, as the guns were usually carefully ranged, but because the high-explosive shells intended for amour plate were not so effective in this terrain, often burying themselves deep into the soil, exploding harmlessly and braking into large fragments.[42] Besides the difficulties with the forested terrain, the use of artillery was further limited by the guerrilla nature of the later phase of the campaign and the lack of draught animals due to tsetse flies decimating the animals.[43]

The largest relics of the *Königsberg* to survive are a pair of 4.1 inch guns. One is in Mombasa, Kenya and the other at the Union Buildings in Pretoria, South Africa. By a strange coincidence the Mombasa gun stands next to one from the *Pegasus*. Both guns were salvaged from the wrecks and had seen action against one another at sea and on land. The *Königsberg* gun in South Africa is at the road entrance to Union Buildings in Pretoria. The plaque attached to this gun indicates that it was captured by South African forces at Kahe in March 1916.[44] There is, however, some doubt

---

[39] Walter, *The Kaiser's Pirates* (see note 33), pp. 127–128.

[40] James A. Brown, *They Fought for King and Kaiser. South Africans in German East Africa* (Rivonia: Ashanti, 1991), pp. 107, 151 and 168.

[41] F.J. Jacobs and J.A. Visser, »Die Suid-Afrikaanse Artillerie tydens die Eerste Wêreldoorlog: Die Veldtog in Oos-Afrika en die Midde-Ooste (1917–1918)«, in C.J. Nothling (ed.), *Ultima Ratio Regum* (see note 26), p. 105.

[42] Brown, *They Fought for King and Kaiser* (see note 42), pp. 151, 168, 225 and 258.

[43] Jacobs/Visser, *Die Suid-Afrikaanse Artillerie* (see note 43), pp. 105–107.

[44] The English inscription on the plaque at the Union Buildings Pretoria reads: »German Naval Gun, Caliber 10.5 cm = 4.1 inches. Captured by 1 SA Mounted Brigade and 2 SA Infantry Brigade at Kahe East Africa, 21 March 1916«.

about this since the Kahe gun was on a wooden gun-mounting (not a wheeled) carriage, and the record indicate that the Germans blew it up before they abandoned it.[45]

The long drawn out battle to find and destroy the *Königsberg* included one of the first uses of aircraft in naval warfare. Aircraft was crucial for locating the ship and proved invaluable in the revolutionary role as spotter aircraft directing the fire of surface vessels. No fewer than eleven aircraft of five different types and two airfields were used in the search and destruction of the *Königsberg*. As a commerce raider the *Königsberg* was not as successful as the *Emden*, but nonetheless in German East Africa one cruiser and 12.000 German troops managed to tie up 24 warships and eleven aircraft for nine months (consuming nearly forty thousand tonnes of coal, other supplies and ammunition) while around 300,000 Allied soldiers served in this theatre during the war. Of the *Königsberg*'s original crew of 350 men, only fifteen (including Looff) returned to Germany after the war.[46]

German surface raiders: the cruise of the *Wolf* and its maritime casualties at the Cape of Good Hope

On 30 November 1916 an auxiliary cruiser, the converted merchantman and mine-layer *Wolf* (11,200 tonnes) under the command of *Fregattenkapitän* Karl August Nerger sailed out on a legendary voyage that took the ship and her crew around the Cape of Good Hope, into the Indian Ocean, and to the Pacific Ocean coast of Australia and New Zealand. *Wolf* was armed (concealed behind false sides) with six 5.9 inch guns, three 2.0 inch guns, several smaller calibre weapons, four torpedo tubes and carried over 450 mines. Her top speed was only 11 knots, but she had a considerable range due to her bunkering capacity. *Wolf* was able to prolong her voyage and extent her range through goods taken from her prizes and succeeded in returning to Kiel, Germany, on 19 February 1918 after a record-breaking fifteen month voyage, staying at sea for 452 days.[47]

Nerger's instructions were to reach the Indian Ocean and create chaos along British trade routes: »the approaches to the most important ports of British India and British South Africa, as well as the interconnecting trade routes are to be contaminated with mines.«[48] Cape Town had to be mined first and at least five other ports were to follow. After laying all the mines on board, Nerger had to pursue a war on commerce until all resources were exhausted – this was left to his judgment, but the grain trade between Australia and Europe was an important target.

---

[45] Darrell D. Hall, »German Guns of World War I in South Africa«, *Military History Journal* 3, 2 (December 1974).

[46] Pierre du Toit, »SMS *Königsberg*«. Address to the South African Military History Society, Johannesburg Branch, 11.4.2013.

[47] Werner Rahn, »Die deutsche Seekriegführung«, in Stephan Huck, Gorch Pieken and Matthias Rogg (eds), *Die Flotte schläft im Hafen ein. Kriegsalltag in Matrosen-Tagebüchern* (Dresden: Sandstein, 2014), p. 93; see also Walter, *The Kaiser's Pirates* (see note 33), pp. 174 and 182.

[48] Richard Guilliatt and Peter Hohnen, *The Wolf: How One German Raider Terrorized the Allies in the Most Epic Voyage of WW I* (New York: Free Press, 2010), p. 31.

The coalbunkers on the *Wolf* had sufficient coal for six months (to India and back), but Nerger surprised his superiors by indicating that he would stay at sea for a year. With maintaining radio silence and not being able to dock in a neutral port to replenish, this was a great challenge. The Chief of the Admiralstab, Admiral Henning von Holtzendorff, warned Nerger that he would have to sustain the ship and crew by taking coal from ships intercepted, that the crowding of prisoners and crew would become a problem and that the crew would not bear it as »no commercial steamer has ever been at war for so long«.[49] With the wide-ranging Royal Navy deployments it was clearly a considerable challenge.

On the morning of 16 January 1917, after a 7,000 mile voyage across the Atlantic, the *Wolf's* crew saw Table Mountain and Cape Town – their first mine-laying target. A convoy of seven ships, six troopships and a warship was spotted making its way north.[50] Under a false British flag the *Wolf* was prepared for action, but attacking the convoy would be suicidal as the warship was the *HMS Cornwall* (a 9,800 ton armoured cruiser) that had sank the *Leipzig* at the Battle of the Falklands and had more than twice the firepower of the *Wolf*. The *Wolf's* flag was lowered in salute and the *Cornwall* returned the signal. The convoy carried Australian and South African troops, the South African Native Labour Corps and five million pounds in gold bullion.[51]

By nightfall the *Wolf* commenced with mine-laying operations in the approaches to Cape Town about twelve miles south of Dassen Island. As each mine contained roughly 200 pounds of TNT, it had to be winched to deck, lowered onto rails and dropped through a hatch at the stern of the ship – a cumbersome and dangerous process that had to be executed at night on a darkened ship close to the shore in busy sea-lanes. Furthermore, the mine-laying had to be done with an exact measurement of depth as each mine was connected to a measured chain to be roughly six meters beneath the surface (the draft of a large steamship).[52]

Nerger's intention was to lay 75 mines in a five mile chain across the shipping lanes north of Cape Town. At around 21:00 they were lit up by the beam of a passing freighter, and as the *Wolf* moved closer to Cape Town in bright moonlight, they could see the spotlights from the Cape Town defences as the crew dumped mines over the stern. Through their binoculars the *Wolf's* crew looked at the lights of Cape Town and Nerger was concerned about the prospect of being spotted by a patrol boat from Table Bay. The reality was that there were no patrol boats at Cape Town as the main naval station was at Simon's Town on the other side of the Cape Peninsula. After midnight (with about 25 mines dropped), a freighter passed very close to the *Wolf* in the clear moonlight. Nerger did not wish to jeopardize his mission at such an early stage, stopped the mine-laying and steered southwest. On 18 January the *Wolf* continued mine-laying operations to the south-west of Cape Agulhas. Agulhas was the most southerly tip of Africa and the shipping lanes fanned out from here to Durban, the East and Australasia. Again, it was perfect weather as the *Wolf*, un-

---

[49]   Ibid., p. 32.
[50]   Walter, *The Kaiser's Pirates* (see note 33), p. 175.
[51]   Guilliatt/Hohnen, *The Wolf* (see note 50), pp. 39–40.
[52]   Ibid., p. 41.

detected by ships passing close throughout the night, dropped 31 mines in a zigzag formation before sailing into the Indian Ocean for Ceylon and an eventful voyage that would last for more than another year.[53]

Within days the *Wolf's* mines claimed their first victim.[54] The *SS Matheran* (7,654 tonnes) approached Cape Town in calm sea conditions from Liverpool with a cargo of salt, industrial supplies, mail and eleven race horses on board. She struck a mine on the afternoon of 25 January, to the south of Dassen Island and about twenty miles from Cape Town. The crew reported that she sank within twenty minutes due to an explosion. The whole crew (with the exception of one crewmember) safely reached Cape Town.[55] Given wartime censorship, the newspaper reports were cautious. The sinking of the *Matheran* was briefly reported in the *Cape Argus* the next day, but it did not appear in the *Cape Times* or in newspapers in London. On 29 January the *Cape Times* merely reported that *Matheran* sank off Dassen Island.[56] During an enquiry on 1 February Captain Addy and other officers of the *Matheran* explained that in their estimation the ship had hit a mine.[57] The newspapers still referred to the incident as ›a mystery of the sea‹ and there was no official recognition of the possibility of a mine being responsible for the sinking of the *Matheran*. In the absence of official explanations, rumours abounded in Cape Town about mines, submarines and even sabotage. German-born immigrants were quickly accused of being behind the sinking – quite a common tendency in the British Empire during the First World War.

On 6 February 1917 the newly-built British troopship *Tyndareus* (10,500 tonnes) struck a mine near Cape Agulhas a few hours after leaving port. She was on her maiden voyage and carried 1,005 troops of the 25th Middlesex Regiment. Remarkably, all the troops were evacuated in an orderly fashion from the listing ship which remained afloat long enough to be towed to dry dock. News of the *Tyndareus* disaster was suppressed and the first reports appeared in the newspapers on 12 February, referred to as ›Tales of British Heroism‹ and ›How men faced death on *Tyndareus*‹. The *Tyndareus* struck a mine not far from where the troopship *Birkenhead* had sunk in 1852 and it was reported that the troops on board »upheld the *Birkenhead* tradition« by mustering on deck while the ship was listing heavily. Though it was thought that the ship could go under at any moment, the troops sang and remained cheerful while disembarking into lifeboats in a heavy sea and strong south-easterly wind.[58] In a congratulatory message to the Commander-in-Chief Simon's Town from King George V the earlier incident was recalled: »Please express [...] my admiration of the conduct displayed by all ranks [...] In their discipline and courage they worthily

53 Ibid., p. 42.
54 SADODA, Pamphlets, Box 18, Pamphlet No. 5109, DGP/A/16/5/5/4, Ships sunk by the German auxiliary cruiser »Wolf«, 29.7.1972.
55 »Matheran sank«, *The Star*, 27.1.1917; and »Matheran«, *De Volkstem*, 30.1. and 6.2.1917.
56 »Matheran sank off Dassen Island«, *Cape Times*, 29.1.1917.
57 »A Mystery of the Sea«, *Cape Times*, 2.2.1917.
58 W. Mac E. Bisset, »The *Birkenhead* tradition – the *Tyndareus* Roll Call, 7 February 1917«, *The Orders and Medals Research Society*, Winter 1977, pp. 222–227.

upheld the splendid tradition of the *Birkenhead*, ever cherished in the annals of the British Army.«[59]

On 12 February at 11:00 the *SS Cilician* (wrongly reported in the newspapers as *SS Cilicia*) hit a mine off Dassen Island. Tugs were despatched from Cape Town and took her in tow, but she sank at 20:00.[60] Her whole crew were rescued and taken to Cape Town. The Admiralty statement was only that she »met with an accident off Dassen Island«. After this declaration that was that. British press controls made it difficult to distinguish between fact and fiction and details of the sinking of ships were often supressed as the British War Office had wide censorship powers. With control over every British cable company messages from foreign correspondents were filtered before being published.[61]

The incidents alarmed the South African public and the rumours were reignited. South African military intelligence reports had indicated that Germany was set on the »interruption of Ocean Traffic via South Africa which is regarded as a key to the trade routes of Australia and India« and was warning against a German threat to control Egypt and Suez. They were convinced that German agents were operating in South Africa set on engineering »internal disorder to stop the coal mines and railway service«.[62]

South African newspapers speculated about traitors and saboteurs working on the docks and cooperating with spies on neutral ships visiting Cape Town, and demanded the internment of all German born citizens. Suspicion was also cast over a visiting Swedish merchant ship the *Tasmanic,* specifically as the wireless operator on the *Matheran* reported that »a Swedish ship was constantly interfering with their messages.«[63] The Admiralty ordered the *Tasmanic* to be detained and searched, but the allegations were baseless as the casualties were clearly the result of mines from either a German raider or submarine. Six months later the *Tasmanic* managed to again arrive in a port as one of the *Wolf's* mines claimed a victim. This time it was Melbourne, but she was again detained and the crew interrogated.[64]

This was not the end of rumours and suspicions. The *Rand Daily Mail* was emphatic that having officials of German descent involved with the management of docks and ports were not »a desirable state of things in war«. The *Cape Times* demanded that all German-born men, women and children be interned irrespective of their income and position to prevent »enemy action within our borders«. The *Star* even proposed internment for »pro-German neutrals [...] the most dangerous people in South Africa today« probably referring to Swedish and northern European immigrants.[65] The result was an increase in anti-German protests as the mining activities and the fledging industrialisation South Africa resulted in many Germans

---

[59] »Tale of British Heroism«, *Cape Times*, 12.2.1917.
[60] SADODA, Pamphlet No. 5109.
[61] Guilliatt/Hohnen, *The Wolf* (see note 50), p. 43.
[62] SADODA, Diverse GF 1, Box 78, 8/40057 Intelligence reports, General vol. 2: 1918–20, 8/40057, Intelligence Report No. 6, 31.1. to 15.2.1918.
[63] »A Mystery of the Sea«, *Cape Times*, 2.2.1917.
[64] Guilliatt/Hohnen, *The Wolf* (see note 50), p. 91.
[65] Ibid., p. 46.

being engaged in trade, mining and manufacturing. The South African government indicated that it would intern the male »enemy aliens« and promptly imprisoned a further 4,500 German born citizens.[66] The internment of selected German citizens and sympathisers was not new and had commenced in 1914. It was spurred on when a secret German document was intercepted by South African military intelligence. The document indicated that »German cruisers would be able to obtain assistance in South Africa« as supplies and coal would be loaded on outbound vessels which would then rendezvous at prearranged locations with German ships. Representatives of German shipping companies and businessmen named »were regarded to be in the secret employ of Germany and they were then interned«.[67]

The *Wolf* minefields were the first in South African waters and as soon as their existence and estimated location were known, daily wireless messages were sent out to warn ships to steer clear of these areas. No local capacity existed to sweep a channel and the Royal Navy requisitioned six South African whalers, converting four into minesweepers and two into armed patrol vessels. Two of the converted minesweepers (*Noble Nora* and *Transvaalia*) were based in Simon's Town and regularly performed minesweeping duties around the Cape during the final year of the war.[68]

In the meantime a great tragedy occurred as more ships fell victim to *Wolf's* mines. The Spanish mail ship *C de Eizaguirre* (4,400 tonnes) left Barcelona for Manila on 23 April 1917 and was approaching Cape Town from the West when she hit a mine at around 03:00 on 26 May. The weather was described as »very dirty, with a big sea and drizzling rain«.[69] She had 107 crew members and around 50 passengers on board, including two dozen women, five small children and the Spanish Consul of Colombo. As the ship broke in two and sank within five minutes of the explosion, there was no time to despatch a distress signal.

According to the Second Officer of the *C de Eizaguirre* it happened so quickly that »in the darkness and confusion« there was only time to successfully launch one of the eight lifeboats, which »was dragged away from the vessel by the heavy seas before it had a full complement of passengers, who were crowding on deck at the time«.[70] More than 130 persons perished, which included all the passengers (with the exception of two male passengers) and most of the crew. The two male passengers and 21 crew members managed to cramp into the lifeboat, which reached Cape Town in the afternoon after a difficult voyage in rough seas.[71] One of the ship's engineers managed to cling to a raft and survived the cold south Atlantic for thirty hours before being picked up. Many of the bodies washed up on the beaches around the Cape over the next days.[72] Despite the rapidity with which the incident occurred,

---

[66]   Ibid., pp. 45–46.
[67]   SADODA, Diverse GF 1, 8/40057, Box 78, Intelligence Memorandum No. 3, 10.6.1916, Re »Berlin Propaganda«, Maj J.G.M. Leipoldt.
[68]   du Toit, South Africa's Fighting Ships (see note 18), p. xxv.
[69]   »Liner sunk off Cape Town«, *Cape Times,* 28.5.1917.
[70]   »Liner sunk off Cape Town«, *Cape Times,* 28.5.1917.
[71]   »Loss of City of Athens«, *The Star,* 27.5.1917.
[72]   »Liner sunk off Cape Town«, *Cape Times,* 28.5.1917.

the time-honoured nautical tradition of women and children first was seemingly not adhered to with the sinking of the *C de Eizaguirre.*

The next incident also occurred within sight of Cape Town. The *City of Athens* (5,800 tonnes) left New York on 12 July bound for India with 97 passengers, 112 crewmembers and general cargo on board. She hit a mine at about 15:30 on 10 August about 20 miles from Cape Town. There were two explosions in the fore-part of the ship in quick succession and a consignment of oil stowed forward caught fire. It was impossible to send out a distress call as the radio was disabled by the explosion. The ship sank at around 17:30, but in the meantime orders were given to launch the boats and abandon ship.[73] The process occurred orderly: women and children were first, and all passengers and crew were safely transferred to the seven boats which were launched. The Master, Captain William Knaut, was the last to leave the stricken vessel.[74] The incident was observed by the lookout on Signal Hill, who reported it and the tug *Ludwig Weiner* left Cape Town at about 17:10 to search for the boats.[75] She picked up survivors from six boats, but only picked up the survivors from the seventh boat at about 21:15, at which time the boat had capsized and fifteen of the passengers and four crewmembers perished.

During the subsequent court of enquiry the wireless operator of the *City of Athens* was found guilty of gross neglect of duty as he did not record the warning messages pertaining to the area suspected of having mines and had failed to inform the Captain accordingly. The ship was lost as a consequence of being navigated over a dangerous area (instead of sailing a course as instructed by the Admiralty) and as the Captain should not have allowed this, he was found »guilty of a grave error of judgement.« The court recommended that a new certificate should not be issued to Captain Knaut before a lapse of six months.[76]

The final recorded incident of a ship hitting one of the *Wolf's* mines occurred on 26 August 1917 when the *SS Bhama* (5,241 tonnes) came to peril about fifteen miles south-south-east of Cape Agulhas. No lives were lost and as she was still afloat, she slow made for Simon's Bay.[77] The tug *Ludwig Wiener* was dispatched from Table Bay, and as the weather conditions approved and the *Bhama's* condition allowed it, she was taken to Cape Town as there were better facilities to deal with her cargo and effect repairs. The *Bhama* reached Cape Town on 28 August and on the same day work commenced to remove the cargo and prepare her for the dry dock.[78]

In the meantime the Wolf was continuing with her cruise in the Indian and Pacific Oceans. By April 1917 British Admiralty had gained intelligence about *Wolf's* cruise and a detailed report was despatched to all naval commanders in the Indian and Pacific Oceans with the confirmation that »Cape Town harbour was mined« by the *Wolf.*[79] Nothing to this effect was released by the British Admiralty at the Cape

[73] »City of Athens, sunk near Cape Town yesterday afternoon«, *Cape Argus*, 11.8.1917.
[74] »Loss of the City of Athens, Captain gives evidence«, *Cape Argus*, 15.8.1917.
[75] »Sinking of the City of Athens«, *Cape Argus*, 17.8.1917.
[76] »City of Athens Disaster, Findings of Court of Enquiry«, *Cape Argus*, 21.8.1917.
[77] »Bhamo«, *The Star*, 27.8.1917; and »Mishap to British Steamer«, *Cape Argus*, 27.8.1917.
[78] »The Bhamo Mishap, Vessel safe in Port«, *Cape Argus*, 29.8.1917.
[79] Guilliatt/Hohnen, *The Wolf* (see note 50), p. 60.

or appeared in the South African newspapers reporting on the maritime casualties around the Cape.

Britain took extra precautions to do minesweeping and protect convoys approaching East Africa and the Persian Gulf. As the *Möwe* again cruised the Atlantic, Britain had more than fifty warships searching for raiders in the Indian Ocean, around Africa, the Americas and Australia. The final tally of the *Wolf* is 29 Allied ships sank or mined off South Africa, Sri Lanka, Australia and New Zealand which created widespread alarm.[80]

Conclusion

South African reality has always been influence by maritime affairs and maritime power, yet naval protection remained a colonial responsibility. Though South Africa was not directly involved in the war at sea during the First World War, South Africans did participate in the naval war, while the activities of surface raiders, such as the *Königsberg* and *Wolf*, brought the realities of the war at sea closer. Specifically the coastal community of Cape Town was affected by the maritime tragedies resulting from the mines laid by the *Wolf*. These experiences later resulted in strong support for the creation of an indigenous South African naval capacity to defend and protect the South African coast and maritime interests.

Germany placed little emphasis on the defence of her colonial empire during the war and as maintaining these colonies was not considered critical in strategic terms, the German Navy did not enthusiastically plan for, and did not actively defend the colonies against British maritime power ambitions. The naval vessels that were deployed away from the North Atlantic at the time of war were »openly regarded in Berlin as hostages of fortune«.[81]

With the exception of German East Africa where von Lettow-Vorbeck offered resistance right to the end of the war, the German overseas empire was overrun by the Allies within a year after the start of war. Despite this empire being close to one million square miles, it was populated by only 21,000 Germans, represented 3.8 per cent of Germany's foreign investment and contributed to about 0.5 per cent of Germany's foreign trade. As maintaining these colonies was only possible through heavy subsidies and as they provided little in terms of raw materials to German industry, losing them was not a significant blow to Germany.[82]

However, the questions that need to be asked are: was the Mahanist conception of focussing on a large battle fleet concentrated in the North Sea correct for Germany at the onset of the First World War? Should they not have given more than only scant support to a *guerre de course* outside the North Atlantic? It is certainly true that surface raiders found it difficult to hide and operate in the machine age – specifically as they needed to coal and could not stay at sea for long periods of time. After the

---

[80] Jeremy Black, *The Great War and the Making of the Modern World* (London: Continues International Publishing, 2011), p. 111.
[81] Kennedy, *The Rise and Fall* (see note 4), p. 252.
[82] Ibid.

development of the wireless, their activities and location could be reported and they would be hunted down by superior naval presence.

As proof of the above, the ten German surface raiders operating at the beginning of the war were quickly taken out of the equation with the exception of the *Emden* and *Karlsruhe*, but they were also soon silenced. A few others followed with mixed success. By the end of the war three small German cruisers and eleven auxiliary cruisers had sunk two cruisers, one auxiliary cruiser, one torpedo boat and 149 merchant vessels with a gross tonnage of 600,130.[83] This was not considered a significant blow to Allied shipping, as the greatest challenge to commerce came from U-boats. However, as the statistics related to the activities of the *Königsberg* and the *Wolf* above indicate, considerable British naval resources were tied up by hunting single ships. In the case of the *Wolf*, the British Admiralty acknowledged that »one single armed merchantman defied the power of the combined navies because of the fundamental difficulty of locating ships on the wide expanse of the ocean«.[84]

---

[83] Rahn, »Die deutsche Seekriegführung« (see note 49), p. 93.
[84] Guilliatt/Hohnen, *The Wolf* (see note 50), p. 61.

Nicolas Wolz

Morgens Krieg, abends Kino.
Alltag in der Kaiserlichen Marine 1914–1918

»Und wenn sie nicht kommen, so holen wir sie«[1] – mit dieser in der deutschen Flotte
weitverbreiteten Erwartung einer schon bald zu schlagenden großen Seeschlacht begann für die Kaiserliche Marine im August 1914 der Erste Weltkrieg. »Sie«: Damit
waren die Briten gemeint, Hauptgegner der Mittelmächte auf dem Wasser und seit
mehr als einem Jahrhundert unangefochtene Herrscher über die Weltmeere. Dass
sie nicht »kommen« und die deutschen Herausforderer zum Kampf stellen würden,
die erst seit wenigen Jahren überhaupt über eine ernstzunehmende Flotte verfügten,
konnte sich in den ersten Tagen des Krieges kaum jemand vorstellen.

Und doch war es so. Statt wertvolle Schiffe in einer Schlacht aufs Spiel zu setzen, die auch für einen überlegenen Gegner immer mit dem Risiko unkalkulierbarer
Verluste verbunden war, nutzten die Briten lieber die Vorteile ihrer Insellage aus und
blockierten die beiden Nordseeausgänge im Ärmelkanal und zwischen Schottland
und Norwegen.[2] So ließen sich die wichtigsten strategischen Ziele der Royal Navy,
der Schutz der britischen Küsten und des britischen Seehandels, ebenso erreichen
wie die Unterbrechung der deutschen Seeverbindungen in den Atlantik. Während
Deutschland dadurch weitgehend von Importen abgeschnitten war, konnten die
Briten und ihre Verbündeten nahezu uneingeschränkt auf die Industrieproduktion
der Vereinigten Staaten und die Ressourcen ihrer Überseereiche zurückgreifen.

Obwohl es in den Jahren vor dem Krieg durchaus Hinweise darauf gegeben hatte,
dass die Royal Navy sich für eine Strategie der *distant blockade* entscheiden könnte,
rechnete der Operationsbefehl für die deutsche Kriegführung in der Nordsee vom
30. Juli 1914 nicht mit dieser Möglichkeit. Er ging allein von dem traditionellen
Szenario einer engen Blockade der deutschen Küste durch die britische Flotte aus, bei

---

[1]   Richard Stumpf, Das Tagebuch des Matrosen Richard Stumpf. In: Das Werk des Untersuchungs-
      ausschusses [WUA] der Verfassunggebenden Deutschen Nationalversammlung und des Deutschen
      Reichstages 1919–1928. Vierte Reihe: Die Ursachen des Deutschen Zusammenbruchs im Jahre
      1918. Zweite Abteilung: Der Innere Zusammenbruch, Bd 10/2, Berlin 1928, S. 12.
[2]   Zur Aufgabe der britischen Nahblockaden-Strategie vgl. z.B. Nicholas Lambert, Sir John Fisher's
      Naval Revolution, Columbia 1999, S. 261–273 und S. 284–286; Arthur J. Marder, From the
      Dreadnought to Scapa Flow. The Royal Navy in the Fisher Era 1904–1919, 5 vols., London
      1961–1970, vol. 1, S. 367–377; Paul G. Halpern, A Naval History of World War I, Annapolis,
      MD 1994, S. 21 f.

DOI: 10.1515/9783110533972-009

der es dann unweigerlich früher oder später zur Schlacht würde kommen müssen.[3]
Der Operationsbefehl sah vor, dass die den Briten zahlenmäßig unterlegene deutsche
Flotte zunächst auf einen »Kräfteausgleich« hinarbeiten, sprich durch U-Boot- und
Minenattacken die gegnerischen Kräfte soweit dezimieren sollte, bis eine Seeschlacht
unter dann »günstigen Umständen« eine realistische Aussicht auf Erfolg besaß.[4]

An dieser Maßgabe sollte auch nach der englischen Kriegserklärung vom 4. August
1914 festgehalten werden, obwohl schnell klar wurde, dass der erhoffte Kräfteausgleich nicht zu erreichen sein würde, solange die Briten sich mit der Fernblockade
Deutschlands zufriedengaben. Denn den Gegner in der Distanz zu fassen, um
ihm mit Kleinkriegsmitteln wie Minen und U-Booten ernstlichen Schaden zuzufügen, war praktisch ausgeschlossen. Ein offensiver Einsatz der Großkampfschiffe
kam ebenfalls kaum in Frage, denn dazu blieb, wie David Stevenson schreibt, »den
Deutschen nur eine wenig beneidenswerte Wahl. Entweder konnten sie die Fahrt
durch die Straße von Dover und 200 Meilen Ärmelkanal wagen, die bald durch
Minenfelder und Zerstörer abgesichert wurden, oder Schottland umrunden – was
eine Fahrt von 1100 Seemeilen bedeutete –, um die atlantischen Schifffahrtslinien
zu erreichen. In diesem Fall hätten sie dann die Grand Fleet zwischen sich und ihren
Flottenstützpunkten gehabt.«[5]

Vor diesem Hintergrund entspannen sich innerhalb der deutschen Marineleitung
langwierige Auseinandersetzungen darüber, wie angesichts der veränderten Situation
die Hochseeflotte aus mächtigen Linienschiffen und Schlachtkreuzern, die ihr
Baumeister Großadmiral Alfred von Tirpitz so konstruiert hatte, »dass sie ihre höchste
Kriegsleistung zwischen Helgoland und der Themse entfalten kann«[6], am sinnvolls-
ten einzusetzen sei. Wilhelm II., bei dem laut Verfassung der Oberbefehl über die
Marine lag, war grundsätzlich gegen einen riskanten Einsatz »seiner« Schiffe. In einer
Allerhöchsten Willensmeinung vom 6. Oktober 1914 erklärte er, die Flotte dürfe
keinesfalls aufs Spiel gesetzt werden, sondern müsse vielmehr in ihrem Bestand erhalten bleiben, um sie bei späteren Friedensverhandlungen als politisches Druckmittel
gegen England benutzen zu können. Den Zeitpunkt ihres Einsatzes behalte er sich
persönlich vor. Von der bisherigen Leistung der Flotte zeigte er sich »in hohem Maße
befriedigt« und mahnte: »Seine Majestät der Kaiser erwarten von dem Geist der
Führer und der Besatzungen, dass er durch die abwartende Haltung nicht leidet und

---

[3]   Zur Entwicklung der maritimen Operationsplanung in Deutschland vgl. Eva Besteck, Die trü-
      gerische »First Line of Defence«. Zum deutsch-britischen Wettrüsten vor dem Ersten Weltkrieg,
      Freiburg, Berlin 2006 (= Einzelschriften zur Militärgeschichte, 43), S. 60–69; Rolf Hobson,
      Maritimer Imperialismus. Seemachtideologie, seestrategisches Denken und der Tirpitzplan 1875
      bis 1914, München 2004 (= Beiträge zur Militärgeschichte, 61), S. 296–308.
[4]   Der Krieg zur See 1914–1918. Der Krieg in der Nordsee, 7 Bde, Berlin 1920–1937, Frankfurt a.M.
      1965, Bd 1, S. 54.
[5]   David Stevenson, 1914–1918. Der Erste Weltkrieg, 3. Aufl., Düsseldorf 2006, S. 117.
[6]   Denkschrift Tirpitz' vom Juli 1897 über »Allgemeine Gesichtspunkte bei der Feststellung unse-
      rer Flotte nach Schiffsklassen und Schiffstypen«, abgedr. in: Rüstung im Zeichen der wilhelmi-
      nischen Weltpolitik. Grundlegende Dokumente 1890–1914. Hrsg. vom Militärgeschichtlichen
      Forschungsamt [MGFA] durch Volker R. Berghahn und Wilhelm Deist, Düsseldorf 1988,
      S. 122–127, hier S. 122.

dass seine Majestät auf die Flotte rechnen können, wenn Allerhöchstderselbe den Zeitpunkt zum Einsetzen für gekommen erachten.«[7]

Dass die Flotte – das heißt: die Großkampfschiffe – vorerst nicht eingesetzt werden sollte, war das eine. Doch dass der »Geist« der Besatzungen unter dieser Zurückhaltung nicht leiden solle, ließ sich, wie zu diesem Zeitpunkt bereits deutlich zu erkennen war, auch durch die Appelle des Kaisers, dem alle Marineangehörigen einen persönlichen Treueid geschworen hatten,[8] nicht verhindern. Namentlich die Offiziere, die im wilhelminischen Deutschland als Teil einer militärischen Elite immenses Sozialprestige genossen, sehnten sich nach einer Bewährungsprobe, nach der großen Seeschlacht, von der in der Vergangenheit so viel die Rede gewesen war, hatte sie doch »wie ein Dogma im Mittelpunkt aller operativen Überlegungen und der praktischen Flottenausbildung« gestanden.[9] Statt dessen ging nach der Aufregung der ersten Kriegswochen zumindest auf den großen Schiffen schon bald fast alles wieder seinen gewohnten Gang. Die Kommandanten und Offiziere, die für die ständige Einsatzbereitschaft ihrer Schiffe und Besatzungen verantwortlich waren, stellte das vor ganz neue Herausforderungen, denn die allzu friedliche Stimmung führte dazu, dass sich, wie Kapitänleutnant Reinhold Knobloch, der Artillerieoffizier des Kleinen Kreuzers »Rostock«, beobachtete, »eine allgemeine Wurschtigkeit« unter den Seeleuten breitzumachen begann.[10]

Die Marineleitung setzte in erster Linie auf Drill und Disziplin, um der aufkommenden Langeweile Herr zu werden. Im Tagesbefehl des Flottenchefs vom 14. August 1914 hieß es:

»Unsere Pflicht auf den Schlachtschiffen der Flotte ist es, diese unsere Hauptwaffe schneidig und scharf zu erhalten für die Entscheidungsschlacht, die wir zu schlagen haben werden. Dafür müssen wir mit aller Hingabe unentwegt an uns selbst und an der Vervollkommnung der Gefechtsbereitschaft der Schiffe auf allen Gebieten weiter arbeiten, alles bis ins Kleinste kriegsmäßig durchdenken und üben und auf den Tag vorbereiten, an dem es der Hochseeflotte vergönnt sein wird, für unseren geliebten Kaiser, der diese stolze Wehr zur See als Schutz für unser teures Vaterland geschaffen hat, den Kampf mit dem an Zahl überlegenen Gegner, in vollem Vertrauen auf unsere in fleißiger Friedensarbeit erworbene Kriegstüchtigkeit, aufzunehmen.«[11]

Arbeiten, üben, vorbereiten: Das also war es, was den Kriegsalltag der Kaiserlichen Marine hauptsächlich bestimmen sollte. Der Tagesablauf an Bord der Großkampfschiffe war bis ins kleinste Detail geregelt und bestand im Wesentlichen aus zwei Bereichen: dem Divisionsdienst, zu dem unter anderem Dienstunterricht, Seemannschaft, Schiffs- und Steuermannskunde, Gefechtsdienst sowie Leibesertüchtigung in Form von Schwimmen und Turnen gehörten, sowie dem

---

7   Der Krieg zur See 1914–1918. Der Krieg in der Nordsee (wie Anm. 4), Bd 2, Anl. 4, S. 301 f.
8   Vgl. dazu Sven Lange, Der Fahneneid. Die Geschichte der Schwurverpflichtung im deutschen Militär, Bremen 2002, S. 62 f.
9   Werner Rahn, Strategische Probleme der deutschen Seekriegführung 1914–1918. In: Der Erste Weltkrieg. Wirkung, Wahrnehmung, Analyse. Im Auftrag des MGFA hrsg. von Wolfgang Michalka, Weyarn 1997, S. 341–365, hier S. 343.
10 Tagebuch Reinhold Knobloch, 16.8.1914, Marine-Offizier-Vereinigung Bonn.
11 Zit. nach: Reinhard Scheer, Deutschlands Hochseeflotte im Weltkrieg, Berlin 1919, S. 73 f.

Wirtschafts- oder Arbeitsdienst, der alle Arbeiten zur Reinigung und Instandhaltung des Schiffes umfasste.[12] Unterschiede zur Vorkriegsroutine gab es dabei kaum. »Der Dienst ist wieder der gleiche wie im Frieden«, stellte der Matrose Richard Stumpf an Bord des Linienschiffes SMS »Helgoland« fest. »Vormittag Reinschiff, Musterung, Gefechtsdienst. Am Nachmittag Geschützreinigen, Arbeitsdienst oder Zeugflicken.«[13] Auch das sogenannte Rollenexerzieren war fester Bestandteil der Bordroutine. Eine »Rolle« war eine Art detaillierter Ablaufplan für ein bestimmtes Szenario. Am wichtigsten war die Klarschiffrolle, die jedem Mann an Bord seinen Platz im Gefecht zuwies. Alle Rollen mussten laut Dienstordnung regelmäßig von der gesamten Mannschaft durchexerziert werden.[14]

Was an sich durchaus sinnvoll und notwendig war, verkam während des Krieges, wie Stumpf berichtet, nicht selten zum reinen Selbstzweck.

> »Am vergangenen Freitag wusste der R[ollen] O[ffizier] wirklich nimmer, womit er die Leute den Tag über beschäftigen sollte. Reinschiff machen? Das geht nicht mehr, seit es keine Seife mehr gibt. Geschütze reinigen? Auch das findet die Woche über nur noch zweimal statt, weil schon lange mit dem Verbrauch von Putzwolle, Schmirgel, Öl und dergleichen aufs äußerste gespart werden muss. So musste auch diesmal der Lückenbüßer aushelfen, der für solche Fälle wie geschaffen ist, das sogenannte Rollenexerzieren. Der Trick vons janze ist sehr einfach. Es wird z.B. bei der Feuerlösch- oder Schotten-Dicht-Ordnung eine Kleinigkeit geändert, dies wird dann in großem Vortrage erläutert, und dann drei bis acht Nachmittage hintereinander exerziert, dann nochmal was geändert u.s.f. Auf solche Weise wird hier die Zeit totgeschlagen.«[15]

Eine eigene Rolle gab es auch für den Wachdienst an Bord. Die Wache hatte »die Führung und Bedienung des Schiffes in Fahrt, die Aufrechterhaltung der Ordnung im Innern, die Handhabung des Dienstbetriebes sowie die Sicherung des Schiffes und seiner Ausrüstung nach außen und im Innern« zu gewährleisten und zu diesem Zweck unter anderem das Personal für alle Posten, Ausgucks, zur Bedienung des Ruders, der Signale, zum Loten und Loggen zu stellen.[16] Bei »verschärfter Wache« oder »Kriegswache« mussten außerdem die Geschütze und Scheinwerfer besetzt sowie die Posten im Ausguck verstärkt werden. Für die Matrosen und Heizer bedeutete das, dass sie manchmal tagelang kaum Schlaf bekamen. Der Obermatrose Carl Richard Linke, einer von Stumpfs Schiffskameraden auf der »Helgoland«, notierte dazu in seinem Tagebuch: »Wir schlafen eine Nacht drei Stunden und die andere fünf an Deck. Die Kriegswache macht sich in den Gesichtern meiner Kameraden bemerkbar, die Gesichter sind grau und die Augen liegen tief in den Höhlen, die

12 Bestimmungen für den Dienst an Bord. Hrsg. vom Reichs-Marine-Amt, Berlin 1909, S. 104 f., 222, 333–367. Vgl. dazu auch Victor Laverrenz, Deutschlands Kriegsflotte. Eine Darstellung der Entwickelung und des gegenwärtigen Bestandes der gesamten Reichsmarine, ihrer Organisation und ihres Materials, Erfurt 1906, S. 406 und S. 416–418.
13 Stumpf, Das Tagebuch (wie Anm. 1), S. 16. Vgl. dazu exemplarisch auch den Dienstplan der Hafenflottille der Jade und Weser vom 27.2.1915, Bundesarchiv (BArch), Abteilung Militärarchiv, RM 5/4645.
14 Bestimmungen für den Dienst an Bord (wie Anm. 12), S. 417–420.
15 Stumpf, Das Tagebuch (wie Anm. 1), S. 117 f.
16 Bestimmungen für den Dienst an Bord (wie Anm. 12), S. 369.

Augen brennen, und es ist eine Wohltat, wenn man Gelegenheit hat, sie mit einem nassen Tuche zu kühlen.«[17]

Eine willkommene Abwechslung vom täglichen Einerlei versprachen die regelmäßig stattfindenden Fahr- und Schießübungen der Flotte. Zumal dafür gerne die vergleichsweise gut geschützte Kieler Bucht genutzt wurde und man dem eher unbeliebten »Schlicktown«, wie die Seeleute Wilhelmshaven nannten, für einige Tage den Rücken kehren konnte.[18] Schnelligkeit und Präzision beim Laden, Richten und Abfeuern der Geschütze wurden ebenso intensiv trainiert wie das Fahren der Schiffe im Verband und in wechselnden Gefechtsformationen, das sogenannte Evolutionieren. Übungen dieser Art gehörten ebenfalls bereits seit vielen Jahren zum Standardrepertoire der Flotte. Trotzdem erschien selbst die x-te Wiederholung eines bestimmten Wendemanövers mitunter sinnvoller als die unvermeidliche Alternative: untätig im Hafen zu liegen. Das sah, zu seiner eigenen Verwunderung, auch Vizeadmiral Franz Ritter von Hipper, der Befehlshaber der deutschen Aufklärungsstreitkräfte, so. »Merkwürdig, dieses Evolutionieren, das einem im Frieden zum Halse heraushing, macht einem jetzt Spaß. Man wird eben bescheiden in seinen Ansprüchen«, notierte er in seinem Tagebuch.[19]

Angesichts dessen nimmt es kaum wunder, dass die seltenen Gelegenheiten, wenn die Flotte statt zu üben einmal die geschützten Seegebiete verließ, um einen »echten« Vorstoß in die offene Nordsee zu unternehmen, geradezu begeistert begrüßt wurden. Auch wenn man wusste, dass dies in den meisten Fällen nicht etwa deshalb geschah, um den Gegner zur Schlacht zu stellen, sondern vielmehr dazu diente, »einmal die Gäule aus dem Stall zu bringen«, wie Kapitän z.S. Adolf von Trotha, der Kommandant des Linienschiffes »Kaiser«, süffisant feststellte.[20]

Sobald ein Schiff nach einem solchen Vorstoß oder nach einer Übung wieder in den Hafen zurückkehrte, musste es als erstes seine Brennstoffvorräte ergänzen, um so schnell wie möglich wieder einsatzbereit zu sein. Das war eine ungemein harte und schmutzige Arbeit, denn während zumindest die neuesten englischen Schlachtschiffe mit Öl angetrieben wurden, heizte die deutsche Flotte ihre Kessel während des Ersten Weltkriegs noch immer fast ausschließlich mit Kohle. Ein Linienschiff wie die »Helgoland« verbrauchte bei normaler Fahrt mehrere hundert Tonnen pro Tag, insgesamt fassten ihre Bunker rund 3200 Tonnen Kohle.[21] Gewaltige Massen mussten bewegt werden, um sie zu füllen, und Matrosen und Heizer arbeiteten dann oft bis zur völligen Erschöpfung. Immer wieder kam es dabei zu Unfällen mit schweren oder gar tödlichen Verletzungen. Der Obermatrose Linke beschreibt in seinem Tagebuch ein solches »Unglückskohlen« der »Helgoland«-Mannschaft:

---

17 Kriegs-Tagebuch des Obermatrosen Carl Richard Linke an Bord des Linienschiffes »S.M.S. Helgoland«, 18.8.1915, ZMSBw.
18 Zu den Fahr- und Schießübungen der Hochseeflotte und zum Tagesablauf an Bord vgl. Reinhard Scheer, Vom Segelschiff zum U-Boot, Leipzig 1925, S. 222−246.
19 Tagebuch Franz Ritter von Hipper, 9.1.−13.1.1917, BArch, N 162.
20 Adolf von Trotha an seine Frau, 30.3.1915, Niedersächsisches Staatsarchiv Bückeburg, Dep. 18.
21 Vgl. dazu das Handbuch der Deutschen Marine und der Seestreitkräfte des Auslandes, Kiel 1917, S. 174−176; sowie Siegfried Breyer, Schlachtschiffe und Schlachtkreuzer 1905−1970, München 1970, S. 279 f. Der Kohlenverbrauch der *Helgoland* betrug laut Stumpf, Das Tagebuch (wie Anm. 1), S. 77, bei hoher Fahrt etwa 210 t pro Tag.

»Unser Kamerad Kohl ist gestern im Landlazarett gestorben. Er stürzte gestern beim Kohlen vom Oberdeck in den Kohlenprahm und brach sich die Wirbelsäule. Ein Bootsmaat fühlte sich bewogen, ihm irgendwelche Befehle erteilen zu müssen, beim Umdrehen rutschte er aus und stürzte ab. Die gestrige Kohlenübernahme war im Allgemeinen ein richtiges Unglückskohlen, denn auch Franz Benedikt rennt mit verbundenem Kopfe herum, ihm wurde beim Abtakeln der Kohlenstande[r] ins Gesicht geschleudert.«[22]

Je länger der Krieg dauerte, desto sparsamer musste die Marine allerdings mit dem kostbaren Brennstoff umgehen. Da überdies die riesigen, auf extrem hohe Leistungen ausgelegten Maschinenanlagen der Großkampfschiffe ständiger Wartung und Überholung bedurften, verließen diese immer seltener den Hafen für Fahr- und Schießübungen oder Vorstöße in die offene Nordsee. Im Juli 1915 beschrieb Admiral Hugo von Pohl, der deutsche Flottenchef, diese missliche Lage in einem Brief an seine Frau so:

»Ich wollte heute einen Vorstoß machen, um endlich wieder einmal die Schiffe in Bewegung zu setzen und womöglich an den Feind heranzukommen; da versagten wieder 4 Schiffe zu gleicher Zeit mit Maschinendefekten [...] Es ist geradezu zum Verzweifeln, dass immer so viele Schiffe reparaturbedürftig sind und ich so in meinem Tun behindert werde. Ich muss raus, sobald ich nur kann. Es ist eine ganz schreckliche Stellung, ich möchte so gern etwas erreichen und kann es nicht. Alle Führer an Land haben Erfolge, jetzt wieder Hindenburg und Gallwitz, und ich sitze dahier und kann nicht; dabei muss ich meine Leute damit vertrösten, dass unsere Zeit noch kommt.«[23]

Bis es so weit war und die Flotte endlich unter Beweis stellen durfte, wozu man sie mit gewaltigem politischen und finanziellen Aufwand binnen weniger Jahre buchstäblich aus dem Boden gestampft hatte, gab es nicht viel mehr zu tun, als sich in Geduld zu fassen, das dienstliche Pflichtprogramm zu erfüllen und abzuwarten. Das hatte zur Folge, dass den Seeleuten vergleichsweise viel Zeit zur Verfügung stand, die nicht unmittelbar dienstlichen Belangen unterworfen war und die es möglichst sinnvoll zu füllen galt.

An Bord war Lesen eine der Hauptbeschäftigungen. Hippers Stabschef Erich Raeder etwa nutzte seine Mußestunden, um, wie er schrieb, »Schillers Werke noch einmal systematisch durchzulesen«.[24] Der Obermatrose Linke dagegen bevorzugte Sachbücher, die er per Post beim Reklam-Verlag bestellte, etwa eine Biografie Friedrichs des Großen oder die Geschichte der Befreiungskriege.[25] Viele Schiffe

---

22   Kriegs-Tagebuch des Obermatrosen Carl Richard Linke an Bord des Linienschiffes »S.M.S. Helgoland«, 10.12.1916, ZMSBw.
23   Hugo von Pohl, Aus Aufzeichnungen und Briefen während der Kriegszeit, Berlin 1920, S. 137 f. (Brief vom 17.7.1915). Laut einer Denkschrift des Kommandos der Hochseestreitkräfte vom 22.1.1915 lagen ständig jeweils ein Linienschiff jedes Geschwaders, ein Panzerkreuzer und ein kleiner Kreuzer zu Reparaturarbeiten auf der Werft. Noch ungünstiger gestalteten sich die Verhältnisse bei den Torpedobooten und bei den U-Booten, die zwecks Instandsetzung zu 50 % unbrauchbar waren. Die Denkschrift ist abgedr. in: Der Krieg zur See 1914–1918. Der Krieg in der Nordsee (wie Anm. 4), Bd 3, S. 189.
24   Erich Raeder, Mein Leben, Bd 1: Bis zum Flottenabkommen mit England 1935, Tübingen 1956, S. 140.
25   Kriegs-Tagebuch des Obermatrosen Carl Richard Linke an Bord des Linienschiffes »S.M.S. Helgoland«, 11.2.1915, ZMSBw.

besaßen nicht nur eigene Bibliotheken, auch Schallplatten und Filme standen zur Unterhaltung der Seeleute zur Verfügung. So hatte beispielsweise die »Helgoland« seit Ende 1915 einen Kinematographen an Bord.[26] Auch von SMS »Lothringen« berichtete der Seekadett Walther Stitzinger seiner Mutter: »Abends Kino, eine rare Sache, aber c'est la guerre.«[27]

Kamen die Filme für das Bordkino zunächst aus dem Ausland, aus Frankreich, Italien, Dänemark oder den Vereinigten Staaten, sorgte das neue staatliche »Bild- und Filmamt« (Bufa), aus dem dann später die Universum-Film-AG (UFA) hervorging, bald auch für geeignete heimische Produktionen.[28] Viel gezielter als zunächst die Deutschen nutzten die Briten das neue Medium Film auch als Propagandainstrument und führten den Schiffsbesatzungen einschlägige Produktionen wie »Britain Prepared« oder »The Battle of the Somme« vor. Die Bilder vom grausamen Stellungskrieg in den Schützengräben Flanderns oder Frankreichs beeindruckten viele Seeleute weit stärker, als ihre eigenen spärlichen Kriegserlebnisse das vermochten.[29]

Zentrum des gesellschaftlichen Lebens der Offiziere an Bord war die Messe. Dort wurde gegessen, getrunken, gefeiert, diskutiert und gespielt, etwa Mühle, Dame, Puff, Doppelkopf und Skat. Zum Abendessen spielte gelegentlich die Bordkapelle auf, so etwa auf Hippers Flaggschiff »Seydlitz«. Am liebsten mochte der Admiral Wagner. Als er das Schiff einmal für längere Zeit verlassen musste, war seine größte Sorge, dass ihm sein Stellvertreter in der Zwischenzeit die Kapelle »versauen« würde.[30]

Das Essen in den Offiziermessen war während des gesamten Krieges gut und reichlich. Selbst im katastrophalen »Steckrübenwinter« von 1916/17 konnte Kapitän-leutnant Knobloch, inzwischen Artillerieoffizier des Kleinen Kreuzers »Danzig«, in seinem Tagebuch festhalten: »Wir an Bord essen immer noch hervorragend. Wir ha-ben Kartoffeln vollauf, Erbsen, Bohnen und anderes Gemüse, Fleisch, Butter, Brot.«[31] Besonders opulente Festtafeln gönnte man sich zu Anlässen wie Weihnachten (»Es gab Bouillon mit Mark, dazu eine feine Schwedenplatte mit Kaviarschnitten usw. Dann Karpfen mit Buttersauce und Meerrettich in erstaunlichen Mengen. Nachher selbstgebackene Torten, Weihnachtsgebäck, Nüsse usw. Erst Wein, dann Punsch«) oder Ostern (»Cocktail in der Messe, danach prächtiges Mittagessen: Huhn mit Curry und Reis mit prächtiger Tunke, Kartoffeln, Kaffee mit Kuchen«).[32]

Im Gegensatz dazu war die Verpflegung der Mannschaften ein Massenprodukt, oft minderwertig und nährstoffarm, zubereitet in Großküchen für tausend Mann

---

26 Stumpf, Das Tagebuch (wie Anm. 1), S. 103.

27 Tagebuch Walther Stitzinger, 8.9.1914, Wissenschaftliches Institut für Schiffahrts- u. Marinege-schichte Hamburg, Kart. 45. Zum Kino an Bord auch WUA (wie Anm. 1), Bd IX/2, S. 107; sowie Adolf von Trotha an seine Frau, 11.10.1915, Niedersächsisches Staatsarchiv Bückeburg, Dep. 18.

28 Zur deutschen Filmpropaganda vgl. Ulrike Oppelt, Film und Propaganda im Ersten Weltkrieg. Propaganda als Medienrealität im Aktualitäten- und Dokumentarfilm, Stuttgart 2002 (= Beiträge zur Kommunikationsgeschichte, 10).

29 Zum Film als Propagandamittel in Großbritannien und zur Entstehung von »The Battle of the Somme« vgl. ebd., S. 130–141.

30 Hugo von Waldeyer-Hartz, Admiral Hipper. Das Lebensbild eines deutschen Flottenführers, Leipzig 1933, S. 181 f.

31 Tagebuch Reinhold Knobloch, 26.1.1917, Marine-Offizier-Vereinigung Bonn.

32 Ebd., 24.12.1916 und 8.4.1917.

gleichzeitig. Besonders berüchtigt war der sogenannte Drahtverhau, ein undefinierbares Gemisch aus vertrockneten Steckrüben, Winterkohl und einigen Fasern Büchsenfleisch.[33] Weniger gravierend waren die Unterschiede in der Verpflegung bei den kleinen, aktiven Einheiten der Flotte: An Bord der U-Boote, Minensucher und Torpedoboote gab es nur eine Küche für alle; Offiziere und Mannschaften aßen dort das Gleiche.[34]

Möglich machte solche Gaumenfreuden, wie Knobloch sie beschreibt, nicht zuletzt die vergleichsweise hohe Kaufkraft der Offiziermessen. Sie gestattete es, auf dem Schwarzmarkt Lebensmittel einzukaufen, die für Normalverbraucher längst unerschwinglich geworden waren. Es war nun einmal so: »Wer Geld hatte, versorgte sich über den Schleichhandel noch im August 1918 ›nicht nur gut, sondern reichlich‹.«[35] Daraus machte auch Trotha keinen Hehl, als er nach dem Krieg vor dem parlamentarischen Untersuchungsausschuss, der die »Ursachen des Deutschen Zusammenbruchs« analysieren sollte, zugab, »dass es eben für eine kleine Gruppe von 30 Offizieren immer leichter ist, noch irgendwo [...] einen besonderen Proviantbestand freihändig geschäftlich zu greifen«.[36] Namentlich die mittleren und höheren Offizierdienstgrade standen finanziell recht gut da. So konnte Trotha seiner Frau jeden Monat allein 700 Mark für die laufenden Kosten überweisen.[37] Der Chef der Hochseeflotte verdiente 3200 Mark monatlich, ein Kapitänleutnant kam einschließlich Kriegszulage auf rund 600 Mark Gehalt, ein einfacher Matrose dagegen auf 21,90 Mark.[38]

Wie die Verpflegung, so war offensichtlich auch der Alkoholkonsum der Offiziere von einer gewissen Maßlosigkeit gekennzeichnet. Was die Matrosen Linke und Stumpf von der »Helgoland« berichten (»Nachts ging ich Fliegerwache, konnte aber vor Krach und Lärm nicht schlafen, denn in der Messe wurde bis morgens 4 Uhr gesungen, gesoffen und Klavier gespielt«[39]), findet in Briefen und Tagebüchern von Offizieren allenthalben Bestätigung. Kapitänleutnant Knobloch etwa beklagte sich regelmäßig über »die verfluchten Sektfeiereien« und stellte fest: »Wir schlagen unsere Schlachten in der Messe mit Alkohol und Lieder brüllen.«[40] Auch Georg von Hase, der Artillerieoffizier des Schlachtkreuzers SMS »Derfflinger«, erwähnt

---

[33] WUA (wie Anm. 1), Bd IX/1, S. 411 f.

[34] Vgl. dazu etwa das Schreiben von Kommodore Michelsen, dem Befehlshaber der U-Boote, an das Kommando der Hochseestreitkräfte vom 22.9.1917, BArch, RM 47/458. Vgl. dazu auch WUA (wie Anm. 1), Bd IX/1, S. 178 und S. 240.

[35] Jürgen Kocka, Klassengesellschaft im Krieg. Deutsche Sozialgeschichte 1914–1918, 2. Aufl., Göttingen 1978, S. 32. Vgl. zu Schwarzmarkt und Schleichhandel auch Anne Roerkohl, Hungerblockade und Heimatfront. Die kommunale Lebensmittelversorgung in Westfalen während des Ersten Weltkrieges, Stuttgart 1991, S. 261–286.

[36] WUA (wie Anm. 1), Bd IX/1, S. 179.

[37] Adolf von Trotha an seine Frau, Niedersächsisches Staatsarchiv Bückeburg, 2.8.1914, Dep. 18.

[38] Vgl. Kriegsbesoldungsregelung vom Januar 1917, BArch, RM 2/1546; sowie Marine-Taschenbuch, 16 (1918), S. 177–235. Zu den Bezügen des Flottenchefs vgl. Hugo von Pohl an Alfred von Tirpitz, 16.2.1915, BArch, RM 2/1546. Admiral Pohl beschwerte sich in seinem Brief darüber, dass er als Flottenchef rund 1000 Mark monatlich weniger verdiene als in seiner vorherigen Stellung als Chef des Admiralstabs.

[39] Kriegs-Tagebuch des Obermatrosen Carl Richard Linke an Bord des Linienschiffes »S.M.S. Helgoland«, 20.10.1915, MGFA. Vgl. Stumpf, Das Tagebuch (wie Anm. 1), S. 240.

[40] Tagebuch Reinhold Knobloch, 1.8.1915, Marine-Offizier-Vereinigung Bonn.

in seinen nach dem Krieg veröffentlichten Erinnerungen ausdrücklich, dass es an
Bord seines Schiffes »keinen einzigen Verächter von Wein, Weib und Gesang« unter
den Offizieren gegeben habe; allein auf Kriegsfahrten in die Nordsee sei die Messe
»trocken« geblieben.[41] Und selbst ein Oberbefehlshaber wie Vizeadmiral Wilhelm
Souchon, der Chef der deutschen Mittelmeerdivision, dem mit seinen Schiffen die
Flucht in türkische Hoheitsgewässer gelungen war, freute sich darüber, wenn er mit
seinen Offizieren einmal »bei Musik recht landknechtsmäßig vergnügt zusammensein« konnte.[42]

Das Alkoholproblem innerhalb des kaiserlichen Seeoffizierkorps war seit Langem
bekannt. Doch allen Versuchen, die Seeoffiziere zu größerer Enthaltsamkeit zu
bewegen, die insbesondere der Chef des kaiserlichen Marinekabinetts, Admiral
Georg Alexander von Müller, immer wieder unternahm, blieb letztlich der Erfolg
versagt.[43] Auch der 1903 von einigen Seeoffizieren in Kiel gegründete »Marine-
Alkoholgegnerbund« musste schon bald wegen Mitgliedermangels wieder aufgelöst
werden. Der unvorhergesehene und aus Sicht der Offiziere unbefriedigende Verlauf
des Krieges war dann erst recht nicht dazu geeignet, zu einer Änderung der Situation
beizutragen. Im Gegenteil: »In der Marine haben, wie man sich daheim erzählt, in
diesem Kriege die überzeugten Alkoholgegner Fiasko gemacht.«[44]

Dabei wäre schon allein um eines besseren Verhältnisses zu den Mannschaften
willen ein maßvollerer Alkoholkonsum vermutlich ebenso angebracht gewesen wie
eine bescheidenere Verpflegung. Auf der »Helgoland« hatte der Matrose Stumpf sich
schon im Sommer 1915 bitter über die große Diskrepanz der Lebensverhältnisse an
Bord beklagt:

> »Ich kann sagen, dass während meiner Dienstzeit noch niemals die Kluft zwischen der
> Messe und der Back, dem Offizier und dem Mann so klaffend tief gewesen ist wie ge-
> rade jetzt während der Kriegszeit. Nicht wenig hat zu diesem unerfreulichen Verhältnis
> die Tatsache beigetragen, dass sich die Offiziere zu keinerlei Einschränkung bequemen.
> Währenddem wir uns mit halber Brotration begnügen müssen, finden in der Messe Ess-
> und Trinkgelage statt, bei welchen 6−7 Gänge aufgetischt werden. Im Frieden sagte man
> dazu nichts, passt das aber für die jetzige tiefernste Zeit?«[45]

Dass dies beileibe keine Einzelfälle waren, verdeutlicht nicht zuletzt die Anweisung,
die die Offiziere angesichts der Unruhen in der Hochseeflotte im Sommer 1917
von der Flottenleitung erhielten: »Gelage sind gänzlich zu vermeiden. Die Messen
11 Uhr dicht.«[46]

Ein Mittel, um der zunehmenden Entfremdung von Mannschaften und Offizieren entgegenzuwirken, wäre möglicherweise eine bewusstere und produktive-
re Gestaltung der vielen freien Zeit gewesen, die das lange Warten den Seeleuten

41 Georg von Hase, Skagerrak. Erinnerungen eines deutschen Seeoffiziers, 8. Aufl., Leipzig 1934,
    S. 79.
42 Wilhelm Souchon an seine Frau, 10.3.1915, BArch, N 156.
43 Holger Herwig, Das Elitekorps des Kaisers. Die Marineoffiziere im Wilhelminischen Deutschland,
    Hamburg 1977 (= Hamburger Beiträge zur Sozial- und Zeitgeschichte, 13), S. 73−75.
44 Wilhelm Souchon an seine Frau, 12.5.1915, BArch, N 156.
45 Stumpf, Das Tagebuch (wie Anm. 1), S. 63.
46 Tagebuch Reinhold Knobloch, Marine-Offizier-Vereinigung Bonn, 10.8.1917.

ließ. In der Royal Navy beispielsweise nutzte man beinahe jede freie Minute für sportliche Aktivitäten. Von Deck-Hockey über Ping-Pong, Billard, Segeln und Boxen bis hin zu Badminton, das auf einem zum Patrouillenschiff umfunktionierten Ozeandampfer in einer eigenen Halle (dem ehemaligen Ballsaal) gespielt wurde, ließ man dort nichts unversucht, um sich auf spielerische Art und Weise die Zeit zu verkürzen. In Scapa Flow, dem Kriegsstützpunkt der Grand Fleet inmitten der Orkney-Inseln im rauhen Norden Schottlands, gab es überdies Fußball- und Rugbyfelder für die Mannschaften und einen Golfplatz für die Offiziere. Immer wieder fanden Wettkämpfe und Sportmeisterschaften statt.[47]

Doch nahmen sich die deutschen Bemühungen in dieser Hinsicht ziemlich bescheiden aus. Im Dezember 1912 hatte die »Marine-Rundschau« festgestellt: »Stets aufs neue müssen die Illusionen zerstört werden, als ob der Sport in unserer Marine zu derselben Bedeutung gelangen könne oder solle wie etwa in England.«[48] Daran hatte sich offenbar nicht viel geändert. Erst im Sommer 1915 begann man damit, auch auf den deutschen Kriegsschiffen Wettkämpfe zu organisieren, und auch dann offenbar eher widerwillig. »Jetzt sollen wir Sportfeste feiern, ich soll die Sache arrangieren. Man hat jetzt verdammt wenig Lust zu solchem Kinderkram« notierte Kapitänleutnant Knobloch in seinem Tagebuch.[49] Der Matrose Stumpf resümierte im Herbst 1916 über ein auf der »Helgoland« veranstaltetes Sportfest: »Es waren viele Preise ausgesetzt, trotzdem waren das Interesse und die Beteiligung kläglich.«[50]

Die möglichen Gründe dafür offenbart ein Blick in das »Kompendium der Standes- und Berufspflichten des deutschen Offiziers«. Dort heißt es, Sport solle vor allem dazu dienen, »den Körper an die Ertragung großer Anstrengungen zu gewöhnen«, um dadurch zur »zähen und lang anhaltenden geistigen und körperlichen Spannung« fähig zu sein.[51] Die Erkenntnis, dass Sport auch ein Spiel war, das Spaß machen und Freude bereiten konnte, hatte sich anders als bei den Briten bei den Deuschen noch nicht durchgesetzt. Für sie war Sport, wie von der Turnbewegung des 19. Jahrhunderts propagiert, in erster Linie ein Mittel zur körperlichen Ertüchtigung und Abhärtung.[52] Entsprechend öde und phantasielos gingen sie an die Sache heran. Stets standen Drill und Disziplin im Vordergrund, auch an Land, wenn der körperlichen Ertüchtigung hauptsächlich durch Geländemärsche und auf dem Exerzierplatz Rechnung getragen wurde. »Damit will man«, wetterte der Matrose Stumpf, »uns eine Zerstreuung bieten, indem man uns in geschlossenen Reihen ein Stück am Damm hin und her führt. Oder auf dem Exerzierplatz im Dreck liegen lässt. Ich bin gewiss nicht gegen solche körperliche Übungen, sie sind sogar recht gesund, wenn sie in vernünftiger zweckmäßiger Weise durchgeführt werden. Unsere Kameraden lie-

---

47 Vgl. dazu Nicolas Wolz, Das lange Warten. Kriegserfahrungen deutscher und britischer Seeoffiziere 1914 bis 1918, Paderborn [u.a.] 2008 (= Zeitalter der Weltkriege, 3), S. 153–197.

48 Marine-Rundschau, 23 (1912), S. 1697.

49 Tagebuch Reinhold Knobloch, 27.8.1915, Marine-Offizier-Vereinigung Bonn.

50 Stumpf, Das Tagebuch (wie Anm. 1), S. 110.

51 Camell Schaible, Standes- und Berufspflichten des deutschen Offiziers, 6. Aufl., Berlin 1908, S. 92.

52 Vgl. Svenja Goltermann, Körper der Nation. Habitusformierung und die Politik des Turnens 1860–1890, Göttingen 1998 (= Kritische Studien zur Geschichtswissenschaft, 126), hier besonders S. 133–135 und S. 290–293; sowie Christiane Eisenberg, »English Sports« und deutsche Bürger. Eine Gesellschaftsgeschichte 1800–1939, Paderborn [u.a.] 1999, S. 96–144.

gen wohl auch draußen im Dreck bei Sturm und Wetter, aber die wissen wenigstens, warum. Wir aber nicht!!«[53]

Die Lust am Spiel, die die Briten den Deutschen voraus hatten, führte auch dazu, dass vor allem im tristen Scapa Flow, wo wenig anderes den Geist ablenkte, Offiziere und Mannschaften sich zu Theater- und Gesangsgruppen, sogenannten *concert parties*, zusammenschlossen. Mit viel Liebe zum Detail studierten sie Sketche, Pantomimen, Revuen, Theaterstücke und Konzerte ein. Die Besatzung von HMS »Warspite« inszenierte einmal sogar eine komplette Oper, von der es hieß: »It was the best show that has ever been given by any ship.«[54] Auf diese Weise schufen sich die britischen Soldaten in ihrer Freizeit eine Art Gegenwelt zur Eintönigkeit des Kriegsalltags. Oder anders gesagt: Die Grand Fleet holte sich mit ihren Sport-, Musik- und Theaterveranstaltungen, die an das vertraute Leben vor dem Krieg anknüpften, ein Stück Heimat in die Einöde der Orkney-Inseln.[55]

Für die deutsche Flotte bestand dazu kein Anlass. Da die Schiffe ihre heimatlichen Häfen erst gar nicht verlassen hatten, mussten Offiziere und Mannschaften die vertraute Umgebung auch nicht auf solche Weise neu konstruieren. In Wilhelmshaven und Kiel fanden die Seeleute Angebote in Hülle und Fülle, um sich die Zeit zu vertreiben. Sie brauchten bloß zuzugreifen. Gaststätten, Weinstuben und Cafés, Tanz- und Konzertveranstaltungen, Theater und Kinos luden die zu einem Besuch ein, die es sich leisten konnten. Zwar waren in vielen deutschen Städten Bühnen und Kinos bei Kriegsausbruch zunächst geschlossen worden, doch durften sie meist schon wenig später den Betrieb wieder aufnehmen.[56] Der Matrose Stumpf etwa ging gerne ins Theater oder verbrachte einige Stunden in der Kieler Lesehalle, um die neuesten Zeitungen zu studieren.[57] Die Offiziere konnten überdies fechten, Golf, Tennis oder Hockey spielen, mit dem Pferd ausreiten oder, was sie am liebsten taten, ihre Zeit im Offizierkasino verbringen.[58]

Die Seemannshäuser dagegen, die es als Freizeitangebote für die Mannschaftsdienstgrade in Kiel und Wilhelmshaven gab, scheinen nicht übermäßig beliebt gewesen zu sein. Hier fanden Unterhaltungsabende, Musikveranstaltungen und dergleichen mehr statt, doch sahen die Matrosen und Heizer diese Häuser eher als eine Art Diensteinrichtung an und mieden sie deshalb.[59] Besser besucht waren

53 Stumpf, Das Tagebuch (wie Anm. 1), S. 47.
54 Tagebuch Geoffrey Harper, 19.11.1918, Churchill Archives Centre Cambridge, Manuscripts Collection, HRPR 1/1-11.
55 Zur Konstruktion von »Heimat« vgl. Aribert Reimann, Der große Krieg der Sprachen. Untersuchungen zur historischen Semantik in Deutschland und England zur Zeit des Ersten Weltkriegs, Essen 2000, S. 145; sowie John G. Fuller, Troop Morale and Popular Culture in the British and Dominion Armies 1914–1918, Oxford 1990, S. 104.
56 Peter Jalevich, German Culture in the Great War. In: European Culture in the Great War. The Arts, Entertainment, and Propaganda 1914–1918. Ed. by Aviel Roshwald and Richard Stites, Cambridge 1999, S. 32–58, hier S. 33–37.
57 Stumpf, Das Tagebuch (wie Anm. 1), S. 94, 169, 220–222.
58 Vgl. Marine-Rundschau, 23 (1912), S. 1698. Der im Sommer 1912 gegründete Golfclub hatte Ende dieses Jahres 95 Mitglieder, darunter auch Prinz Heinrich. Für einen monatlichen Beitrag von 1,50 Mark konnte man neun Löcher spielen, die Abschläge und Grüns waren »auch im Winter in leidlichem Zustande«.
59 Marine-Rundschau, 24 (1913), S. 1124.

offensichtlich die den Seemannshäusern angeschlossenen Marineheime. Von dem
Kieler Marineheim jedenfalls wusste die »Marine-Rundschau« zu berichten, »dass
das Heim jetzt fünf gemütliche Zimmer besitzt, in denen sich Klavier, Harmonium,
eine gute Bücherei und viele Zeitschriften und Zeitungen befinden. Ferner ist dort –
auch unentgeltlich – Schreibgelegenheit vorhanden. Das Heim steht mit dem christlichen Verein junger Männer in Verbindung, wodurch für gesellige und bildende
Unterhaltung gesorgt ist. Gutes und billiges Essen gibt es auch im Hause, Alkohol
ist ausgeschlossen. Der Besuch seitens der Mannschaften ist sehr gut.«[60]

Stürzte man sich ins Treiben der Städte, war der Kontrast zum Leben an Bord
mitunter so groß, dass man, wie Kapitänleutnant Knobloch seinem Tagebuch anver-
traute, »zunächst von dem Straßenleben ganz benommen [ist]« und »es einem ganz
schwindlig werden [kann]«.[61] Mitunter meldete sich auch das schlechte Gewissen,
so wie an einem verregneten Sonntagnachmittag im November 1915, als Knobloch
zusammen mit einem seiner Kameraden zunächst ein klassisches Konzert in der Aula
der Kieler Universität besuchte und die beiden anschließend noch zum Essen in ein
Restaurant gingen.

»Alles dick besetzt von Seeoffizieren, die zum Teil mit ihren Frauen hier schlemmten.
Man hat jetzt kein angenehmes Gefühl, dass es unsereinem so gut geht, während drau-
ßen unsere Kameraden sterben und verderben. Man merkt hier allzuwenig vom Kriege.
Auch im Café Uhlmann saß alles dicht gedrängt voll und amüsierte sich, schleckte
Süßigkeiten, las Witzblätter und machte freundliche Augen.«[62]

Was Knobloch an jenem Nachmittag in Kiel erlebte, war durchaus nichts Unge-
wöhnliches. Diejenigen in Deutschland, die es sich leisten konnten, vermochten
den Krieg, der ja nicht im eigenen Land stattfand, weitgehend aus ihrem Leben
auszublenden. Noch im Juli 1918 heißt es in einem Bericht des I. Stellvertretenden
Generalkommandos in Berlin: »Die Vergnügungsstätten aller Art sind überfüllt,
gerade die besseren Plätze tagelang vorausbestellt. Vor den Kassenschaltern stehen
mehrfach am Tage lange Reihen. Die Züge nach den Ostseebädern sind trotz erhöhter Fahrpreise voll besetzt.«[63] Auch hochrangige Seeoffiziere wie Vizeadmiral Hipper
und Vizeadmiral Reinhard Scheer, seit Anfang 1916 Chef der Hochseeflotte, fuhren
regelmäßig zur Kur, etwa nach Bad Ems oder nach Bad Kissingen, um sich dort von
den Anstrengungen des Kriegshandwerks zu erholen.

Angesichts der Enge und eingeschränkten Bewegungsfreiheit an Bord der Schiffe
überrascht es nicht, dass viele Seeleute an Land zu passionierten Spaziergängern wurden. Kapitänleutnant Hermann von Schweinitz etwa unternahm regelmäßig ausge-
dehnte Streifzüge durch die Natur, die für ihn auch eine willkommene Gelegenheit
darstellten, dem dauernden Zusammensein mit anderen Menschen für einige
Stunden zu entfliehen.

---

[60]   Ebd., S. 1124. Auch am Bosporus entstand Ende 1915 ein Marineheim, »damit unsere Beurlaubten
       an Land Anregung und Ablenkung von den Stätten des Lasters finden«. Wilhelm Souchon an seine
       Frau, 18.12.1915, BArch, N 156.
[61]   Tagebuch Reinhold Knobloch, 30.9.1915 bzw. 30.10.1916, Marine-Offizier-Vereinigung Bonn.
[62]   Ebd., 7.11.1915.
[63]   Kocka, Klassengesellschaft (wie Anm. 35), S. 32 f.

»Wanderte durch die einsame Gegend – das ist meine Erholung, mein Kraftquell. Jede Gesellschaft stört mich, ich schüttele sie ab, niemand darf mich begleiten. Diese paar Stunden will ich frei und allein sein. Einsamkeit und unmittelbare Berührung mit der Natur, nicht sprechen zu brauchen, so fürbass gehen, wie mirs passt – das ist das einzige Stück Freiheit, das mir geblieben ist. Daran halte ich fest, das soll mir keiner nehmen. Nach Rückkehr wunschlos glücklich.«[64]

Je nach Bereitschaftszustand, also der Zeitspanne, in der ein vor Anker liegendes Schiff seeklar sein musste (meist mehrere Stunden),[65] wurden die Spaziergänge zu Tagesausflügen in die nähere Umgebung ausgedehnt; für größere Entfernungen bediente man sich des Automobils, der Bahn oder des Fahrrads. Man befand sich meist in der Gesellschaft von Gleichgestellten; auch in der Freizeit spielten Rangunterschiede eine wichtige Rolle. Eine Szene, wie sie Vizeadmiral Souchon in einem Brief an seine Frau beschreibt, war so sicher nur unter den besonderen Umständen vorstellbar, unter denen die deutschen Seeleute in der Türkei lebten. Zusammen mit einer Gruppe von Offizieren und Fähnrichen war Souchon an einem herrlichen Sommertag zu einem Ausflug an einen besonders schönen Badestrand an der türkischen Küste aufgebrochen. Dort angekommen, begann ein wahrhaft ausgelassenes Treiben. »Wir jagten uns im Sand und Wasser, führten Reiterkämpfe auf, bauten Pyramiden, frühstückten im Sande im Badeanzug lagernd (alles reichlich sandig). Ich habe die jüngeren Offiziere in meiner Gesellschaft nie so übersprudeln sehen vor Lebensfreude.«[66]

Ansonsten vertrieb Souchon sich seine freie Zeit am liebsten bei der Jagd. Dieses Hobby teilte er mit seinem Crewkameraden Hipper, einem auch laut dienstlicher Beurteilung »passionierten Jäger«.[67] Über seine waidmännischen Erfolge führte Hipper genauestens Buch. »Am Nachmittag Jagdfahrt mit von Krosigk und Schultz nach Westerloy. Herrlicher Tag. Ich schoß 1 Hasen, 1 Fasanenhenne und 1 Huhn, Krosigk 1 Hasen, Schultz 1 Hasen und 1 Huhn. Es war ganz famos und hat mir endlich wieder mal meinen Körper ein bißchen durchgearbeitet. Es war aber auch höchst notwendig. Man wird ja sonst ganz steif.«[68]

Dass die deutsche Flotte während des Krieges ihre gewohnten Stützpunkte beibehielt, bedeutete auch, dass sich zumindest im Privatleben der Offiziere, die schon länger in Wilhelmshaven oder Kiel ansässig waren, nur wenig änderte. So konnte Kapitänleutnant Ernst von Weizsäcker, der mit Frau und Kindern in der

---

[64]   Das Kriegstagebuch eines kaiserlichen Seeoffiziers (1914–1918). Kapitänleutnant Hermann Graf von Schweinitz. Hrsg. von Kurt Graf von Schweinitz, Bochum 2003, 30.9.1917.

[65]   Vgl. Kommando der Hochseestreitkräfte, Flottenbereitschaftsbefehl vom 18.7.1918, BArch, RM 51/34. Für im Hafen liegende Schiffe galt eine sechsstündige, für außerhalb ankernde Schiffe von Sonnenaufgang bis 12 Uhr mittags eine drei-, in der übrigen Zeit ebenfalls eine sechsstündige Bereitschaft als Regel. Abhängig von Wetter, Verwendungszweck des Schiffes, Liegeplatz und anderen Begleitumständen waren aber auch andere Bereitschaftszeiten möglich.

[66]   Wilhelm Souchon an seine Frau, 11.6.1917, BArch, N 156.

[67]   Zit. nach Wulff Diercks, Der Einfluß der Personalsteuerung auf die deutsche Seekriegführung 1914 bis 1918. In: Deutsche Marinen im Wandel. Vom Symbol nationaler Einheit zum Instrument internationaler Sicherheit. Im Auftrag des MGFA hrsg. von Werner Rahn, München 2005, S. 235–267, hier S. 259.

[68]   Tagebuch Franz Ritter von Hipper, 15.10.1914, BArch, N 162.

Wilhelmshavener Holtermannstraße wohnte, sich auch im Krieg fast jeden Tag darauf freuen, »wenn ich nach Hause komme zum Turnen mit dem Buben [gemeint
ist der Sohn Carl-Friedrich, der spätere Physiker und Philosoph] und Spiel mit der
Familie«.[69] Eine der wenigen Einschränkungen, die er in Kauf nehmen musste, war,
dass hin und wieder seine Frau Marianne »jetzt den Sonntagsbraten allein essen
[muss]«, weil die Schiffe in erhöhter Bereitschaft lagen und Weizsäcker nicht von
Bord durfte.[70]

Die Erfahrung des Herausgerissenwerdens aus einer gewohnten Lebenswelt, die
lange Trennung von Familie und Freunden, eigentlich typisch für Soldaten im Krieg,
blieb ihm wie den meisten anderen Offizieren der Hochseeflotte erspart. Selbst am
Bosporus erhielten die Offiziere schließlich die Möglichkeit, ihre Frauen auf dem
Landweg nach Konstantinopel nachkommen zu lassen. »So wie die Lage für uns
hier jetzt günstig geworden ist«, erklärte Souchon, »so halte ich es für unbedenklich,
dass jetzt Damen herauskommen von Offizieren, die hier fast wie im Frieden ihren
Dienst tun.«[71]

Doch auch ein unverheirateter Offizier wie Schweinitz, der während des Krieges
von Kiel nach Wilhelmshaven umzog, wusste es zu schätzen, dass er dem Bordleben
regelmäßig entfliehen und sich in seine eigenen vier Wände zurückziehen konnte.
»Ein herrliches Gefühl, wieder in der eigenen Wohnung zu sein. Ein gutes Buch zum
Lesen, ein Glas Wein und eine gute Cigarre – mehr verlange ich heute abend nicht.«[72]
Ein anderer Junggeselle, Schweinitz' Schiffskamerad Knobloch, fand nach längerem
Suchen ebenfalls eine recht komfortable Bleibe in Wilhelmshaven, ganz in der Nähe
der Weizsäckers. Er hoffe, notierte er in seinem Tagebuch, dort »bessere Ruhe und
Erholung während der Hafentage zu haben«.[73] Wann immer es sich einrichten ließ,
schlief Knobloch nun an Land; lediglich im bitterkalten Winter 1916/17 blieb er
wieder häufiger über Nacht an Bord, da wegen der Kohlenknappheit in Deutschland
sein Landquartier nicht mehr ordentlich beheizt war.

Die Zeit zu Hause verbrachte Knobloch für gewöhnlich mit dem Schreiben von
Briefen, seinem Tagebuch, Rauchen, Lesen und Schlafen. Als die kaiserliche Flotte
am Tag nach der Seeschlacht vor dem Skagerrak wieder in Wilhelmshaven einlief,
eilte der völlig erschöpfte Artillerieoffizier des in der Schlacht gesunkenen Kleinen
Kreuzers »Rostock« als erstes in seine Wohnung, um ein langes, heißes Bad zu nehmen. Anschließend ruhte er sich auf dem Sofa aus – gerade so, als genieße er nach
einem anstrengenden Arbeitstag den wohlverdienten Feierabend.[74] Ein anderes Mal
nutzte Knobloch den Abend nach der Rückkehr von einem Vorstoß der Flotte zum
Bearbeiten von Steuererklärungen und Rechnungen.[75]

---

[69]   Ernst von Weizsäcker an seine Mutter, 12.1.1916, abgedr. in: Ernst von Weizsäcker, Die Weizsäcker-
       Papiere 1900–1932. Hrsg. von Leonidas E. Hill, Berlin 1982, S. 179.
[70]   Weizsäcker an seinen Vater, 10.10.1915, ebd., S. 173.
[71]   Wilhelm Souchon an seine Frau, 29.10.1915, BArch, N 156.
[72]   Das Kriegstagebuch eines kaiserlichen Seeoffiziers (wie Anm. 64), 29.10.1917.
[73]   Tagebuch Reinhold Knobloch, 20.9.1915, Marine-Offizier-Vereinigung Bonn.
[74]   Ebd., 1.6.1916.
[75]   Ebd., 26.10.1917.

Während die Offiziere so lange an Land bleiben durften, wie sie wollten (auch wenn sie jederzeit damit rechnen mussten, an Bord zurückgerufen zu werden), hatten dienstfreie Matrosen und Heizer sich spätestens um 21 Uhr auf ihren Schiffen zurückzumelden.[76] Ihnen war es strikt untersagt, an Land zu übernachten, es sei denn, sie hatten Urlaub. Jedem Besatzungsmitglied standen zehn Urlaubstage pro Jahr zu, die in der Regel aber nur gewährt wurden, wenn ein Schiff zur Reparatur oder Wartung in die Werft musste – die endgültige Entscheidung lag beim Befehlshaber des jeweiligen Verbandes und beim Kommandanten des jeweiligen Schiffes.[77]

Bei den Offizieren wurde die Urlaubsvergabe weniger streng gehandhabt. Sie erhielten ein- bis zweimal im Jahr für jeweils etwa ein bis zwei Wochen Urlaub. Manchmal aber auch deutlich länger. Vizeadmiral Hipper, der seine freien Tage am liebsten auf der Pirsch verbrachte, hatte allein im Jahr 1915 nicht weniger als fünfmal Urlaub, jeweils zwischen vier und acht Tage lang.[78] Im November 1916 schickte er seine Schlachtkreuzer unter dem Kommando seines Stellvertreters zu Übungen in die Ostsee, da er selbst noch zur Jagd fahren wollte. Er kam dann eine Woche später nach.[79] Und im darauffolgenden Frühjahr ärgerte er sich darüber, dass durch einen geplanten Vorstoß der Flotte sein Vorhaben, zur Auerhahnjagd nach Österreich zu fahren, »schmählich in's Wasser gefallen« ist.[80]

Da er stark unter Ischias und Gicht litt, fuhr Hipper daneben, wie erwähnt, auch häufig zur Kur, so jeweils im Herbst 1916 und 1917 für anderthalb Monate nach Bad Kissingen und in den Harz. Noch im September 1918, kurz vor Kriegsende, als wegen der allgemeinen Kohlenknappheit kaum noch Reiseverkehr stattfand, brach Hipper, inzwischen Flottenchef, zu einem mehrwöchigen Aufenthalt nach Bad Kissingen auf – mit seinem eigenen Salonwagen: »Mein Vorgänger hat das so schön eingerichtet, ich sehe nicht ein, warum ich das aufgeben soll«, schrieb er dazu.[81]

Vizeadmiral Souchon schickte im Sommer 1915 einen Offizier, dessen »Spannkraft sehr nachgelassen hat«, vom Bosporus nach Deutschland, damit er mal für »14 Tage auf seinem Gut in der Uckermark nach dem Rechten sehen kann«.[82] Einem anderen bewilligte er nicht weniger als 45 Tage Erholungsurlaub in der Heimat.[83] Das stand durchaus im Einklang mit den Regularien: Erkrankte Offiziere erhielten außer »nor-

---

[76]   Vgl. Kommando der Hochseestreitkräfte, Zusammenstellung erlassener Befehle über Abblenden, Scheinwerferübungen, Bootsverkehr, Urlaub, Alarm usw. während des Krieges vom 30.4.1918, BArch, RM 51/34.

[77]   Vgl. ebd. sowie die Richtlinien für die Erteilung von Heimatsurlaub des Kommandos der Marinestation der Nordsee vom 13.1.1916, BArch, RM 3/5150.

[78]   Tagebuch Franz Ritter von Hipper, 5.2.–11.2.1915, 2.6.1915, 2.9.1915, 28.10.1915, 21.12.1915, BArch, N 162.

[79]   Ebd., 14.11.1916.

[80]   Ebd., 13.4.1917. Grundsätzlich war es möglich, in allen verbündeten und neutralen Staaten Urlaub zu machen, »wenn nach eingehender Prüfung des Antrages seine Genehmigung dringend notwendig scheint und keine Bedenken hinsichtlich Zuverlässigkeit der zu beurlaubenden Persönlichkeit bestehen«. Erlass des Staatssekretärs des RMA vom 23.4.1916, BArch, RM 2/891. Vgl. auch ebd., Erlass vom 5.12.1916.

[81]   Tagebuch Franz Ritter von Hipper, 10.9.1918, BArch, N 162.

[82]   Wilhelm Souchon an seine Frau, 20.9.1915, BArch, N 156.

[83]   Ebd., 22.8.1915.

malem« Urlaub zusätzlichen Sonderurlaub bis zu einer Länge von sechs Monaten pro Jahr.[84] Zuviel, wie der Matrose Stumpf monierte:

> »Der zweite Artillerieoffizier, der im Gefecht die ganze Mittelartillerie zu leiten hat, erhielt 16 (sechzehn) Wochen Urlaub, angeblich zur Wiederherstellung seiner Gesundheit. Während dieser Zeit übernahm eben ein Leutnant seine ›Arbeit‹ mit, und nirgends wirkte sein Fehlen irgendwo hemmend oder störend. Ich glaube, viele hatten schon vergessen, dass es einmal einen extra II. A.O. gab.«[85]

Es liegt auf der Hand, dass für die Marineoffiziere Urlaub, zumal wenn er so großzügig vergeben wurde, nicht den gleichen Stellenwert gehabt haben kann, wie das etwa bei den Frontsoldaten in Frankreich und Flandern, aber auch bei den britischen Seeleuten im entlegenen Scapa Flow der Fall war. Denn was jene tatsächlich nur im (Heimat-)Urlaub zu finden vermochten – einmal wieder in einem richtigen Bett zu schlafen, etwas Anständiges zu essen oder Frau und Kinder zu sehen –, gehörte in Wilhelmshaven und Kiel praktisch zum Alltag, zumindest zu dem der Offiziere.

Das hieß aber nicht, dass damit automatisch auch Zufriedenheit und eine erfolgreiche Sinnstiftung verbunden gewesen wären – eher war das Gegenteil der Fall. »Man ist Soldat und will an den Feind heran und darf nicht«, so schilderte Kapitänleutnant Knobloch die Stimmung im kaiserlichen Seeoffizierkorps.

> »Warum denn nicht? In aller Ruhe haben allmählich die Engländer beinahe die ganze Nordsee voll Minen geschmissen. Dabei lebt man so faul und bequem. Bekommt Einladungen, isst und trinkt und schläft und hat doch keinen anderen Gedanken als ›Ran an den Feind‹. Was nützt es, dass wir uns mit eisernen Kreuzen behängen und klug reden. Kämpfen wollen wir! Siegen oder untergehen [...] Wir liegen stark und vollgefuttert im Hafen. Wohlbehütet. Donnerwetter, raus wollen wir aus den Löchern, kämpfen, schießen wollen wir. Den Feind vernichten!«[86]

Die Tatsache, dass das Leben an Bord und an Land trotz des Krieges größtenteils in seinen gewohnten, altbekannten Bahnen weiterlief, wurde vor diesem Hintergrund nicht als Erleichterung empfunden, sondern verstärkte noch die Unzufriedenheit. Der tägliche Dienst erschien als »Stumpfsinn«, das Bereitliegen der Schiffe auf Vorposten in gefechtsbereitem Zustand als »Periode der Tretmühle und Abstumpfung – Man kann nicht fahren, schießen, nicht spazierengehen. Man ist wie ein eingekerkertes Raubtier.«[87] Auch die regelmäßigen Fahr- und Schießübungen waren kein Ersatz für den Anspruch, mit dem die kraftstrotzenden Stahlkolosse gebaut worden waren. Sie konnten auf Dauer auch niemanden darüber hinwegtrösten, dass das eigentliche Ziel allen Übens und Bereithaltens – die Seeschlacht – scheinbar doch nie erreicht wurde. »Es ist zum Verzweifeln. Man exerziert, schießt und übt und kommt nicht an den Feind. Und das in dem riesigen Weltkrieg, der jetzt bereits über 1 Jahr dauert.«[88]

Die vielen freien Stunden schließlich, die die Offiziere in der Messe, zu Hause oder in den Theatern und Gasthäusern der Hafenstädte verbrachten, bekamen eben-

---

84 Marine-Verordnungs-Blatt 1917, lfd. Nr. 48. Vgl. das Schreiben des Staatssekretärs des RMA Capelle an den Chef des Marinekabinetts Müller vom 26.1.1917, BArch, RM 2/891.
85 Stumpf, Das Tagebuch (wie Anm. 1), S. 124.
86 Tagebuch Reinhold Knobloch, 11.7.1915, Marine-Offizier-Vereinigung Bonn.
87 Ebd., 27.10.1915.
88 Ebd., 2.8.1915.

falls einen faden Beigeschmack. Sie passten noch weniger als alles andere zu dem Bild eines Soldaten im Krieg. »Man hat«, stellte Knobloch fest, »keinen Sinn für schöngeistigen Genuss, man hat keinen Sinn für Vergnügungen und Zerstreuungen. Das Kriegsfieber jagt im Blute. Man will teilhaben an den großen Taten dieser Zeit. Verdammt zu sein zu untätigem Liegen und Warten ist gerade jetzt furchtbar schwer und niederdrückend. Mein einziger Wunsch, meine einzige Sehnsucht geht nach einem Gefecht, nach Betätigung.«[89]

Während Knobloch häufig sein Tagebuch dazu nutzte, um sich den Missmut, der ihn ob der eigenen Untätigkeit erfasste, von der Seele zu schreiben, hielten viele andere das lange Warten, den Zustand ständiger Bereitschaft und gespannter Erwartung, irgendwann einfach nicht mehr aus. »Nachrichten von Nervenanspannung der Offiziere der Flotte werden immer häufiger«, berichtete Knobloch im Februar 1915. »Zahlreiche Fälle von Weinkrämpfen, Größenwahnsinn.«[90] Auch höchste Offiziere blieben nicht verschont. Hipper, der im Dezember 1914 von sich selbst gesagt hatte, seine Nerven seien »entsetzlich herunter«, sah mit Schrecken, wie wenig später Vizeadmiral Wilhelm von Lans, der Chef des I. Geschwaders, nach einem Nervenzusammenbruch von seinem Posten abberufen wurde. »Auch sonst sind schon verschiedene Herren wegen Nervenzusammenbruch ausgestiegen. Ich wundere mich nur, dass ich, der ich doch am meisten bisher zu leisten hatte, immer noch aushalte.«[91]

Für Hipper wie für viele andere Offiziere war es eine Qual, mit ansehen zu müssen, was andere, allen voran ihre Kameraden in der Armee, leisteten, um, so das herrschende Narrativ, das Kaiserreich gegen eine »Welt von Feinden« zu verteidigen, während sie selbst zur Untätigkeit gezwungen waren. »Die kämpfen für König und Vaterland, um Sein oder Nichtsein, und unsereins sitzt hier und trinkt Schaum«, ärgerte sich Schweinitz.[92] Gegen das, was die Soldaten auf den Schlachtfeldern im Westen und Osten durchmachten, war der Seekrieg in der Tat »eine traurige Beschäftigung«, wie Kapitän z.S. von Trotha sich kritisch eingestand, der seine Tage mit »lesen, spazieren laufen an Deck, essen und schlafen« verbrachte.[93] So kam es nicht von ungefähr, wenn Korvettenkapitän Bogislav von Selchow, Erster Offizier des veralteten Kreuzers »Victoria Luise«, in seinem Tagebuch feststellte: »Alle Seeoffiziere wollen zur Armee übertreten; dort kann man Ruhm haben und Ehre und zeigen, dass man was kann. Aber die Marine, ist das ein ritterlicher Beruf, ritterlich in seiner ganzen Tätigkeit, ritterlich nun erst in seiner Handhabung?«[94]

Die Mischung aus Bewunderung und Eifersucht, die aus Äußerungen wie diesen herausklingt, prägte im Grunde während des gesamten Krieges den Blick der Marine auf die Armee. Namentlich die vom Verlangen nach »Ruhm und Ehre«, aber auch von der Sorge um die eigene Zukunft getriebenen Offiziere wollten sich nicht damit abfinden, bloß Zuschauer zu sein, während so viele andere Tag für Tag ihr

---

89   Ebd., 4.8.1915.
90   Ebd., 9.2.1915.
91   Tagebuch Franz Ritter von Hipper, 15.2.1915 bzw. 10.12.1914, BArch, N 162.
92   Das Kriegstagebuch eines kaiserlichen Seeoffiziers (wie Anm. 64), 24.8.1914.
93   Adolf von Trotha an seine Frau, Niedersächsisches Staatsarchiv Bückeburg, 14.9.1914, Dep. 18.
94   Tagebuch Bogislav von Selchow, 21.8.1914, BArch, N 428.

Leben auf den Schlachtfeldern im Westen und Osten riskierten. Um so bereitwilliger ergriffen sie daher im Herbst 1918, als die militärische Niederlage des Deutschen Reiches längst unabwendbar war, die buchstäblich letzte Gelegenheit, sich und aller Welt doch noch zu beweisen, wozu die Flotte gebaut worden war. Den Plan einer letzten großen Fahrt gegen England, von den führenden Offizieren als »Ehren- und Existenzfrage der Marine« deklariert,[95] verhinderten allerdings die kriegsmüden Heizer und Matrosen. So blieb es nach dem verlorenen Krieg, nach Meuterei, Revolution und Internierung der Flotte, der Selbstversenkung der deutschen Schiffe in Scapa Flow im Juni 1919 vorbehalten, einen Schlussstrich unter die alles andere als glanzvolle Vergangenheit zu ziehen und der Marine den Weg in eine vermeintlich bessere Zukunft zu weisen.

---

[95] Zit. nach Wilhelm Deist, Die Politik der Seekriegsleitung und die Rebellion der Flotte Ende Oktober 1918. In: Wilhelm Deist, Militär, Staat und Gesellschaft. Studien zur preußisch-deutschen Militärgeschichte, München 1991 (= Beiträge zur Militärgeschichte, 34), S. 185–210, hier S. 198.

M. Christian Ortner

Leben in der k.u.k. Kriegsmarine 1914–1918

Mobilisierung und administrativ-operative
Rahmenbedingungen

Bereits am 18. Juli 1914, also fünf Tage vor der Übergabe des österreichisch-ungarischen Ultimatums an das Königreich Serbien, wurde die k.u.k. Kriegsmarine gemäß den militärischen Bestimmungen für den Kriegsfall »B« (Balkan) mit ersten vorbereitenden Maßnahmen für die bevorstehende Mobilisierung beauftragt. Dies bedeutete für die im Dienst stehende sogenannte »Sommereskadre« die Ergänzung der Kohlenvorräte und die Verlegung erster Einheiten nach operativen Überlegungen. So setzte man bereits am 22. Juli die in Dienst stehende 2. (Schlachtschiff-) Division, drei Schiffe der »Radetzky«-Klasse (14 500 Tonnen, Hauptbewaffnung 4 x 30,5 cm/8 x 24 cm), nach Cattaro (Kotor), dem am weitesten im Süden gelegenen österreichisch-ungarischen Adriahafen, in Marsch. Einen Tag später stellte man die gesamte k.u.k. Donauflottille mit ihrer Basis in Budapest in Dienst. Am 24. Juli verlegten eine Fahrzeug- sowie eine Torpedobootsgruppe der 2. Torpedoflottille sowie Marineflieger in den Golf von Kumbor (Cattaro). Die sich zu diesem Zeitpunkt im Ausland befindenden k.u.k. Schiffe erhielten unterschiedliche Anweisungen. Der als Stationsschiff in Ostasien eingeteilte Kleine Kreuzer »Kaiserin Elisabeth« sollte von Chefoo in Tsingtau einlaufend gleich dem in Konstantinopel befindlichen »Taurus« vor Ort bleiben. Ähnliches galt für die an der albanischen Küste Stationsdienste versehenden Einheiten.[1]

Nachdem am 25. Juli infolge der als unbefriedigend erachteten Antwort Serbiens auf das Ultimatum vom 23. seitens des k.u.k. Kriegsministeriums die Teilmobilisierung gemäß Fall »B« ausgelöst wurde, erhielt in den Morgenstunden des 26. Juli auch die Kriegsmarine den Befehl zur »selbstständigen Mobilisierung«, deren Umsetzung dann bereits von den Anordnungen der allgemeinen Mobilisierung sämtlicher k.u.k. Streitkräfte am 31. Juli (1. Mobilisierungstag 4. August) überholt wurde. Damit trat die erweiterte »Ordre de Bataille« der Kriegsmarine in Kraft, wodurch sämtliche verfügbaren Schiffe in Dienst gestellt und alle Marinebehörden sowie Kommanden auf den Kriegsstand gesetzt wurden. Dies bedeutete, dass sämt-

---

[1]   Hans Hugo Sokol, Österreich-Ungarns Seekrieg 1914–1918. Hrsg. auf Anregung des Marine-Verbandes vom Kriegsarchiv (Marinearchiv), Zürich, Leipzig, Wien 1933, S. 55. Chefoo trägt heute den Namen Yantai.

DOI: 10.1515/9783110533972-010

liche Reservisten, die für eine Verwendung innerhalb der k.u.k. Kriegsmarine vorgesehen waren, mobilgemacht wurden. Als Sammelpunkte galten Sebenico (Šibenik)
für dalmatinische Mannschaften und Pola (Pula) für aus anderen Reichsteilen kom-
mende Personen. Insgesamt umfasste der Kriegsstand der Kriegsmarine mit Stichtag
4. August 1914 an Stabsangehörigen (Offiziere und Marinebeamte) 1974 Personen
sowie 33 307 Mannschaftspersonen. Dazu traten noch rund 3300 Angehörige der
»Seewehr« (entspricht den Landwehren der beiden Reichshälften). Für den Seedienst
waren an Offizieren 1250 Personen und 27 888 Matrosen und Unteroffiziere als
notwendig erachtet worden; zu Lande dienten 724 Offiziere und Gleichgestellte sowie 4991 Mannschaftspersonen. Daraus resultierte nach erfolgter Mobilisierung ein
»Überschuss« von rund 3800 Mannschaftspersonen.[2]
     Der im Hinblick auf einen Gesamtmobilisierungsstand von rund 3,35 Millionen
Mann der gesamten »Bewaffneten Macht« der Donaumonarchie eher gering ausfal-
lende relative Anteil von unter 1,5 % des Personalstandes wird durch die Tatsache ver-
zerrt, dass große Teile des passiven Küstenschutzes sowie der Kriegshafenbesatzungen
nicht durch die Marine, sondern durch das Heer bzw. die k.k./k.u. Landwehr gestellt wurden. So waren bereits im Frieden im Kriegshafen Pola das k.u.k. Festungsartillerieregiment Nr. 4 sowie das k.u.k. Festungsartilleriebataillon Nr. 3 und in
Cattaro das k.u.k. Festungsartillerieregiment Nr. 5 disloziert gewesen.[3] Diese wurden mit der allgemeinen Mobilisierung nicht nur auf Kriegsstand gebracht, sondern
hinsichtlich der vorhanden Kompanien und Batterien noch erheblich vergrößert. So
finden sich bei Kriegsbeginn in Cattaro neben rund 30 Festungsartilleriekompanien
auch vier Bataillone Infanterie sowie Sappeureinheiten. Pola als Hauptkriegshafen
verfügte über rund 43 Artillerieformationen und drei Infanterieregimenter; dazu
kamen noch Sappeur- und Kavallerieeinheiten.[4] Der Hafen wies schließlich einen
Verpflegsstand von rund 52 000 Mann inklusive der Arbeiter im Seearsenal auf, darunter lediglich ca. 6000 Marineangehörige.[5]
     In administrativer Hinsicht kam es infolge der Mobilisierungsmaßnahmen
zu wichtigen Veränderungen. Als wichtigstes operatives Kommando kam es zur
Aufstellung des k.u.k. Flottenkommandos, welches durch den Marinekommandanten
übernommen wurde. Mit Ausnahme der k.u.k. Donauflottille, welche anfangs der
k.u.k. 2., danach der 5. Armee unterstand, führte das Flottenkommando sämtliche
Einheiten und Einrichtungen der k.u.k. Kriegsmarine in operativer Hinsicht unmittelbar, in administrativer Hinsicht über die Marinesektion des Kriegsministeriums.
Neben der operativen Flotte, bestehend aus dem 1. und 2. Schlachtschiffgeschwader
sowie der Kreuzerflottille mit einer Kreuzerdivision und zwei Torpedoflottillen,
waren zur Küstenverteidigung eine aus veralteten und mit geringem Aktionsradius
versehene Schlachtschiff- (5.) sowie eine Kreuzerdivision zur Verfügung des Flotten-

---

[2]   Österreich-Ungarns letzter Krieg. Hrsg. vom Österreichischen Bundesministerium für Heerwesen
      und vom Kriegsarchiv, 7 Text- und 7 Kartenbde, Wien 1930−1938, Bd 1, S. 81.
[3]   Schematismus für das k.u.k. Heer und für die k.u.k. Kriegsmarine für 1914, Wien 1914, S. 911,
      914 und S. 921.
[4]   Vgl. dazu: M. Christian Ortner, Die österreichisch-ungarische Artillerie von 1867−1918. Technik,
      Organisation und Kampfverfahren, Wien 2007, S. 388−401.
[5]   Sokol, Österreich-Ungarns Seekrieg 1914−1918 (wie Anm. 1), Beilage II.

kommandanten unmittelbar vorgesehen[6]. Daneben bestand die als »lokal« be-
zeichnete Küstenverteidigung, welche durch Küstenkommanden organisiert wurde. Der Bedeutung Polas als Hauptkriegshafen wurde durch das »Hafenadmiralat
Pola« Rechnung getragen, dem die gesamte österreichische Adriaküste südlich
Salvore unterstand. Nördlich davon befand sich das Seebezirkskommando Triest.
Beide unterstanden dem Flottenkommando. Hinsichtlich des Aktionsbereichs der
Küstenverteidigung waren teilweise bereits vor dem Krieg Verselbstständigungen
gegenüber dem Admiralat in Pola vorgenommen worden[7]. So fungierten die Ver-
teidigungsbezirkskommandos Castelnuovo im Golf von Cattaro sowie jenes in
Sebenico selbstständig; sie unterstanden direkt dem Flottenkommando bzw. im
Falle Cattaros einem Heereskommando. Von Norden nach Süden gliederte sich
die aktive Küstenverteidigung demnach in den Bereich des Seebezirkskommandos
Triest mit zwei Torpedobootsgruppen und einem Seeminenkommando, dem See-
verteidigungskommando Pola mit den Verteidigungsbezirken 1 (Kriegshafen), 2 (Fa-
sana), 3 (Kap Compare-Peneda) und 4 (Kap Compare-Promontore). Dafür standen
eine Torpedodivision, die Unterseebootsstation sowie eine Minensuchabteilung zur
Verfügung. Eine in Lussin befindliche Torpedobootsdivision war gleichfalls Pola unterstellt. Das Seebezirkskommando Sebenico führte ein weiteres Seeminenkommando,
eine Minensuchabteilung sowie eine Torpedodivision. Das am weitesten im Süden
gelegene Verteidigungsbezirkskommando Castelnuovo im Golf von Cattaro gliederte sich mit einem Seeminenkommando, einer Minensuchabteilung sowie einer
Torpedodivision ähnlich. Insgesamt standen neben zahlreichen Spezialschiffen und
angemieteten Dampfern sowie Flugbooten für die aktive Küstenverteidigung zwei
Torpedofahrzeuge, 28 Torpedoboote und sechs U-Boote zur Verfügung.[8]
Betrachtet man die Schiffslisten der k.u.k. Kriegsmarine bei Kriegsbeginn 1914,
so wird bereits hinsichtlich der Verteilung der Schiffsgattungen der ursprüngliche
Hauptauftrag der Flotte ersichtlich. Den in der österreichischen Nomenklatur als
Schlachtschiffe bezeichneten 15 Einheiten (zuzüglich einer in Fertigstellung), von
denen im internationalen Vergleich bestenfalls die »Tegetthoff«- und »Radetzky«-
Klasse auch als tatsächliche Schlachtschiffe gewertet wurden, standen drei Große
und rund zehn Kleine Kreuzer sowie 26 Torpedofahrzeuge (350–850 Tonnen),
50 Hochseetorpedoboote (200–250 Tonnen) und ca. 40 Torpedoboote (80–115
Tonnen) gegenüber. Dazu traten noch unzählige Werkstätten-, Depot-, Vorrats- und
Tankschiffe sowie Minen-, Wasser-, Pumpen- oder Schlepptender.
Bekanntlich waren die Vorkriegsplanungen des Dreibundes von einem gemein-
samen Einsatz der maritimen Streitkräfte im Mittelmeer ausgegangen. Der öster-
reichische Marinekommandant, Admiral Anton Haus, sollte im Kriegsfall das
Oberkommando über die vereinigte österreichisch-ungarische und italienische
Flotte, verstärkt durch das deutsche Mittelmeergeschwader, übernehmen und den
Kampf gegen die Marinestreitkräfte der Entente führen. Das Kräfteverhältnis zwi-
schen Dreibund und den Ententemächten wurde mit 28 Schlachtschiffen/-kreuzern

6 Österreich-Ungarns letzter Krieg (wie Anm. 2), Bd 1, S. 81.
7 Lothar Höbelt, Die Marine. In: Die Habsburgermonarchie 1848–1918, Bd 5: Die Bewaffnete
   Macht. Hrsg. von Adam Wandruszka und Peter Urbanitsch, Wien 1987, S. 687–763, hier S. 738.
8 Sokol, Österreich-Ungarns Seekrieg 1914–1918 (wie Anm. 1), Beilage V.

und 24 Kreuzern zu 27 Schlachtschiffen/-kreuzern und 18 Kreuzern angenommen. Hinsichtlich der Tonnage ergab sich ein Verhältnis von 550 000 Tonnen zu 720 000 Tonnen, bei den schweren Geschützen (30,5 cm) jenes von 115 zu 146. Auch wenn ein Teil der russischen Schwarzmeerflotte an ihrem Eingreifen im Mittelmeer gehindert worden wäre, ergab sich eine numerische Unterlegenheit des Dreibundes.[9] Die Planungen waren nicht zuletzt aufgrund der Neutralitätserklärung Italiens im August 1914 obsolet geworden; mehr noch, hatte doch die österreichisch-ungarische Kriegsmarine ihre Transformation von einer reinen Küstenschutzflotte hin zu einer operativen Marine noch längst nicht abgeschlossen. Es fehlten nicht nur die notwendigen schweren Einheiten mit großen Aktionsradien, sondern gleichfalls auch logistische Maßnahmen, um sich außerhalb der Adria mit Brennstoffen zu versorgen. Gleichfalls war der aufgrund seiner südlichen Lage so bedeutende Hafen von Cattaro weder im Hinblick auf seine Infrastruktur – er war lediglich über eine Schmalspurbahn an das Schienennetz angeschlossen – noch hinsichtlich der militärischen Sicherheit vollkommen einsatzfähig, da die an der nahen Staatsgrenze eingebauten modernen montenegrinischen Batterien die innere Bucht von Cattaro jederzeit unter Feuer nehmen konnten. Der Aufgabenbereich der k.u.k. Kriegsmarine reduzierte sich daher von vornherein wiederum auf den klassischen Küstenschutz, um den am Balkan stehenden Armeen den Rücken gegen feindliche Truppenanlandungen freizuhalten. Zusätzlich sollten Nachschublieferungen über den Seeweg an Serbien und Montenegro unterbunden und die albanische Küste überwacht werden. Nach dem Kriegseintritt Italiens wurde der Aufgabenbereich durch den Effekt einer »fleet in being« erweitert, um ein Wirksamwerden der italienischen Flotte entlang der österreichischen Adria zu verhindern. Im weiteren Kriegsverlauf sollten Einheiten der k.u.k. Kriegsmarine dann auch erheblichen Anteil an der Truppen- und Sanitätsversorgung sowie Transportlogistik für die am Balkan stehenden Landverbände übernehmen.

Nationalitätenverteilung und soziale Struktur des Personals der k.u.k. Kriegsmarine

Mannschaften

Die Ergänzung der Marinemannschaften erfolgte nach den Bestimmungen des Wehrgesetzes von 1912 aus den Ergänzungsbezirken Triest, Sebenico und Fiume. Aufgrund der Ereignisse von 1869 und 1881/82 waren die Bezirke Ragusa und Cattaro nicht für die Kriegsmarine oder das gemeinsame Heer, sondern lediglich zur Aufbringung von Landwehrmannschaft vorgesehen. Im Unterschied zu den Rekruten des Heeres bzw. der beiden Landwehren umfasste die Dienstpflicht bei der k.u.k. Kriegsmarine aufgrund der als besonders zeitintensiv erachteten technischen Ausbildung vier Jahre Präsenzzeit, fünf Jahre in der Reserve sowie drei Jahre

---

[9]   Friedrich Wallisch, Die Flagge Rot-Weiss-Rot. Männer und Taten der österreichischen Kriegsmarine in vier Jahrhunderten, Leipzig 1942, S. 241.

in der »Seewehr«, welche den Landwehren der Landstreitkräfte entsprach. Auch wenn sie außerhalb der drei Marineergänzungsbezirke heimatzuständig waren, wurden Berufsseeleute immer zur Kriegsmarine assentiert.[10] Das Rekrutenkontingent für die Kriegsmarine umfasste im Jahr 1913 6000 Personen. Nachdem in einem Teil der Marineergänzungsbezirke auch Heeresregimenter – etwa Nr. 22 und 97 – ergänzt wurden, war die genaue Einhaltung der Kontingentsvorgaben möglich. Die Nationalitätenverteilung des Mannschaftsbereiches spiegelte die Bevölkerungsverteilung innerhalb der Ergänzungsbezirke wider. So stellten Kroaten und Serben mit rund 30 % den größten Teil der Marinerekruten, danach kamen Deutsche mit ca. 25 %, Italiener mit 18 %, Magyaren mit 12,6 % und Tschechen mit ca. 7 %[11]. Das nicht unbedeutende Potenzial an Binnenländern erklärt sich vor allem durch die zunehmende Technisierung der Kriegsmarine und den Bedarf an maschinell und technisch ausgebildeten Fachkräften, die entweder zivilen oder marineeigenen Ausbildungsanstalten entstammten und dann im Bereich der höheren Unteroffiziere verstärkt anzutreffen waren. Die dem Küstenland entstammenden Rekruten bildeten dagegen aufgrund des eher geringen Bildungsniveaus die Masse des einfachen Matrosenstandes.[12] Deutsch galt als alleinige Kommando- und Dienstsprache, wenngleich sich im allgemeinen Gebrauch eine Mischung aus Deutsch, Kroatisch und Italienisch als Bordsprache etablierte.

Der Dienstantritt zum Präsenzdienst erfolgte grundsätzlich zum 1. Oktober jeden Jahres zum »Matrosenkorps« nach Pola. Das Korps bildete den Stamm und Sammelkörper der gesamten Kriegsmarinemannschaft. Dort erfolgte die erste grundsätzliche Ausbildung der neuen Mannschaften innerhalb von sechs Wochen. Danach kam es zur gesonderten Ausbildung in den »Spezialitäten« gemäß Einteilung. Das Matrosenkorps gliederte sich in die »Matrosen-Depots« Nr. I bis III und diese wiederum in insgesamt 15 Kompanien mit unterschiedlichen Fachausrichtungen. Nach vollendeter Ausbildung erfolgten die Einschiffungen bzw. Kommandierungen in Landeinrichtungen. Demnach schwankte der Stand der Kompanien je nach »Spezialität« und Jahreszeit zwischen 350 und 1500 Mann. Grundsätzlich war ein Einschiffungsgrad von rund 70 % anzustreben, 25 % versahen Landdienst und 5 % erhielten gerade ihre Ausbildung.[13]

Bereits unmittelbar nach der Assentierung der Rekruten wurde der überaus hohe Spezialisierungsgrad des Marinepersonals deutlich. Abgesehen von der Marinemusik sah die k.u.k. Kriegsmarine zwölf unterschiedliche Fachdienste – in der österreichischen Marinediktion als »Detail« bezeichnet – für Mannschaften vor. Neben dem allgemeinen Decksdienst bestanden der Artillerie-, Torpedo-, Seeminen-, Steuer-, Telegrafen-, Waffen-, Maschinen- und Drainagen-, Elektro-, Militärarbeits-, Bekleidungs-/Proviant-/Küchen – sowie der Sanitätsdienst. Die Zuteilung zu einem der »Details« erfolgte bereits beim Matrosenkorps, indem die einzelnen dort

10 Hugo Schmid, Heerwesen, 2. Teil: Österreich-Ungarn. Lehr- und Lernbehelf für Militärerziehungs- und Bildungsanstalten, sowie Reserveoffiziersschulen, dann für das Selbststudium, Wien 1914, S. 3 und S. 7.

11 Militär-Statistisches Jahrbuch für das Jahr 1910, Wien 1911, S. 149 f.

12 Alfred von Koudelka, Unsere Kriegsmarine, Wien 1899, S. 94.

13 Schmid, Heerwesen (wie Anm. 10), S. 248.

bestehenden Kompanien nach diesen Spezialisierungen ausgerichtet waren.[14] Die Fachausbildung der einzelnen Matrosen wurde auch durch ein entsprechendes Abzeichen am linken Oberärmel deutlich gemacht. Zu starken Fluktuationen innerhalb der »Details« kam es selten, da die sehr intensive Ausbildung im Spezialfach nach dem tatsächlichen Bedarf erfolgte, und wenn es tatsächlich zu personellen Verschiebungen kam, dann lediglich bei Beförderungen innerhalb des Unteroffizierkorps oder von den eher allgemein gehaltenen »Details« wie Decks- oder Waffendienst in eine technische Sparte. Ausnahmen waren lediglich bei dringlichem Bedarf in einem Detail oder bei Wegfall der Tauglichkeit zulässig.[15]

Die Ausbildung richtete sich nach drei über das Jahr ablaufenden Ausbildungsabschnitten. Die Einschiffungen mit voller Besatzung erfolgten während der Friedenszeit nicht permanent, sondern – abgesehen von Schiffen in speziellen Missionen – nur während der Phasen der »Sommereskadre« bzw. »Übungseskadre«. Die Schiffe wurden nach einer durch die Marinesektion des k.u.k. Kriegsministeriums festgelegten Liste aus der Reserve in den Aktivstand versetzt. Vom 1. Januar bis 15. Juni jedes Jahres bestand die aktive Eskadre meist aus einer schweren Schiffsdivision, der Torpedobootflottille sowie einer Reserveeskadre mit verminderten Besatzungen. Im Frühjahr, meist ab April, erfolgten durch die schwereren Einheiten meist größere Reisen ins östliche Mittelmeer. In der zweiten Übungsperiode von 15. Juni bis 15. September – der »Sommereskadre« – wurden die Reserveeskadre und auch die Kreuzer aktiviert. Um möglichst viele Einheiten im Eskadreverband auszubilden, aber dennoch auch Kosten zu sparen, konnten die Indienststellungen auch gestaffelt erfolgen, wobei Schiffsstäbe und Besatzungen während einer Übungsperiode auch mehrmals auf unterschiedlichen Einheiten eingeschifft wurden. Vom 15. September bis zum Jahresende, der dritten Ausbildungsphase, wurde die Zahl der aktiven Einheiten wieder reduziert und viele Schiffe in die Reserve versetzt.[16] Außerhalb der aktiven Eskadreperioden verblieb nur ein geringer Personalstand auf den Schiffen, die Masse der Mannschaften und Stabsmitglieder versah Landdienst oder konnte beurlaubt werden, was aufgrund des überaus anstrengenden Eskadredienstes auch als notwendig erachtet wurde. Der Soll-Besatzungsstand war für jedes Kriegsschiff hinsichtlich der unterschiedlichen Bereitschaftszustände und in allen Details genau nach Anzahl und Dienstgraden normiert. Es wurden »in Dienst gestellt«, »Reserveeskader«, »Ausrüstungsbereitschaft« sowie »I. Reserve« unterschieden.[17] Die Aufbringung der benötigten Sollstände bei Indienststellung stellte für die Personalverwaltungen des Matrosenkorps jedes Jahr eine besondere Herausforderung dar.

Der Seedienst war vor allem für die Mannschaften physisch und psychisch belastend, da der Borddienst sowohl in zeitlicher als auch faktischer Hinsicht präzise geregelt wurde. Die »Schiffsrolle« bestimmte die genaue Diensteinteilung des Matrosen. Er erhielt darin eine Nummer, deren Aufruf immer mit dem Namen zu quittieren war. Während die »Schiffsrolle« die allgemeine Einteilung der gesamten Besatzung

[14] Ebd., S. 248 und S. 250.
[15] Organische Vorschrift für das Personal der k.u.k. Kriegsmarine, IX. Hauptstück: Beförderung, II. Teil: Mannschaft, Wien 1909, S. 41.
[16] Sokol, Österreich-Ungarns Seekrieg 1914–1918 (wie Anm. 1), S. 39.
[17] Vgl. dazu etwa: Bemannungsliste für die Schiffe der k.u.k. Kriegsmarine, Wien 1907, S. 4–17.

umfaßte, bestanden noch spezielle »Rollen«, welche die Personaleinteilungen in bestimmten Situationen regelte, wie etwa die »Boote auf Kriegsfuß«-, »Wasseralarm«- oder »Reinigungs«-Rolle.[18]

Die gesamte Mannschaft wurde in eine Backbord- und eine Steuerborddivision eingeteilt. Die Rollennummern der Matrosen in der ersteren waren gerade, jene der letzteren ungerade. Bestimmte Spezialzweige/Details wie etwa Steuerdienst, Maschinenunteroffiziere, Köche, Ordonnanzen, Professionisten usw. wurden in eigenen Gruppen zusammengefaßt. Die Divisionen selbst gliederten sich wiederum in jeweils zwei »Quartiere« (II. und IV. – Backborddivision, I. und III. – Steuerborddivision). Die Quartiere wurden von höheren Unteroffizieren geführt und zerfielen wiederum in mehrere Gruppen, die niederen Unteroffizieren unterstanden. Diese Gliederung wurde als notwendig erachtet, um den auf den Schiffen vorgesehenen Schicht- und Wechseldienst geregelt ablaufen zu lassen. Entsprechende Ärmelabzeichen für Quartier- und Gruppenzugehörigkeiten vereinfachten die Überwachung. Die Gruppen selbst unterteilten sich wiederum in »Backen«, für die Einnahme des Essens zusammengestellte Gemeinschaften unter der Leitung eines »Backmeisters«.

Neben der im Vergleich zum Landheer stark ausgeprägten Spezialisierung hinsichtlich der fachlichen Ausbildung wurde auch im Bereich der hierarchischen »Standesgruppen« deutlicher unterschieden. So bestanden neben den Stabspersonen (Offiziere, Marinebeamte usw.) vier Mannschaftsgruppen. Die Matrosen der 4. bis 1. Klasse bildeten die unterste Gruppe, daran anschließend die »niederen« Unteroffiziere mit drei Rängen (aufsteigend etwa im Decksdienst: Marsgast, Quartiermeister, Bootsmannsmaat) sodann die »höheren« Unteroffiziere mit einem Dienstgrad ([Unter-]Bootsmann). Als Bindeglied und eine Art Zwischenstufe zum Stabspersonal war bei der Kriegsmarine noch die Standesgruppe der Stabsunteroffiziere mit zwei Rängen (Stabsbootsmann, Oberstabsbootsmann) eingefügt, die entgegen den übrigen Mannschaften keine Löhnung, sondern ihre monatliche »Gage« im Voraus bezahlt erhielten. Da sie jedoch in keine Rangklasse eingeteilt waren, wurden sie als »Gagisten ohne Rangklasse« bezeichnet.[19] Ein Aufstieg in die Gruppe der Stabsangehörigen war ihnen jedoch lediglich in den Betriebsleiter-, Werkführer oder Kanzleidienst nach Absolvierung der entsprechenden militärischen oder zivilen Ausbildungsgänge möglich.[20]

Die maximale Anzahl der einzelnen Dienstgrade in der k.u.k. Kriegsmarine wurde über Verordnung grundsätzlich normiert und bei Bedarf jährlich angepasst. So sah die entsprechende Norm für das Jahr 1909 im Decksdienst lediglich 34 bzw. im Telegrafendienst überhaupt nur vier Stabsunteroffiziere vor. An Bootsmannsmaaten im Artilleriedienst waren etwa 83 für das Jahr 1909 normiert.[21] Beförderungen wur-

18   Koudelka, Unsere Kriegsmarine (wie Anm. 12), S. 121 f.
19   Organische Vorschrift für das Personal der k.u.k. Kriegsmarine, I. Hauptstück: Rang- und Dienstverhältnisse, Wien 1909, S. 6–9.
20   Organische Vorschrift für das Personal der k.u.k. Kriegsmarine, IV. Hauptstück: Ergänzung, Wien 1902, S. 29.
21   Organische Vorschrift für das Personal der k.u.k. Kriegsmarine, II. Hauptstück: Standesverhältnisse, Wien 1909, S. 9 und S. 13.

den – bis auf wenige Ausnahmen – lediglich dann vorgenommen, wenn in der nächst-
höheren Charge eine Position frei wurde, ansonsten lediglich als »Titular-Charge«,
was einer Dienstgraderhöhung entsprach, jedoch ohne entsprechend besoldet zu
werden. Bei den Matrosen 4. bis 2. Klasse waren für eine Beförderung vor allem die
handwerkliche Geschicklichkeit im eigenen Detail sowie das Vorhandensein einer
vakanten ranghöheren Stelle notwendig. Ab den niederen Unteroffizieren sah die
Beförderungsrichtlinie zusätzlich minimale Einschiffungszeiten vor. So waren (im
Decksdienst) für den Marsgasten, den Quartiermeister und Bootsmannsmaat jeweils
ein halbes Jahr im vorangehenden Dienstgrad vorgesehen, für die Dienstränge des
(Unter-)Bootsmannes sowie des Stabs- und Oberstabsbootsmannes jeweils ein Jahr.[22]
   Die vier unterschiedlichen Standesgruppen innerhalb des Mannschaftsstandes
wurden auch hinsichtlich der Einnahme der Mahlzeiten nach außen deutlich ge-
macht. Während die Matrosen sich an ihren »Backen« zusammenfanden, bestanden – zumindest auf größeren Kriegsschiffen – für die niederen, höheren und
Stabsunteroffiziersränge jeweils eigene Messen mit durch den Dienstgrad bzw. die
Fachfunktion bestimmte Teilnehmerkreisen. Die Teilnahme an diesen nach außen
hin geschlossenen Mahlzeiten war für die jeweilige Standesgruppe obligatorisch.[23]

Stabspersonen

Bei den Stabspersonen handelte es sich bei der k.u.k. Kriegsmarine um jenen Personenkreis, der im Groben mit Seeoffizieren und Marinebeamten beschrieben werden
kann. Ähnlich dem Mannschaftsstand bestanden aber auch für die Stabspersonen
hohe Spezialisierungsgrade, die auf die besondere technische Ausrichtung der
Waffengattung Bezug nahmen. So zerfielen die Seeoffiziere in jene des allgemeinen Seedienstes und jene in Marinelokalanstellungen (meist Seeoffiziere, die für
den Seedienst physisch nicht mehr tauglich waren). Darüber hinaus bestand die
Gruppe der Marinegeistlichen, Marineauditoren (Jurisdiktion), Marineärzte und
Marinebeamten. Letztere zerfielen wiederum in Maschinenbetriebsleiter, Marine-
kommissariatsbeamte (Intendanzdienst), Beamte des Hydrografiewesens, Marine-
lehrer, Elektrobetriebsleiter, Werkführer, Konstruktionszeichner, Marinekanzlei-
beamte sowie Marineingenieure. Letztere waren noch weiter fachlich unterteilt und
zwar in die Sparten Schiffbau, Maschinenbau, Artillerie, Elektrotechnik, Land- und
Wasserbau sowie Chemie.[24] Neben der Spezialisierung ist auch der hohe Anteil an
Nicht-Seeoffizieren auffällig, der sich aus der weitgehend von der Kriegsmarine
selbst verwalteten Bau- und Liegenschaftsinfrastruktur sowie Materialbeschaffung
und Instandsetzung erklärt. Stabspersonen galten als »Gagisten« und wurden ähnlich dem gesamten Staatsdienst Österreich-Ungarns in Rangklassen eingeteilt, wobei die XII. als rangniedrigste, die I. als höchste galt. Die Rangklassen Nr. I und II
(erstere entsprach dem Feldmarschall) waren im Frieden nicht zu erreichen, sodass

22 Organische Vorschrift, IX. Hauptstück, II. Teil (wie Anm. 15), S. 54.
23 Handbuch für Unteroffiziere des Deck- und Steuerdienstes, 2 Bde, Pola 1909, Bd 1, S. 33.
24 Organische Vorschrift, II. Hauptstück (wie Anm. 21), S. 5–9.

sich der einzige (mit Ausnahme dynastischer Ernennungen) im Frieden systemisierte Admiral in der III. Rangklasse wiederfand.

Nicht in allen Sparten und Details war der Aufstieg in die höchsten Klassen möglich. So konnten Marineärzte bzw. Kommissariatsbeamte (jeweils eine Person systemisiert) die V. Rangklasse (entspricht dem Kontreadmiral) erreichen, während für die meisten anderen Sparten lediglich die VI. Klasse (Linienschiffskapitän/Oberst) zu erreichen war. Besonders schlecht verlief die Karriere für Werkführer, Konstruktionszeichner oder Kanzleibeamte – sie endeten bereits bei der X. Klasse (Linienschiffsleutnant/Hauptmann).[25] Die mangelnden Aufstiegschancen des nicht zum Seeoffizierkorps zählenden Personenkreises hatte erhebliche Auswirkungen auf die Zahl der Bewerber gehabt, so dass man sich dazu entschloss, den technisch aufwendigen Sparten höhere Einstiegsgehälter zu bezahlen, um gegenüber der Privatindustrie attraktiv zu bleiben.[26]

Auch für die Stabspersonen waren alljährliche Maximalzahlen vorgegeben, die für die Beförderungen in die jeweils nächsthöhere Charge ausschlaggebend waren. Im Unterschied zum Landheer verfügte die k.u.k. Kriegsmarine über einen eher geringen Anteil an jungen Stabspersonen der Reserve. Viele der Einjährig-Freiwilligen der Kriegsmarine verzichteten auf die schwierige spätere Seeoffizierprüfung und verblieben in den Rängen eines Seeaspiranten oder Seekadetten, zählten formal also zu den Unteroffizieren.

Hinsichtlich der Karriereentwicklung waren sämtliche Sparten und Details zusätzlich auch an die Vorgaben der »Rangstour« gebunden, der Reihung der zur Beförderung anstehenden Personen nach dem Zeitpunkt des Erreichens des letzten Dienstgrades. Neben entsprechenden Fachprüfungen[27] waren auch hier Mindesteinschiffungszeiten vorgesehen. So hatten Seefähnriche mindestens zehn Monate, Fregattenleutnants bereits zwei Jahre und Linienschiffsleutnants vier Jahre auf in Dienst gestellten Schiffen vorzuweisen. Nach weiteren drei Jahren war die Beförderung zum Korvettenkapitän möglich, wobei jedoch auch bereits eine Einteilung auf einem Schlachtschiff nachgewiesen werden musste. Der Nachweis der Qualifikation wurde von entsprechenden Beförderungskommissionen vorgenommen.[28]

Bei Indienststellungen bildeten die Seeoffiziere sowie die an Bord befindlichen Marinebeamten und Betriebsleiter den »Schiffsstab«, der hinsichtlich der Anzahl und Ränge gleich den Mannschaften für jedes Kriegsschiff normiert war. So hatten die Schlachtschiffe des Vor-Dreadnought-Typs (»Radetzky«-Klasse) einen Schiffsstab von 30 Personen, darunter ein Linienschiffskapitän, ein Korvettenkapitän, sieben Linienschiffsleutnants, fünf Fregattenleutnants sowie sechs Schiffsfähnriche (hier konnte die Anzahl überschritten werden).[29] Innerhalb des Seeoffizierkorps war die Spezialisierung weniger stark ausgeprägt, sodass die Offiziere im Verlauf ihrer

25 Organische Vorschrift, I. Hauptstück (wie Anm. 19), S. 4 f.
26 Höbelt, Die Marine (wie Anm. 7), S. 743.
27 Vgl. dazu etwa: Organische Vorschrift für das Personal der k.u.k. Kriegsmarine, V. Hauptstück: Prüfungen, Wien 1911.
28 Organische Vorschrift für das Personal der k.u.k. Kriegsmarine, IX. Hauptstück: Beförderung, I. Teil: Gagisten, Wien 1908, S. 3, 9–11.
29 Bemannungsliste (wie Anm. 17), S. 4.

Indienststellungen in unterschiedlichen Funktionen eingeteilt werden konnten. So war es durchaus möglich, sowohl als Artillerieoffizier auf einem Schlachtschiff als auch als Torpedooffizier eines Kreuzers oder im Navigationsdienst eingeschifft zu werden. Daraus resultierten im Verlauf der Karriere eine sehr umfassende Ausbildung und auch eine universellere Einsetzbarkeit. Ausgenommen waren vorerst lediglich die Marineflieger, da die Besonderheiten der Ausbildung verständlicherweise nur in einer Sparte nutzbar waren.

Eine besondere Bedeutung in der hierarchischen Gliederung des Schiffsstabes kam dem »Gesamt-Detail-Offizier« (GDO) zu, der nach dem Schiffskommandanten als wichtigste Funktion an Bord zu betrachten war und in anderen Kriegsmarinen etwa dem 1. Wachoffizier entsprach. Die Funktion war lediglich auf größeren Einheiten vorgesehen und wurde meist mit einem Korvettenkapitän oder bei Dreadnought-Schiffen auch Fregattenkapitän besetzt. Er war dem Kommandanten für alle »Details« des Schiffes verantwortlich und galt in allen Spezialzweigen als erster Ansprechpartner der eingeteilten Fachoffiziere und Stabsmitglieder. Gerade in der Phase der Indienststellung lastete auf ihm die Masse der Verantwortung für die Erlangung der Einsatzbereitschaft. Die ausgezeichnete Dienstleistung in dieser Funktion galt auch als Vorbedingung zur Erlangung der Befähigung zum Schiffskommandanten.[30]

Auch die Angehörigen des Schiffsstabes grenzten sich gegenüber den übrigen Besatzungsmitgliedern hinsichtlich ihrer Lebensbedingungen klar ab. Sie nahmen ihre Mahlzeiten in der Stabsmesse ein, wo die Teilnahme am gemeinschaftlichen Essen gleichfalls obligatorisch war. Die Unterbringung erfolgte in Kabinen, wobei Aspiranten, Kadetten und Fähnriche in gemeinschaftlichen Kajüten untergebracht wurden und höhere Ränge Einzelkabinen erhielten. Mit dem Rang erhöhte sich auch deren Größe.

Dienstalltag

Der Tagesablauf an Bord von Kriegsschiffen, vornehmlich auf größeren Einheiten, war streng normiert und für die gesamte k.u.k. Kriegsmarine mit wenigen Ausnahmen verbindlich.

Darüber hinaus bestanden auch noch Tätigkeiten, die im Tagesrhythmus vorgenommen wurden, wie etwa Wäschewaschen an Montagen und Freitagen, Hängemattenreinigung an Dienstagen, Scheuern von Backtischen, Bänken, Holzgeräten und Decks mittwochs und an Donnerstagen, Haarschneiden und Rasieren an Mittwochen, Küchenreinigung an Freitagen, Wechseln der Leibwäsche an Donnerstagen und Sonntagen und ausgiebige Lüftung der Schlafräume und Decks an Samstagen. Dienstfreie Zeit stand den Besatzungen – neben der Nachtruhe – wochentags lediglich zu den festgesetzten Pausen sowie zu den Mahlzeiten zur Verfügung. Besonders wichtig war dabei die Zeit des Mittagessens zwischen 12 und 14 Uhr, zu welcher keine Dienstaktivitäten gesetzt werden sollten und das Schiff

---

Tagesordnung vor Anker		Tagesordnung in See	
Zeit	Tätigkeiten	Zeit	Tätigkeiten
03.30	»Auspurren« der Mannschafts- küchen	03.45	Aufkommende Mannschaft und Köche auspurren
04.30	Appell Dienstquartier, Auspurren der Proviantkommission, Vorbe- reitung zur pers. Reinigung des Dienstquartiers	03.55	Antreten und Appell beider Quartiere
04.45	Auspurren des Inspektionspersonals	04.00	Wachwechsel
04.55	Antreten des Postenquantums	05.15	Auspurren Inspektionskadetten
05.00	Tagwache, allgemeines Auspurren, Gebet, eventuell Morgenschuss, Löschen der Positionslichter	05.30	Allgemeines Auspurren, Proviant- kommission
05.10	Morgenappell, Hängematten stauen, pers. Reinigung	05.40	Morgenappell
05.25	Öffnen der Seitenlichtluken, Esszeug vorbereiten	05.55	Öffnen der Seitenlichtluken, Esszeug vorbereiten
05.30	Frühstück	06.00	Frühstück
06.00	Esszeug räumen, Schiffs- und Maschinenreinigung	06.30	Esszeug räumen, Schiffs- und Maschinenreinigung
07.00	Ärztliche Vorvisite	07.00	Ärztliche Vorvisite
07.30	Metallreinigung	08.00	Wachwechsel
07.55	Zum Trockenen aufgehängte Wä- sche und Handtücher einholen	08.30	Krankenvisite
08.00	Flaggenhissen, neues Posten- quantum	08.40	Metallreinigung beenden, Visitierung
08.25	Metallreinigung beenden, Visitierung	08.45	Freie Division Tageskleider an
08.30	Dienstdivision Tageskleider an, Krankenvisite	09.35	Rapport, Schiffsvisitierung
08.55	Dienstdivision an Deck	09.45	Personalvisitierung
09.00	Freie Division Tageskleider an	10.00	Übungs- und Ausbildungsbeginn
09.30	Rapport, Schiffsvisitierung	11.30	Ende der Übungen und Ausbil- dung, Backtische setzen, Esszeug vorbereiten
09.45	Personalvisitierung	12.00	Mittagessen
10.00	Übungs- und Ausbildungsbeginn	12.30	Ablöung der Posten
11.30	Ende der Übungen und Ausbil- dung, Backtische setzen, Esszeug vorbereiten	13.00	Esszeug räumen, Wachwechsel

Tagesordnung vor Anker		Tagesordnung in See	
Zeit	Tätigkeiten	Zeit	Tätigkeiten
11.55	Neues Postenquantum tritt an	13.30	Visitierung des Esszeugs und der Backen
12.00	Gebet, Mittagessen	14.00	Übungs- und Ausbildungsbeginn
13.00	Esszeug räumen	15.45	Pause
14.00/ 15.00	Übungs- und Ausbildungsbeginn	16.00	Fortsetzung Übungen und Ausbildung
15.45	Pause	17.00	Ende der Übungen und Ausbildung
16.00	Fortsetzung Übungen und Ausbildung	17.15	Freie Division Nachtkleider an
17.00	Ende der Übungen und Ausbildung; Anlegen der Nachtkleidung	17.35	Dienstdivision Nachtkleider an
17.05	Freie Division Baden/Duschen	18.00	Wachwechsel, Alarm- und Rollenübungen, Abendverlesen, Proviantkommission
17.50	Deck räumen	18.25	Esszeug bereiten
18.00	Alarmübung/Rollenübung; Abendverlesen; Einholen der Flagge;	18.30	Abendessen
18.25	Esszeug bereiten	19.00	Esszeug räumen
18.30	Abendessen	19.15	Backtische räumen
19.00	Esszeug räumen	19.30	Reinigung der unteren Decks
19.15	Backtische räumen	19.45	Schließen der Seitenluken
19.30	Reinigung der Decks	20.00	Allgemeines Antreten, Dienst verlesen, Wachwechsel, Abpurren der freien Mannschaft
19.45	Schließen der Seitenluken	20.45	Freie Mannschaft unter Deck
20.00	Allgemeines Antreten, Dienst verlesen, Abpurren	21.00	Generalronde
20.45	Freie Mannschaft unter Deck	22.00	Feuerronde
21.00	Neues Postenquantum, Retraite, eventuell Abendschuss	23.45	Aufkommende Mannschaft Auspurren
22.00	Feuerronde	24.00	Wachwechsel, freie Mannschaft unter Deck
23.45	Auspurren des in Dienst tretenden Quartiers		
23.55	Antreten beider Quartiere,		
24.00	Dienstübernahme, Freies Quartier unter Deck		

Quelle: Dienstreglement für die k.u.k. Kriegsmarine, Dritter Teil: Dienst zur See, Wien 1906, S. 63–74.

auch den »Ruhewimpel« führte.[31] Die Freizeitaktivitäten an Bord waren jedoch stark eingeschränkt. Zu den Abendfreistunden war »anständiges Tanzen und Singen, Spielen und Musizieren erlaubt«[32], Pfeifen jedoch strengstens verboten. Der Besitz von Spielkarten sowie aller anderen Karten- und Glücksspiele war strengstens verboten, lediglich das Tombolaspiel gestattet. Sofern das Wetter es zuließ, verbrachte die Mannschaft ihre Pausen jedoch am Vordeck, bei durchgängigem Oberdeck auf der Backbordseite zur Ruhe oder schrieb Briefe.[33]

An Samstagen und auch an Sonntagen war es bei vor Anker liegenden Schiffen möglich, jeweils rund ein Viertel der Mannschaft für einen Landgang zu beurlauben. Die entsprechenden abendlichen Alarm- und Rollenübungen entfielen dann.[34]

Neben den bis ins Detail genau geregelten Abläufen waren auf k.u.k. Kriegsschiffen auch so genannte »Gesamtbewegungen« vorgesehen. Dies bedeutete den Einsatz der gesamten verfügbaren Besatzung. Die wichtigste »Gesamtbewegung« war das »Kohlenmachen«[35] – eine aufgrund ihrer enormen physischen Anstrengung und der hohen Schmutz- und Staubbelastung unbeliebte Tätigkeit. Nachdem das Schiff in dieser Phase nicht einsatzbereit war, sollte es besonders schnell erfolgen. Dazu wurden alle anderen Tätigkeiten eingestellt oder reduziert. Die übernommenen Kohlenmengen, welche in Säcken angeliefert wurden, waren halbstündlich an den Eskadrekommandanten zu melden. Die einzelnen Arbeitsgruppen (»Partien«) arbeiteten im Akkord und wurden auch nicht abgelöst. Essenszeiten verschoben sich nach hinten. Nach dem »Kohlemachen« war das Schiff gleichfalls in einer »Gesamtbewegung« zu reinigen, erst danach kam die persönliche Reinigung von Mann und Wäsche.[36]

Die Urlaubsvorschriften in der k.u.k. Kriegsmarine waren im Gegensatz zum Landheer gleichfalls restriktiver und im Hinblick auf die unterschiedlichen Standesgruppen genau geregelt. Mannschaftspersonen (Nicht-Gagisten) konnten entweder »ohne Begründung«, »in persönlichen Angelegenheiten« oder »aus Gesundheitsrücksichten« zeitlich beurlaubt werden. Ersteres konnte jenen Matrosen, die über die vorgeschriebene vierjährige Präsenzdienstzeit freiwillig ihren Dienst verlängerten, nach den absolvierten vier Jahren im Ausmaß von bis zu acht Wochen gewährt werden. Derselbe Urlaub sollte dann auch in jedem zweiten freiwillig dienenden Jahr zugestanden werden. Den Normaldienst ableistenden Matrosen wurde pro Jahr ein achttägiger Urlaub zugestanden, den Unteroffizieren zwei Wochen. Dabei handelte es sich um eine Maximalzahl. Waren aus anderen Gründen bereits Urlaube gewährt worden, waren diese abzurechnen. Nach absolvierter, mindestens ein Jahr dauernder Missionsreise waren den Unteroffizieren vier, den einfachen Matrosen

---

31   Ebd., S. 214.
32   Handbuch für Unteroffiziere des Deck- und Steuerdienstes (wie Anm. 23), S. 28.
33   Ebd., S. 29.
34   Dienstreglement, Dritter Teil (wie Anm. 30), S. 74–77.
35   Vgl. dazu: Wladimir Aichelburg, K.u.k. Flotte 1900–1918, Wien 1989, S. 193.
36   Handbuch für Unteroffiziere des Deck- und Steuerdienstes, 2. Aufl., Pola 1909, S. 62–65.

zwei Wochen zuzugestehen. Urlaube am Ende der vierjährigen Präsenzdienstzeit (bei Nichtverlängerung) sowie bei eingeschifften Mannschaften waren unstatthaft.[37]

Urlaube »in persönlichen Angelegenheiten«, wie etwa bei familiären Problemen oder angestrebten Übertritten in ein ziviles öffentliches Dienstverhältnis bei Unteroffizieren, konnten in erstem Fall bis zu acht Wochen (bei gleichzeitiger Reduktion sonstiger Ansprüche) genehmigt werden, bei zweitem bis zu sechs Monaten, sofern eine Probedienstleistung vorgesehen wurde. »Aus Gesundheitsrücksichten« waren Dienstfreistellungen nur nach Eintreten dienstlicher Untauglichkeit zu Behandlungszwecken möglich, wobei dies durch Marineärzte zu attestieren war. Mit Ausnahme gesundheitlicher Gründe waren Urlaube »ohne Begründung« sowie aus »persönlichen Gründen« im Kriegsfall oder nach Mobilisierung überhaupt nicht oder lediglich infolge Sondergenehmigungen des Kriegsministeriums/Marinesektion möglich.[38]

Für Gagisten war die Urlaubssituation bedeutend großzügiger geregelt. Hier wurden Urlaube »ohne Begründung«, »aus persönlichen Gründen«, »zur Erholung«, »aus gesundheitlichen Gründen« sowie »aufgrund besonderer Anlässe« unterschieden. Ohne Begründung waren Offizieren und Gleichgestellten sowie Gagisten pro Jahr zwei Mal zwei Wochen zuzugestehen. In Familienangelegenheiten waren bis zu acht Wochen möglich. »Erholungsurlaub« konnte nach mindestens zweijährigem Seedienst (»Campagne«) oder dreijähriger, durch keinen großen Urlaub unterbrochenen Dienstleistung im Umfang von bis zu drei Monaten gewährt werden. Lehrern an Marine-Bildungsanstalten war es sogar möglich, über die Schulferien beurlaubt zu werden. Gesundheitliche Beurlaubungen konnten im Ausmaß von bis zu sechs Monaten genehmigt werden.[39] Beurlaubungen »aufgrund besonderer Anlässe« standen immer mit dem Dienst in Zusammenhang und waren von längerer Dauer. Dabei waren wiederum Dienstfähigkeit und Lebensalter von besonderem Belang. Diese längeren »Beurlaubungen« hatten gleichfalls Auswirkungen auf die Bezahlung. »Mit Wartegebühr beurlaubt« wurde man aufgrund eingetretener Dienstunfähigkeit, Reiseunfähigkeit, Geisteskrankheit, Herabsetzung des Personalstandes oder auf eigenen Wunsch nach Erreichen des 60. Lebensjahres (bzw. Absolvierung von 40 Dienstjahren). In diesem Dienstverhältnis erhielt man reduzierte Bezüge. Im Kriegsfall wurden die »mit Wartegebühr« beurlaubten nach einer Diensttauglichkeitsprüfung wieder in den Aktivstand versetzt. Dies betraf auch die »gegen Carenz aller Gebühren« beurlaubten, die nach Genehmigung des Kriegsministeriums/Marinesektion maximal ein Jahr – jedoch nur in nachgewiesenen Notsituationen – freigestellt wurden, jedoch keine Bezüge erhielten.[40]

---

[37] Organische Vorschrift für das Personale der k.u.k. Kriegsmarine, XIII. Hauptstück: Beurlaubung, Wien 1892, S. 17 f.
[38] Ebd., S. 17.
[39] Ebd., S. 1–4.
[40] Ebd., S. 3–5.

Verpflegung

Gerade im Hinblick auf die Darstellung des Marinealltags ist eine Betrachtung der Verpflegssituation von besonderer Wichtigkeit. Auch hier unterschieden die Reglements der k.u.k. Kriegsmarine zwischen den unterschiedlichen Standesgruppen. Dies wurde bereits anhand des Ortes der Einnahme der Mahlzeiten mehr als deutlich. Befand sich ein Flaggenoffizier (Admiralsrang) an Bord eines Schlachtschiffes, so hatte dieser grundsätzlich »eigene Tafel zu halten«. Nach Absprache konnten dieser auch der Kommandant des Flaggenschiffes, der Stabschef oder andere dem Stab zugeteilte Offiziere beiwohnen. War kein Flaggenoffizier anwesend, so hatte der Schiffskommandant eigene Tafel in seiner Kajüte zu führen. Auf kleineren Einheiten war es möglich, die Kommandantentafel für alle Offiziere zu erweitern. In der Offiziermesse wurden die Mahlzeiten aller anderen Stabsangehörigen mit Ausnahme des Maschinendienstes, welche wiederum einen eigenen Tisch führten, eingenommen. Seekadetten und Eleven (angehende Ingenieure und Betriebsleiter) aßen wiederum in ihrer eigenen Messe.[41] Stabsunteroffiziere sowie andere »Gagisten ohne Rangklasse« waren wiederum an eine eigene Messe gebunden, wozu noch Unteroffiziermessen (niedere, höhere) traten. Die Teilnahme dieser Standesgruppen an ihren gemeinsamen Mahlzeiten war obligatorisch. Matrosen der 4. bis zur 1. Klasse verfügten über keine eigenen Räumlichkeiten, sondern setzten ihre »Backen« bei Bedarf. Die sehr markante Trennung der einzelnen Standesgruppen reduzierte sich bei kleineren Einheiten verständlicherweise, sodass etwa lediglich eine Offizier- und Unteroffiziermesse bestanden.

Auch hinsichtlich der Art der Verpflegungsbeistellung bestand ein erheblicher Unterschied zwischen Angehörigen des Schiffsstabes und der übrigen Besatzung. Bei Einschiffungen erhielten die Angehörigen der Besatzung mit Ausnahme der höheren Unteroffiziere und Stabsunteroffiziere Naturalverpflegung. Alle anderen Besatzungsmitglieder, in der Regel »Gagisten« sowie die Angehörigen des Schiffsstabes, erhielten im Rahmen ihrer Löhnung das »Schiffskostgeld«, mit dem sie in ihren jeweiligen gemeinschaftlichen Messen den Ankauf der Nahrungsmittel zu bewerkstelligen hatten. Grundsätzlich waren die Art der Beschaffung und Beschaffenheit dieser Nahrungsmittel nicht vorgegeben, sondern oblag ausschließlich dem Wunsch der jeweiligen Messeteilnehmer. Als Empfehlung galt jedoch, dass der aufgewendete Betrag nicht die Höhe der diesem Personenkreis zugestandenen Schiffskostgebühr übersteigen sollte, jedoch nicht so gering sein durfte, dass »das Ansehen darunter leiden könnte«.[42] Gekocht wurde für Gagisten in eigenen »Stabsküchen«.

Das Entsprechen der Menge bzw. der Qualität der Besatzungsmenage wurde durch die in allen größeren Einheiten zusammentretende Verpflegskommission überwacht.[43] Hinsichtlich der Art und Menge der Naturalverpflegung wurde grundsätzlich zwischen eingeschiffter Mannschaft und dem Zustand vor Anker unterschieden. Zusätzlich ergaben sich auch noch Veränderungen hinsichtlich der

---

[41] Dienstreglement, Dritter Teil (wie Anm. 30), S. 246–250.
[42] Ebd., S. 251.
[43] Verpflegsvorschriften für die k.u.k. Kriegsmarine, Wien 1910, S. 91 f.

Zugehörigkeit des Schiffes zur aktiven oder Reserveeskadre. Daraus resultierten eigene Schiffskosttabellen, welche die täglichen Gerichte und die dafür aufzuwendenden
Zutaten für jeden Wochentag genau festlegten. Mit einigen Abänderungen hatten
die Speisepläne auch nach der Mobilisierung 1914 volle Gültigkeit.

Speisetabelle für Mannschaften mit voller Schiffskost				
Wochentag	**Früh**	**Mittag**		**Abend**
		Suppe mit	Rindfleisch mit	Rindfleisch als
Montag	Kaffee mit Zucker Brot/Zwieback	Reis	Fisolensalat	Gulyas mit Erdäpfel
Dienstag		Mehlspeise	Schnittbohnen und Erdäpfeln	Reisfleisch/Risotto
Mittwoch		Reis	Eingebrannten Fisolen	Ragout mit Makkaroni
Donnerstag		Mehlspeise	Weißkraut und Erdäpfeln	Gulyas mit Erdäpfel
Freitag		Reis	Sauerkraut und Fisolen	Fleisch mit Erbsen
Samstag		Mehlspeise	Wirsingkohl und Erdäpfel	Reisfleisch/Risotto
Sonntag		Reis	Erdäpfel und Fisolen	Ragout mit Makkaroni
Quelle: Verpflegsvorschriften für die k.u.k. Kriegsmarine, Wien 1910, S. 117.				

Grundsätzlich standen jedem Mann pro Tag rund 400 Gramm Rindfleisch und
600 Gramm Brot zu. Dazu traten noch genau festgelegte Mengen an Fett, Gemüse,
Salz, Pfeffer, Öl usw. Weiters standen jedem Mann pro Tag rund 0,4 Liter Rotwein zu,
für dessen Verteilung der Schiffskommandant verantwortlich war. Zu allen Mahlzeiten
wurde frisches Brot und fallweise Zwieback ausgegeben. Sonderbestimmungen regelten das fallweise Aufbrauchen von Konserven. Bei Missionsfahrten konnte das
Rindfleisch auch durch Hammelfleisch, seltener Schweinefleisch oder Stockfisch ersetzt werden.

    Hinsichtlich der grundsätzlichen Verpflegsdotierung entsprachen die Mengen
weitgehend den Rationen des Landheeres in der Dotierung der »vollen Portion«,
also jenem Ausmaß, das hinsichtlich des Nährwertes etwas »mehr bietet, als zur
Erhaltung seiner Kräfte unbedingt notwendig ist«.[44] Dementsprechend kann die
Verpflegssituation der k.u.k. Kriegsmarine bis 1914 und wohl auch während der
ersten beiden Kriegsjahre als überdurchschnittlich angesehen werden, da in dieser
Kriegsphase die grundsätzliche Aufbringung der Nahrungsmittel weniger Probleme
schuf als die Transportlogistik. Während also die noch ausreichenden Nahrungsmittel
und Versorgungsgüter viele in stetiger Bewegung befindliche Heereskörper einfach
nicht erreichten und oftmals auf dem Transport oder auf Umschlagplätzen verdar-
ben, versorgten sich die Einheiten der Kriegsmarine über die vorhandenen stabilen
Versorgungseinrichtungen in den Häfen.

---

[44]   Vorschrift für die Verpflegung im Kriege, 1. Heft: Allgemeine Grundsätze, Leitung des Verpflegs-
dienstes bei den höheren Kommandos, Verpflegsdienst bei den Truppen. Zum reservierten Amts-
gebrauch als Manuskript gedruckt, Wien 1909, S. 3.

Ein in der Friedenszeit noch nicht als solches erkanntes Problem sollte sich aus einer Detailbestimmung der Empfänger von Schiffskostgeld, also Offiziere und Gleichgestellte sowie andere Gagisten, ergeben. Den jeweiligen Messeführern war es gestattet, einzelne Proviantartikel aus der Mannschaftskostration gegen sofortige Bezahlung zum Normal- oder Anschaffungspreis aufzukaufen. Vor Anker liegend, konnte der Fehlbestand dann sofort ergänzt werden. Wenngleich diese Vorgangsweise die Einschränkung enthielt, dass dadurch die Qualität und Menge der Mannschaftsverpflegung keinesfalls eingeschränkt werden durfte[45], ergab sich gerade in den letzten beiden Kriegsjahren die Schwierigkeit, dass abgegebene Mengen nur mehr schwer zu ersetzen waren und die qualitativ besten Nahrungsmittel dann meist auch in den Stabsküchen landeten.

Disziplinierung

Grundsätzlich unterschieden sich die disziplinarischen Regelungen innerhalb der k.u.k. Kriegsmarine kaum von jenen des Landheeres. Die Verpflichtung des Marineangehörigen zu unbedingter »Subordination« gegenüber Vorgesetzten fand sich auch bei seinen Kameraden zu Lande. Ein nicht uninteressanter Aspekt, der in diesem Zusammenhang durchaus näher erläutert werden sollte, beschäftigt sich mit den bei disziplinarischen Vergehen verhängten Arten der Bestrafung. Auch hier wurde wiederum hinsichtlich der unterschiedlichen Standesgruppen unterschieden. Grundsätzlich waren sämtliche auf Kriegs- oder Hilfsschiffen eingeschifften Personen der Disziplinarstrafgewalt zur See unterworfen. Neben den Angehörigen der Besatzung und des Schiffsstabes konnte dies auch zu Transportzwecken an Bord befindliche Truppen des Landheeres, militärische Passagiere, Kriegsgefangene oder Geiseln betreffen. Zusätzlich – und dies sollte dann während des Krieges als besonders drückend empfunden werden – war das militärische Strafwesen auch auf »kontraktlich« aufgenommene oder im Dienste der k.u.k. Kriegsmarine stehende Personen anzuwenden, wodurch die Besatzungen angemieteter Hilfsdampfer automatisch diesen Bestimmungen unterworfen wurden.[46] Zum 1. November 1918 standen insgesamt 1341 Fahrzeuge, darunter 169 Dampfer und 13 Tankschiffe, im militärischen Dienst der Zentraltransportleitung.[47] Das Disziplinarstrafrecht lag grundsätzlich beim Schiffskommandanten, wurde jedoch in der Regel an den Gesamtdetailoffizier oder in besonderen Fällen auch an Wach- oder Inspektionsoffiziere delegiert.

Für den Kreis der Offiziere, Beamten, Kadetten, Geistlichen und auch Stabsunteroffiziere waren einfacher und strenger Verweis, einfacher und strenger Bordarrest bis zu sechs Wochen sowie bei Stabsunteroffizieren sogar die Entlassung nach Ausschiffung vorgesehen.[48] Für Offiziere und Gleichgestellte blieb darüber hinaus aber das sogenannte »ehrenrätliche Verfahren« weiterhin bestehen, welches über

45 Verpflegsvorschriften (wie Anm. 44), S. 99.
46 Dienstreglement, Dritter Teil (wie Anm. 30), S. 524.
47 Wladimir Aichelburg, Die Handelsschiffe Österreich-Ungarns im Weltkrieg 1914–1918, Graz 1988, S. 162.
48 Dienstreglement, Dritter Teil (wie Anm. 30), S. 524 f.

Handlungen wider den Ehrbegriff des Offiziers sowie die gesamte Standesehre zu entscheiden hatte und mit dem Verlust der Charge enden konnte.[49]

Gegen höhere Unteroffiziere trat neben den bereits erwähnten Verweisen und Arreststrafen auch noch die Degradierung auf die unterste Soldstufe, niedere Unteroffiziere konnten zusätzlich noch mit Dunkelarrest bestraft werden. Degradierungen in den Standesgruppen der Unteroffiziere waren jedoch erst nach Vornahme des »Warnungskonstituts« möglich, wobei der Betreffende zur Besserung angemahnt wurde und die Degradierung erst nach konstatiertem, weiterem Unwillen verhängt wurde.[50] Bei Angehörigen des Matrosenstandes entfiel der Verweis, sodass ausschließlich Arreststrafen oder Degradierungen verhängt wurden. Arreststrafen fanden auch bei Zivilarbeitern – etwa jenen der Marinearsenale – Anwendung. Gegen Matrosen der 1. Klasse konnten zusätzlich »Korrektionsmittel« angewandt werden, deren Verhängung auch durch untergeordnete Dienstränge möglich war. Sie reichten vom Entzug der täglichen Weinration über Strafarbeiten bis hin zu Strafexerzieren, Stehen in Reih und Glied auf Deck (bis zu sechs Stunden) oder auf den Unterwanten.[51]

Diese für den Friedensbetrieb ohnehin bereits mehr als strengen Disziplinarmaßnahmen wurden im Kriegsfall durch die Inkraftsetzung der »Kriegsartikel« bedeutend verschärft. So sah der Artikel Nr. I bei Subordinationsverletzungen mit Waffengewalt gegenüber Vorgesetzten, Verweigerung eines Dienstbefehls im Angesicht des Feindes oder eines Befehls von besonderer Wichtigkeit den Tod durch Erschießen vor. Bei der Meuterei (Gemeinschaftliche Auflehnung gegen Befehle) oder »Empörung« (Meuterei unter Einsatz von Waffengewalt) war in ersterem Fall gegen die Rädelsführer, in zweiterem Fall gegen alle Teilnehmer die Todesstrafe zu verhängen. War die Anzahl der »Empörer« größer, so sollte gegen jeden zehnten durch das Los zu bestimmenden Marineangehörigen die Todesstrafe durch Erschießen verhängt werden.[52] Neben Desertion wurde auch Feigheit mit dem Tode bestraft, wobei dies auch auf Schiffskommandanten, Seeoffiziere, Maschineningenieure usw. angewandt wurde, sofern der Betreffende keinen nachhaltigen Widerstand leistete, seine Station verließ oder »zaghaft zurückbleibt, sich verbirgt oder gar davonläuft«.[53] Ähnlich drakonisch wurden Vergehen gegen »Zucht und Ordnung« geahndet, wobei dies Übergriffe auf die Zivilbevölkerung, Plünderungen, Marodieren, Misshandlung von Kriegsgefangenen usw. umfasste. In unmittelbarer Nähe des Feindes oder als abschreckendes Beispiel konnte der Betreffende auch sogleich – das heißt ohne standrechtliches Verfahren – »niedergemacht« werden.[54] Raub mit Waffengewalt konnte je nach Ausmaß der Gewalt mit mehrjährigen Kerkerstrafen bis zu Tod durch den Strang bestraft werden. Allgemeine »Hintansetzungen der Dienstvorschriften«, das heißt Dienstpflichtverletzungen geringeren Ausmaßes wie etwa Erstattung unrich-

---

[49] Vorschrift für das ehrenrätliche Verfahren in der k.u.k. Kriegsmarine, Wien 1918, S. 1.
[50] Dienstreglement, Dritter Teil (wie Anm. 30), S. 531 f.
[51] Ebd., S. 528 f.
[52] Dienstreglement für die k.u.k. Kriegsmarine, Erster Teil: Allgemeine Bestimmungen, Wien 1915, S. 61–64.
[53] Ebd., S. 69.
[54] Ebd., S. 71.

tiger Rapporte, eigenmächtiges Verlassen des Kampfplatzes zur Fortbringung von Gefangenen und Verwundeten, kleinere Diebstähle, verzögertes Einrücken, unachtsame Behandlung von Ausrüstung und Waffen usw. wurden je nach Schwere mit Kerker bis zu fünf Jahren oder mit Arreststrafen bis zu drei Monaten geahndet.[55]

Die hinsichtlich des Strafausmaßes und der Tatbestände ähnlich gehaltenen Kriegsartikel des Landheeres sollten vor allem im ersten Kriegsjahr zu einem gewaltigen Anstieg standrechtlicher Verfahren und Hinrichtungen in den Operationsgebieten in Galizien und am Balkan führen. Diese Situation wurde noch dadurch verschärft, dass die nicht evakuierte Zivilbevölkerung im Zuständigkeitsbereich der Streitkräfte gleichfalls unter Militärstrafrecht fiel bzw. standrechtliche Verfahren angewandt werden konnten. Diese Tendenz begann sich Mitte 1915 weitgehend zu entspannen, da man einerseits mit dem Durchbruch bei Gorlice im Mai 1915 große Teile Mittel- und Ostgaliziens sowie die Bukowina wieder befreien konnte, andererseits durch die Kämpfe selbst eine maßvollere Anwendung des Militärstrafrechts eintrat. Nicht jede kleine Dienstpflichtverletzung wurde in vorgeschriebenen Maßen geahndet. Dass hier das Entstehen einer Kampfgemeinschaft zwischen Mannschaft und Offizier, das gemeinsame Ertragen der Strapazen sowie die alle Standesgruppen gleichermaßen betreffenden Verluste zu einer restriktiven Handhabung führte, ist verständlich. Dagegen wurden die Kriegsartikel im Hinterland wiederum als drückender empfunden; sie führten vor allem bei jenen gemäß Kriegsleistungsgesetz »militarisierten« kriegswichtigen Betrieben zu erheblichen Unmut bei der Arbeiterschaft.[56] Ihre Abschaffung wurde dann auch zu einer nicht unbedeutenden Forderung während der Streikbewegungen im Januar 1918.

Einsatzalltag, Mangelwirtschaft und Aufstandsbewegung

Die einzelnen Aktivitäten der Kriegsmarine während der Kriegsjahre sollten in dieser Abhandlung nicht im Vordergrund stehen, jedoch lassen sich daraus dennoch Auswirkungen auf den Alltag, die Personalfluktuation sowie die allgemeine Belastung ableiten. Zieht man die offiziellen Zahlen der Personalstände im Zeitraum von 1914 bis 1918, die im Detail vielleicht nicht exakt nachvollzogen werden können, jedoch einen allgemeinen Trend widerspiegeln, heran, so blieb der Verpflegsstand bei der Kriegsmarine während der Krieges mehr oder weniger konstant. An kriegsdiensttauglichen Mannschaften schwankte die Zahl zwischen 40 000 und 45 000 Mann, wozu noch rund 8500 in den Werften der Kriegsmarine beschäftigte Arbeiter traten. Der Gesamtpersonalstand dürfte also 56 000 Mann nicht überschritten haben. Grundsätzlich wären jährliche Rekrutenkontingente von 7500 Mann für die Kriegsmarine vorgesehen gewesen, die jedoch aufgrund des erheblichen Bedarfs des Landheeres einerseits und der geringen Verluste der Kriegsmarine andererseits

---

55   Ebd., S. 72–75.
56   Richard Georg Plaschka, Horst Haselsteiner und Arnold Suppan, Innere Front. Militärassistenz, Widerstand und Umsturz in der Donaumonarchie, 2 Bde, Wien 1974, Bd 1, S. 67.

niemals erreicht wurden. Im Jahre 1917 wurden lediglich 1700 neue Rekruten zugewiesen.[57]

Die Verluste der Kriegsmarine umfassten ein Großkampfschiff (»Szent Istvan«), ein veraltetes Schlachtschiff (»Wien«), zwei alte Kreuzer (»Zenta«, »Kaiserin Elisabeth«), vier Torpedofahrzeuge/Zerstörer (»Triglav I«, »Lika I«, »Wildfang«, »Streiter«), zwei Torpedoboote, sechs U-Boote, drei Patrouillenboote und 47 Flugboote (sowie 61 Verluste durch Unfälle und Havarien).[58] Die personellen Verluste – wobei hier auch die Auswirkungen der lokalen Verteidigung sowie erlittene Kriegsstrapazen berücksichtigt wurden – beliefen sich auf 983 Tote und Vermisste (davon 160 Stabsangehörige) sowie 313 Verletzte (davon 24 Stabsangehörige); in Kriegsgefangenschaft gerieten insgesamt 690 Personen.[59] Abgänge durch natürliche Todesfälle – wie etwa Großadmiral Anton Haus durch Lungenentzündung im Februar 1917 – sind statistisch nicht mehr nachzuweisen. Dennoch sind die Verluste im Vergleich zu jenen des Landheeres als überaus niedrig zu bezeichnen; sie lagen bei etwa 15 Promille des Marine-Gesamtstandes. Die Verluste selbst verteilten sich sowohl hinsichtlich der Sparten als auch der Standeszugehörigkeit unterschiedlich. U-Boote, Flugzeuge und Einheiten der Donauflottille waren am häufigsten in Kampfhandlungen verwickelt und dadurch mit den höchsten Verlusten konfrontiert. Überdurchschnittlich hohe Verluste hatte in Relation zu ihrer Gesamtzahl das Seeoffizierkorps zu erleiden, und zwar in den Dienströngen Linienschiffs- und Fregattenleutnant sowie Seefähnrich und Seekadett.[60] Den Abgängen an Stabspersonal wurde durch Reaktivierung von pensionierten und Reservegagisten begegnet, zusätzlich wurden auch noch neue Ränge und Standesgruppen wie etwa jene des Korvettenleutnants oder des Fähnrichs/ Leutnants und Oberleutnants im Matrosenkorps geschaffen. Insgesamt waren damit im August 1918 rund 4200 aktive und 1580 nicht-aktive Offiziere, Beamte, Stabs- und höhere Unteroffiziere im Stand der Kriegsmarine.[61] Wenngleich in den ersten Mobilisierungstagen überschüssiges Personal in die Triester Seebataillone (Nr. I bis III) zur Unterstützung der Landverteidigung des Hafens eingereiht werden konnte, bestanden im Verlauf des Krieges dann kaum personelle Reserven, was wiederum zur Folge hatte, dass die restriktiven Urlaubsbestimmungen des Friedens durch die permanente Bereitschaft der Flotte noch weiter eingeschränkt wurden. So wurde sogar die grundsätzlich mit 10 % festgelegte Urlaubsquote kaum erreicht.[62] Dies empfanden vor allem die Besatzungen auf den großen Kriegsschiffen, die im Hauptkriegshafen in Pola monatelang ständig ausfallbereit aber untätig an ihren Liegeplätzen schwaiten, oder auf Depot- und Werkstättenschiffen in Sebenico oder Cattaro als besonders hart, wo das ständige Exerzieren, die unzähligen Alarm- und Gefechtsübungen kontinuierlich den Geist der Besatzungen zermürbten. An »größeren« Unternehmungen unter Einbindung schwerer Einheiten können lediglich die Beschießung der Hafen-

[57]   Sokol, Österreich-Ungarns Seekrieg 1914–1918 (wie Anm. 1), S. 777.
[58]   Ebd., S. 778 f.
[59]   Ebd., S. 775.
[60]   Ebd., S. 776.
[61]   Ebd., S. 777.
[62]   Richard Georg Plaschka, Cattaro – Prag. Revolte und Revolution, Graz, Köln 1963 (= Veröffent-
       lichungen der Arbeitsgemeinschaft Ost, 3), S. 23.

anlagen von Ancona und anderer kleinerer italienischer Häfen am Tag nach der
Kriegserklärung Italiens am 24. Mai 1915, das siegreiche Kreuzer-Gefecht gegen die
Sperrverbände in der Straße von Otranto am 15. Mai 1917 sowie der gescheiterte
Vorstoß gegen die Otrantosperre am 10. Juni 1918 gewertet werden. Neben rein
strategisch-operativen Gründen für die Untätigkeit der Schlachtschiffdivisionen war
dafür vor allem die prekäre Betriebsmittelsituation ausschlaggebend. Die für den
Betrieb notwendigen Energieträger, vor allem Kohle und Öl, waren bis 1914 vor-
wiegend aus dem Ausland bezogen worden; Kohle aus England, Öl aus Rumänien
und den USA. Der durchschnittliche Kohleverbrauch der Kriegsmarine belief sich
bis 1916 auf rund 20 000 Tonnen pro Monat mit leicht steigender Tendenz. Ein
Großeinsatz der gesamten operativen Flotte unter Einbindung aller Schlachtschiffe,
Kreuzer, Torpedofahrzeuge und Hochseetorpedofahrzeuge wäre mit einem *stünd-
lichen* Kohleverbrauch von 750 bis 1000 Tonnen verbunden gewesen.[63] Bei einem
bei Kriegsbeginn vorhanden Gesamtvorrat von 330 000 Tonnen hätte bereits eine
nur einwöchige Großunternehmung rund 50 % des Bestandes gekostet. Um die
hochqualitative englische (nicht mehr zu ersetzen) und deutsche (schlesische, west-
fälische) Kohle zu schonen, wurden für den Hafenbetrieb und in den Arsenalen
minderwertigere inländische Sorten (Ostrau) verwendet. Die zwar streng kontin-
gentierten Zufuhren aus Deutschland hatten bei gleichzeitiger Flotteninaktivität bis
1916 zwar zu einem ansteigenden Vorrat von rund 370 000 Tonnen geführt, der
Gesamtbestand sank dann bis April 1918 aber wiederum auf rund 170 000 Tonnen
ab,[64] wodurch die Flotte ihre operativen Fähigkeiten bereits mehr oder weniger ein-
gebüßt hatte. Im Heizölbereich – dieses wurde als Zusatzbefeuerung auf den moder-
neren Schlachtschiffen und Kreuzern sowie als Hauptenergieträger bei U-Booten,
Flugbooten, Torpedo- und Motorbooten verwendet – stieg der Verbrauch auf rund
5000 Tonnen pro Monat, dem eine Zufuhr von lediglich 2000 Tonnen gegenüber-
stand. Ein drohender Kollaps wurde erst durch die Instandsetzung zerstörter rumä-
nischer Ölförderanlagen 1917/18 abgewendet, wodurch zumindest die Einsätze der
kleineren Einheiten im Küstenbereich fortgeführt werden konnten.[65]
Diese kleineren Einheiten, vor allem die Torpedoboote, standen bereits ab den
ersten Kriegswochen im kontinuierlichen Geleitzugsdienst. Dabei waren sowohl
eigene Dampfer zur Sicherstellung des Nachschubs für die weiter südlich gelegenen Häfen als auch Heeresdampfer zur Versorgung der am Balkan kämpfenden
k.u.k. Armeen sowie Spitalsschiffe zu eskortieren. So waren etwa im Jahre 1916
rund 900 Geleitfahrten,[66] 1917 fast 1800 und 1918 (bis 20. Oktober) ca. 1700[67]
Eskortierungen vorzunehmen. Dazu trat auch noch der Begleitschutz für aus-
und einlaufende U-Boote. Während also die Besatzungen der Schlachtschiffe und
Kreuzer ihre durch Betriebsmittelknappheit und wohl auch als vorrangig betrachtete
Küstenschutzfunktion erzwungene Passivität als frustrierenden Dienstalltag empfan-

---

63   Karl Fanta, Die österreichisch-ungarische Kriegsmarine im Ersten Weltkrieg. Eine logistische
     Untersuchung, Phil. Diss, Universität Wien 1997, S. 489 f.
64   Ebd., S. 631.
65   Ebd., S. 633.
66   Sokol, Österreich-Ungarns Seekrieg 1914–1918 (wie Anm. 1), S. 419.
67   Ebd., S. 631.

den, der Entschluss zum erfolgreichen Flottenvorstoß gegen die Otrantosperre am 14./15. Mai 1917 erklärte sich nicht zuletzt auch aus einer Art Ausbruch aus dieser Frustration,[68] blieb der Dienst auf den kleinen Einheiten intensiv und belastend. Dies hatte zur Folge, dass sich das grundsätzlich so klar nach Standeszugehörigkeit ausgerichtete Leben an Bord und in den Häfen dort, vor allem auf den Torpedobooten, pragmatischer entwickelte. Aufgrund der beengten Platzverhältnisse an Bord waren die Räumlichkeiten nicht so streng nach der militärischen Hierarchie aufgeteilt; Offizier, Unteroffizier und Mannschaften lebten buchstäblich auf engstem Raum zusammen und teilten die Strapazen des Geleit- und Küstenschutzdienstes. Daraus entstanden die beim Landheer so charakteristischen Kampfgemeinschaften, welche sich auf Motivation und Einsatzbereitschaft positiv auswirkten. Verstöße gegen das Dienstreglement wurden meist in pragmatischer Weise selbstständig gelöst und Pedanterie vermieden,[69] was höhere Marineoffiziere oftmals als Lockerung der Disziplin monierten.

Der die Donaumonarchie zu Beginn des Jahres 1918 fast lahmlegende »Jännerstreik« erfasste auch die Hafen- und Fabrikanlagen von Triest und Pola und sprang mit seinem revolutionären Gedankengut schließlich auch auf die Einheiten der Kriegsmarine über. Wenngleich die Ursachen und der Verlauf des letztlich als »Matrosenaufstand in Cattaro« bezeichneten Aufbegehrens hier nicht im Detail geschildert werden können, ergeben sich aus den Forderungen und Begründungen von Besatzungen für Meuterei und Empörung doch Rückschlüsse auf die gerade gegen Ende 1917/Anfang 1918 vorherrschenden Lebensbedingungen bei der k.u.k. Kriegsmarine.

Es erscheint nicht ungewöhnlich, dass als Ausgangspunkt der revolutionären Bewegung in Cattaro das Depot- und Werkstättenschiff »Gäa« eine besondere Stellung einnahm. Auf »Gäa« ließen sich sämtliche Unwegbarkeiten des Alltags sowie die Besonderheiten des k.u.k. Dienstreglements zusammenfassen. Permanent vor Anker diente das Schiff eher als schwimmender Depotbetrieb. Zahlreiche Arbeiter bewerkstelligten neben den Matrosen den Nachschub für die Torpedoeinheiten. Gleichfalls wurde auch personeller Ersatz für die schwimmenden Einheiten gestellt, wobei die besten und erfahrensten Männer abgingen und die mindertauglichen auf »Gäa« verblieben. Cattaro selbst und auch die umliegenden Orte verfügten über nur wenige Tavernen und Schenken zur Ablenkung und die südliche Lage des Kriegshafens verbrauchte bei den spärlichen Urlauben bereits zahlreiche Tage für die Reisebewegungen. Zudem befand sich auf »Gäa« auch die Telefonzentrale für die Torpedo- und Kreuzerflottille, sodass vermeintliche Informationen und Gerüchte schnell verbreitet wurden.[70] Wenngleich also – abseits der glcichfalls vorgetragenen politischen Forderungen - viele der letztlich bekannt gewordenen »Missstände«, gegen welche die Ausstände gerichtet waren, in ihrem tatsächlichen Aussagewert durchaus kritisch zu bewerten sind, so beschreiben sie im Kern dennoch die schwierigen Lebensumstände der k.u.k. Kriegsmarine in ihrem letzten Kriegsjahr.

---

[68]   Paul G. Halpern, The Naval War in the Mediterranean 1914–1918, Annapolis, MD 1987, S. 357 und S. 363.
[69]   Franz F. Bilzer, Die Torpedoboote der k.u.k. Kriegsmarine von 1875 bis 1918, Graz 1996, S. 172.
[70]   Plaschka, Cattaro (wie Anm. 62), S. 17.

Einen wichtigen Stellenwert nahm dabei die Verpflegung ein. Die Kriegsmarine war im Gegensatz zum Landheer und dem Hinterland länger ausreichend dotiert gewesen, doch spätestens um die Jahreswende 1917/18 traten auch hier erhebliche Verschlechterungen ein. Im Jänner 1918 waren die täglichen Rationen Fleisch und Brot auf 300 und 500 Gramm reduziert worden, wobei die Qualität durch Surrogate und Ersatzstoffe erheblich herabsank. In einer Untersuchung vom Februar 1918 wurde eine Analyse des Nährwertes der Mannschaftskost vorgenommen, die bei Fett, Eiweiß und Kohlenhydrate lediglich in Bezug auf das Eiweiß eine ausreichende Dotierung ergab, ansonsten aber eine Deckung von lediglich 50−60 % des täglichen Bedarfs[71]. Dem Fleisch galten die meisten kritischen Bemerkungen. So wurde gerade in Cattaro kaum Frisch-, sondern vor allem Gefrier- und Konservenfleisch zugewiesen, welches bei der Ausgabe oftmals bereits verdorben war. Zusätzlich rechneten die Proviantmeister gerade auf den größeren Einheiten auch Fleischabfälle und Knochen in die Rationen ein. Beim Brot wiederum wurde die Größe der Portionen bemängelt, welche in den seltensten Fällen die vorgesehenen 500 Gramm erreichten.[72] Die unzähligen Aussagen über die sich kontinuierlich verschlechternde Verpflegung − übrigens mit Masse von Besatzungsmitgliedern größerer in Cattaro liegender Schiffe stammend − fanden schließlich ihre moralische Gewichtung durch die gemutmaßte bedeutend bessere Versorgungssituation beim Schiffsstab. Dem spielte natürlich die oben bereits erwähnte besondere hierarchische Differenzierung der Ausspeisung bei der Kriegsmarine zu. Die Stabs- und Unteroffiziermessen und -küchen erwarben den notwendigen Proviant über die Proviantmeister der Schiffe. Die dafür festgelegten Preise entsprachen den Anschaffungskosten, doch sagten sie natürlich nichts über die Qualität aus. So war es möglich, dass für die Kost der Gagisten die besseren Stücke ausgewählt wurden, während die mindere Qualität der Besatzung verblieb. Gleichfalls war es auch möglich, derartig erworbene Stabsverpflegung am Lande gegen andere Güter einzutauschen. Wenngleich die Kosten durch die Messen pekuniär vollkommen gedeckt wurden, blieb der Eindruck fatal − gerade im Hinblick auf die immer schwieriger werdende Verpflegssituation. Die Mannschaften sahen sich um ihre Rationen betrogen. Auch hinsichtlich der verminderten Brotrationen liefen die Proteste im Grunde genommen ins Leere, da die Brotmengen ja vor dem Backen gewogen wurden und während des Produktionsprozesses immer rund 10 % Gewicht verloren.[73]

Ähnlich schwierig verhielt es sich bei der Monturfrage. Der Mangel an Grundstoffen hatte bereits in der gesamten k.u.k. Bewaffneten Macht zu erheblichen Reduzierungen und Surrogaten geführt. Leder oder feineres Tuch waren in entsprechender Qualität kaum mehr zu bekommen. Daher war man letztlich auch bei der Kriegsmarine dazu gezwungen, die Ausgabe von ärarischen Monturen zunehmend zu reduzieren bzw. zu rationieren. Besonders schwierig entwickelte sich die Bekleidungssituation bei jenen kaum in Aktion tretenden Einheiten, also wiederum den Schlachtschiffen und Kreuzern, und den fernab der großen Depots in Pola

[71]   Sokol, Österreich-Ungarns Seekrieg 1914−1918 (wie Anm. 1), S. 706.
[72]   Plaschka, Cattaro (wie Anm. 62), S. 20 f.
[73]   Ebd., S. 24, 27.

und Triest liegenden Schiffen wie etwa jenen in Cattaro. Dem allgemeinen Mangel stand jedoch wiederum ein nicht zu unterschätzender Schleichhandel gegenüber. Viele der eben gefassten Montursorten wurden sofort und unmittelbar bei der Landbevölkerung gegen andere Waren, meist Genussmittel, eingetauscht.[74] An diesen Aktivitäten waren Mannschaften und Stabsangehörige gleichermaßen beteiligt.

Alle diese Erscheinungen waren auf die angespannten materiellen Verhältnisse zurückzuführen, sie trafen jedoch sicherlich die Angehörigen des Matrosenstandes am härtesten. Schlechte Verpflegung, sinnlos empfundene Übungen und stumpfsinniges Exerzieren ohne sich je bewähren zu können, schufen schließlich jenes Unzufriedenheitspotenzial, welches letztlich zur Rebellion führte. Dagegen schienen für das Seeoffizierskorps und die Beamten die Lebensumstände bei Weitem besser. Aber auch hier waren erhebliche Unterschiede fassbar. U-Boote und Seeflieger standen meist am Feind und die Torpedowaffe absolvierte ihren Bewachungsdienst an der dalmatinisch-albanischen Küste. Damit waren die Ränge bis zum Linienschiffsleutnant auch am stärksten beansprucht. Flaggenoffiziere (Admiralsränge) und höhere Marineoffiziere dagegen fristeten eine Art Etappendasein, ständig abrufbereit und doch nicht gebraucht. In dieser Situation waren durchaus Fehlentwicklungen vorhanden. So mancher ließ sich Frau und Kind nachkommen und verpflegte sie wie selbstverständlich über die Stabsküchen der Messen; man frönte dem Segelsport oder veranstaltete Bälle und Empfänge, stets die standesmäßigen Unterschiede zu den anderen Standesgruppen betonend und – wie in Friedenszeiten – auf ihre Privilegien insistierend. Letztlich sollten es diese Standesunterschiede sein, welche das – neben anderen – revolutionäre Potenzial des Aufstandes ausmachten. Der Funke des Aufstands sprang in kurzer Zeit auf die meisten Kreuzer über. Ganz anders verhielten sich die gleichfalls in Cattaro liegenden Torpedoboote. Sie verblieben nach kurzer Unruhe fast alle in der Hand ihrer Offiziere. Ihre Haltung sollte schließlich auch maßgeblich zur Niederschlagung der Revolte beitragen.

Die juristische Beendigung des Aufstandes erfolgte dann nach den vorschriftsmäßigen Bestimmungen über standrechtliche Verfahren. Der Vorwurf der »Empörung« war für die Ereignisse zutreffend. Von rund 800 nach den revolutionären Ereignissen ausgeschifften Besatzungsmitgliedern wurde das standrechtliche Verfahren aber lediglich gegen 40 Personen eingeleitet, von denen letztlich sechs zum Tode verurteilt und vier exekutiert wurden.[75] Diese im Hinblick auf die Dimension des Aufstandes doch eher als maßvoll zu bezeichnenden rechtlichen Konsequenzen dürften aber nicht nur dem Umstand geschuldet sein, dass am Ende zu wenig personeller Ersatz zur Verfügung stand, um alle Aufrührer abzuurteilen. Eine nach Beendigung der Revolte eingesetzte Kommission[76] anerkannte durchaus die schlechte Versorgungslage, die restriktive Urlaubsregelung und auch die durch die Inaktivität der Einheiten eingetretene Frustration als Auslöser, doch ließ sich im letzten Kriegsjahr keines der Probleme aufgrund der bestehenden Rahmenbedingungen lösen.

---

[74] Ebd., S. 27.
[75] Ebd., S. 185–189.
[76] Sokol, Österreich-Ungarns Seekrieg 1914–1918 (wie Anm. 1), S. 692 f.

Zusammenfassung

Die Beschreibung des Alltagslebens in der k.u.k. Kriegsmarine von 1914 bis 1918 ist mangels zuverlässiger und authentischer Quellenbelege aus der Mannschaftsperspektive nur schwierig darstellbar. Dennoch ergeben sich aufgrund des durch zahlreiche Dienstvorschriften genau festgelegten Dienstes innerhalb der Kriegsmarine aussagekräftige Hinweise auf die tatsächlich bestehenden Lebensumstände während der Kriegsjahre.

In keiner anderen Teilstreitkraft, Truppengattung oder Dienststelle des altösterreichischen Militärs waren die hierarchischen Standesunterschiede so stark ausgeprägt wie in der Kriegsmarine. Neben der klassischen Unterscheidung in Offizierkorps und Mannschaften zerfielen letztere noch in niedere und höhere Unteroffiziere sowie Stabsunteroffiziere. Zusätzlich lag ein hohes Maß an Spezialisierung im Sinne der Ausbildung, um den Matrosen oder Unteroffizier in seinem »Detail« jeweils bestmöglich zu schulen. Daraus resultierte eine sowohl hierarchisch als auch nach der Fachrichtung bestimmte Isolierung von Personengruppen, die ihren Bordalltag auch in enger Gemeinsamkeit absolvierten, zu anderen Gruppen jedoch lediglich bei Gesamtbewegungen in engeren Kontakt traten.

Mit der Mobilisierung der Flotte wurde der Gesamtpersonalstand der Kriegsmarine zwar erheblich erhöht, doch wurde die damit erreichte Schlagkraft aufgrund strategischer Überlegungen und materieller Engpässe kaum aktiv genutzt. Der »fleet in being«-Effekt führte zu einer weitgehenden Passivität der Schlachtschiff- und Kreuzerdivisionen, während U-Boote, Torpedoboote sowie Seeflieger ständig im Einsatz standen. Diese Tatsache spiegelt sich auch in den im Vergleich zum Landheer eher geringen personellen Verlusten der Kriegsmarine wider, welche bei weniger als 0,1 % der Gesamtverluste der gesamten österreichisch-ungarischen Streitkräfte lagen.

Für die Lebensbedingungen der Besatzungen wurden die unterschiedlichen Belastungen innerhalb der Kriegsmarine zu einem erheblichen Kriterium, da sich die hierarchischen Strukturen auf den kleineren Einheiten aufzuweichen begannen, während auf Schlachtschiffen und Kreuzern deren Einhaltung bis ins letzte Kriegsjahr mehr oder weniger beibehalten wurden. Die Vorstellung einer Offiziere und Mannschaften zusammenführenden Kampfgemeinschaft – wie sie sich beim Landheer nach und nach entwickelten – wurde dementsprechend nur bei U-Booten und Torpedobooten realisiert. Die weitgehende Resistenz letzterer gegenüber den mit standesbedingten Ungerechtigkeiten begründeten Forderungen während des Aufstandes in Cattaro macht dies auch deutlich. Der Matrosenaufstand 1918 dient zudem als augenscheinlicher Indikator für die sich verschlechternde Versorgungssituation. Die Reduzierung der täglichen Rationen – obwohl immer noch reichlicher als beim Landheer –, verbunden mit Qualitätsminderungen, empfanden die Besatzungen gerade im Hinblick auf den oftmals noch friedensartig, pedantisch ausgerichteten Dienst als besondere Härte. Die Privilegien der Stabsmitglieder mit besserer und reichlicherer Verköstigung wurden – wenngleich durch die Dienstvorschriften gedeckt – zur Ursache ständiger Unzufriedenheit und empfundener Benachteiligung. Urlaube, die

Entlastung und Erholung hätten bringen können, wurden bestenfalls nur 10 % der Besatzungen und dann auch nur im vorgeschriebenen Ausmaß gewährt. Für die in südlicheren Häfen liegenden Einheiten hatten dann die Urlauber bereits mehrere Reisetage aufzuwenden, wodurch sich die begrenzte Urlaubszeit zusätzlich reduzierte. Kurze Landgänge boten wiederum nur in den größeren Häfen wie Triest oder Pola ein gewisses Maß an Zerstreuung, Sebenico oder Cattaro waren im Grunde genommen kleine Dörfer geblieben.

Abwechslung durch unterschiedliche Tätigkeiten war im Allgemeinen aufgrund der bereits erwähnten hohen Spezialisierung für Mannschaften kaum vorgesehen, die minimalen jährlichen Rekrutenzuweisungen dienten lediglich der Auffüllung natürlicher Abgänge und nicht der Ablöse bereits eingeschiffter Besatzungsangehöriger.

Letztlich wirkte sich die Passivität der Flotte im Großen auf alle Angehörigen der Kriegsmarine negativ aus. Wenngleich weniger von Verpflegssorgen geplagt, nagte die Untätigkeit vor allem am Selbstverständnis des Offizierkorps. Wenngleich sich standesbezogene Privilegien und Ablenkungen im Verlauf des Krieges breitmachten, stand das Bedürfnis, sich an Aktionen gegen den Feind zu beteiligen, durchaus im Vordergrund. Im Subalternbereich meldeten sich daher viele zur U-Boot- und Fliegerwaffe, die am Ende auch die meisten Verluste zu beklagen hatten.

Letztlich wurde dann aber auch die k.u.k. Kriegsmarine in den allgemeinen Strudel des Nationalismus und der Auflösung der Donaumonarchie hineingerissen. Die starke Gewichtung der Deutschen im Offizierkorps, anderer Binnenländer im Unteroffizierkorps sowie des südslawischen Elements im Matrosenstand hatte während des letzten Kriegsjahres zu einer Polarisierung der Identität und des Selbstverständnisses der Kriegsmarine geführt, welche, durch Versorgungskrise und politische Agitation verstärkt, schließlich zur Selbstauflösung der k.u.k. Kriegsmarine innerhalb nur weniger Tage führte.

Christian Jentzsch

Höher, schneller, weiter.
Deutsche und britische Marinefliegerei
im Ersten Weltkrieg

Das kollektive Bild des Ersten Weltkriegs ist in Form der großen Materialschlachten von Verdun und der Somme fest in der Erinnerung verwurzelt. Der Konflikt wurde aber auch auf den Weltmeeren ausgetragen, wo naturgemäß keine großen Gedenkstätten und Friedhöfe errichtet werden konnten. Für den Seekrieg stehen die Skagerrakschlacht, der Kampf von Kreuzern in Übersee und die deutsche Unterseebootkampagne. Doch eine Waffe, die sicherlich modernste Waffe dieses Krieges, bleibt bei den meisten Beobachtungen außen vor: die Luftfahrzeuge der 1914 hochmodernen Luftfahrt. In den folgenden Betrachtungen sollen deshalb die groben Entwicklungen der Marinefliegerkräfte der Royal Navy und der Kaiserlichen Marine im Vordergrund stehen. Zunächst soll auf den Entwicklungsstand der Technologien zu Beginn des Krieges eingegangen und dann die Entwicklung der Waffensysteme bis 1918 dargestellt werden. Einige ausgewählte repräsentative Einsätze sollen dies illustrieren. In diesem Zusammenhang werden nicht nur die Flugzeuge über See betrachtet, sondern die gesamte maritime Luftfahrt, auch das Fliegen von Marineluftfahrzeugen über Land und das dortige Kampfgeschehen.[1]

Ein Blick in die Organisationsgeschichte zeigt, dass die Kaiserliche Marine am 3. Mai 1913 durch Allerhöchste Kabinettsordre als erste der beiden Marinen eigene Seeluftstreitkräfte aufstellte. Anscheinend hinkte die Admiralty dieses Mal hinterher, weil der Royal Naval Air Service (RNAS) erst am 1. Juli 1914 ins Leben gerufen wurde. Schien die Admiralty ihrer altbewährten Devise treu geblieben zu sein, erst einmal andere Marinen moderne Technologien entwickeln zu lassen und dann auf etablierte Systeme in großer Zahl aufzuspringen? Dem war nicht so, denn bereits seit 1903 testete die Navy personentragende Flugdrachen, von denen sie auch vier erwarb. Im März und April 1903 fanden Tests an Land und auch auf See von Schleppern und Kriegsschiffen aus statt.[2] Dabei dürfte es sich um die ersten Luftfahrzeuge der Royal Navy im 20. Jahrhundert gehandelt haben. Luftfahrzeuge im eigentlichen Sinne waren das aber noch nicht, weil sich die Fesseldrachen nicht eigenständig fortbewegen konnten.

---

[1] Gerade die deutsche Aufarbeitung der Marinefliegerei im Ersten Weltkrieg konzentriert sich fast ausschließlich auf die Seeflieger, während eine systematische Analyse der Geschichte des Fliegens der Marine bisher fehlt.

[2] Vgl. <http://www.sfcody.org.uk/kites.html>, letzter Zugriff 29.1.2015.

DOI: 10.1515/9783110533972-011

Ab April 1908 begannen erste Konzepte über den Einsatz von Zeppelinen in der Royal Navy, vom Director of Naval Ordnance, Captain Reginald Bacon, lanciert, zu kursieren. First Sea Lord John Fisher erkannte den Wert für die Aufklärung auf See und war enthusiastischer Befürworter dieser Idee. Auch ein Unterkomitee des Committee of Imperial Defence (CID) kam zu dem gleichen Schluss. Es befürwortete die Beschaffung in seinem Bericht vom 28. Januar 1909. Gerade die Kosten waren eines der Hauptargumente, denn ein Luftschiff war mit 35 000 Pfund deutlich billiger als ein Zerstörer in Höhe von 80 000 oder ein Kleiner Kreuzer mit 400 000 Pfund.[3] Am 7. Mai 1909 gab Bacon ein Luftschiff als Naval Airship No. 1 bei Vickers in Auftrag.[4] Das Gewicht der 512 Fuß langen »Mayfly« war allerdings größer als ihr eigener Auftrieb, weshalb es als mehr als unwahrscheinlich gelten muss, dass sie jemals geflogen wäre. Ihr erster und einziger Flugversuch am 25.September 1911 endete in einem Desaster. Beim ersten öffentlichen Vorführen genügte der Auftrieb nicht und das Luftschiff setzte auf dem Wasser auf, nahm Schaden und verschwand daraufhin für immer in seinem Shelter. Vielleicht nahm dieses finanzielle Debakel der Admiralty vorerst das Interesse an der Luftschifffahrt.[5] Wenngleich die ersten Schritte der Navy in den Himmel alles andere als vom Erfolg gekrönt waren, begann das offizielle Flugprogramm mit Flugzeugen im Frühjahr 1911, indem vier Offiziere in Eastchurch beim Royal Aero Club ihre Fluglizenzen erwerben durften.[6] Vorerst waren alle Fliegerkräfte im Royal Flying Corps (RFC) aufgehoben. Dafür konnte aber auf das bereits im RFC ausgebildete Personal zurückgegriffen werden, weshalb der Beginn der britischen Marineluftfahrt doch mit 1911 angesehen werden kann. Bis zur Gründung des RNAS stieg der materielle Umfang der Royal Navy an fliegendem Material auf 55 Wasserflugzeuge, 35 Doppeldecker, fünf Eindecker und sieben Luftschiffe an.[7] Organisationsgeschichtlich eigene Marinefliegerkräfte waren erst mit dem 1. Juli 1914 geschaffen worden.

Auf dem Kontinent beschritt die Kaiserliche Marine einen ähnlichen Weg und auch ihr Start verlief nicht ohne Unfälle. Zehn Luftschiffe und 48 Flugzeuge sollte ab 1913 für die Marine beschafft werden.[8] Wie in Großbritannien hatte die maritime Luftfahrt auch in Deutschland ihre Wurzeln an einem zivilen Standort: in Johannisthal bei Berlin. Als Luftschiffstation war die Region Cuxhaven vorgese-

3   The Report of the Aerial Navigation Sub-Committee of the CID, 28.1.1909, abgedr. in: S.W. Roskill, Documents Relating to The Royal Naval Air Service, vol. 1: 1908–1918, London 1969, S. 59.
4   David Hobbs, His Majesty's Rigid Airship Number One: The Royal Navy's First Aircraft Project. In: The Navy. The Magazine of the Navy League of Australia, 71 (2009), 4, S. 27.
5   Brian Johnson, Fly Navy. The History of Naval Aviation, New York 1981, S. 20 f.
6   Ebd., S. 24.
7   Second Annual Report of the Air Committee on the RFC, CID 190B, 9 May 1914, abgedr. in: Roskill, Documents, vol. 1 (wie Anm. 3), S. 128–138.
8   Vgl. Denkschrift des Werftdepartements zum Immediatvortrag über die Einstellung erhöhter Mittel für die Marineluftfahrt, Berlin, 16.1.1913, abgedr. in: Die Militärluftfahrt bis zum Beginn des Weltkrieges 1914. Hrsg. vom Militärgeschichtlichen Forschungsamt, Anlagebd, Hamburg 1966, S. 217–219, hier S. 218; Jörg Duppler, Aufbau und Entwicklung der deutschen Marineflieger 1913 bis 1958. In: Marineflieger. Von der Marineluftschiffabteilung zur Marinefliegerdivision. Hrsg. vom Deutschen Marineinstitut, Bonn 1988, S. 14–61, hier S. 17 und S. 21.

hen, wofür schon im November 1912 Gelder bereitgestellt wurden.[9] Trotz des bisherigen technologischen Vorsprungs in der Starrschiffluftfahrt war der Beginn der deutschen maritimen Zeppelinfliegerei von Katastrophen gezeichnet. L1 stürzte am 9. September während eines Manövers bei Helgoland und L2 am 17. Oktober 1913 bei Johannisthal ab. Doch anders als die Briten hielten die Deutschen auch weiterhin an ihrer berühmten Technologie fest. L3 wurde im Frühjahr 1914 in Fuhlsbüttel in Dienst gestellt, von wo aus bis zur Fertigstellung eines marineeigenen Flugplatzes geflogen wurde. Wegen der personellen Verluste, die mit den Abstürzen verbunden waren, mussten alle zuvor vorhandenen Erfahrungen erst wieder neu aufbaut werden. Bis Kriegsbeginn waren die Zeppelinhallen in Nordholz fertiggestellt.[10] Nach umfangreichen Erprobungen gab die Marine schließlich im Februar 1914 auch ihre ersten 20 Seeflugzeuge in Auftrag.

1914 wurden Luftfahrzeuge grundsätzlich in Fluggeräte schwerer und leichter als Luft, also Flugzeuge und Luftschiffe, eingeteilt. Luftschiffen wurde im Kaiserreich zu diesem Zeitpunkt der größte militärische Nutzen eingeräumt, weil diese deutlich höhere Nutzlasten, Flughöhen, Steigleistungen und Flugstrecken als Flugzeuge aufwiesen. Die sich daraus ergebenden Vorteile erlaubten die Verwendung sowohl als Waffenträger und als Aufklärer. Gerade der an Kleinen Kreuzern mangelnden Kaiserlichen Marine gestattete dies eine Kompensation der vorhandenen Defizite in der Aufklärung. Luftschiffe erzeugten den entsprechende Auftrieb in mehreren Gaszellen im Inneren der zigarrenähnlichen Außenhaut. In Deutschland waren sie in Ermangelung anderer Edelgase mit dem leicht entzündlichen Wasserstoff[11] gefüllt. Die technischen Daten von L3 waren wie folgt: Länge 158 m, Durchmesser 14,86 m, Gasraum 22 500 m³, Nutzlast 8700 kg, Motorleistung 630 PS, Geschwindigkeit: 75,6 km/h, Dienstgipfelhöhe: 2000 m und Reichweite 2100 km.[12] Ein Zeppelin war in der Lage, mehr als 24 Stunden in der Luft zu operieren. L3 beteiligte sich an 27 Aufklärungsfahrten und einer Angriffsfahrt und musste schließlich in einem Schneesturm am 17. Februar 1915 auf Fanö notlanden.[13]

Der operative Vorteil der Zeppeline gegenüber den Flugzeugen bestand in den mitgeführten Funkgeräten, Bewaffnungen und Bomben. Die Größe der Fahrzeuge gestattete den Einbau von Langewellenfunkgeräten mit großer Reichweite und Zwei-Wege-Kommunikation. Für eine Interaktion mit Schiffen der Flotte war das unerlässlich, denn mit dieser Kommunikationstechnik konnte die Aufklärung über den Horizont hinweg im Zwiegespräch aktiv betrieben werden. Solche portablen Geräte

---

9   Helmut Beelitz, Der Werdegang und Wandel der Luftschiffverwendung im Seekrieg, Düsseldorf 1936, S. 24.

10 Ebd., S. 23–25.

11 Wasserstoff hat den Vorteil, dass er fast doppelt so leicht wie Helium ist und dadurch eine größere Leistung der Luftschiffe ermöglichte. Aus Sicherheitsgründen wurde aber nach Verfügbarkeit das Helium dem brennbaren Gas vorgezogen. Wie katastrophal ein Wasserstoffbrand ist, zeigt eindrucksvoll der Absturz der Hindenburg 1937.

12 Georg Paul Neumann, Die gesamten deutschen Luftstreitkräfte im 1. Weltkrieg, Berlin 1920, S. 21.

13 Hans von Schiller, Entwicklung und Ende des deutschen Marine-Luftschiffwesens. In: Marine-Rundschau, 2/1922, S. 136–151, hier S. 145.

wogen 125 kg und erzielten Reichweiten bis 200 km.[14] Sprengbomben (50, 100 und
300 kg) und Brandbomben (11 kg) waren im Inneren des Luftschiffes in einem speziellen Schacht aufgehängt und konnten gemäß vorheriger Einstellung elektrisch abgeworfen werden. Ein Offizier löste die Bomben mithilfe eines Pendelzielfernrohres
aus, das die Flugparameter mechanisch berechnet berücksichtigte.[15] Die technischen Daten waren vielversprechend, aber es fehlte an adäquaten und ausgereiften
Verfahren für den Fronteinsatz.

In Großbritannien standen lediglich sieben halbstarre Luftschiffe zur Verfügung.
Die »Willow«-Luftschiffe waren sämtlich älter und kleiner als ihre deutschen Pendants.
Die technischen Daten des halbstarren HMA 4 zeigen das deutlich: Länge 33,55 m,
Durchmesser 6,1 m, Volumen 1100 m³, Leistung 35 PS und Geschwindigkeit
80 km/h. Es handelte sich um eine andere Klasse von Luftfahrzeugen. Ihr operativer
Nutzen wurde von der Royal Navy in erster Linie in der Aufklärung gesehen. Nach
dem »Mayfly«-Desaster setzte die Admiralty ihren Schwerpunkt auf das Flugzeug.

Das Flugzeug ist schwerer als Luft und erzeugt den Auftrieb durch den Luftstrom
über die Tragflächen und die dadurch entstehenden Druckunterschiede. 1914
steckte die Luftfahrttechnik noch in den Kinderschuhen. In beiden Marinen war
deshalb ein Sammelsurium an unterschiedlichen Prototypen vorzufinden, weshalb hier für das Jahr 1914 nur jeweils ein repräsentatives Flugzeug vorgestellt
wird. Der Vorteil des Flugzeuges gegenüber dem Luftschiff bestand in der höheren Geschwindigkeit, größeren Wendigkeit und schnelleren Einsatzbereitschaft.
Bei Kriegsausbruch konnte die Kaiserliche Marine fast ausschließlich auf die in
Warnemünde vorhandenen Flugzeuge des Seeflugzeugwettbewerbes von 1914 zurückgreifen, die kurzerhand beschlagnahmt wurden. Von den 26 Flugzeugen standen im August nur neun einsatzklare Maschinen zur Verfügung.[16] Im Juli 1914 bestand das Personal der Marinefliegerei aus 30 Offizieren und 181 Mannschaften,
von denen lediglich zehn Seeoffiziere fertig ausgebildet waren.[17] Für Seeflugzeuge
setzten sich zwei Konzepte durch, der Doppelschwimmertyp und das Flugboot mit
Bootsrumpf. Der Doppelschwimmertyp hatte den Vorteil, dass das Landflugzeug
durch Anbringen von Schwimmern anstelle des Fahrwerkes relativ einfach in ein
Seeflugzeug umgebaut werden konnte. Nachteil dieses Konzeptes waren allerdings
die schlechteren Flugeigenschaften, weil die Schwimmer einen negativen Einfluss
auf die Aerodynamik ausübten. Seeflugzeuge waren den gleichen Landtypen deshalb
hinsichtlich der Flugeigenschaften immer unterlegen.

Konstruiert waren die meisten Flugzeuge aus einem stoffbespannten Rahmen
aus Holz oder leichten Metallen. Repräsentativ für diese Phase ist hier der
Eindecker Etrich A.II Taube, dessen bekanntester Pilot der »Flieger von Tsingtau«,
Kapitänleutnant Gunther Plüschow, war. Die technischen Daten der Taube:

---

[14] Neumann, Die gesamten deutschen Luftstreitkräfte (wie Anm. 12), S. 189 f.
[15] Ebd., S. 250.
[16] Karl-Josef Baum, Die deutschen Seeflieger 1914–1918. In: Marineflieger. Zur Geschichte der See-
      und Marineflieger in Deutschland. Hrsg. von Hartmut Klüver und Hans-Georg Nippe, Düsseldorf
      2004 (= Beiträge zur Schiffahrtsgeschichte, 9), S. 3–25, hier S. 7.
[17] Walther Faber, Entwicklung und Ende des deutschen Seeflug- und Luftschiffwesens. In: Marine-
      Rundschau, 2/1921, S. 410–417, hier S. 411.

Länge 9,85 m, Spannweite 14,35 m, Startgewicht 950 kg, Leistung 100–120 PS, Geschwindigkeit 115 km/h, Gipfelhöhe 3000 m, Reichweite 300 km, keine fest verbaute Bewaffnung, Besatzung zwei Mann, Flugdauer bis zu 4 Stunden. Als Vergleich hierzu eines der erfolgreichen britischen Muster vom Kriegsbeginn, die Sopwith Tabloid als Doppeldecker: Länge 6,96 m, Spannweite 7,83 m, Startgewicht 773 kg, Leistung 100 PS, Geschwindigkeit 140 km/h, Gipfelhöhe 2100 m (15 min), Reichweite 510 km, Bewaffnung 1 MG und 1 x 30 kg oder 5 x 9 kg Bombenlast, Besatzung zwei Mann[18]. Im Bereich der Flugzeuge glichen sich die Leistungsparameter in beiden Marinen, denn die Entwicklung verlief international und rasanter als bei Luftschiffen, bei denen Deutschland weltweit führend an der Spitze stand. Das Dilemma aller großen Marinen bestand darin, zuerst genügend Flugzeuge und vor allem geeignete Muster für die sich herauskristallisierenden Einsätze zu erwerben und diese dann zur Frontreife zu führen. Als differenzierendes Kriterium setzten sich die taktischen, operativen und strategischen Bedürfnisse des Krieges durch, was zu einer Diversifizierung in unterschiedliche Flugzeugmuster führte. Dasselbe traf auch auf die Luftstreitkräfte über Land zu. Als wesentliche Entwicklungslinien sind hier die Aufklärer, Kampfflugzeuge, Jagdflugzeuge und Bomber zu nennen. Der Krieg induzierte die jeweiligen Anforderungen, aus denen sich aeronautische Entwicklungslinien formierten. So erforderten erst die deutschen Bombenangriffe mit Zeppelinen Flugzeuge, die in der Lage waren, diese Bedrohung erfolgreich zu bekämpfen. Ähnlich trifft dies auch auf die Aufklärungs- und Kampfflugzeuge zu. Während im operativen und taktischen Anforderungsbereich in beiden Marinen durchaus von einer Entwicklung auf Augenhöhe gesprochen werden kann, verhielt es sich mit den strategischen Waffensystemen anders.

Hier gab das Deutsche Reich maßgeblich den Ton an. Ab Anfang 1915 griffen verstärkt deutsche Zeppeline von Ahlhorn, Nordholz und Tondern aus zuerst die britische Ostküste und danach London an.[19] Bombenabwürfe auf militärische und später auch zivile Ziele stellten eine Bedrohung dar, die neben den Küstenbombardierungen Ingenohls und des späteren U-Boot-Krieges die einzig reale militärische Gefahr für das britische Heimatland waren. Daneben war die Hauptaufgabe die Aufklärung für die Flotte, worauf auch der bei Weitem größte Anteil der Einsätze mit ca. 80 Prozent entfiel. An fast allen größeren Flottenoperationen waren deshalb Zeppeline beteiligt und vermochten es, wertvolle Aufklärungsergebnisse zu liefern.[20] Primär waren es deutsche Marinezeppeline, die diese Angriffe fuhren, weil nur sie über die entsprechende Reichweite verfügten und genügend Nutzlast transportieren konnten. Taktisch setzte sich dort als kleinste Gruppe der Ansatz von drei Luftschiffen durch. Gegen die Nachtangriffe aus großer Höhe waren die britischen Luftstreitkräfte in dieser frühen Phase des Krieges kaum in der Lage, eine adäquate Verteidigung zu

---

18 Die Sopwith Tabloid war ursprünglich ein Hochleistungsrennflugzeug. Vgl. Peter Kemp, Fleet Air Arm, London 1954; Daten bei: Owen Thetford, British Naval Aircraft 1912–1958, London 1958, S. 262 f.

19 Vgl. Der Krieg zur See 1914–1918. Der Krieg in der Nordsee, Bd 4, Berlin 1924, S. 86 f., 175, 186–188, 263–268, 275–277, 283–286, 294–296 und S. 334–338; dazu auch: Douglas H. Robinson, Deutsche Marine-Luftschiffe 1912–1918, Berlin 2005, S. 83–98.

20 Beelitz, Der Werdegang (wie Anm. 9), S. 35 und S. 42–46.

stellen.[21] Es fehlte an Flugabwehrkanonen und geschulten Bedienungen sowie an Flugzeugen und deren Bewaffnung. Ein herkömmliches MG-Geschoss durchschlug zwar die Hülle und die Gaszellen, aber der Gasverlust war selbst bei mehreren Treffern zu gering, als dass die Flugeigenschaften ernsthaft beeinträchtigt wurden. Bereits durch das Ablassen der Wassertanks war ein Zeppelin in der Lage, schneller zu steigen als jedes Flugzeug des Gegners, vom Folgen in die immer größeren Flughöhen ganz zu schweigen.

1916 erreichte der Kampf im britischen Luftraum seinen Höhepunkt.[22] Während der 23 Angriffe wurden ca. 125 Tonnen Bomben über Großbritannien abgeworfen. Dabei soll allein der Kapitänleutnant Heinrich Mathy Rüstungsgüter im Wert von 10 Millionen Mark zerstört[23] und noch auf der letzten Feindfahrt am 2. Oktober 1916[24] ca. 300 Häuser zerstört haben.[25] Bis zu diesem Zeitpunkt hatten es die Engländer geschafft, ein gestaffeltes Abwehrsystem aufzubauen, dem auch Marineflieger angehörten. Die Aufgabe des RNAS war es, die Zeppeline im Anmarsch über See oder in Küstennähe anzugreifen, während das RFC das Hinterland und die Objektverteidigung übernahm. Suchscheinwerfer, höher und schnell fliegende Jäger und eine neue Munitionierung der Flugzeuge waren das britische Erfolgsrezept.[26] Doch auch Fehlschläge waren zu verzeichnen. So versuchten die Flieger erfolglos, Brandpfeile von oben auf das Zeppelin zu werfen, was sich aber als nicht praktikabel herausstellte. Auch der Einsatz von MG-Brandmunition war nicht von Erfolg gekrönt, weshalb angenommen wurde, dass die Gastanks von einem Schutzgas umgeben waren. Das Problem war, dass die Brandmunition den Wasserstoff nicht in Brand setzen konnte. Ohne Sauerstoff konnte keine Verbrennung stattfinden. Hochexplosives Knallgas entstand erst, wenn Wasserstoff durch größere Öffnungen der Gastanks innerhalb des Zeppelins freigesetzt wurde und sich dort mit Sauerstoff verband. Deshalb bestand die Munitionierung der Maschinengewehre fortan aus einer Mischung aus Spreng-, Leuchtspur- und Brandgeschossen. Während die Sprengmunition große Löcher riss, zündete die Brandmunition das dadurch entstandene Gasgemisch. Auf britischer Seite wurden Ende 1916 ungefähr 400 feste Luftabwehrgeschütze mit 17 000 Mann Besatzung zurückgelassen.[27] Auf deutscher

---

21   Robinson, Deutsche Marine-Luftschiffe (wie Anm. 19), S. 115–139.
22   Beelitz, Der Werdegang (wie Anm. 9), S. 40.
23   Robinson betitelt den Einzelschaden, den Mathy während eines Angriffes erreichte, auf 530 787 Pfund. Siehe Robinson, Deutsche Marine-Luftschiffe (wie Anm. 19), S. 127.
24   Schiller, Entwicklung (wie Anm. 13), S. 146, gibt den 1.10. als Datum des Abschusses an. Es handelte sich um die Nacht vom 1. auf den 2.10.
25   Vgl. Beelitz, Der Werdegang (wie Anm. 9), S. 39; und Henry Albert Jones, The War in the Air, vol. 3, Oxford 1931. Jones sah Mathy als den erfolgreichsten deutschen Luftschiffkommandanten an, der während des Krieges auf deutscher Seite gekämpft hatte.
26   Beelitz, Der Werdegang (wie Anm. 9), S. 38 f., nahm an, dass während des Krieges bis zu 500 000 Mann in der Luftverteidigung eingesetzt worden waren. Seine Annahme stützte er in erster Linie auf britische Publikationen der 1920er Jahre.
27   Ebd. S. 39, nach Major C.C. Turner, The Naval Air Service in the North Sea. A Review. In: Journal of the Royal United Services Institution, 74 (1929), 493, S. 31–37. Heinisch behauptete 1979 ebenfalls, dass bis zu 500 000 Mann und entsprechendes Material zur Verteidigung Englands gegen die deutschen Luftangriffe gebunden waren und damit an der Front für andere Aufgaben fehlten. Vgl. Reinhard Heinisch, Von der Seefliegerei zu den Marinefliegern – ein militärgeschichtlicher Beitrag zur Sozialgeschichte, Hamburg 1979, S. 21.

Seite waren größere und höher fliegende Zeppeline ein Versuch, die Überlebens-
fähigkeit der Luftschiffe zu verbessern. Grenze des Machbaren waren dabei die
Gesetze der Physik und Aerodynamik.

Der letzte große Angriff von Marinefliegern fand am 19./20. Oktober 1917 auf
die großen Einfuhrhäfen Sheffield, Manchester und Liverpool an der Westküste
statt. Widrige Wetterumstände in Form von starkem Wind ließen große Teile der 13
Zeppeline ihre Ziele nicht erreichen. Lediglich Northampton und London wurden
erfolgreich angegriffen. L 44, 45, 49 und 50 fielen dem schlechten Wetter auf dem
Heimweg zum Teil in Frankreich zum Opfer,[28] während L 55[29] nach der Landung in
einem so desaströsen Zustand war, dass es verschrottet werden musste. Vorerst endeten die Zeppelinangriffe auf Großbritannien nach diesem verlustreichen Einsatz.
Hier die Daten eines typischen Zeppelins dieser Kriegsphase: Länge 196,5 m,
Durchmesser 23,93 m, Gasraum 55 000 m³, Nutzlast 28,5 t, Motorleistung 1440 PS,
Geschwindigkeit 97,2 km/h, Dienstgipfelhöhe 3800 m. Als direkte Reaktion auf die
Bedrohung muss dann die Steigerung der Leistung auf 6600 m Dienstgipfelhöhe
und 120 km/h bei L 71 angesehen werden.[30] Für die militärische Nutzung relevant
waren vor allem Nutzlast, Geschwindigkeit und erreichbare Maximalhöhe. Höhen
von über 5000 m erforderten dann schon künstliche Beatmungssysteme, um die
Flugsicherheit der Besatzungen nicht durch Hypoxie zu gefährden.[31] Im Ergebnis
starben durch deutsche Luftangriffe in Großbritannien während des Krieges 296
Militärangehörige und 521 wurden verwundet, während 1117 Zivilisten ums Leben
kamen und weitere 2886 verletzt wurden.[32] Insgesamt wurden durch die Kaiserliche
Marine 65 Zeppeline, 9 Schütte-Lanz, 3 Parseval und ein M-Schiff in Dienst gestellt, die 1148 Aufklärungs- und mehr als 200 Angriffsfahrten unternahmen.
Dabei wurden 26 Luftschiffe durch Feindeinwirkung, 14 durch Unwetter und zwölf
durch andere Ursachen verloren. Während des Krieges kamen 436 Angehörige der
Marineluftschiffabteilung ums Leben.[33]

In Großbritannien nahm die Luftschiffentwicklung einen anderen Weg. Hier
erfüllten die halbstarren »Blimps« taktisch-operative Aufgaben. Sie wurden zur
Bekämpfung deutscher Unterseeboote eingesetzt, weil sich der Befehlshaber der

---

28   Vgl. Beelitz, Der Werdegang (wie Anm. 9), S. 40 f.; und Schiller, Entwicklung (wie Anm. 13),
     S. 147 f.
29   Das Zeppelin musste nach Tieffliegerangriffen bei Tieffenort zu Boden gehen. Schiller, Entwicklung
     (wie Anm. 13), S. 149.
30   Neumann, Die gesamten deutschen Luftstreitkräfte (wie Anm. 12), S. 21; und Schiller, Entwicklung
     (wie Anm. 13), S. 141, geben als maximale Steighöhe 7000 m an. Zu der letzten Nutzungsphase
     der Höhenzeppeline: Robinson, Deutsche Marine-Luftschiffe (wie Anm. 19), S. 225–253.
31   Vgl. Beelitz, Der Werdegang (wie Anm. 9), S. 40; und Schiller, Entwicklung (wie Anm. 13),
     S. 137.
32   Beelitz, Der Werdegang (wie Anm. 9), S. 39.
33   Die Zahlen stammen aus ebd., S. 35 f.; und Schiller, Entwicklung (wie Anm. 13), S. 143. Duppler,
     Aufbau (wie Anm. 8), S. 28, gibt abweichend 934 Aufklärungs- und 276 Feindfahrten an. Zudem
     seien 21 Luftschiffe durch Feind sowie 33 durch Natur und technisches Versagen zerstört wor-
     den und 389 Personen ums Leben gekommen. Die Ehrenrangliste liefert dazu auch nur ambi-
     valente Informationen. Vgl. Ehrenrangliste der Kaiserlich Deutschen Marine 19141918, Berlin
     1930, S. 1688. Etwas abweichende Angaben auch bei Robinson, Deutsche Marine-Luftschiffe (wie
     Anm. 19), S. 413.

Grand Fleet, Admiral John Jellicoe, davon eine Entlastung der auf See von diesen
Unterseebooten bedrohten Überwassereinheiten versprach. Von den Luftschiffen
der SS-Class wurden ab März 1915 158 Stück gebaut und in den Gewässern rund
um die Britischen Inseln eingesetzt. Einige wurden auch an die Alliierten verkauft.
Dennoch wurden sie nie ein strategisches Mittel so wie die deutschen Zeppeline.
Die SS hatten folgende Leistungsparameter: Länge 43,7 m, Durchmesser 8,5 m,
Volumen 1700 m³, Geschwindigkeit 80 km/h, Gipfelhöhe 1500 m, Gewicht 2,2 t,
Bewaffnung 73 kg Bomben und ein MG, Reichweite 850 km. Diese Schiffe waren
ein gelungener Entwurf für den Einsatz in den Heimatgewässern und wurden später
noch durch stärkere Motoren speziell für die Nordsee und die Irische See leistungsge-
steigert.[34] In der zweiten Hälfte des Krieges begann auch Großbritannien Luftschiffe
zu bauen. Was die strategischen Auswirkungen auf den weiteren Kriegsverlauf betrifft, können sie aber im Vergleich zu den Zeppelinen als bedeutungslos angesehen werden. Ihre Wirkung ist vielmehr im operativ-taktischen Bereich anzusiedeln.
Zusammenfassend muss festgestellt werden, dass die rasante Entwicklung moderner
Jagdflugzeuge das Ende der Luftschiffe einläutete. Für die Kaiserliche Marine bedeutete das nicht nur ein Ende der Einsätze über den Britischen Inseln, sondern wegen
der größeren Reichweiten und höheren Geschwindigkeiten zusehends auch in der
Nordsee.[35]
   Im Flugzeugbau begann eine technologische Entwicklung, die ab ca. 1916 ein dif-
ferenziertes System von Flugzeugen zur Folge hatte. Zu Beginn des Krieges waren die
limitierenden Faktoren in erster Linie im Bereich der geringen Leistungsfähigkeit der
Flugzeugmotoren zu finden, die mit ihren ca. 100–125 PS nur leichte Muster zulie-
ßen. Gerade die kurze operative Reichweite auf See sollte für die dringend benötigte
Aufklärungstätigkeit aus der Luft hemmend wirken. In der Kaiserlichen Marine wurde
aus Mangel an Benzin die Flugweite der Seeflugzeuge auf eine Aufklärungsstrecke von
75 Seemeilen beschränkt, was den aktiven Aufklärungsbereich auch von Helgoland
aus nur unwesentlich erweiterte. Erschwerend kam hinzu, dass die deutschen Seeflieger
noch keine Funkgeräte an Bord hatten. Deshalb standen die Aufklärungsergebnisse
der Führung und der Flotte erst nach Landung der Luftfahrzeuge zur Verfügung.[36]
Wert und Aussagekraft dieser Informationen waren eingeschränkt im Vergleich zu
den zeitnahen Ergebnissen, welche die Zeppeline liefern konnten. Diese Steigerung
der Qualität der Echtzeitinformationen zur Lagebilderstellung der Hochseeflotte
stellte Admiral Jellicoe in dem eng umrissenen Seegebiet der Nordsee vor erhebliche
Herausforderungen. Um die deutschen Küsten bestmöglich überwachen zu können,
mussten entlang dieser Flugstationen errichtet werden. Aus den beiden Stationen
Putzig und Holtenau mit den Nebenstellen Wilhelmshaven und Helgoland wurde

---

[34] Ces Mowthorpe, Battlebags. British Airships in the First World War, Sutton 1998, S. 22–43.
[35] Heinisch, Von der Seefliegerei zu den Marinefliegern (wie Anm. 27), S. 23.
[36] Bis 1915 wurden als Kommunikationsmittel lediglich Morselampe, Signalpistole und Winkerflagge
      mitgeführt. Die Qualität dieser Verfahren muss als sehr niedrig angesehen werden, vor allem im Falle
      schlechten Wetters und größerer Datenmengen. Hermann Moll, Das deutsche Marineflugzeug von
      1909–1918. In: Marine-Rundschau, 4/1958, S. 168–180, hier S. 172; auch präzise beschrieben
      bei Faber, Entwicklung (wie Anm. 17), S. 411.

ein immer dichteres Netz entlang der Nordsee und Ostsee.[37] Auch der RNAS verfuhr auf ähnliche Weise, doch stand dort ab 1915 die Abwehr deutscher Zeppeline mit im Fokus. Während die Kaiserliche Marine ihre Front-Seeflugstationen stationär wie in Zeebrügge anlegte[38], war der RNAS schon frühzeitig auch begleitend mit den britischen Expeditionstruppen auf dem Kontinent. Daraus ergaben sich, gemessen an den bisherigen aeronautischen Erfahrungen, einzigartige Handlungsoptionen.

Der RNAS war in dieser Phase des Krieges im taktisch-operativen Bereich außerordentlich kreativ. Weil es den britischen Streitkräften zur Beginn des Krieges fast unmöglich war, ein Zeppelin in der Luft erfolgreich zu bekämpfen, nutze die Royal Navy die sich bietenden geografischen Möglichkeiten und griff die Zeppeline dort an, wo sie am verwundbarsten waren: auf den Heimatstützpunkten. Vor dem Rückzug aus Ostende nach Dünkirchen griffen vier Flugzeuge vom RNAS Wing No 1 unter Wing Commander Charles Rumney Samson am 22. September 1914 die Zeppelinhallen von Düsseldorf an, doch die Bomben explodierten nicht. Ein weiterer Versuch erfolgte mit zwei Sopwith Tabloid am 8. Oktober auf die Hallen von Köln und Düsseldorf. Wegen schlechten Wetters konnte aber nur Düsseldorf erfolgreich bombardiert und dabei Z9 zerstört werden. Eingesetzt wurden dafür ganze zwei 9-kg-Bomben.[39] Ein Prozent der im Krieg von deutscher Seite eingesetzten Zeppeline war mit diesem Angriff zerstört worden. Es war der erste Verlust überhaupt durch gegnerische Luftfahrzeuge. Der Erfolg inspirierte die Admiralty zu neuen Plänen, weshalb vier Avro 504[40] des RNAS ausgerüstet wurden, um jeweils vier 9-kg-Bomben zu tragen. Diese sollten von Belfort aus die Zeppelinwerke in Friedrichshafen am Bodensee angreifen. Am 20. November bombardierten bei gutem Winterwetter (-7 °C) drei Avro 504 erfolgreich die Fabriken, wobei eine Wasserstofffabrik explodierte und Z7 stark beschädigt wurde.[41] Es zeigte sich, dass die Admiralty und in erster Linie der RNAS auf strategische Bedrohungen eher mit operativen Antworten reagierte und dabei sehr experimentierfreudig war.

Bereits 1913 begann die Royal Navy die trägergestützte Fliegerei zu testen. Erste Erfahrungen mit bordgestützten Flugzeugen machte sie mit der HMS »Hermes«[42], die aber bereits am 31. Oktober 1914 durch ein deutsches U-Boot versenkt wurde. Der Ersatz, die HMS »Ark Royal«, wurde erst 1915 in Dienst gestellt. Sie verfügte über ein 130-Fuß-Flugdeck und hatte die Funktion einer mobilen Seeflugzeugbasis inne; damit war sie das erste speziell für Luftfahrtoperationen gebaute Schiff der

---

37 Zu Beginn des Krieges standen schon Borkum und List auf Sylt zur Verfügung. Vgl. Seeflieger über allen Meeren. Bearb. nach Originalberichten unserer Kriegs- und Friedensseeflieger. Geleitw. von Kapitän Fr. Christiansen, Berlin 1934, S. 77. In relativ kurzer Zeit kamen noch Norderney, Zeebrügge, Ostende, Jarbecke und Libau dazu. Vgl. Duppler, Aufbau (wie Anm. 8), S. 29.

38 Eine Auflistung aller Stützpunkte der Marinefliegerei während des Krieges in: Faber, Entwicklung (wie Anm. 17), S. 414–416.

39 Report from Commander Spenser D.A. Grey to the Director of the Air Department, Admiralty, on the Raid on Cologne and Düsseldorf, dated 17 October 1914, abgedr. in: Roskill, Documents, vol. 1 (wie Anm. 3), S. 179–181.

40 Zur Avro 504: Thetford, British Naval Aircraft (wie Anm. 18), S. 34–39.

41 Vgl. Ian Gardiner, The Flatpack Bombers. The Royal Navy and the »Zeppelin menace«, Barnsley 2009, S. 52–84; Johnson, Fly Navy (wie Anm. 5), S. 48–51.

42 Zu den zahlreichen Flugversuchen der HMS »Hermes« siehe David Hobbs, A Century of Carrier Aviation. The Evolution of Ships and Shipborne Aircraft, Annapolis 2009, S. 27–30.

Welt.[43] Um die Fähigkeitslücke der Aufklärung für die Fleet zu schließen, wurden im August 1914 die schnellen Kanalfähren »Engadine«, »Riviera« und »Empress« zu Seeflugzeugträgern mit einer Kapazität von mindestens drei Flugzeugen umgebaut. Diese Schiffe nahmen an einer Operation zu Weihnachten 1914 teil, die einerseits darauf zielte, die Hochseeflotte zu einem Vorstoß zu verleiten, wie am 28. August vor Helgoland, und andererseits auch die Zeppelinhangare in Nordholz zum Ziel hatte. Sieben Flugzeuge griffen am 25. Dezember 1914 Nordholz und weitere Punkte an der Nordseeküste an, wobei ein Kreuzer auf Schillig-Reede erfolglos bombardiert wurde. Das gesamte Gefechtsgeschehen involvierte im weiteren Verlauf noch L7, das »Empress« erfolglos bombardierte, und ein deutsches Flugzeug. Schlechtes Wetter über Land vereitelte den Angriff auf die Zeppelinhangare, sie wurden schlicht nicht gefunden. Die deutschen Gegenangriffe mit Zeppelinen und Flugzeugen waren ebenfalls nicht von Erfolg gekrönt.[44] Obwohl der Angriff auf Nordholz nicht erfolgreich war,[45] handelte es sich dabei um ein epochales Ereignis maritimer Luftfahrt. Zum ersten Mal erfolgte eine militärische Operation von See aus ausschließlich mit Luftfahrzeugen gegen gegnerisches Territorium. Ein strategisches Ziel wurde mit Hilfe von taktischen Waffenträgern angegriffen. Während die Royal Navy durch den RNAS ihre militärische Macht an die Küste des Feindes projizierte, war das Verhalten der Kaiserlichen Marine eher darauf abgerichtet, mit Hilfe von technischen Innovationen aufgetretenen Problemen zu begegnen. Operative Kreativität stand dem Drang nach technologischer Perfektion gegenüber.

1915 führten beide Marinen neue Flugzeugmuster ein. Typisch für die gerade angesprochenen Paradigmen sind auf britischer Seite die Short Admiralty Type 184 – ein Aufklärungs-, Bomben-, Torpedo- und Faltflügelflugzeug. Ein breites Einsatzspektrum in Kombination mit stärkeren Motoren erlaubte den eingeschifften Flugzeugen eine große Bandbreite an taktischen Einsatzmöglichkeiten. Die 184 war ein Zweisitzer mit einer Länge von 12,38 m, Spannweite von 19,36 m und einem Startgewicht von 2433 kg. 240 PS lieferten 140 km/h Geschwindigkeit, die Dienstgipfelhöhe betrug 2700 m, wofür das Flugzeug aber mehr als eine halbe Stunde benötigte. Die Bewaffnung bestand aus einem nach hinten schießenden MG und 236 kg Bomben oder einem 810 Pfund 14-Zoll-Torpedo. Es war mit einem Funk-Sender-Empfänger-System ausgestattet und konnte bis zu drei Stunden in der Luft bleiben.[46] Für die Marinefliegerei ist die Admiralty Type 184 insofern von Bedeutung, als dass damit bei den Dardanellen 1915 am 14. und 17. August

---

[43] Some Minutes by Mr. Churchill on Aviation Matters, May–June 1914 (Adm. 1/8621), abgedr. in: Roskill, Documents, vol. 1 (wie Anm. 3), S. 138–144, hier S. 138–140.

[44] Gardiner, The Flatpack Bombers (wie Anm. 41), S. 85–111. Für Otto Groos, Bearbeiter der amtlichen Darstellung des Seekriegs in der Nordsee, standen in erster Linie die Bedrohung der Flotte und die folgenden Überwasseroperationen im Vordergrund. Die eigentliche Tragweite und das Hauptziel der britischen Operation entgingen ihm völlig. Der Krieg zur See 1914–1918. Der Krieg in der Nordsee, Bd 3, Berlin 1923, S. 125–135.

[45] Gardiner, The Flatpack Bombers (wie Anm. 41), S. 104, betont, dass der Missionsbericht bewusst zu einer Aufklärungsmission umbewertet wurde, um den eigentlichen Fehlschlag zu vertuschen.

[46] Thetford, British Naval Aircraft (wie Anm. 18), S. 248–253.

die ersten erfolgreichen Torpedoangriffe stattfanden.[47] Das wahrscheinlich erste durch einen Lufttorpedo versenkte Boot war ein Opfer dieses Flugzeugtyps. Aber bereits im Folgejahr wurde in Großbritannien der Torpedoflug wieder eingestellt, weil sich dieser in den nördlichen Gewässern als nicht praktikabel erwies. Ansonsten wurde die Type 184 während des weiteren Kriegsverlaufes in erster Linie in der Unterseebootortung und -bekämpfung eingesetzt. Bei dem verzweifelten Versuch, die deutschen Zeppeline von Angriffen abzuhalten, setzte die Royal Navy mit der Bristol Scout auch Landflugzeuge wegen deren höheren Steigleistungen über See ein. Doch die Luftfahrzeuge mussten, obwohl von Flugzeugträgern gestartet, notwassern und waren damit zumeist für einen weiteren Einsatz verloren.[48] Bei Flugzeugträgern handelte es sich noch nicht um Plattformen, von denen aus Luftfahrzeuge starten und landen konnten, sondern lediglich um Flugzeuge tragende Schiffe, die den Seeflugbetrieb unterstützten. Gleichwohl wurde aber in diese Richtung gedacht und während des Krieges schritt die Entwicklung in dieser Hinsicht weit voran.

In Deutschland standen so leistungsfähige Motoren wie in Großbritannien noch nicht zur Verfügung, weshalb die Flugzeuge hier zumeist für einen einzelnen Einsatzzweck spezialisiert werden mussten. Die Flugzeugbau Friedrichshafen GmbH war auf die Konstruktion von Seeflugzeugen spezialisiert, konnten sie diese doch direkt am Werk auf dem Wasser des Bodensees testen. Aber trotzdem vermochte die FF 33 jeweils nur Bewaffnung oder eine Funkausstattung mitzuführen. Sie war 8,9 m lang, hatte eine Spannweite von 13,2 m, eine Startmasse von 1415 kg; ein 160-PS-Motor gestattete maximal 160 km/h. Zwei Maschinengewehre (starr und achtern beweglich) und eine nicht genau bestimmbare Bombenlast stellten die Bewaffnung dar.[49] Das Flugzeug konnte auf offener See landen. Für fast zwei Jahre sollte die FF 33 der Standard-Seeaufklärer der Kaiserlichen Marine sein.[50] Der Nachfolger von 1917, die FF 49, vermochte mit ihrem 240-PS-Motor auch bei Windstärke 5 auf See zu operieren, weshalb sie zur Seenotrettung eingesetzt wurde.[51] Von der FF 33 wurden 470 und von der FF 49 260 Stück gebaut. Damit handelte es sich um mehr als ein Viertel aller im Ersten Weltkrieg von der Kaiserlichen Marine bestellten Flugzeuge, weshalb sie als die wichtigsten deutschen Seefliegertypen gelten müssen.[52] In Flandern entwickelte sich ein immer differenzierteres System für den Einsatz der deutschen Marineflieger. Es existierten Küsten- und Schutzstaffeln,

---

47   Der erste Angriff traf ein bereits verlassenes türkisches Schiff, das bereits von einem U-Boot torpediert und auf Grund gesetzt worden war. Ob die am 17. August angegriffenen Boote sanken, ist unklar. Vgl. Report by Squadron Commander Cecil L'Estrange Malone, Commanding H.M.S. Ben-My-Chree, to the Director of the Air Department on the first succesful air torpedo attack, dated 14 August 1915, abgedr. in: Roskill, Documents (wie Anm. 3), S. 221–223; Johnson, Fly Navy (wie Anm. 5), S. 62 f.

48   Dick Cronin, Royal Navy Shipboard Aircraft Developments 1912–1931. Some Aspects of Early Naval Aviation at Sea, Tonbridge 1990, S. 153–169.

49   Ulf Kaack, Die Flugzeuge und Hubschrauber der Marine. 100 Jahre Marineflieger, München 2014, S. 15.

50   O.A. Boetticher, Bedeutung und Einsatz deutscher Seeluftstreitkräfte im 1. Weltkrieg. In: MOV-Nachrichten, 46/1968, hier 5, S. 119.

51   Neumann, Die gesamten deutschen Luftstreitkräfte (wie Anm. 12), S. 124.

52   Die Marine stellte insgesamt 2138 Luftfahrzeuge während des Krieges in Dienst (Ehrenrangliste [wie Anm. 33], S. 1689) und das Heer ca. 44 000 LFZ (Neumann, Die gesamten deutschen

wobei erstere mit Landflugzeugen über der Küste und dem Festland operierten, während die letzteren den Schutz der deutschen Überwasserfahrzeuge vor feindlichen Luftfahrzeugen übernahmen.[53] Bestanden die Aufgaben am Anfang noch aus Aufklärung und Sicherung, so kamen wegen der Anforderungen des Krieges und der neuen technischen Möglichkeiten bald auch die U-Boot-Jagd und Angriffe auf alliierte Landziele und sogar England hinzu.[54] Gegen Ende des Krieges wurden die Verfahren zur Luftbildfotografie[55] und der Unterstützung der Artillerie durch Ziel- und Feuerinformationen soweit perfektioniert, dass sie als standardisiert bezeichnet werden können.[56] Standardisierte Verfahren garantierten die Austauschbarkeit der handelnden Akteure, was im Gefechtseinsatz von besonderer Bedeutung ist und als Indikator einer sich professionalisierenden Marinefliegerei gelten muss.

Um den stärker auftretenden deutschen Seefliegern vor den alliierten Küsten Einhalt zu gebieten, setzten der RNAS und das RFC ab 1916 schnellere und bessere Landflieger über See ein, die wendiger und schneller als die deutschen Flugzeuge waren, weil sie keine aerodynamisch ungünstigen Schwimmer benötigten. Ein Beispiel ist hier die Sopwith 1½-Strutter. Der Zweisitzer konnte als Bomber und Aufklärer eingesetzt werden. Er war 7,7 m lang, hatte eine Spannweite von 10,21 m, ein Startgewicht von 977 kg und seine 130 PS erlaubten ihm 161 km/h. Mit zwei MG ausgestattet konnte er 60 kg Bomben laden und fast vier Stunden fliegen.[57] Die im Oktober 1916 eingeführte Sopwith Pup flog sogar 180 km/h schnell und stieg auf 5600 m Höhe.[58] Die Pup und 1½-Strutter wurden unter anderem auch als Einwegflugzeuge von Kriegsschiffen aus eingesetzt. Als Folge fehlender Ortungsmittel konnten keine solchen Jagdverbände von deutscher Seite, z.B. von den Marinelandfliegerverbänden, gestellt werden. Die Kaiserliche Marine half sich selbst und beschaffte in kleinen Serien Albatros und vor allem Hansa-Brandenburg Kampfflugzeuge. Hier kam es zu einem technischen Wettlauf mit den alliierten Flugzeugen. Gerade der Typ des Kampf- oder Jagdflugzeuges war schnell veraltet, weshalb nur jeweils wenige Flugzeuge eines einzelnen Typs gebaut wurden. Seit 1915 war mit dem propellersynchronschießenden MG auch ein wesentlich einfacherer Kampf in der Luft möglich, weil der Pilot das Flugzeug nur in der eigenen Sichtachse auf den Gegner ausrichten musste. Der erste überzeugende Jagdeinsitzer der Kaiserlichen Marine war der Hansa-Brandenburg Kampf-Doppeldecker-Wasser, von dem 1916 ca. 60 Stück gebaut wurden. Das 8 m lange Flugzeug hatte eine Spannweite von 9,22 m, wog 1045 kg und seine 160 PS ließen 172 km/h zu. Zwei synchronisierte MG 08/15 waren die Bewaffnung des Jagdeinsitzers, der bis zu

Luftstreitkräfte [wie Anm. 12], S. 137). Die qualitative Bedeutung dieses Flugzeugtyps stellt auch Duppler, Aufbau (wie Anm. 8), S. 30 f., heraus.

[53] Heinisch, Von der Seefliegerei zu den Marinefliegern (wie Anm. 27), S. 57.

[54] Hans Rolshoven, Seeflieger in Flandern. Aus Tagebuchblättern des Leutnant zur See Hans Rolshoven, Berlin 1937, S. 76–83.

[55] Zur Luftbildaufklärung: Boetticher, Bedeutung und Einsatz deutscher Seeluftstreitkräfte (wie Anm. 50), S. 98.

[56] Vgl. Heinisch, Von der Seefliegerei zu den Marinefliegern (wie Anm. 27), S. 57; und Adler über See: 50 Jahre deutsche Marineflieger. Hrsg. von Hellmuth Brembach, Oldenburg u.a. 1962, S. 15.

[57] Thetford, British Naval Aircraft (wie Anm. 18), S. 268–273.

[58] Ebd., S. 274–279.

drei Stunden fliegen konnte.[59] 1917 folgte dann die Hansa W-12 mit ähnlichen
Flugleistungen, aber einem Beobachter, der ein weiteres MG-bediente, womit es
eines der stärksten Flugzeuge an der Westfront war.[60] Mehr als 130 Stück wurden
von diesem Typ gebaut. Über Land setzten die Marinefeldjagdstaffeln vor allem die
Albatros D.V ein, die in derselben Version wie in den deutschen Armeen geflogen
wurde.[61]

Um auch auf See über eine eigene organische Luftfahrtkomponente zu verfü-
gen, beschritt die Kaiserliche Marine den gleichen Weg wie die Royal Navy, indem
Flugzeugmutterschiffe zum Einsatz kamen.[62] Auf deutscher Seite war die SMS »Santa
Elena« der größte Träger. Bis Seegang 4 konnte mit den bis zu sechs Luftfahrzeugen
Flugbetrieb erfolgen. Wegen der geringen Geschwindigkeit vermochte sie aber nicht
mit der Hochseeflotte zu operieren und fand ihr Haupteinsatzgebiet primär in der
Ostsee, wo auch Angriffe auf russisches Territorium geflogen wurden. 1917 war die
Operation Albion der größte Einsatz, an dem das Schiff teilnahm. Von der »Santa
Elena« aus erfolgte auch der erste Einsatz deutscher Torpedoflugzeuge, der aber
schon 1918 wieder eingestellt wurden, weil die mechanische Belastung für die damaligen Flugzeuge viel zu groß war. Auch in einem anderen Bereich zog man die gleichen Schlüsse wie in Großbritannien. In beiden Ländern wurden Kriegsschiffe für
den Einsatz von Flugzeugen ausgestattet, wie zum Beispiel der Kleine Kreuzer SMS
»Stuttgart«, der im Mai 1918 fertig umgebaut war. Mit seiner hohen Geschwindigkeit
war er in der Lage, mit der Flotte im Verband zu operieren und gleichzeitig bis zu
drei Flugzeuge mitzuführen. Eine Alternative stellten der Einbau von Startrampen
auf Geschütztürmen oder das Aussetzen von Seeflugzeugen von Kriegsschiffen aus
dar. Zu diesem Zeitpunkt war die Royal Navy schon viel weiter vorangeschritten
und suchte andere Lösungen. Sie platzierte die leistungsfähigeren Landflugzeuge auf
speziellen Start- und Landedecks von Schiffen. Das Hauptproblem war die Landung
auf den kurzen Decks und der anschließende Stopp des Luftfahrzeuges. Während
die U.S. Navy bereits Fangseile im Sinn hatte, versuchte man in Großbritannien
den relativen Wind, der dem einer Landung entsprach, durch eigene Fahrt in den
Wind zu erzeugen. Auf der im Juni 1917 in Dienst gestellten HMS »Furious« erfolgte am 2. August das Jahres die erste erfolgreiche Trägerlandung einer Sopwith
Pup auf dem nur 48 m langen Landedeck, wobei das Schiff 26 Knoten fuhr und
der Wind zusätzlich 21 Knoten lieferte. Mit drei Knoten Fahrtüberschuss wurde
das Flugzeug von anderen Piloten an Haltegriffen aufgefangen.[63] Fünf Sopwith Pup

59   Kaack, Die Flugzeuge und Hubschrauber der Marine (wie Anm. 49), S. 17.
60   Moll, Das deutsche Marineflugzeug (wie Anm. 36), S. 176 f.
61   Boetticher, Bedeutung und Einsatz deutscher Seeluftstreitkräfte (wie Anm. 50), S. 99.
62   Das erste deutsche Flugzeugmutterschiff war im Juli 1915 die »Answald«, der im selben Monat die
     »Santa Elena« folgte. Später kamen noch »Glyndwyr« und »Oswald« sowie der umgebaute Kreuzer
     »Stuttgart« hinzu. Vgl. Dieter Jung, Berndt Wenzel und Arno Abendroth, Die Schiffe und Boote
     der deutschen Seeflieger 1912–1976, Stuttgart 1977, S. 19–22. Erste Ideen, Schiffe zu Flugzeug-
     mutterschiffen umzubauen, tauchten bereits 1912 auf, wurden aber durch das Reichsmarineamt
     zurückgestellt. Vgl. Heinisch, Von der Seefliegerei zu den Marinefliegern (wie Anm. 27), S. 44; und
     Christian König, Marineflieger in der Historie. Deutsche Seeflieger und ihre Flugzeugmutterschiffe
     im Ersten Weltkrieg. In: Marine-Forum. Zeitschrift für maritime Fragen, 85 (2010), 5, S. 47–50.
63   Johnson, Fly Navy (wie Anm. 5), S. 93–95.

und drei Type 184 fanden an Bord platz. Doch die Landebahn erwies sich für den regulären Flugbetrieb als zu kurz, weshalb das Schiff bis März 1918 nochmals umgebaut wurde. Nun war die Landebahn 84 m lang und der gewonnene Platz erlaubte die Einschiffung von zehn Pups und 14 1½-Strutters. Das Problem lag aber noch immer im zu kurzen Bremsweg für die Flugzeuge und den Verwirbelungen durch die Aufbauten und den Schornstein.[64] Mit der HMS »Argus« war das Problem dann endgültig gelöst. Windkanaltests und die Ergebnisse der »Furious« führten als logische Konsequenz zum durchgehenden Flugdeck mit einer Länge von 167 m. Damit war das grundlegende Design der modernen Flugzeugträger geboren. Gebremst wurden die Flugzeuge mit Hilfe des hohen Reibungswiderstandes von Kufen auf dem Deck. 15 bis 18 Flugzeuge konnten mittels Aufzügen unter Deck verstaut werden. Gemäß der Vorstellungen des neuen Chefs der Grand Fleet, Admiral David Beatty, sollten mehrere solcher Flugzeugträger Dutzende oder Hunderte von Flugzeugen gegen die Hochseeflotte in Wilhelmshaven einsetzen.[65] Deshalb wurde zu Kriegsende auch mit Hochdruck an trägerfähigen Torpedobombern gearbeitet.[66] Der letzte große Einsatz von Trägern der Royal Navy war der Angriff von HMS »Furious« auf Tondern am 19. Juli 1918, bei dem die neuen Zeppeline L54 und L60 durch Sopwith Camel[67] zerstört wurden.[68]

Auf deutscher Seite erfolgte gegen Ende des Krieges als Ersatz für die seit 1917 zu gefährdeten Zeppeline der Bau von Groß- und Riesenflugzeugen. Diese sollten sowohl die Aufklärungs- als auch die Bomberfunktion der Luftschiffe übernehmen, weshalb Flugzeiten von 8 bis 10 Stunden vorgesehen waren. Es kam zur Konstruktion von zwei viermotorigen Maschinen, die durch die Kaiserliche Marine getestet wurden.[69] Zu nennen ist hier das Riesenflugzeug der Zeppelinwerke Staaken mit vier mal 260 PS, einer Länge von 22,1 m, einer Spannweite von 42,2 m und einem Gewicht von 11 824 kg, das mit 135 km/h bis zu 10 Stunden fliegen konnte. Es hatte 7 Mann Besatzung, bis zu 7 MG und eine Bombenlast von 2000 kg. Die zwei mit Schwimmern ausgestatteten Maschinen kamen aber nicht mehr zum Fronteinsatz.[70] Ebenfalls getestet wurde ein Flugboot der Firma Dornier, das ähnliche Parameter aufwies und von Norderney aus bis zu 12 Stunden im Dauerflug mit

---

[64] Vgl. Hobbs, Carrier Aviation (wie Anm. 42), S. 65–69; Johnson, Fly Navy (wie Anm. 5), S. 96–98; Extracts from Reports by Captain Wilmot S. Nicholson, commanding H.M.S. Furious, dated 14 October 1917 (A/659/111) and March 1918; Minute by the Director of Air Services, dated 11 November 1917; and Selection from Reports of the Pilots carrying out Deck Landing Trials, abgdr. in: Roskill, Documents (wie Anm. 3), S. 569–574.
[65] Extracts from Letter No. 2243/H.F.0022 of 11 September 1917 from Admiral Sir David Beatty, C-in-C, Grand Fleet, to the Admiralty entitled »Considerations of an Attack by Torpedo Planes on the High Sea Fleet«, ebd., S. 541–543.
[66] Johnson, Fly Navy (wie Anm. 5), S. 105 f.
[67] Zur Sopwith Camel: Thetford, British Naval Aircraft (wie Anm. 18), S. 282–285.
[68] Vgl. Johnson, Fly Navy (wie Anm. 5), S. 101; Robinson, Deutsche Marine-Luftschiffe (wie Anm. 19), S. 339 f.; und Schiller, Entwicklung (wie Anm. 13), S. 149.
[69] Vgl. Duppler, Aufbau (wie Anm. 8), S. 31; und Boetticher, Bedeutung und Einsatz deutscher Seeluftstreitkräfte (wie Anm. 50), S. 120.
[70] Baum, Die deutschen Seeflieger (wie Anm. 16), S. 15.

3400 kg Nutzlast erprobt wurde. Doch das Kriegsende setzte der Entwicklung ein Ende.[71]

Was ist nun die Bilanz des Seekrieges aus der Luft? Aus der kleinen deutschen Seefliegertruppe mit ca. 200 Mann zu Beginn des Krieges erwuchs eine Organisation von ungefähr 18 000 Mann Umfang. Aus vier Standorten wurden 32 Seeflugstationen und Stützpunkte in Nord- und Ostsee sowie auf dem Balkan und der Türkei, vier Flugzeugmutterschiffe und 26 Marinelandflugformationen. 1478 Flugzeuge wurden im November 1918 von 16 122 Mann betrieben, wovon 2166 fliegerisches Personal waren.[72] Es wurde ein eigener Fliegerkommandeur geschaffen. Während des Krieges kamen ungefähr 2390 Flugzeuge[73] und 73 Zeppeline zum Einsatz. Von den 73 Zeppelinen wurden 23 durch den Feind zerstört, 30 gingen anderweitig verloren und zwölf wurden aus technischen Gründen außer Dienst gestellt. Es wurden 317 Aufklärungsfahrten, zwölf Operationen mit der Flotte und 41 Angriffe auf England absolviert, wovon 63 Gefechtshandlungen über See stattfanden. Dabei kamen 389 Soldaten ums Leben und 147 Soldaten gerieten in Gefangenschaft. Die deutschen Flugzeuge zerstörten sechs Fesselballone, zwei Luftschiffe, einen russischen Zerstörer, vier Handelsschiffe, drei U-Boote, vier Schnellboote und ca. 270 Flugzeuge. Ungefähr 180 deutsche Flugzeuge gingen dabei durch Feindeinwirkung verloren.[74]

Der RNAS verfügte zu Kriegsbeginn über 93 Flugzeuge, sechs Luftschiffe, zwei Ballons und 727 Mann.[75] Die Marineluftfahrt erreichte in Großbritannien im März 1918 ihren Höhepunkt. Am Ende des Monats verfügte sie über 2949 Flugzeuge, 103 Luftschiffe, 67 000 Mann und 126 Stützpunkte. Insgesamt dienten in der Royal Navy neun Schiffe als Flugzeugmutterschiffe und unzählige andere als Plattformen. Doch bereits einen Tag später wurde sie mit dem RFC zur Royal Air Force zusammengelegt. Damit verlor die Navy die direkte Kontrolle und der Fifth Sea Lord hörte nach einem Jahr Existenz auf zu bestehen. Die Staffeln addierten 200 zu ihrer Zählweise – die 13. wurde zur 213. Staffel usw. – und änderten den Dienstgrad in das Armeependant, was die Offiziere der Royal Marines ja schon länger praktizierten.[76] Die Dimensionen der britischen Marinefliegerei entsprachen in etwa auch dem Vorsprung der Royal Navy an Schiffen. Am 11. November 1918 war der Umfang der RAF: 22 000 Flugzeuge in 188 Staffeln mit 291 000 Mann.[77] Ein nicht unwichtiges Nebenprodukt der Marinefliegerei war übrigens auch die Armoured Car Section.

---

71 Moll, Das deutsche Marineflugzeug (wie Anm. 36), S. 178 f.
72 Faber, Entwicklung (wie Anm. 17), S. 416. Gemäß Ehrenrangliste (wie Anm. 33), S. 1689, dürfte die Zahl nur 1224 betragen haben. Duppler, Aufbau (wie Anm. 8), S. 33, schloss sich ebenfalls den Angaben Fabers an, weshalb diese hier wiedergegeben werden. Die Differenz ist durch die mögliche Ausklammerung der Schulflugzeuge aus der Ehrenrangliste erklärbar.
73 Ehrenrangliste (wie Anm. 33), S. 1689.
74 Neumann, Die gesamten deutschen Luftstreitkräfte (wie Anm. 12), S. 589.
75 R.D. Layman, Naval Aviation and the First World War: Its Impact and Influence, London 2002, S. 206.
76 Vgl. Johnson, Fly Navy (wie Anm. 5), S. 97; und Layman, Naval Aviation (wie Anm. 75), S. 206–211. Johnsons Zahlen sind zumeist höher als die Laymans.
77 Johnson, Fly Navy (wie Anm. 5), S. 107.

Insofern waren die leichtesten Marinefliegerteile in Belgien und Frankreich auch der Beginn der gepanzerten motorisierten Streitkräfte an Land.

Zusammenfassend kann festgestellt werden, dass in beiden Marinen grundsätzlich ähnliche Wege beschritten wurden, die sich immer den jeweiligen Frontanforderungen unterordneten. Alle Luftfahrzeuge wurden stetig leistungsfähiger und kampfkräftiger, sowohl Zeppeline als auch Flugzeuge. In Teilen induzierte eine Entwicklung eine Reaktion, die sich wie bei den Kampffliegern spiralförmig steigerte. Dennoch ist gerade bei den Seefliegern festzustellen, dass die Royal Navy auf zu spezialisierte Muster verzichtete und eher Allroundflugzeuge bevorzugte. Im Kaiserreich beschritt man andere Wege und baute ausgezeichnete Seeflieger, die aber den reinrassigen Landjägern des RNAS nicht gewachsen waren. Die Spezialisierung setzte in der Royal Navy dann wiederum im Schiffbau ein, denn mit den Flugzeugmutterschiffen und späteren schnell fahrenden Trägern konnte dort das Element Flugzeug organisch in die Flotte integriert werden. Dadurch wurde es möglich, überall auf der Welt bei entsprechendem Wetter Flugzeuge einzusetzen. Die Kaiserliche Marine beschränkte sich beim Fluggebiet auf die Seegebiete, an denen sie auch über Stützpunkte verfügte. Ein strategisches Denken beschränkte sich auch hier auf die Randmeere der Nord- und Ostsee; eine Perspektive über Scapa Flow hinaus existierte nicht! Eine parallele Entwicklung stellt die stetige Standardisierung von Verfahren und Ausbildungen dar, die sich auch in Vorschriften niederschlug. Damit wurde überhaupt erst der großflächige Einsatz an der Front ermöglicht und eine Austauschbarkeit von Mensch und Material erzielt, die für einen Krieg notwendig ist. Insofern kann gerade in der militärischen Luftfahrt von einer schnellen und zügigen Professionalisierung gesprochen werden, welche aus dem Stadium des Experimentierens von 1914 bis 1918 zu einer effektiven und effizienten Waffe in den Händen der kommandierenden Offiziere aufwuchs. Die logische Folge war langfristig eine eigenständige Teilstreitkraft in Form der Royal Air Force und der Luftwaffe.

Jan Kindler

Der Seekrieg 14/18 im Film.
Mediale Internationalisierungen kriegerischer Erinnerung

>>Ein deutsches Schiff geht unter,
aber es ergibt sich nicht.<<
UFA-Programm, 1927[1]

Filmische Erinnerungen an den Ersten Weltkrieg aus der Zeit nach 1918 wandten sich international nur selten gegen den Krieg, und diese wenigen Filme blieben dabei meist ambivalent. Selbst in bekannteren Produktionen mit kriegskritischen Tendenzen aus der Tonfilmzeit wie »Journey's End« (GB 1930), »Westfront 1918» (D 1930) oder »La Grand Illusion (F 1937) war offener Pazifismus kaum zu finden, Pflichterfüllung und Opferbereitschaft blieben positive Größen. Dieser Befund ist nicht neu.

Als interessant kann gelten, dass sämtliche Seekriegsfilme, die nach 1918 in den wichtigsten am Seekrieg beteiligten Staaten, also Großbritannien mit assoziierten Commonwealth-Staaten und dem Deutschen Reich, in die Kinos kamen, noch eindeutiger positiv gegenüber dem Krieg blieben. Auf der Suche nach Ursachen stößt man zunächst auf die Tatsache, dass die Schrecken des modernisierten Tötens, übrigens zu Unrecht, eher mit den Schützengraben-Schlachten zu Land verbunden wurden. Auch dürfte das fast vollständige Fehlen authentischer Aufnahmen von den zwar seltenen, aber nichtsdestoweniger furchtbaren Materialschlachten größerer Seegefechte eine wichtige Rolle gespielt haben. »Gedenkfilme« an wesentliche Ereignisse des Seekrieges, allen voran die Skagerrakschlacht, montiert aus unterschiedlichsten Ersatzbildern wie älteren oder nachträglich produzierten dokumentarischen Aufnahmen, nachgestellten Spielszenen und Tricksequenzen, konnten in den Kinos der Nachkriegszeit weitgehend ungestört von Originalaufnahmen ein verharmlosendes und zugleich heroisierendes Bild vom Krieg zur See zeichnen.

Diese Beobachtung gilt insbesondere für die Filmproduktion der beiden wichtigsten Akteure des Seekrieges, Großbritannien und Deutschland. Mit einem sehr ähnlichen Motivreservois sprachen deutsche und britische Marinefilme nach 1918 fast ungebrochen die Propagandasprache der Kriegs- und direkten Vorkriegszeit: Beeindruckende Breitseiten großer Überwasserschiffe betonen technologische

---

[1] UFA-Programm zum Film »Die Seeschlachten bei Coronel und den Falklandinseln« (D 1927), Bundesarchiv (BArch), Filmsg 1/15084.

DOI: 10.1515/9783110533972-012

Modernität und militärische Schlagkraft; einzelne Heldengeschichten, meist ein-
gebettet in erfolgreiche Gefechte, feiern den Heroismus von ganzen Besatzungen
(»Q-Ships«, GB 1928, »Unsere Emden«, D 1926) oder Einzelpersonen (»Forever
England«, GB 1935; »U9 Weddigen«, D 1927).[2] Während Filme mit Analysen oder
kritischen Darstellungen des Seekriegsalltags völlig fehlten, wurde die maritime
Kinowelt international beherrscht von nationalistisch-heroisierenden Darstellungen,
sowohl in dokumentarischen Formaten als auch in den sehr viel selteneren Spielfilmen.
In Deutschland fehlt bis in die 1950er Jahre zudem jede prominente Darstellung von
Meuterei oder Revolution von 1918. Einzelne Darstellungen der Zwischenkriegszeit
reduzieren diesen Aspekt auf Nebenhandlungen und finden darüber hinaus insze-
natorische Wege, Meuterei als verräterischen Akt zu diffamieren.[3] Hier wirkte vor
allem der lange Schatten des russischen »Potemkin«-Films, der auch in Deutschland
als ultimative filmische Darstellung maritimer Revolution galt. Selbst in der DDR
blieb es bei einem größeren Revolutionsfilm (»Das Lied der Matrosen«, 1958), eine
weitere ostdeutsche Meuterei-Darstellung spielt am Ende des Zweiten Weltkrieges
(»Rottenknechte«, TV- Serie, DFF, 1970er Jahre).

Ein anderer, eher wirtschaftlicher Aspekt beeinflusste die Darstellung des
Seekrieges von 1914 bis 1918 im internationalen Kino zwischen 1918 und Anfang
der 1930er Jahre wesentlich. Durch den großen Aufwand bei der Herstellung real
wirkender Seekriegsbilder – seien es ältere dokumentarische Aufnahmen oder nach-
gestellte Szenen – findet sich eine besonders intensive Mehrfachverwertung sowohl
innerhalb eines Landes als auch international. Weitergabe und Verkäufe erfolgten
dabei in alle Richtungen. So liefen britische Filme zu den Seeschlachten bei Coronel
und den Falklandinseln (»The Battles of Coronel and the Falkland Islands«, GB
1927) und auch zur britischen Seeblockade (»Blockade«, GB 1932) im deutschen
Kino[4], deutsche Spielfilme zum U-Boot-Kommandanten Otto Weddigen (»U9
Weddigen«, D 1927) oder über die »Emden« (»Unsere Emden«, D 1926) fanden ihr
Publikum auch in Großbritannien und assoziierten Commonwealth-Staaten.

Erleichtert wurden solche aus wirtschaftlicher Sicht sehr attraktiven Mehrfach-
verwertungen nicht nur juristisch durch eine noch in den Anfängen befindliche, im
Vergleich zu heute laxe Urheberechtslage, sondern auch filmtechnisch durch den bis
Anfang der 1930er Jahre fehlenden synchronen Filmton. Im stummen Film prägten Zwischentitel die Rezeption und Deutung der Filmaufnahmen ganz wesentlich.
Die Bearbeitung solcher Titeltafeln war wesentlich schneller, unkomplizierter und
damit günstiger als die Nachsynchronisation gesprochener Tonfilmpassagen. Die

---

[2] Für das britische Kino siehe Michael Paris, Enduring Heroes. British Feature Films and the First
     World War, 1919–1997. In: The First World War in Popular Cinema: 1914 to the Present. Ed. by
     Michael Paris, Edinburgh 2000, S. 51–73.
[3] So in »Scapa Flow« (D 1930). Siehe Jan Kindler, »Diese Dampfer – kolossal!« Das stählerne Groß-
     kampfschiff als deutsches Filmmotiv. In: Die Flotte schläft im Hafen ein. Kriegsalltag 1914–1918 in
     Matrosen-Tagebüchern. Hrsg. von Stephan Huck, Gorch Pieken und Matthias Rogg, S. 132–147
     und S. 143 f.
[4] Deutsche Titel: »Die Seeschlachten bei Coronel und den Falklandinseln. Ein englischer Film von
     Sieg und Untergang des deutschen Kreuzergeschwaders« sowie »Blockade«. Ersterer ist in seiner
     englischen Originalfassung, restauriert und neuvertont, inzwischen durch das British Film Institute
     London auf DVD veröffentlicht worden.

mit der Ausführung solcher Bearbeitungen ausländischer Kriegsfilme beauftragten Filmproduktionsfirmen setzten nach 1918 mit Vorliebe ehemalige Angehörige der eigenen Streitkräfte ein, um ausländischer Propaganda vorzubeugen und eine stärker nationalistische Perspektive einzubringen – oder diese zumindest gegenüber Publikum, Verleihern und Kinobesitzern zu suggerieren.

Am Beispiel von zwei Filmen, die ursprünglich aus Deutschland stammen, soll gezeigt werden, wie ihre Bearbeitung im Ausland die Rezeptionsangebote der einzelnen Filme veränderten und wie komplex die Verteilungsgenese von Filmmaterialien bei derartigen Neubearbeitungen sein konnte.

In Manfred Noas 1926 in Deutschland veröffentlichtem Marinefilm »Die versunkene Flotte«[5] dreht sich die melodramatische Haupthandlung um amouröse Verwicklungen im Milieu deutsch-englischer Marineoffiziere. In einer Parallelhandlung stehen sich auf dem Mannschaftsdeck eines deutschen Schlachtschiffes zwei politische Rivalen aus der Arbeiterklasse gegenüber, verkörpert von zwei noch jungen und wenig bekannten Darstellern, die später als Stars vor allem das heroische Heldenkino der Nazis prägen sollten: Heinrich George als kaisertreuer Bootsmann und Hans Albers als ein durch revolutionäre Parolen auffallender Heizer. Bei Noa siegt letztlich die Kaisertreue und Heizer Albers darf in einer dramatischen Skagerrak-Szene seine patriotische Gesinnung durch Selbstaufopferung unter Beweis stellen.

Der Film versuchte durch seine gleichzeitig marinekritischen wie auch marinefreundlichen Tendenzen nicht nur innerhalb Deutschlands sowohl rechten Militärliebhabern als auch linken Kriegsgegnern zu gefallen.[6] Durch das Fehlen einer allzu einseitig nationalistischen Tonart war er auch für eine Weiterverwertung auf dem internationalen Markt bei den ehemaligen Kriegsgegnern gut geeignet. Überlieferte Kopien belegen den Verkauf des Films sowohl nach Frankreich als auch nach England. 1928 entstand dort unter dem Titel »When Fleet meets Fleet – A Romance of the Great Battle of Jutland« eine Fassung für den britischen Markt. Die Umarbeitung des Materials erfolgte durch einen englischen Co-Regisseur und ehemaligen Seeoffizier des Weltkrieges: Graham Hewitt. Zu dessen wichtigsten Umarbeitungen auf historisch-politischer Ebene gegenüber der deutschen Originalfassung gehörte zunächst, dass sowohl englandkritische Nuancen (eine leicht diffamierende Darstellung britischer Matrosen in der Anfangssequenz zur Kieler Woche 1914) als auch zu deutschfreundliche Passagen (eine Betonung deutscher Überlegenheit in der Skagerrakschlacht) gekürzt wurden. Gänzlich neu aufgenommen wurde eine Sequenz zur britischen Perspektive auf die Seeblockade vor Zeebrugge, wozu auch die Beschädigung des deutschen U-Bootes UC 48 durch die britische Marine gehörte. Diese Ergänzung war kein Zufall. Hewitt vertrat als ehemaliger Offizier der HMS »Vindictive« quasi die Gegenseite in dieser Episode, war es doch die »Vindictive«

---

5   »Die versunkene Flotte« (Produktion: Lothar-Stark GmbH, Zensur: 11.11.1926, 2876 m). Die deutsche Fassung gilt als verschollen, ausländische Fassungen sind in London (»When Fleet meets Fleet«) und Toulouse (»La Grand Parade de la Flotte«) überliefert. Details siehe: Jan Kindler, Flottenpropaganda, Völkerversöhnung und Heldenverehrung. In: Filmblatt, Herbst 2005, S. 4–15.

6   Als je nach Geschmack »militaristischen Pazifistenfilm« oder »pazifistischen Militärfilm« bezeichnet der Filmkurier (Nr. 288, 9.12.1926) das auf gegensätzliche Zuschauerinteressen hin angelegte Werk.

gewesen, die UC 48 im März 1918 so schwer beschädigt hatte, dass es nur knapp der Versenkung entging.[7]

Auch auf der privaten Handlungsebene wurde der Film verändert, wobei besonders die Änderung des Schlusses hervorzuheben ist. In der deutschen Urfassung des Films wie auch im Roman lehnt die am Skagerrak zur Witwe gewordene deutsche Offiziergattin (gespielt von Agnes Esterhazy) nach dem Krieg das Werben eines englischen Seeoffiziers höflich aber entschieden ab. Eine deutsche Kriegerwitwe mit einem Offizier der Siegermächte zu verheiraten, das war dem deutschen Publikum so kurz nach dem Krieg offenbar noch nicht zuzumuten. In der englischen Fassung wurde sie kurzerhand zur geborenen Engländerin erklärt. So kann sie ihm nach England folgen, die Werbung des britischen Offiziers verläuft erfolgreich und ohne dass dies als ein »Überlaufen« verstanden werden konnte. Sie kehrte vielmehr heim: »And so, he brought her back to the land of her birth – England.« (viertletzter Zwischentitel der britischen Fassung).

Nachdem so aus einem deutschen Marinefilm mit nur leichten probritischen Nuancen fast ein britischer Propagandafilm entstanden war, konnte auch die »Interalliierte Rheinlandoberkommission« des zu dieser Zeit besetzten Rheinlandes 1928 die wieder re-importierte deutsche Version dieser englischen Exportfassung (»Wenn Flotte gegen Flotte steht«) beruhigt freigeben (Entscheid vom 24.1.1928), nachdem sie zuvor beide deutsche Fassungen für ihren Zuständigkeitsbereich verboten hatte (Entscheid vom 30.3.1927), da sie »geeignet [seien], die Würde der Besatzungsbehörden zu verletzen«.[8]

Die überlieferte französische Fassung (»La Grand Parade de la Flotte«, F 1927) betont durch entsprechende Zwischentitel besonders die Rolle des französischen Zerstörers »Marechal«, der das deutsche U-Boot UC 48 nach dessen Internierung vor dem spanischen Hafen El Ferrol erwartete.

---

[7] Die in Roman und Film geschilderte Selbstversenkung eines deutschen Unterseebootes UC 48 ist grundsätzlich authentisch. UC 48, ein Boot der U-Flotille Flandern/Zeebrügge und der UC-II-Klasse angehörig – einer hochseetauglichen und zur Minenverlegung ausgerüsteten Bootsklasse der Kaiserlichen Marine –, erreichte unter ihrem Kommandanten Helmut Lorenz (dem Autor der Romanvorlage) am 24.3.1918 nach drei Wasserbombentreffern vor Cherbourg schwer beschädigt den spanischen Hafen El Ferrol und wurde hier mit seiner Mannschaft bis Kriegsende interniert. Seit dem 13.3.1919 erwartete ein französischer Zerstörer (»Marechal«) die gemäß dem Versailler Vertrag vorgeschriebene Auslieferung von UC 48, das jedoch am 15.3.1919 auf der Auslieferungsfahrt noch in Hafennähe sank (nach Bodo Herzog, Deutsche U-Boote 1906–1966, Herrsching 1990). Die teilweise Selbstversenkung der deutschen Hochseeflotte in Scapa Flow erfolgte erst am 21.6.1919.

[8] In ihrer Verbotsbegründung an den deutschen Reichskommissar für die besetzten Gebiete kritisierte die Kommission die inzwischen absehbare Welle von Kriegsfilmen grundsätzlich: »Im Übrigen stellt die Oberkommission fest, das während der letzten 6 Monate von Verlagsfirmen zahlreiche Anträge auf Gestattung der Vorführung von Filmen militär-tendenziöser Natur gestellt worden sind. Ich lenke Ihre Aufmerksamkeit auf die Tatsache, dass die Vorführung von Filmen dieser Art, weit davon entfernt zur Beruhigung der Geister beizutragen, im höchsten Grade geeignet ist, in der Bevölkerung des besetzten Gebietes Erbitterung gegen die Besatzungsmächte zu erwecken und infolge der hierdurch zur Entfaltung kommenden bedauerlichen Empfindungen die Möglichkeiten zu Reibungen und Zwischenfällen zu vermehren.« Schreiben des Präsidenten der Interalliierten Rheinlandkommission, Paul Tirard, an den Reichskommissar für die besetzten rheinischen Gebiete vom 30.3.1927, Archiv des Deutschen Instituts für Filmkunde, Wiesbaden.

Während die deutsche Fassung von »Die versunkene Flotte« nicht überliefert und die britische und französische Fassung nur schwer zugänglich in Archiven in London und Toulouse lagern, liegt zu dem deutschen Film »Unsere Emden« von 1926 und seinen zwei australischen Remakes inzwischen eine komplett zweisprachige (deutsch/englische) DVD-Edition mit allen vollständig oder als Fragment überlieferten Fassungen aus Deutschland und Australien vor.[9] Historisch-kritische Filmeditionen wie diese zum Korpus der »Emden«-Filme zeigen, wie anhand sorgfältig restaurierter Filmkopien und umfangreicher historischer Kontextualisierungen in einem ausführlichen, ebenfalls zweisprachigen Booklet internationale Mediengeschichte zu einer Kulturgeschichte ausgeweitet und so für alle historischen Teildisziplinen fruchtbar gemacht werden kann.

So lässt sich an der Primärquelle, dem historischen Filmmaterial, verfolgen, wie sämtliche deutschen Zwischenkriegsfilme vom Kleinen Kreuzer und seinen »großen Taten«[10] die »Emden« als Symbol einer angeblich ritterlichen deutschen Kriegführung und zugleich einer angeblich besonders vaterlandstreuen Marine konstituierten. Aufbauend auf einer schon vor 1918 einsetzenden beträchtlichen Pressekampagne bekamen die »Emden«-Filme besondere Bedeutung für den maritimen Erinnerungsdiskurs nach 1918 sowohl in Deutschland, als auch in Australien, wo der Erfolg der »Sydney« über die »Emden« als Feuertaufe einer jungen maritimen Nation gefeiert wurde. Eine Rekonstruktion von Entstehung und Rezeption der unterschiedlichen deutschen und australischen Fassungen macht besonders gut die zwar durchgängig positivistischen, aus nationaler Perspektive aber auch unterschiedlichen Sichtweisen in den beiden betroffenen Staaten nachvollziehbar.

»Unsere Emden« von 1926 erzählt vom zunächst erfolgreichen Handelskrieg des Kleinen Kreuzers in Südostasien und seinem letzten Gefecht, bei dem die »Emden« von einem überlegenen australischen Kreuzer vor den Kokos-Inseln schließlich so schwer beschädigt wurde, dass sie auf Land gesetzt werden musste. Die aus deutscher Sicht glücklich endende Odyssee eines Landungstrupps der »Emden«, der nicht mehr vor Beginn des Gefechtes an Bord zurückkehren konnte, wird hingegen weggelassen. Der Film besteht aus einer Mischung aus Tricksequenzen zum fortlaufenden Weg der »Emden«, nachträglich auf einem Nachfolgeschiff der »Emden« gedrehten Manöverbildern und Spielsequenzen, die mit Schauspielern und ehemaligen Besatzungsangehörigen entstanden. Eine fiktive melodramatische Nebenhandlung kreist um einen deutschen Offizier (Fritz) und seine Braut aus Deutschland.

Grundsätzliche Bedeutung erhielt der Film als ein filmisches »Denkmal« für die Kaiserliche Marine. Indem er eine ausschließlich heroisierende Perspektive auf den

---

9   Kreuzer Emden/Cruiser Emden. DVD-Edition. Hrsg. vom Filmmuseum Potsdam, dem Bundesarchiv, dem National Film and Sound Archive Australia und dem Militärhistorischen Museum der Bundeswehr mit Unterstützung des Marinemuseums Wilhelmshaven. Für die Stummfilme wurde neue Musik komponiert und eingespielt (Lucia Martinez). Filmmuseum Potsdam/absolut Medien, 2014 in Zusammenarbeit mit ARTE Deutschland.

10 Weitere deutsche Verfilmungen folgten 1932 (»Kreuzer Emden«) und 1934 (»Heldentum und Todeskampf unserer Emden«). Selbst eine Neuverfilmung von 2012 bleibt in ihrem naiven Pathos ähnlich heroisierend (»13 000 Kilometer – Die Männer der Emden«).

Seekrieg präsentierte, erfüllte der Film politisch ein weit verbreitetes Bedürfnis nach Anerkennung deutscher Leistungen; nicht zuletzt wirkte er so auch im zeitgenössischen Rüstungsdiskurs mobilisierend.[11]

Die massenmediale Mythisierung des zwar kurzen, aber erfolgreichen und völkerrechtlich gesehen »sauberen« Kreuzerkrieges wurde 1926 von großen Teilen des deutschen Publikums gefeiert und zeigte, dass Weltkriegsfilme auch in Deutschland Kassenschlager sein konnten. Obwohl gerade die einseitig-heroisierende Darstellung von Krieg in diesem maritimen »Heldenepos« wesentliche Voraussetzung seines Erfolges an der Kinokasse war, leugnete die konservative Presse, dass es sich hierbei um Propaganda handeln würde: »Pflichterfüllung bis zum Tode für Herrscher und Vaterland – wer das militaristische Tendenz nennt, der soll weiter in den Potemkin-Film gehen.«[12]

Hier wird deutlich ausgesprochen, wie sehr vielen Konservativen dieser erste »Emden«-Film als deutsch-patriotische Antwort auf Eisensteins Revolutionsepos »Panzerkreuzer Potemkin« erschien, an dessen ästhetisch-formale Finesse er jedoch nicht heranreichte. Beim »Emden«-Film zählte allein die erinnerungspolitische Botschaft einer maritimen Heldenverehrung, die Mut und Treue ausgerechnet bei der Kaiserlichen Marine feierte, die wenige Jahre zuvor als Schauplatz von Meuterei und Ausgangspunkt einer Revolution für eine bleibende Traumatisierung konservativer Werteverfechter gesorgt hatte. Diese nationale Schmach quasi wegzuerzählen, war die wichtigste Aufgabe des »Emden«-Films, dessen Herstellung von der Admiralität der neuen Reichsmarine gefördert worden war.

Aufgrund des großen Publikumserfolges entstanden innerhalb von nur acht Jahren zwei deutsche Remakes des ersten »Emden«-Films. Nach Einführung des Tonfilms kam 1932 mit »Kreuzer Emden« umgehend eine Tonfilmfassung in die Kinos. Die Produktionsfirma Emelka ließ dafür nachträglich eine Tonspur anlegen, die fiktive Romanze zwischen Fritz, einem Angehörigen der »Emden«, und seiner Braut wurde sehr viel stärker betont. Ergänzt um einige Gesangsnummern entstand so eine »Emden«-Version in der damals populären Mischung aus Melodram und Tonfilmoperette. Bei dieser Wiederauflage eines nationalen Kassenschlagers in einer vor allem am Publikumsgeschmack ausgerichteten, aktualisierten Form dürften vor allem wirtschaftliche Gründe im Vordergrund gestanden haben.

Nur zwei Jahre später folgte 1934 mit »Heldentum und Todeskampf unserer Emden« eine »remilitarisierte« Fassung, in der die zuvor betonte fiktive heterosexuelle Romanze vollständig eliminiert, nachinszenierte Szenen zu authentischen Geschehnissen jedoch belassen wurden. Neben auch hier bestehenden wirtschaftlichen Motiven entsprach dieses Vorgehen deutlich den politischen Interessen des

---

[11]   Der Film ist nur auf Grundlage von Zensurdokumenten und Pressedarstellungen rekonstruierbar. Demnach endete er mit Aufnahmen der neuen »Emden III« als »Ehrenmal der toten Helden«. Nach Bernadette Kester, Film Front Weimar. Representations of the First World War in German Films of the Weimar Period (1919–1933), Amsterdam 2002, S. 169.

[12]   Germania, Nr. 359 vom 5.8.1928, zit. nach Philipp Stiasny, »Das Feuer ist notwendig, damit alles wieder weich wird«. Zum Nach(er)leben des Weltkriegs im Weimarer Kino. In: Filmblatt, 16/2001, S. 39–50, hier S. 43. Ausführlicher zum Potemkin-Vergleich Philipp Stiasny, Das Kino und der Krieg. Deutschland 1914–1929, München 2009, S. 378 f.

neuen Regimes, das sich zügig um eine Kontrolle der Filmwirtschaft bemühte. Die neue »Emden«-Fassung wurde umgehend mit hohen Prädikaten versehen (»staats-politisch wertvoll«), die Zuerkennung der Prädikate »volksbildend« und »jugendfrei« und die damit verbundene Steuerfreiheit sicherten zudem eine weite Verbreitung im Reich.

Erste Exportfassungen des ersten »Emden«-Films sind bereits für das Erschei-nungsjahr 1926 nachweisbar. In diesem Jahr wurde »Unsere Emden« mit einem Umweg über Großbritannien auch nach Australien, also in das Land ihrer Bezwinger verkauft. Eine australische Filmproduktion erwarb den Film und beauftragte einen ehemaligen Angehörigen der australischen Marine mit einer Überarbeitung für das australische Publikum. Unter dem Titel »Exploits of the Emden« gelangte diese erste, ebenfalls noch stumme australische Fassung 1928 in die australischen Kinos. Mittels beträchtlicher Kürzungen, einer Umschreibung aller Zwischentitel und der Ergänzung umfangreicher Neuaufnahmen vor allem auf der »Sydney«, die durch die Unterstützung der australischen Marine ermöglicht wurden, hob diese Fassung des »Emden«-Stoffes die australische Perspektive auf das Geschehen stärker hervor. Bemerkenswert ist, dass der Film eine positive Würdigung der »Emden«-Besatzung beibehält. Der als Widmung formulierte Untertitel bezieht die deutsche Besatzung explizit in seine Heroisierung maritimer Leistungen ein: »Dedicated to the heroes – both german and british – who fought that memorable engagement off Cocos Island on the morning of Monday, November 9, 1914.«

Der erste australische Film entspricht damit grundsätzlich der auch im Printbereich nach 1918 fortgeführten alliierten Darstellung der »Emden« als »Gentlemen of the Seas«. Dies war zugleich Voraussetzung dafür, dass sich ein internationaler maritimer Konsens über eine eher positive Deutung von Seekrieg als Ort ritterlichen Kampfes nach traditionellen Regeln etablieren konnte, der in starkem Gegensatz stand zu den vornehmlich als chaotisch und grausam erinnerten jahrelangen Kämpfen in den Schützengräben Europas.

Auch die von Stefan Huck benannten zwei Schlüsselelemente des deutschen »Emden«-Mythos gingen in der ersten australischen Fassung des Films nicht verloren.[13] Zunächst betont der Film weiterhin eine besondere Vaterlandstreue der »Emden«-Besatzung, die in Deutschland vor allem durch die legendär gewordene Rückkehr des Landungstrupps versinnbildlicht wurde. Angehörige des Landungstrupps wa-ren eigens als Mitwirkende im deutschen Ursprungsfilm verpflichtet worden. Die beiden heimgekehrten deutschen Offiziere, Kapitänleutnant Hellmuth von Mücke und Oberleutnant Robert Witthoeft, wurden innerhalb und außerhalb des Films als Helden gefeiert. Auch die aus konservativer deutscher Sicht sehnsüchtig erwartete Darstellung deutscher Seekriegführung als ritterlicher Kampf, in dem Deutsche nach beachtlichen Erfolgen einer Übermacht ehrenhaft unterlagen, blieb in der australi-schen Fassung erhalten. Schlüsselsequenz hierfür ist die Anlandung und Freilassung von zivilen Gefangenen durch die Besatzung der »Emden«.

---

[13] Stephan Huck, Der erklärungsbedürftige Mythos um den Kleinen Kreuzer »Emden«. In: Booklet zur DVD-Edition »Kreuzer Emden«, D 2014, S. 9–13.

1931 entsteht auch in Australien mit »Sea Raider« eine zweite, weiterhin stumme
Fassung. Diese stark gekürzte Neubearbeitung weist ähnlich wie die 1934er-Fassung
in Deutschland eine deutliche Ent-Melodramatisierung durch Kürzung der gesamten fiktiven amourösen Nebenhandlung auf. Mit dieser Fassung ist heute auch die
aufwändige australische Schlachtmontage aus der ersten australischen Fassung überliefert. Neuaufnahmen auf der Original-»Sydney« ergänzen dabei die Neuaufnahmen
auf einem Nachfolgeschiff der »Emden« aus der deutschen Originalfassung und ermöglichten es den australischen Filmen, bei der Darstellung des Endgefechtes zwischen den beiden Schiffen eine gleichermaßen deutsche und australische Perspektive
zu präsentieren. So konnten sowohl militärische Leistung und ritterliche Kampfweise
der »Emden« in den australischen Filmen weiterhin gewürdigt als auch die Leistung
der »Sydney« gebührend hervorgehoben werden. Letzteres war aufgrund der Bedeutung des Gefechtes als Sieg vor der eigenen Haustür – im Kontrast zur opferreichen
Niederlage beim weit entfernten Gallipoli – für die Ausbildung einer australischen
nationalen Identität von großer Bedeutung.[14]
      Besonders wertvoll für eine filmbasierte Rekonstruktion von Konzeption
und Rezeption populärer Spielfilme sind überlieferte Kinotrailer. Als verdichtete
Ankündigungen kommunizieren sie, warum sich das zeitgenössische Publikum einen Film ansehen und wie es ihn wahrnehmen sollte. Der überlieferte Trailer für
die erste australische Fassung (»Exploits of the Emden«) betont zunächst die offizielle Unterstützung durch beide, also deutsche und australische Marinen. Die nach
1918 in vielen Ländern übliche Authentifizierungsstrategie der Betonung einer
Mithurheberschaft offizieller militärischer Stellen war üblicherweise national ausgerichtet. Der beworbene australische Film avancierte mit dieser Einbeziehung beider
Marinen im Vergleich zu den deutschen Fassungen zu einer transnational-maritimen
Darstellung der Seekriegsereignisse in Südost-Asien. Der Trailer versprach weiter
eine Darstellung des Seekrieges als ritterlicher Kampf. Indem der deutsche Gegner
als ehrenvoll dargestellt wird (»The Emden destroyed nineteen merchantmen – but
took no lifes in the process«), erschien auch der eigene Sieg selbst um so ehrenvoller.
In Verbindung mit besonders spektakulären Gefechtsszenen versprach der Trailer
maritime Action (»– action – exitement – thrill upon thrill!«) und schließlich sogar einen positiven Beitrag für eine allgemeine australische Identitätsfindung, der
einen Filmbesuch quasi zur Verpflichtung für jeden Bürger und jede Bürgerin des
Landes erklärte: »Every Australian owes to himself to see it« (auf Filmbilder geblen-
dete Schrift).
      Die beiden 1926 erschienenen Marinefilme »Die versunkene Flotte« und »Unsere
Emden« sind damit anschauliche Beispiele dafür, wie nach 1918 Filme über den
Seekrieg durch dramaturgische Eingriffe in einem weiterhin national gespalte-
nen internationalen Markt dem jeweiligen Publikum schmackhaft gemacht wurden. Zugleich fanden sie im Zusammenwirken mit den ausländischen Fassungen
in ihrer grundsätzlich positiven Haltung zu Krieg und soldatischen Tugenden zu

---

[14]   Zum Einfluss der Emden-Filme auf die Entwicklung des australischen Geschichtsbildes zwischen
       den Weltkriegen siehe den australischen Historiker Simon During, Die »Emden« in der australi-
       schen Erinnerung. In: ebd., S. 22–26.

einer internationalen medialen Erinnerungsallianz, nach der einerseits Seekrieg als ritterlicher Kampf nach traditionellen Regeln im Gegensatz zum entgrenzten Massensterben in den Schützengräben und andererseits die Marine als Hort patriotischer Pflichterfüllung inszeniert wurde. Als ebenso international erwies sich die stereotype Zeichnung der Frauenrollen, die in fiktive Nebenhandlungen verbannt blieben und vornehmlich als melodramatisches Schmuckwerk auftraten. Die Filme kamen damit nicht nur den bereits international etablierten Publikumserwartungen nach heterosexuellen Romanzen nach. Mit ihrer Fixierung auf das Beistehen, Zuhalten, Warten und Leiden entsprachen sie allgemein konservativ-männlichen Wunschvorstellungen, die trotz längst evidenter Gegenentwicklungen in allen Nachkriegsgesellschaften Europas die Darstellung von Geschlechterrollen nicht nur im Marinefilm international weiter dominierten.

Paul G. Halpern

The Naval War in Print: A Survey of
Official Histories, Memoirs and other Publications

The Official Histories

It is hardly surprising that in the wake of the naval war a considerable amount of paper would be devoted to writing its history. The official histories by their nature were the most voluminous and important for historians as a starting place for their research. This survey will concentrate on those volumes that were available to the public and not the in-house staff studies which would remain closed for many years. The logical place to start would be those produced by the principal naval antagonists, Great Britain and Germany. The two were as different in character as the governments and societies they came from. Planning for official histories of the war began during the war and volumes started to appear within two years of the Armistice. In Great Britain Julian Corbett was chosen for the job. Corbett was a well-known writer on history and strategy and needs no introduction to naval historians. He had lectured at the War College at Greenwich and participated in preparing a history of the Russo Japanese War.[1] Corbett was a civilian, but had numerous and influential contacts in the Navy; these and his reputation gave him an advantage in sometimes delicate negotiations with the Admiralty others might not have enjoyed. His first volume appeared in 1920 and carried the story through to the Battle of the Falklands. The title page bears the notice that it was based on official documents and was published by direction of the Historical Section of the Committee of Imperial Defence. There is a further notice that the Admiralty had given the author access to official documents, but that they »were in no way responsible for his reading or presentation of the facts as stated.« Corbett also announced that because the files were closed there would be no specific references to documents in the text. There would, however, be references to sources that had been published, including those in Germany.

This first volume shows Corbett at his best and includes a masterful and highly readable discussion of the hunt for von Spee's squadron and its global implications for naval operations and strategy. Corbett's second volume continues the story of operations in the North Sea and Mediterranean to the resignation of the coalition government in May 1915. This volume appeared in 1921 and by then Corbett was

---

[1] On Corbett and his career see especially: Donald M. Schurman, *Julian S. Corbett, 1854–1922* (London: Royal Historical Society, 1981).

DOI: 10.1515/9783110533972-013

able to make use of the first volume of the German official history of North Sea operations. Corbett had just finished the manuscript of the third volume, which covered events until the Battle of Jutland, when he died in September 1922. The task of writing the remaining two volumes in the official history was given to Henry Newbolt, a much respected poet and writer, though not particularly known for naval subjects. The five volumes of the history were supplemented by four volumes of maps and charts, a generous format that would be prohibitively expensive to produce on paper today.[2] Lieutenant Colonel E.Y. Daniel, Royal Marines, Secretary of the Historical Section of the C.I.D., published revised editions of volumes I and III in 1938 and 1940, respectively.

The British official history of naval operations at five volumes in nine might appear to be dwarfed by the more than 20 volumes in the German official history. However, Corbett and Newbolt's *Naval Operations* were only one of three British series dealing with the war at sea. The others were C. Ernest Fayle's three volumes on Seaborne Trade and Archibald Hurd's three volume account of the Merchant Navy.[3] Fayle's first volume dealt with what he termed »the cruiser period«, essentially 1914 when German surface raiders were most active. The remaining two volumes covered the submarine campaign. The fact that two out of the three volumes in the series are devoted to it is a clear reflection of the seriousness of the challenge. Hurd, for his part, was a well-known naval journalist and his final volume contained a Preface written by Edward, the Prince of Wales in his capacity as Master of the Merchant Navy and Fishing Fleets.

The role of aviation in the naval war both before and after the Royal Naval Aviation Service's amalgamation with the R.A.F in April 1918 was tacitly left to the official history of aerial operations. The first volume was written by the Oxford Professor Sir Walter Raleigh and, after his death in 1922, completed by H.A. Jones, a civil servant who had formerly been a member of the Air Historical Branch.[4] There are 51 chapters in these volumes, nine of which are devoted exclusively to naval aviation, and an additional six contain sections covering RNAS or RAF naval cooperation units. The whole account on the war in the air amounted to about 20 per cent of the volumes.[5]

The blockade was covered in a volume proposed by the Foreign Office and written by A.C. Bell of the Historical Section of the Committee of Imperial Defence.[6] This was initially printed in 1937 for official use, but only released to the public in 1961. It is also worth noting that relevant portions of the volumes in the military official histories are of interest for naval operations. The Dardanelles expedition is an obvious example, not least because the author of the official history, Brigadier

2   Julian S. Corbett and Henry Newbolt, *History of the Great War: Naval Operations*, 5 vols (London: Longmans, Green, 1920–31).
3   C. Ernest Fayle, *History of the Great War: Seaborne Trade*, 3 vols (London: John Murray, 1920–24); and Archibald Hurd, *History of the Great War*, 3 vols (London: John Murray, 1921–29).
4   Walter Raleigh and H.A. Jones, *The War in the Air*, 6 vols (Oxford: Clarendon Press, 1922–37).
5   John J. Abbatiello, *Anti-Submarine Warfare in World War I: British Naval Aviation and the Defeat of the U-Boats* (London: Routledge, 2006), p. 141. The author provides a history of the series, see pp. 133–141.
6   A.C. Bell, *The Blockade of Germany and of the countries associated with her in the Great War, Austria-Hungary, Bulgaria and Turkey*, (London: Her Majesty's Stationery Office, 1961).

Aspinall-Oglander, corresponded with naval officers involved, notably Roger Keyes.[7] The Navy was also heavily involved in the »Brown Water« operations on which so much of the Mesopotamian campaign depended, and they are included in Brigadier Moberly's volumes.[8]

Controversy was perhaps inevitable with histories written so soon after the war, when most of the officers involved were still on active service and concerned about their reputations. Furthermore, Admiral Beatty, the commander of the Battle Cruiser Force at Jutland, was now First Sea Lord. Corbett's third volume included the Battle of Jutland and the fact that this was not a clear-cut victory in the Nelsonian tradition produced much controversy in which there were two distinctive camps, the pro-Jellicoe faction and the pro-Beatty faction. The latter believed the British fleet should have been led with greater vigour to obtain more decisive results; Corbett's draft, implying that the British had achieved the same strategic result without excessive risk, angered them. Ernle Chatfield, who had been Flag Captain to Beatty in the *Lion* during the battle and would be a future First Sea Lord (1933–38) and Minister for the Coordination of Defence (1939–40), considered Corbett's account »an outrage«, bent on showing that Jellicoe acted brilliantly under circumstances that would have been impossible even for a Nelson largely through the failure of Beatty and the Battle Cruiser Force. He thought that if Corbett's account was to be published it must be largely re-written and based on the records already approved by the First Sea Lord Beatty.[9] The result was that when Corbett's third volume was published in 1923, an additional paragraph was added to the disclaimer that the Admiralty were not responsible for the accuracy of the statements: »Their Lordships find that some of the principles advocated in the book, especially the tendency to minimize the importance of seeking battle and of forcing it to a conclusion, are directly in conflict with their views.«[10] The paragraph was omitted in the revised edition published in 1940. The revisions were mostly points of detail, often gathered from the German official histories, as well as an appendix containing seven intercepted signals that were not passed on to Jellicoe.[11] Nevertheless, although Corbett's account displeased some in high places, it was published.[12]

There were many monographs prepared by the Naval Staff after the war. There were 50 volumes in the »Technical History« series and 39 »Historical Monographs«.

---

[7]   Brigadier Cecil F. Aspinall-Oglander, *History of the Great War: Military Operations: Gallipoli*, 2 vols (London: Heinemann, 1929–32). For the correspondence with Keyes see Paul G. Halpern (ed.), *The Keyes Papers*, vol. 2: *1919–1938*, (London: Allen & Unwin for The Navy Records Society, 1980), pp. 124–126, 134–136. Cecil F. Aspinall-Oglander would subsequently publish a biography of Keyes: *Roger Keyes. Being the Biography of Admiral of the Fleet Lord Keyes of Zeebrugge and Dover* (London: The Hogarth Press, 1951).

[8]   Brigadier F.J. Moberly, *History of the Great War: Military Operations: The Campaign in Mesopotamia*, 4 vols (London: HMSO, 1923–27).

[9]   Chatfield to Keyes, [Jan. 1923], *The Keyes Papers* (see note 7), vol. 2, pp. 85–87.

[10] Corbett/Newbolt, *History of the Great War: Naval Operations* (see note 2), vol. 3, p. iv.

[11] Preface to Revised Edition, Corbett/Newbolt, *History of the Great War: Naval Operations* (see note 2), vol. 3. Reprint of 1940 edition (London and Nashville: Imperial War Museum and Battery Press, 1995), pp. vii–viii.

[12] For a full account of the Jutland controversy see: Stephen Roskill, *Admiral Beatty: The Last Naval Hero* (London: Collins, 1980), chapter xv.

The latter were decidedly uncritical and were possibly intended to provide material for what one admiral termed »a proper Staff history of the war.«[13] However, they bear the classification »Confidential« with reference to the penalties attached to any infringement of the Official Secrets Act. In other words, the public and historians had no access to them until the 1960s by which time it was possible to consult the original files – provided they had not been »weeded.«

The German official naval histories – *Der Krieg zur See* – were different in tone and size from Corbett and Newbolt's *Naval Operations*. Even when the two other series by Fayle and Hurd are added, the Germans planned twice as many volumes. Furthermore, the German official naval histories were firmly under naval control with Vice Admiral Eberhard von Mantey, head of the Marinearchiv as director. Mantey was succeeded in 1933 by another retired admiral, Kurt Aßmann. The authors were all former or active naval officers with one, Raeder, destined for high command in the future. One author, *Korvettenkapitän* [later Admiral] Otto Groos even expressed satisfaction that the work was not in the hands of »arm chair strategists like Professor Delbrück.«[14]

Der Krieg zur See was divided into different subjects with seven volumes devoted to operations in the North Sea written by Captain Otto Groos and the final two volumes by Vice Admiral Walther Gladisch.[15] Although only published in 1965 after the Second World War, Gladisch's work was still considered too apologetic and one-sided in its treatment of the events during the last two months of the war. Consequently, the Militärgeschichtliches Forschungsamt authorized a new critical edition prepared by Gerhard P. Groß.[16]

The submarine war was covered in five volumes by Rear Admiral Arno Spindler, *Der Handelskrieg mit U-Booten*.[17] German naval operations in the Baltic were covered in three volumes, each written by a different author, with the third volume by a retired admiral published after World War II.[18] The activities of German cruisers were examined in the three volumes of *Der Kreuzerkrieg in den ausländischen Gewässern*, the first two by then Captain and future leader of the German Navy Erich Raeder and the last by Mantey.[19] Operations at the Dardanelles and in the Black Sea were the subject of two volumes by retired Rear Admiral Hermann Lorey.[20] In the

---

[13] Vice Admiral K.G.B. Dewar quoted in Arthur J. Marder, *From the Dreadnought to Scapa Flow*, vol. 5: *1918–1919: Victory and Aftermath* (London: Oxford University Press, 1970), pp. 357–360. Marder lists many of the titles.

[14] Groos's unpublished memoirs cited by Michael Epkenhans, *Tirpitz: Architect of the German High Seas Fleet* (Washington, DC: Potomac, 2008), p. 2.

[15] Otto Groos and Walther Gladisch, *Der Krieg in der Nordsee*, 7 vols (Berlin [vol. 7 Frankfurt-on-Main]: E.S. Mittler, 1920–65).

[16] Gerhard P. Groß, *Der Krieg zur See, 1914–1918: Der Krieg in der Nordsee*, vol. 7 (Hamburg: E.S. Mittler, 2006).

[17] Arno Spindler, *Der Handelskrieg mit U-Booten*, 5 vols (Berlin [vol. 5 Frankfurt-on-Main]: E.S. Mittler, 1932–66).

[18] Rudolph Firle, Heinrich Rollman and Ernst von Gagern, *Der Krieg in der Ostsee*, 3 vols (Berlin [vol. 3 Frankfurt-am-Main]: E.S. Mittler, 1921–64).

[19] Erich Raeder and Eberhard von Mantey, *Der Kreuzerkrieg in den ausländischen Gewässern*, 3 vols (Berlin: E.S. Mittler, 1922–37).

[20] Hermann Lorey, *Der Krieg in den türkischen Gewässern*, 2 vols. (Berlin: E.S. Mittler, 1928–38).

themes covered by a single volume retired Rear Admiral Kurt Aßmann wrote on the campaigns against the German colonies,[21] and Captain Paul Köppen wrote on a wide variety of special topics in *Überwasserstreitkräfte und ihre Technik,* ranging from mine warfare to German activities on the Tigris and Euphrates rivers.[22]

The volumes in the series were supplied with excellent detailed maps. The large number of volumes in most of the series allowed the authors to include far more detail than Corbett and Newbolt. A notable example, Admiral Spindler gave details of each submarine patrol, including the commander and ships and tonnage sunk. To obtain a similar degree of information on operations by Royal Navy submarines a researcher would probably have to consult the original files in the archives.

However, *Der Krieg zur See* had a serious purpose, as demonstrated by the statement in the introduction to the first *Nordsee* volume:

> »Every volume should make the German people conscious of what deeds were performed on all seas by its navy and the men who created and led it and what it [the German people] has lost through the loss of its sea power.«[23]

The introduction concluded with the sentiment that learning the hard lessons of war and understanding the errors would prepare for the rebuilding of sea power, and remembrance of the great deeds at sea would again permit awakening pride in the nation and allow belief in the German future.[24] These sentiments reflected the context of the time, the mourning of a fallen regime, a lost war, the shame of the role played by the naval mutinies in the German revolutions and an uncertain future for a once powerful navy, now restricted by the peace treaties.

The shadow of Admiral Tirpitz hovered over the whole German project. Mantey consulted with Tirpitz on all volumes before they were published and the general tone of the series was supportive of the latter's ideas.[25] This sometimes called for careful writing as in the case of Raeder, who also corresponded with Tirpitz over the cruiser warfare volumes, but who differed to some degree from Tirpitz's views over the value of cruiser warfare.[26] Admiral von Mantey was not indifferent to the difficulties that might arise. In 1932 he complained: »Writing naval history is much more complicated than outsiders can imagine, if one wants to tell the truth on the one hand and not to hurt the old navy on the other.«[27] Julian Corbett and Eberhard von Mantey had something in common.

---

[21] Kurt Aßmann, *Die Kämpfe der Kaiserlichen Marine in den Deutschen Kolonien* (Berlin: E.S. Mittler, 1935).

[22] Paul Köppen, *Die Überwasserstreitkräfte und ihre Technik* (Berlin: E.S. Mittler, 1935).

[23] Quoted by Keith W. Bird, »The Origins and Role of German Naval History in the Interwar Period 1918–1939«, *Naval War College Review* 32, 2 (March–April, 1979), pp. 42–58, p. 47.

[24] Groos/Gladisch, *Der Krieg in der Nordsee* (see note 2), vol. 1, p. viii.

[25] Epkenhans, *Tirpitz* (see note 14), p. 82. See also Michael Epkenhans, »»Clio«, Tirpitz und die Marine«, Thomas Stamm-Kuhlman et al. (eds), *Geschichtsbilder. Geschichte und historisches Selbstverständnis: Festschrift für Michael Salewski zum 65. Geburtstag* (Wiesbaden: Steiner, 2003), pp. 476–478.

[26] Keith Bird, *Erich Raeder: Admiral of the Third Reich* (Annapolis, MD: Naval Institute Press, 2006), pp. 51–53.

[27] Quoted in Epkenhans, *Tirpitz* (see note 14), p. 82.

In terms of size the eight volumes of the Italian official naval history makes it one of the more ambitious projects.[28] However, the volumes did not begin to appear until 1935 and the physical dimensions of the paperbacks were smaller than their British or German counterparts. This meant the actual word count was not as high as the number of volumes implied. Publication continued on into the Second World War. The penultimate volume appeared after Italy's entry into the war in 1940 and the final volume was not published until 1942. Consequently *La marina italiana nella grande guerre* was not available when a large portion of the German or British histories were written. However, this would obviously have been of more importance for the compilation of the Austrian official history. The circumstances under which the final volumes appeared may also have limited the amount of attention paid to them, not to mention sales. In the mid 1960s one was able to purchase a mint wrapped set from the Ufficio Storico at a ridiculously low price.

The Italian official history actually grew out of internal studies ordered by the office of the chief of naval staff in 1919. They were pamphlets with the title *Cronistoria documentata della guerra marittima italo-austriaca 1915–1918.* There were three series: nine pamphlets concerning the preparation of means and its employment; ten pamphlets on naval operations and seven pamphlets on special subjects not covered in the other series. Officers were requested to submit any errors and omissions they noted. However, the pamphlets bore the forbidding classification »Riservatissimo«, were printed in limited quantities and little known among officers. The public were obviously excluded. Nevertheless the later publications aroused enough interest to justify a proper history rather than reprinting of out of print *Cronistoria* titles. Captain Guido Almagià, head of the Ufficio Storico, modestly announced that his office did not pretend to produce a perfect work and would be happy to be notified of errors or omissions.[29]

The title page of the volumes did not name the author, and it was only on the following page with publication details that one finds in small type the notice that the volume was compiled by Almagià and Capitano di Corvetta A. Zoli. The first volume is devoted to the period before Italy's entry into the war and includes analysis of the treaty systems, the Libyan War and the complex situation during and after the Balkan Wars. The authors also present the potentially embarrassing text of the Triple Alliance Naval Convention between Italy, Austria-Hungary and Germany. Rear Admiral Fausto Leva compiled the second volume, published in 1936, covering the period from Italy's entry into the war until early 1916. However, Almagià noted that because the events described were relatively recent and most people involved still alive, and because politico-diplomatic complications with Italy's allies were involved, some information could not be divulged and a complete account could not be written.[30] The same notice appeared in the third volume in 1938 compiled by Captain Luigi Castagna who was also responsible for the fourth volume. By

---

[28] Ufficio Storico della R. Marina, *La marina italiana nella grande Guerra,* 8 vols (Florence: Vallecchi, 1935–42).
[29] Ibid., vol. 1, pp. 5–6.
[30] Ibid., vol. 2, p. 3. The notice was omitted in volume 3, but repeated in volumes 4 (1938) and 5 (1939).

now Rear Admiral Guido Po, biographer of the wartime head of naval staff Admiral Thaon di Revel, had replaced Almagià as head of the Ufficio Storico. Po remained responsible for the remainder of the series and was eventually promoted to the rank of Ammiraglio di divisione.

The remaining four volumes (1939–42) were the work of Ammiraglio di Squadra Silvio Salza who merited having his name boldly printed on cover and title page. The fifth volume also contains for the first time a bibliography which includes familiar foreign works, including official histories, some having been translated in whole or part by the Ufficio Storico. The bibliography is included in the seventh volume, but omitted from the sixth as well as the final volume eight. Italy was now at war with her allies of 1918 and this is probably reflected in the title of volume VIII: *La vittoria mutilata in Adriatico*. In the preface Admiral Po complains bitterly about how at the moment of Italian triumph the allies perfidiously intrigued and mutilated their victory.[31] He was referring to the disputes over the eastern shores of the Adriatic that poisoned relations between the Allies at the close of the war.

The Italian official naval history remained firmly under the control of the Navy, with all the volumes prepared by naval officers. However, it should be noted that some of them, notably Almagià, Po and Castagna, also wrote other books, generally on naval history. Castagna also published a maritime dictionary in 1955 and contributed to a volume in the official history of the Italian Navy during the Second World War. The eight volumes of the Italian official history understandably saw things from the Italian point of view, but they are nonetheless extremely useful for historians for their close examination of a theatre which was secondary for the other allies. In 1987, to commemorate the 70th anniversary of the end of the war, the Ufficio Storico published a slim but updated one-volume account of Adriatic operations.[32]

The Adriatic was obviously most important for the Austro-Hungarian Navy since for geographical reasons virtually all of its operations took place there. The account of naval operations was written, like those in the German and Italian histories, by a naval officer, Lieutenant [*Linienschiffsleutnant*] Hans Hugo Sokol. The two volumes of *Österreich-Ungarns Seekrieg 1914–1918* were published as a boxed set in 1933. The volumes were meant to be sold together, divided only for technical reasons of size. In fact the second volume does not even have a separate title page, but begins with chapter xx and uninterrupted pagination.[33] Unlike the German counterpart, this history is not a call for rebirth. The Austro-Hungarian Empire was gone and so was its navy. The work is a memorialization of a better time when Austria had a navy, but that time was gone forever. The author was in contact with the Ufficio Storico, and the Italian Navy translated Sokol's work in a four volume edition. Curiously, the Italian volumes apparently began to appear (1931–34) before the publication date in Austria. Sokol naturally takes an Austro-German view of the navy's fight against the odds, but it is a fairly straightforward work. The author also was able to confer with

---

[31]   Ibid., vol. 8, pp. 5–6.
[32]   Ezio Ferrante, *La Grande Guerra in Adriatico: Nel LXX anniversario della vittoria* (Rome: Ufficio Storico della Marina Militare, 1987).
[33]   Hans Hugo Sokol, *Österreich-Ungarns Seekrieg 1914–1918,* 2 vols (Vienna: Amalthea, 1933; reprint Graz: Akademische Druck- und Verlagsanstalt, 1967).

and receive assistance from the Service Historique of the French Navy. Foreign publications are cited in the text when relevant. The then Director of the Kriegsarchiv
Glaise-Horstenau also emphasized the historical nature of the work in an opening
statement; only knowledge of his later career as a Nazi supporter and suicide after
World War II while awaiting trial at Nuremberg would cause one to read his statement closely and, admittedly, with slightly suspicious eyes.[34] It is also interesting to
note that Sokol's younger brother Anthony, who had also served in the navy, wound
up in the United States as a Professor at Stanford University and wrote a handsomely
produced short history of the navy to introduce Americans to a subject about which
they knew little.[35]

The Austro-Hungarian Navy also participated in extensive river operations.
Monitors of the Danube Flotilla fired the first shots of the war. Vice Admiral Olav
Richard Wulff, former commander of the monitor division, had already published in
1918 an earlier account of these activities based partially on his diaries. However, in
1934 he published a much more extensive work to serve as a supplement to Sokol's
history.[36] It also included a contribution by *Fregattenkapitän* Gábor von Döbrentei
on the Danube merchant flotilla, a sometimes forgotten but vital economic lifeline
for the blockaded Central Powers during the war.[37] The Romanians also published
an account in French shortly before the Second World War, giving their version of
events on the Danube.[38]

The role of the Royal Australian Navy during the world war was the subject
of volume IX of the twelve volume »The Official History of Australia in the War
of 1914–1918«. The author was Arthur W. Jose, a correspondent of *The Times* of
London who had been in the intelligence section of the RAN for much of the war.[39]
Jose was hampered by his location in far off Australia and dependence on what the
British sent him, not always complete documents. He was also subject to censorship
by the Commonwealth Naval Board, usually sensitive to criticism of British naval
policy or still serving officers. Jose also suffered from poor health and broke down
before completion of the volume which was finished by C.W. Bean, the general editor of the series. Nevertheless, according to David Stevens, historian of the RAN, the
foundations have largely »stood the test of time«.[40]

The historical division of the Turkish General Staff has an active publishing pro-
gram credited with a 27 volume history of Ottoman military operations during the

34 Ibid., p. xiii.
35 Anthony E. Sokol, *The Imperial and Royal Austro-Hungarian Navy* (Annapolis, MD: Naval Institute Press, 1968).
36 Olav Richard Wulff, *Die österreichisch-ungarische Donauflottille im Weltkriege 1914–1918* (Vienna: Braumüller, 1934).
37 Ibid., chapter viii.
38 Contre Amiral N. Negresco, *Comment on fit la Guerre sur le Danube* (Bucharest: Imprimerie Nationale, 1938).
39 Arthur W. Jose, *The Royal Australian Navy 1914–1918* (Sydney: Angus and Robertson, 1928; re-print [of 1943 11th edition] St. Lucia: University of Queensland Press, 1987).
40 I am indebted to Dr. Stevens for his assistance and remarks based on his book: *In All Respects Ready: Australia's Navy in World War One* (South Melbourne, Vic.: Oxford University Press, 2014).

First World War.[41] Unfortunately linguistic difficulties have limited its use by the great majority of European and American military and naval historians. The series includes three volumes on the Gallipoli campaign, the first one covering the naval operation.[42] The history section of the Turkish Navy published a four volume history of the Ottoman Navy. The fourth volume written by retired Admiral Afif Büyüktuğrul covered the Italo-Turkish War, the Balkan War and World War I.[43] There is a more narrowly focused study in the eighth volume of the Turkish official military history of the World War – known in Turkey as the »white books« – consisting of 664 pages devoted to naval operations. It was written by another retired naval officer, Captain Saim Besbelli.[44] The Turks also translated many of the European naval history publications, such as those of Adolphe Thomazi on the French Navy and, naturally, *Der Krieg zur See*. There is an interesting note by the Turkish translator to Lorey's volume on the war in Turkish waters, complaining that the Germans took all important documents home at the end of the war, thereby hampering Turkish efforts to improve on their historical work.[45]

Linguistic difficulties play an equally great role in hampering European and American historians from exploiting Japanese official works on Japan's participation in the World War. In 1917 and 1918 Japanese destroyers worked with the Royal Navy in the anti-submarine campaign in the Mediterranean and this formed the subject of an official history available to the public.[46] A later publication covered leadership during the war.[47] Like the Royal Navy, the Japanese Navy also had staff studies for internal consumption.[48]

The French Navy did not have an official history as such. This is surprising, given that the official history of the army's operations during the First World War totalled over 90 volumes. There were, however, a few volumes produced by reserve naval offers which had prefaces by relevant high ranking personalities. They give the work an official tone and are widely cited, so that one might speak of a »semi-official history«. Captain Auguste Thomazi wrote four volumes in a series »La Marine française dans la grande guerre (1914–1918)«, all published in Paris by Payot. Their topics were:

---

41 Edward J. Erickson, »The Turkish Official Military Histories of the First World War: A Bibliographic Essay«, *Middle Eastern Studies*, vol. 39, 3, pp. 190–198, p. 190.

42 I am indebted to Professor Edward J. Erickson for this information.

43 Afif Büyüktuğrul, *Osmanli Deniz Harp Tarihi* [The History of the Ottoman Naval War], part 4 (Istanbul: Deniz Basimevi [Navy Printing Office], 1974).

44 Saim Besbelli, *Birinci Dünya Harbindi Türk Harbi: Deniz Harekati* [Turkish War during the First World War: Naval Operations] (Ankara: Genelkurmay Basimevi [General Staff Printing Office], 1976).

45 I am indebted to Professor Mesut Uyar of the Australian Centre for the Study of Armed Conflict and Society, University of New South Wales, Canberra for this information and assistance in writing on this subject.

46 Daini tokummukantai seiribu, *Nihon kaigun chichukai enseiki* [Record of the Mediterranean Expedition of the Japanese Navy], ed. [Second Fleet Publications Bureau] (Tokyo: Daini tokumutai seribu [Second Fleet Publications Bureau], 1919).

47 *Bunken to bunken: sekai taisenchu ni okeru senso shido* [Documents and Military Authority: Leadership during the World War], ed. Kaigun daigakko [Naval War College] (Toyko: Kaigunsho kyoikukyoku [Naval Ministry Education Bureau], 1937).

48 I thank Professor Fred Dickinson of the University of Pennsylvania for these references and translations.

the war in the zone of the northern armies, the war in the Adriatic, the Dardanelles and the naval war in the Mediterranean.[49] Vice Admiral Ronarc'h who had been commander of the northern zone from May 1916 to April 1919, wrote the preface to the northern zone volume. Thomazi had been his chief of staff in 1916. Vice Admiral Guépratte, famous for his role at the Dardanelles, wrote the preface for the Dardanelles volume. Admiral Dumesnil, commander of the patrol division in the Eastern Mediterranean in 1918, contributed the preface to the Mediterranean volume. The Adriatic volume benefited from the preface by Admiral Lacaze, Minister of Marine from October 1915 to August, 1917. In addition the Chef du service historique, Captain Adolphe Laurens, published a monograph on command in the Mediterranean and its problems, and Lieutenant Louis Guichard of the Service Historique was responsible for an oftencited monograph on the naval blockade.[50] These two authoritative books appeared under Payot's »Collection of memoirs, studies and documents to serve as a history of the World War«. The numerous titles in this collection are printed on the back cover of the paper editions and include translations from foreign sources. Unfortunately, the relatively flimsy binding and acidic paper make them very fragile to handle today.

A multi-volume work with the title *La guerre navale raconté par nos amiraux* was also published in France.[51] Over a dozen admirals contributed chapters on different phases of the naval war, with each volume containing a section of documents supporting the chapters. It was lavishly illustrated and appears to be a high caliber coffee table book that is rarely cited and now commands high prices from antiquarian book dealers.

There were two major powers in the war that did not have official naval histories, notably Russia and the United States. The Russians intended to have one to benefit from the lessons of the war. In 1918 a naval historical commission (*Moriskom*), initially a responsibility of the Naval Academy, gathered numerous experts. They were often retired naval officers, obviously those considered loyal to the regime. Unfortunately, the commission suffered repeated reorganizations, politicization and change in objectives. This included expanding the study to include operations during the Civil War and revolutionary activity in the fleet. The net result was that the planned publication in 1924 of an official naval history was never realized. The commission became the target of budget cutters and its remnants were eventually absorbed into the army's historical service. A three-volume history of naval activity during the Civil War was published 1925–1926. Some results of the research appear to have been published in two collections of articles as well as articles in the naval journal *Morskoi sbornik* [Naval Review].[52]

---

[49]   Auguste Thomazi, *La Guerre navale dans la zone des Armées du Nord* (1925); *La Guerre navale dans l'Adriatique* (1925); *La Guerre navale aux Dardanelles* (1926) and *La Guerre navale dans la Méditerranée* (1929).
[50]   Adolphe Laurens, *Le Commandement navale en Méditerranée 1914–1918* (Paris: Payot, 1931); Louis Guichard, *Histoire du Blocus Naval 1914–1918* (Paris: Payot, 1929).
[51]   Amiral Ratyé et al., *La guerre navale raconté par nos amiraux*, 5 vols (Paris: Schwarz, n.d. [1920–30?]).
[52]   I am indebted to Dr. John N. Westwood for this information. See also the account by the archivist T.P. Mazur, http://www.genrogge.ru/bahirev/mor.htm [translation by Google].

There is a volume titled *The Fleet in the First World,* originally published in Moscow in 1964 by the Soviet Ministry of Defense. Retired Rear Admiral N.B. Pavlovich served as editor for chapters written by multiple authors, and the book was subsequently translated into English and published for the Smithsonian Institution and the National Science Foundation of Washington, D.C. The publication and translation apparently took place in India and the transliteration of Russian names poses problems for correlation with other works. Pavlovich mentions a few of the monographs in the interwar period that resulted from the work of the commission.[53]

The United States did not produce an official history of the naval war. There were official publications dealing with naval affairs, such as the Navy Department's *Annual Report of the Secretary of the Navy,* and the controversial *Report on Naval Affairs* by the sub committee on naval affairs of the U.S. Congress. The latter investigated preparedness before the U.S. entry into the war, the conduct of the war and naval policy.[54] The Navy Department published monographs on certain subjects such as the Northern Barrage, the Planning Section in London, the naval railway batteries in France and U-boat activity off the North American coast.[55] More than a half century after the war, the Naval History Division published an account of the Naval Overseas Transportation Service.[56] But there was nothing like a comprehensive history of naval operations.

Memoirs and other Publications

The memoirs of some leading personalities began to be published soon after the war. The opposing commanders at Jutland are a prime example, with Jellicoe's memoir appearing in 1919 and an English translation of Scheer's account the following year.[57] Tirpitz also entered the fray with two volumes of memoirs, quickly translated into English. Tirpitz, as is well known, had political objectives as well and published extensively in Germany.[58] On the other side of the North Sea, Churchill began

---

53 *The Fleet in the First World War,* vol. 1: *Operations of the Russian Fleet,* ed. N.B. Pavlovich (New Delhi: Amerind Publishing, 1979), pp. iv–vi.

54 Subcommittee of the Committee on Naval Affairs U.S. Congress, *Report on the Naval Investigation* (Washington, D.C.: Government Printing Office, 1921).

55 Navy Department, *The Northern Barrage and Other Mining Activities* (Washington, D.C.: GPO, 1920); Navy Department, *The American Naval Planning Section in London* (Washington, D.C.: GPO, 1923); Navy Department, *The United States Naval Railway Batteries in France* (Washington, D.C.: GPO, 1922); Navy Department, *German Submarine Activities on the Atlantic Coast of the United States and Canada* (Washington, D.C.: GPO, 1920).

56 Lewis P. Celephane, *History of the Naval Overseas Transportation Service in World War I* (Washington, DC: Naval History Division, 1969).

57 Admiral of the Fleet Earl Jellicoe, *The Grand Fleet, 1914-16: Its Creation, Development and Work* (London: Cassell, 1919); Admiral Scheer, *Germany's High Sea Fleet in the World War* (London: Cassell, 1920), German original: *Deutschlands Hochseeflotte im Weltkrieg. Persönliche Erinnerungen* (Berlin: Scherl, [1919]).

58 Grand Admiral Alfred von Tirpitz, *My Memoirs,* 2 vols (London: Hurst & Blackett, 1919), German original: *Erinnerungen* (Leipzig: Koehler, 1919); Alfred von Tirpitz, *Politische Dokumente,* 2 vols (Berlin: Cotta, 1924–26). There is an extensive literature on the subject, see especially Epkenhans, ›Clio‹ Tirpitz und der Marine (see note 25), pp. 475–477.

publishing his version of events. Or, as Margot Asquith was reported to have said, »Winston wrote a book about himself and called it *The World Crisis*.«[59]

There is neither time nor space to mention more than a few of the memoirs on the British and German side. Jellicoe followed his first volume with two others, the third to refute criticism of his term as First Sea Lord when unrestricted submarine warfare led to the major crisis of the war for Great Britain.[60] Admiral Sir Reginald Bacon provided a detailed account in 1919 of his time in command of the Dover Patrol.[61] Bacon was a controversial figure and his successor at Dover, Roger Keyes, took exception to Bacon's version of certain events. Keyes's memoirs, however, written after he left active service, are probably best known for his account of the Dardanelles operations in the first volume. He had been chief of staff to Admiral de Robeck, the British naval commander, and Keyes advances a strong argument that the operations, if continued properly, could have led to success.[62]

Both Beatty's (Chatfield) and Jellicoe's (Dreyer) Flag Captains at Jutland wrote memoirs of their careers.[63] The commander of the 2nd Light Cruiser Squadron at Jutland, Rear Admiral Goodenough, eventually published his memoir.[64] Admiral Bayly, the well-known commander of British and American naval forces in the Western Approaches, published his autobiography, as did the second-in-command at the Dardanelles and later First Sea Lord Wester Wemyss.[65] The widow of the latter added to her husband's record.[66] Mark Kerr, commander of British forces in the Adriatic and another man who aroused strong emotions among contemporaries, wrote two volumes of memoirs.[67] Memoirs of more junior officers like Filson Young, who was in the battle cruiser *Lion*, or Stephen King-Hall, who was in the light cruiser *Southampton,* also appeared.[68] The Naval Air Service was represented by Air Commodore Samson and Rear Admiral Sueter.[69]

As previously stated, this list of Royal Navy memoirs is arbitrary and far from complete. One might also wonder who did not write their memoirs? The name

[59] Winston S. Churchill, *The World Crisis,* 5 vols (London: Butterworth, 1923–31).
[60] Admiral of the Fleet Earl Jellicoe, *The Crisis of the Naval War* (London: Cassell, 1920); and Admiral of the Fleet Earl Jellicoe, *The Submarine Peril* (London: Cassell, 1934).
[61] Admiral Sir Reginald Bacon, *The Dover Patrol, 1915-1917.* 2 vols. (London: Hutchinson, 1919).
[62] Roger Keyes, Admiral Sir Roger Keyes, *The Naval Memoirs of Admiral of the Fleet Sir Roger Keyes.* 2 vols. (London: Butterworth, 1934–35).
[63] Admiral of the Fleet Lord Chatfield, *The Navy and Defence* (London: William Heinemann, 1942); Admiral Sir Frederic Dreyer, *The Sea Heritage: A Study of Maritime Warfare* (London: Museum Press, 1955).
[64] Admiral Sir William E. Goodenough, *A Rough Record* (London: Hutchinson, 1943).
[65] Admiral Sir Lewis Bayly, *Pull Together! The Memoirs of Admiral Sir Lewis Bayly* (London: Harrap, 1939); Admiral of the Fleet Lord Wester Wemyss, *The Navy in the Dardanelles Campaign* (London: Hodder & Stoughton, 1924).
[66] Lady Wester Wemyss, *The Life and Letters of Lord Wester Wemyss* (London: Eyre & Spottiswoode, 1935).
[67] Admiral Mark Kerr, *Land, Sea and Air: Reminiscences of Mark Kerr* (London: Longmans, 1927); Admiral Mark Kerr, *The Navy in My Time* (London: Rich & Cowan, 1933).
[68] Filson Young, *With the Battle Cruisers* (London: Cassell, 1921); Commander Stephen King-Hall, *A North Sea Diary, 1914–1918* (London: Newnes, 1936).
[69] Air Commodore Charles R. Samson, *Fights and Flights* (London: Benn, 1930); Rear Admiral Murray F. Sueter, *Airmen or Noahs* (London: Pitnam, 1928).

that quickly comes to mind is that of Admiral Beatty. He was First Sea Lord from November 1919 to July 1927 and presumably fully occupied during this time. Although he lived over eight years after retiring until March 1936, he specifically declined in 1935 a suggestion he write his memoirs.[70] He was eventually the subject of a biography by Rear Admiral Chalmers, who had been one of his staff officers in *Lion* from 1915 to the end of the war, but this did not appear until after the Second World War.[71] By the late 1960s, the opening of the archives as well as family collections resulted in the Navy Records Society publication of volumes devoted to Beatty as well as Jellicoe and Keyes. These were, however, documentary collections rather than memoirs.

On the German side officers prominent in the submarine campaign seem well represented among the memoirs, and perhaps more likely to be translated into English. Vice Admiral Andreas Michaelsen, who had been senior officer U-boats in 1917, is an example.[72] His predecessor Hermann Bauer is another.[73] Albert Gayer was formerly leader of the III U-Boat Flotilla and subsequently a department head in the U-Boat Office of the Reichsmarineamt.[74] Max Valentiner was one of the most successful U-boat commanders, but also charged as a war criminal on account of the torpedoing of the passenger liner *Persia* in the Mediterranean. Valentiner was obliged to go into hiding under an assumed name for a time and recounts his wartime experiences in *Der Schrecken der Meere*.[75] Another successful U-boat commander, Ernst Hashagen, had his memoirs translated into English, but his scheduled talk in England over the BBC in 1932 was blocked by government pressure.[76]

Among the memoirs of those in the High Sea Fleet, there is the often quoted gunnery officer in the battle cruiser *Derfflinger* at Jutland, Georg von Hase.[77] The account by a survivor of the *Gneisenau* at the Falklands was also translated into English.[78] Among higher officers, there are the posthumously publish letters of Scheer's predecessor as commander of the High Sea Fleet, Admiral von Pohl, Admiral Raeder's memoirs and the publications of Scheer's Chief of Staff at Jutland, Adolf von Trotha.[79] The diaries of Admiral Hopman are especially useful for his

---

70 Roskill, *Admiral Beatty* (see note 12), p. 367.
71 Rear Admiral William S. Chalmers, *The Life and Letters of David, Earl Beatty* (London: Hodder & Stoughton, 1951).
72 Vice Admiral Andreas Michaelsen, *Der U-Bootskrieg, 1914-1918* (Leipzig: Koehler, 1925).
73 Admiral Hermann Bauer, *Als Führer der U-Boote im Weltkriege, 1914-1918* (Leipzig: Koehler & Amelang, 1943); Hermann Bauer, *Reichsleitung und U-Bootseinsatz, 1914–1918* (Lippoldsberg: Klosterhaus, 1956).
74 Albert Gayer, *Die deutschen U-Boote in ihrer Kriegführung, 1914–1918 (Berlin: E.S. Mittler, 1930)*.
75 Max Valentiner, *Der Schrecken der Meere: Meine U-Boot-Abenteuer* (Vienna: Amalthea, 1931).
76 Ernst Hashagen, *The log of a U-Boat Commander/or U-Boats Westward!* (London: Putnam, 1931). On the BBC affair see http://www.bbc.co.uk/historyofthebbc/resources/bbcandgov/pdf/hashagen/pdf.
77 Commander Georg von Hase, *Kiel & Jutland* (London: Skeffington & Son, 1921).
78 Captain Hans Pochammer, *Before Jutland: Admiral von Spee's Last Voyage* (London: Jarrolds, 1931).
79 Admiral Hugo von Pohl, *Aus Aufzeichnungen und Briefen während der Kriegzeit* (Berlin: Karl Siegismund, 1920); Großadmiral Erich Raeder, *Mein Leben*, 2 vols (Tübingen-Neckar: Schlichtenmayer, 1956–57); Adolph von Trotha, *Großdeutsches Wollen: Aus den Lebenserfahrungen eines Seeoffiziers* (Berlin: Nationale Jugend Verlag, 1924); Adolph von Trotha, *Volkstum und*

activities in the Baltic and the Black Sea and have been edited some years ago by
Michael Epkenhans.[80]

There are fewer naval memoirs from the other belligerents. In France, Admiral
Guépratte published an account of the Dardanelles operations where he played a gal-
lant if somewhat picturesque role, and Admiral Dartige du Fournet defended his role
in the complex Greek imbroglio that had prematurely terminated his command.[81]
Other memoirs of the naval war in the Mediterranean include Admiral Docteur who
held various commands, and those of a medical officer in the battleship *Gaulois*.[82] A
collection of accounts from those involved in small craft was also assembled by Rear
Admiral Forget.[83] It is regrettable,given his high reputation, that Admiral de Bon
died shortly after leaving active service in 1923 and never wrote his memoirs.

The American memoirs are proportionately more numerous, given the relatively
short time the United States was an active participant in the war. One can only name
a few. The most important were probably those of Admiral Sims, commander of U.S.
naval forces in European waters. Sims was a great ASnglophile – for which he was
attacked – and diplomatic when dealing with Allies. He was probably the right man
for the job, and that diplomacy was certainly illustrated when, despite bitter battles
in the Allied Naval Council with Thaon di Revel, chief of the Italian naval staff, over
allocation of resources, he described Revel as »a source of continual delight« who
»was so courteous, so energetic, and so entertaining that he was a general favorite«.[84]
The commander of the US battleship squadron that served with the Grand Fleet,
Admiral Rodman, added his account in *Yarns of a Kentucky Admiral,* while the commander of the destroyer forces in British waters, perhaps America's most important
contribution to the naval war in 1917, wrote an important series of articles in the
United States Naval Institute Proceedings.[85] The *Proceedings* also published other articles, too numerous to mention, by officers on different aspects of American naval
participation in the war. In addition, the Secretary of the Navy, Josephus Daniels
eventually published his memoirs and an edition of his diaries also appeared.[86] There
are also a number of memoirs by those who served in light craft such as converted
yachts or sub chasers.

Staatsführung: Briefe und Aufzeichnungen aus den Jahren 1915-1920 (Berlin: Großdeutscher Verlag,
1928).

[80] Admiral Hopman, *Das Kriegstagebuch eines deutschen Seeoffiziers* (Berlin: Scherl, [1925]); Michael
Epkenhans (ed.), *Das ereignisreiche Leben eines ›Wilhelminers‹. Albert Hopman: Tagebücher, Briefe,
Aufzeichnungen, 1901 bis 1920,* (Munich: Oldenbourg, 2004).

[81] Vice Amiral P.-E. Guépratte, *L'Expédition des Dardanelles, 1914–1915* (Paris: Payot, 1935); Vice
Amiral Dartige du Fournet, *Souvenirs de guerre d'un amiral, 1914–1916* (Paris: Plon, 1920).

[82] Amiral Jules Théophile Docteur, *Carnet de bord, 1914–1919* (Paris: La Nouvelle Société d'Edition,
1932); Laurent Moreau, *À bord du cuirassé »Gaulois«: Dardanelles-Salonique* (Paris: Payot, 1930).

[83] Contre Amiral Forget et al., *En patrouille à la mer* (Paris: Payot, 1929).

[84] Rear Admiral William Sowden Sims, *The Victory at Sea* (Garden City, NY: Doubleday Page, 1921;
reprint Annapolis, MD: Naval Institute Press, 1984), p. 261.

[85] Hugh Rodman, *Yarns of a Kentucky Admiral* (London: Martin Hopkinson, 1929); Captain J.K.
Taussig, »Destroyer Experiences during the Great War«, *United States Naval Institute Proceedings,*
vol. 48, 12; vol. 49, 1 –3 (December 1922 –March 1923).

[86] Josephus Daniels, *The Wilson Era: Years of War and* After (Chapel Hill: University of North Carolina
Press, 1946); E. David Cronon (ed.), *The Cabinet Diaries of Josephus Daniels, 1913–21* (Lincoln:
University of Nebraska Press, 1963).

There seems a general lack of memoirs published in Italy. Thaon di Revel, despite his predominant position in the Italian Navy, did not publish memoirs, but was the recipient of an admiring biography by Guido Po.[87] Admiral Slaghek Fabbri wrote of his experiences in a volume dedicated to his wartime comrade in the Royal Navy Admiral »Joe« Kelly.[88] Kelly had commanded the cruiser *Dublin* in the Adriatic and his correspondence shows he held Slaghek in high regard, something not always common in Anglo-Italian relations during the war. Admiral Vittorio Tur, who had a long career, did not publish his memoirs until after the Second World War.[89]

There is a similar lack of memoirs – at least those that were published – on the Austrian side. Admiral Horthy, the last commander of the *k.u.k. Kriegsmarine*, did write his memoirs, but only after an eventful career as Regent of Hungary and while he was in exile in Portugal.[90] They are not very revealing. Rear Admiral Winterhalder was naval delegate at the Austro-Hungarian high command, but his book is basically a narrative history rather than a memoir.[91] Georg von Trapp was probably the best known Austrian naval officer outside of Austria because of the postwar career of the Trapp family singers. It is less well known that he was a U-boat commander in the war. His memoirs were published in 1935.[92]

For the Russian Navy there are a few memoirs written by emigres. These include the former submarine officer Commander Monasterev; the former 1st officer of the destroyer *Novik* in the Baltic, Commander H. Graf; and another officer from the Baltic fleet, Dmitri Fedotoff White.[93] The books have been translated into other languages and in some cases reprinted in more recent years.

There were other memoirs produced after the war, but they remained hidden for long periods of time. These are diaries or memoirs written for private family use. Eventually, many would find their way to various repositories, sometimes donated by the author, or passed on by the family after the writer had died. The majority of these donations took place after the Second World War. One also cannot help wondering what might have been lost before the manuscripts were secured in various repositories.

One must also mention a few of the »popularizers«, the authors who wrote for the general public rather than the specialists who would plow their way through the official histories. E. Keeble Chatterton published at least ten books over a 20 year period on subjects including Q-ships, German surface raiders and the anti-submarine campaign. Captain Taprell Dorling, writing under the pen name »Taffrail«, described the work of the minesweepers and destroyers and torpedo boats. In France the former

87 Guido Po, *Il Grande Ammiraglio Paolo Thaon di Revel* (Turin: S. Lattes, 1936).
88 Admiral L. Slaghek Fabbri, *Con gl'inglesi in Adriatico* (Rome: Edizioni Ardita, 1934).
89 Admiral Vittorio Tur, *Plancia ammiraglio*. 3 vols. (Rome: Edizioni moderne, 1958–60).
90 Admiral Nicholas Horthy, *Memoirs* (London: Hutchinson, 1956).
91 Konter-Admiral Theodor Winterhalder, *Die österreichisch-ungarische Kriegsmarine im Weltkriege* (Munich: J.F. Lehmans Verlag, 1921).
92 Georg von Trapp, *Bis zum letzten Flaggenschuss: Erinnerungen eines österreichischen U-Boots-Kommandanten* (Salzburg: Pustet, 1935).
93 N. Monasterev, *Dans la Mer Noire* (Paris: Payot, 1928); H. Graf, *The Russian Navy in War and Revolution* (Munich: Oldenbourg, 1923); D. Fedotoff-White, *Survival through War and Revolution in Russia* (Philadelphia: University of Pennsylvania Press, 1939).

naval officer and head of the Service Historique, the ill-fated Paul Chack – he was shot for collaboration after the Liberation – published similar popular works on the French Navy. Admiral von Mantey assembled a collection of articles by naval officers extolling German exploits in a 1921 publication entitled *Auf See unbesiegt*. A second volume followed and the collection was also translated into French. The noted maritime artist Claus Bergen was co-editor with a former U-boat commander Karl Neureuther of a collection of reminisces by former U-boat crewmen. The book also appeared in an English edition which has recently been reprinted. In the United States the well-known broadcaster and traveler Lowell Thomas glamorized the operations of the German raider Count Felix von Luckner. Thomas is perhaps best known for popularizing Lawrence of Arabia for the American audience. A raider like Luckner who had worked from a three-masted sailing ship was far more attractive than a U-boat commander. Von Luckner also wrote his own memoirs as well as numerous other publications.[94]

This concludes what is of necessity a brief survey that with a few exceptions has been limited to publications of the inter-war period when they would have generated the most interest. With the Second World War and its aftermath interest in the earlier conflict decreased with brief revivals on the 50th anniversary of the war in 1964 and the flood of publications accompanying the centennial.

The official histories had their faults, for example, the much discussed influence of Tirpitz in Germany. Needless to say they were also quite discreet on matters relating to intelligence and decoding. This information would follow in another generation. However, in a period when the archives themselves were closed, they were very useful as a starting point for historians. They were not bound by economic necessity to depict only the most important events. Historians could find subjects often obscure for further investigation. Furthermore, there is a certain natural corrective in naval history. Some things cannot be covered up. The students at the Naval War College in Newport used to joke that the difference between military history and naval history is that »ships sink«.

---

[94]   Graf Felix von Luckner, *Seeteufel: Abenteuer aus meinem Leben* (Leipzig: Koehler, 1921). There are many editions as well as translations into English, French and Italian.

Stephan Huck

Marineehrenmale und Marinegedenkfeiern in Deutschland

Unter der Inventarnummer 1999-014-001 ist in der Sammlungsdatenbank des Deutschen Marinemuseums das Objekt »Geschützrohr ›Seydlitz‹« verzeichnet. Es handelt sich um ein 5,50 m langes Fragment der Hauptartillerie des Großen Kreuzers »Seydlitz«, das einen der insgesamt 21 Treffer erhielt, die das Schiff im Verlauf der Skagerrakschlacht erlitt. Im Zuge des anschließenden Werftaufenthalts wurde das Rohrfragment ausgebaut und kurz nach dem Ersten Weltkrieg vor der Wilhelmshavener Elisabethkirche, der heutigen Christus- und Garnisonkirche, aufgestellt. Dort stand es bis zum symbolträchtigen Jahr 1968, in dem es vor das neugebaute Soldatenheim verlegt wurde, das den Wilhelmshavenern als Gorch-Fock-Heim bekannt ist. Die Gründe für die Verlegung gehen weder aus den zeitgenössischen Zeitungsberichten noch aus den Gemeindekirchenratsprotokollen eindeutig hervor. Wohlmeinend gelesen, mag allein der Wunsch nach adäquater Ausstattung des Neubaus ausschlaggebend gewesen sein. Zeitzeugen, so der damalige Gemeindepfarrer Dieter Waschek, bestätigten mir jedoch im persönlichen Gespräch, dass die Verlegung durchaus mit dem »Geist von 68« zu tun hatte: Das martialische Exponat schien nicht mehr so recht zu den Aufgaben eines Gotteshauses passen zu wollen. Nach Gründung des Deutschen Marinemuseums wechselte das Rohrfragment nochmals seinen Standort: Es fand im Museum am Wilhelmshavener Südstrand einen Platz. Aus einem Denkmal war ein museales Objekt geworden. Auch wenn ihm in beiden Nutzungsformen eine Erinnerungsfunktion eignet, besteht zwischen diesen doch ein fundamentaler Unterschied: Dem Denkmal, zumindest dem Kriegerdenkmal, kommt neben der Erinnerungsfunktion eine identifikation- und legitimationstiftende Funktion zu;[1] dagegen besitzt das Museumsobjekt vor allem eine Zeugenfunktion. Es schafft als »Semiophor«, also als sichtbares Zeichen, eine Brücke zwischen der sichtbaren Gegenwart und der unsichtbaren Vergangenheit[2] vornehmlich zum Zwecke der kognitiven Auseinandersetzung.

---

[1] Reinhard Koselleck, Kriegerdenkmale als Identitätsstiftungen der Überlebenden. In: Identität. Hrsg. von Odo Marquard und Karlheinz Stierle, München 1979 (= Poetik und Hermeneutik, 8), S. 255–276, hier S. 256.
[2] Krzysztof Pomian, Der Ursprung des Museums. Vom Sammeln, Berlin 1998, S. 84. Dazu kritisch Thomas Thiemeyer, Die Sprache der Dinge. Museumsobjekte zwischen Zeichen und Erscheinung, <www.museenfuergeschichte.de/downloads/news/Thomas_Thiemeyer-Die_Sprache_der_Dinge.pdf> (letzter Zugriff 23.3.2017).

DOI: 10.1515/9783110533972-014

Ist der Bedeutungswandel, den dieses Objekt, das ursprünglich mit der Rohr-
nummer 194 für eine 28-cm-Schnellladekanone L/45 bei Krupp zum Verschuss von
305 kg schweren Granaten gefertigt worden war,[3] ein Einzelfall oder steht er exemplarisch auch für andere Marinedenkmäler zum Ersten Weltkrieg in Deutschland?
Ich möchte dieser Frage im Folgenden im Wesentlichen anhand einiger ausgewähl-
ter Denkmäler nachgehen: zum Ersten der in Wilhelmshaven beheimateten Christus-
und Garnisonkirche, die unter den beiden Marinepfarrern Friedrich Ronneberger
und Ludwig Müller – Letzterer dem einen oder anderen besser als Reichsbischof
aus der Zeit des »Dritten Reiches« bekannt – zur Marinegedächtniskirche ausgebaut
wurde; zum Zweiten anhand des Seeoffizierdenkmals in der Aula der Marineschule
Mürwik, zum Dritten des Marineehrenmals in Laboe und des in unmittelbarer Nähe
dazu gelegenen U-Boot-Ehrenmals Möltenort. Schließlich möchte ich noch auf die
Revolutionsdenkmale in Wilhelmshaven und Kiel eingehen, die nicht anders als die
Marinedenkmäler einem Bedeutungswandel unterlagen, der einiges über den Wandel
der öffentlichen Erinnerung an die maritimen Ereignisse des Ersten Weltkrieges
in Deutschland aussagt. Dabei werde ich immer wieder zwei Erinnerungsebenen
streifen, die zwar miteinander verwoben, aber keineswegs stets identisch sind: die
Erinnerung an die Ereignisse innerhalb des Militärs bzw. der Marine auf der einen
Seite und in der deutschen Gesellschaft außerhalb des Militärs auf der anderen.
Neben den genannten Denkmälern entstanden noch etliche weitere, die sich,
einer Grundtendenz zur individuellen Erinnerung folgend, einzelnen Gruppen innerhalb der Marine widmeten, wie das U-Bootfahrerehrenmal in Möltenort bei Kiel,
oder gar einzelnen Besatzungen gewidmet waren. Den Marinegedenkfeiern widme
ich mich nur dann, wenn sie im Zusammenhang mit diesen Denkmälern stehen. Es
mag eingangs der Hinweis genügen, dass unter den Marinegedenkfeiern ohnedies allenfalls die bis in die Nachkriegszeit in den örtlichen Gliederungen des Marinebundes
mit Billigung der Bundesmarine zelebrierten Skagerraktage der Erwähnung bedür-
fen, die jedoch eher der Pflege des Binnengedenkens dienten, als dass sie eine breite
Öffentlichkeit zu erreichen vermochten.[4]
Bei den meisten deutschen Denkmälern, die zum Gedenken an die Rolle der
Kaiserlichen Marine im Ersten Weltkrieg errichtet wurden, handelt es sich um
Kriegerdenkmäler, die an die Gefallen der Marine erinnern sollten. Ihrer hatte
die Kaiserliche Marine etwa 35 000 zu verzeichnen, deren Namen dicht an dicht
ein tausendseitiges Buch füllen;[5] ein 35 000-faches Sterben vor der Zeit in einer
Ära des millionenfachen gewaltsamen Sterbens, das bereits vor dem Ende des
»Völkerschlachtens«um des Fortgangs der Kriegshandlungen willen einer Sinnstiftung
bedurfte. Ein kurzer Auszug aus dem Tagebuch des Obermatrosen Carl Richard
Linke nach der Skagerrakschlacht macht diesen Sinnstiftungsbedarf deutlich:

[3]   Hans Mehl, Schiffs- und Küstenartillerie. Marinegeschütze aus 500 Jahren, Hamburg 2001, S. 91.
[4]   Jörg Hillmann, Die Seeschlacht vor dem Skagerrak in der deutschen Erinnerung. In: Skagerrak-
      schlacht. Vorgeschichte – Ereignis – Verarbeitung. Im Auftrag des Militärgeschichtlichen For-
      schungsamtes hrsg. von Michael Epkenhans, Jörg Hillmann und Frank Nägler, München 2009
      (= Beiträge zur Militärgeschichte, 66), S. 309–350, passim, besonders S. 345–350.
[5]   Deutsches Marinemuseum (DMM), 1998-002-001.

»Nachmittags wurden die Gefallenen beerdigt. Jeder von ihnen hatte einen eigenen Sarg, und im Ganzen waren es 1024 Särge. Bis zur Beerdigung wurden die Toten in einen Exerzierschuppen aufbewahrt. Dort lagen sie der Reihe nach, zum Teil ohne Arme, Beine und Köpfe, mit halben Köpfen, den Bauch aufgerissen, und auch mitten durch gerissen, oder vollkommen in Stücke gerissen. Ich selbst war nicht dort, denn es ist manchmal gut, wenn man nicht alles sieht.«[6]

Aus dieser Passage geht hervor, dass selbst die unmittelbar Beteiligten sich den Folgen des Erlebten nicht stellen konnten. Weitaus mehr noch musste dies für die fernab des Kriegsgeschehens stehenden Angehörigen gelten. Die Frage nach dem Sinn des Sterbens ist offenkundig.

Über den Ablauf der ökumenischen Beisetzungszeremonie auf dem nach dem Gefecht bei Helgoland Ende August 1914 gegründeten Ehrenfriedhof für jene Toten der Schlacht, die nicht mit ihren Schiffen auf den Grund der Nordsee gesunken waren, wissen wir nur das wenige, was die Erinnerungen des Marinepfarrers Ronneberger verzeichnen,[7] doch darf angenommen werden, dass der Tenor der Ansprachen jener nicht unähnlich war, die Kaiser Wilhelm II. unmittelbar nach der Schlacht im Wilhelmshavener Kasino hielt: »Die englische Flotte wurde geschlagen [...] Was ihr getan habt, das habt ihr getan für unser Vaterland, damit es in alle Zukunft auf allen Meeren freie Bahn habe für seine Arbeit und seine Tatkraft.«[8] Der noch vor dem Ersten Weltkrieg von Leberecht Migge geplante Ehrenfriedhof in Wilhelmshavens Stadtnorden,[9] mitunter auch als Garnison- oder auch Skagerrakfriedhof bezeichnet, kann so nicht anders als die Gräberfelder auf dem bereits 1878 gegründete Kieler Nordfriedhof als eines der ersten Marinedenkmale bezeichnet werden, dem die eindeutige Aufgabe zugewiesen wurde »die Gefallenen vor dem Vergessenwerden schnelllebiger Zeit zu bewahren«.[10] In seinem Zentrum ragte ein einfaches Holzkreuz auf, unter dem in langen Reihen geordnet nach Todesanlässen und Einheiten einfache, aber individualisierte Holzkreuze[11] an die Toten erinnerten. Jener Einheiten, die während der Schlacht gesunken waren, etwa die »Wiesbaden« oder die »Pommern«, wurde mittels Gedenksteinen gedacht.[12]

Es liegt auf der Hand, dass das von Kaiser Wilhelm gemachte Sinnstiftungsangebot, das das Sterben der Matrosen im Krieg als notwendiges Opfer für den Sieg des Deutschen Reiches deutete, mit dessen Niederlage im November 1918 nicht mehr verfing. Vielmehr warf diese die Sinnfrage erneut auf: Schon die Lebenden hatten sich mit Fortschreiten des Krieges immer häufiger nach der Sinnhaftigkeit ihres Tuns gefragt, wie die Erinnerungen des Matrosen Richard Stumpf belegen. Zwei seiner Äußerungen bezüglich des in Marinekreisen als Erzfeind geltenden Großbritanniens

---

6   Carl Richard Linke, Die Helgoland-Crown, unveröffentlichtes Erinnerungstyposkript, S. 203.
7   Vgl. Aus dem privaten Nachlaß Friedrich Ronnebergers, Dienstältester Marinedekan i.R. Hrsg. von Marie-Elsbeth Ronneberger, [Wilhelmshaven] 1971, S. 33.
8   Zit. nach Hillmann, Die Seeschlacht vor dem Skagerrak (wie Anm. 4), S. 319.
9   Der Neue Marinekirchhof und Kriegerfriedhof für den Standort Wilhelmshaven Rüstringen, Wilhelmshaven 1918.
10 Aus dem privaten Nachlaß Friedrich Ronnebergers (wie Anm. 7), S. 33.
11 Zu Entstehung und Bedeutung des individualisierten Gedenkens vgl. Koselleck, Kriegerdenkmale (wie Anm. 1), S. 267–274.
12 Vgl. Aus dem privaten Nachlaß Friedrich Ronnebergers (wie Anm. 7), S. 34.

mögen exemplarisch – insofern, als dass Stumpf trotz seiner Zugehörigkeit zu den Mannschaften eben auch der Mehrheit der »Patrioten« unter den Marineangehörigen zuzurechnen ist – für diese aufkommende Sinnfrage stehen. Noch zu Beginn des Krieges schrieb er: »Gegen England, das falsche, gemeine, ist unsere Flotte gebaut.«[13] Er wies also dem Empire im Einklang mit der Kriegspropaganda des Deutschen Reiches die Hauptschuld am Krieg zu.[14] Im Spätsommer 1917 aber notierte er: »Ich bin der festen Überzeugung, dass E.[nglands] Schuld am Kriege nicht größer ist als wie [sic] die unsere.«[15]

Wenn sich aber schon den Überlebenden die Frage nach der Sinnhaftigkeit ihres Tun stellte, um wieviel mehr musste sich diese im Angesicht der tausenden Toten stellen?

Marinegedächtniskirche

Zentraler Ort der Sinnstiftung in Wilhelmshaven wurde die ab 1869 gebaute und 1872 geweihte Elisabethkirche, zum prägendsten Sinnstifter wurde der bereits erwähnte Militärgeistliche Friedrich Ronneberger.

Ronneberger hatte die als gleichsam nachgeholten Untergang mit wehender Flagge imaginierte Selbstversenkung der Hochseeflotte in Scapa Flow als Marinepfarrer begleitet und glaubte auch über die Niederlage hinaus an die Überlegenheit der Deutschen über die übrigen europäischen Nationen, wie aus seinem Kommentar der Selbstversenkung klar hervorgeht:

> »Würdig ihrer Vergangenheit, hat die deutsche Flotte ihr Grab gefunden! [...] Ohne fremdes Zutun von sich aus haben sie solches gewagt. Und das war deutsch! Alles andere, was sonst bei uns geschieht, ist welsch, ist undeutsch! Sie aber, die noch einmal der Welt gezeigt, was für einen inneren sittlichen Wert die ehemalig[e] kaiserliche Marine ihren Angehörigen als Gab mitgegeben, sie sollen frei sein von jeder Anklage, und stattdessen soll[en] sie Genugtuung erwarten, wenn sie heimkehren.«[16]

Nach seiner Rückkehr beginnt er die Elisabethkirche zur Marinegedächtniskirche auszubauen. Die bereits erwähnte Aufstellung des »Seydlitz«-Rohres vor dem im Zweiten Weltkrieg zerbombten Nordschiff der Kirche ist ebenso Teil dieser Ausstattung wie die Einbringung von Flaggen und Wappen von Einheiten der ehemaligen Kaiserlichen Marine und des Steuerrades der in Wilhelmshaven abgewrackten

---

[13] Erinnerungsmanuskript von Richard Stumpf, Eintrag vom 1.8.1914, Militärhistorisches Museum der Bundeswehr (MHMBw), BAAW 0550, S. 20.

[14] Vgl. Sönke Neitzel, Julikrise, Augusterlebnis und die Flotte. In: Die Flotte schläft im Hafen ein. Kriegsalltag 1914–1918 in Matrosen-Tagebüchern. Hrsg. von Stephan Huck, Matthias Rogg und Gorch Pieken, Dresden 2014, S. 48–59.

[15] Zit. nach Stephan Huck, Ein getreues Bild meiner Erlebnisse und Beobachtungen. Über die Erinnerungen der Matrosen Stumpf und Linke und ihre Autoren. In: Die Flotte schläft im Hafen ein (wie Anm. 14), S. 12–35, hier S. 24. Dort auch eine weiterführende Einordnung zu diesem Stimmungswandel, der u.a. wesentlich durch das Erlebnis der überzogenen Reaktion der Marinejustiz auf die Unruhen in der Hochseeflotte im Spätsommer 1918 beeinflusst wurde.

[16] Zur Ronnebergers Schilderung der Internierungszeit in Scapa Flow vgl. Aus dem privaten Nachlaß Friedrich Ronnebergers (wie Anm. 7), S. 16–36, Zitat S. 33.

Kaiseryacht »Hohenzollern« (II) und die Aufstellung der schon fast als obligatorisch zu bezeichnenden Gedenktafeln der Aufzählung der verlorenen Einheiten. Flaggen, Wappen, Kanonenrohr, das alles erinnert eher an ein Zeughaus denn an eine Kirche. Wesentliches Element der Erinnerungspflege wurde die Einbringung eines neuen Altarbildes am 31. Mai 1926. Einbringungsdatum und Ausführung durch den Hamburger Marinemaler Hugo Schnars-Alquist stellen einen klaren Bezug zur Skagerrakschlacht dar, die zehn Jahre zuvor stattgefunden hatte und nach wie vor als bedeutendster Seesieg der deutschen Marinegeschichte galt. Das »per crucem ad lucem« (Durch das Kreuz zum Licht) betitelte Bild zeigt eine ruhige, oder vielmehr eine sich beruhigende See, über der die Morgensonne aufgeht, überstrahlt aber wird sie noch vom Heilssymbol des christlichen Kreuzes, welches das Zentrum des Bildes dominiert. Das Bildmotiv wird gemeinhin als die See nach der Schlacht gedeutet, die Bildaussage ist im Kontext des Aufstellungszeitraumes und -ortes sowie des Bildtitels recht eindeutig: Sie verspricht den Beteiligten an der Schlacht die Erlösung durch das Ewige Leben; eine trostspendende Botschaft für die zahlreichen Hinterbliebenen, aber ebenso die Visualisierung des Wahlspruches der preußischen Könige: »Gott mit uns«, der nicht nur die auf den Kriegsschiffen wehenden Standarten des Kaiserhauses zierte, sondern unter dem auch noch die Wehrmacht kämpfte. Im September 1942 erhielt die Elisabethkirche auch einen Bombentreffer im nördlichen Seitenschiff. Das Gotteshaus wurde durch das Bombardement schwer beschädigt.[17] Innerhalb von drei Monaten wurde die Kirche notdürftig wieder hergerichtet. Nach dem Krieg errichtete der immer noch in Amt und Würden befindliche Ronneberger dort das noch heute sichtbare Ehrenmal, das die in Holz geschnitzte Widmung »Sie starben für ihr Vaterland« trägt. Das ist zugleich die klassische Sinnstiftung des Soldatentodes seit der Schaffung des Bürgersoldaten,[18] die sich jedoch durch den allzu intensiven Gebrauch und durch das zweimalige Scheitern der politischen Ordnung, für die angeblich in den beiden Weltkriegen gestorben worden war, aufzulösen begann.[19] Im Zentrum des Mahnmals steht das »Grabmal eines unbekannten Soldaten«,[20] an den Wänden sind die Namen von in beiden Weltkriegen gesunkenen Booten und Schiffen der Kaiserlichen Marine und der Kriegsmarine aufgelistet, Nischen enthalten Totenbücher mit Gefallenennamen beider Weltkriege. Eingeweiht wurde es am 2. Juni 1957 im Beisein der gerade aus der Spandauer-Haft entlassenen Großadmirale der Kriegsmarine Erich Raeder – dem Ronneberger sich aufgrund

---

17 Die Christus- und Garnisonkirche in Wilhelmshaven. Ein Gang durch das Gotteshaus und seine Geschichte. Hrsg. vom Gemeindekirchenrat der ev.-luth. Kirchengemeinde Wilhelmshaven (Christus- und Garnisonkirche), Wilhelmshaven 1994, S. 16 f.

18 Zur Genese der Verknüpfung von Nation und Gefallenengedenken vgl. Manfred Hettling, Nationale Weichenstellungen und Individualisierung der Erinnerung. Politischer Totenkult im Vergleich. In: Gefallenengedenken im globalen Vergleich. Nationale Tradition, politische Legitimation und Individualisierung der Erinnerung. Hrsg. von Manfred Hettling und Jörg Echternkamp, München 2013, S. 11–42, hier S. 17 f.

19 Dazu auch ebd., S. 21 f.

20 Zum Aufkommen dieser Gedenkform, die bis in die Gegenwart reicht, nach dem Ersten Weltkrieg ebd., S. 18. Jüngst dazu: Stephan Huck und Frank Morgenstern, Friedrich Ronneberger. Pastor in drei Kriegen. In: Mit Schwert und Talar. Drei Pastoren zwischen Kirche und Marine [Begleitband zur gleichnamigen Ausstellung], Wilhelmshaven 2017, S. 9–27, hier S. 19 f.

gemeinsamer Erlebnisse im Ersten Weltkrieg besonders verbunden sah – und Karl
Dönitz sowie des damaligen Wilhelmshavener Bundestagsabgeordneten Hellmuth
Heye. Für Ronneberger bestand eine Kontinuität zwischen beiden Weltkriegen, die
bereits in seinen Kriegspredigten immer wieder durchschien[21] und auch in seiner
Predigt zur Einweihung des Ehrenmals zentrales Thema war: Der Seelsorger bildete
eine Kontinuitätskette »beginnend mit der deutschen Hanse bis hin zu Benjamin
Raule, dem Admiral der Großkurfürstlichen Marine, bis hin in die Neuzeit, zu
den Admiralen Scheer und von Hipper, den Siegern der Skagerrakschlacht, bis
hin zu den Männern von Bismarck, Scharnhorst, Tirpitz und Gneisenau, bis hin
zu den U-Booten, zu den Torpedobooten und Zerstörern, zu den Schnellbooten,
Minensuch- und Räumbooten, zu den Hilfkreuzern, kleinen Fahrzeugen und den
einzelnen Marinefliegern«.[22] Grundlage der Kontinuität wäre das Sterben als äu-
ßerster Ausdruck der Pflichterfüllung, wofür er den Mythos um den antiken König
Leonidas I. von Sparta bemühte: »sie alle starben, wie die Pflicht es befahl.«[23] Die
Motive des Kämpfens in den beiden Weltkriegen werden hingegen ausgeblendet:
»Wir sind doch Christen. Sie starben für ihr Vaterland! Nicht Ressentiments sollen
hier das Wort mehr haben, sondern der Geist der Versöhnung und damit der des
wahren Friedens sollen hier laut werden.«[24] Der katholische Marinedekan Dr. Breuer
zeichnete in seiner Kopredigt zudem das Bild der sauberen, von den Verführungen des
Nationalsozialismus weitgehend freien Kriegsmarine, das es künftig erleichterte, eine
Kontinuität des gemeinsamen Gedenkens an beide Weltkriege herzustellen: »In der
Tat konnte der Uniform als Auszeichnung [in der Zeit nach 1933] nicht wirksamer
der Garaus gemacht werden, als dass man alle zu Uniformträgern beförderte. Einzig
der Marine war vorbehalten, sich des Besonderen des Soldaten in seiner Uniform zu
erfreuen. Freilich hatte die Geschichte an ihr etwas gutzumachen. 1918 war ihr das
Missgeschick geschehen [eine bemerkenswerte Formulierung], dass ihr ihr Kleid zur
Drapierung des Wurzellosen entwendet worden war.«[25] Im Beisein der beiden ehemaligen Großadmirale attestierte der katholische Marinedekan hier der Kriegsmarine
genau jenes »Sterben mit Anstand« vollbracht zu haben, dass Großadmiral Raeder am
3. September 1939 mit seinem Eintrag in das Kriegstagebuch der Seekriegsleitung
in unverkennbarer Anspielung auf die Meuterei von 1918 von der Kriegsmarine
gefordert hatte.[26]

[21] So zog er in einer Gedenkfeier anlässlich des Unterganges der »Bismarck« eine Parallele zwischen
      deren Untergang und dem Untergang der Scharnhorst unter dem Kommando des Admirals
      Maximilian Reichsgraf von Spee im Gefecht bei den Falklandinseln im Ersten Weltkrieg: »So
      kämpften sie [die Soldaten der ›Bismarck‹] den letzten Kampf genau so wie einst Admiral Graf
      Spee, fern von Heimat, fern von jeder Hilfe. ›Die Flagge, das Vaterland, ist mehr als der Tod‹«, Aus
      dem privaten Nachlaß Friedrich Ronnebergers (wie Anm. 7), S. 94.
[22] Ebd., S. 99.
[23] Ebd.
[24] Ebd.
[25] Ebd., S. 102.
[26] Vgl. Jörg Hillmann, Für die Kriegsmarine begann der Krieg erst am 3. September. Großadmiral
      Erich Raeder und seine Marine. In: Die Kriegsmarine. Eine Bestandsaufnahme. Hrgs. von Stephan
      Huck, Bochum 2016 (= Kleine Schriftenreihe zur Militär- und Marinegeschichte, 25), S. 147–158.

Das Marineehrenmal im Nordschiff der Christus- und Garnisonkirche hat bis heute bestand, dennoch erfuhr die Kirche einige bedeutende Wandlungen, die hier mit Blick den begrenzten Raum nur schlaglichtartig angerissen werden: 1968 wurde wie eingangs erwähnt das »Seydlitz«-Rohr versetzt, im Jahr 2000 wurden gegen zum Teil heftige öffentliche Widerstände die Flaggen der Kaiserlichen Marine abgenommen. Inzwischen wurde im Gemeindekirchenrat entschieden, diese nicht wieder aufzuhängen. Lediglich auf der Empore des Südschiffs, vis-à-vis des Ehrenmals im Nordschiff, wurde 2013 eine einzige Flagge im Zuge einer Ausstellung zur Geschichte der Kirche, die auch auf ihre Rolle als Marinegedächtniskirche eingeht, zusammen mit anderen Objekten wieder der Öffentlichkeit gezeigt. Damit lässt sich auch innerhalb der Christus- und Garnisonkirche feststellen, was bereits für das »Seydlitz«-Rohr konstatiert wurde: eine Musealisierung ihrer Weltkriegsvergangenheit, jedoch beileibe keine Rückkehr zum heroischen Gedenken, das so lange das Antlitz der Kirche prägte. Allerdings gehen die beiden Gemeindepfarrer immer wieder auch in ihrer theologischen Arbeit auf das militärische Erbe ihrer Gemeinde ein, und das äußerst erfolgreich, wie die überdurchschnittlich hohen Zahlen an Gottesdienstbesuchern zeigen.

Marineehrenmal Laboe

Machen wir einen Sprung in Raum und Zeit, auf dem uns noch einmal Friedrich Ronneberger begleitet. Am 8. August 1927 legten Admiral Reinhard Scheer und Ronneberger auf dem Gelände eines ehemaligen Panzerturmes an der Kieler Förde in Laboe gemeinsam den Grundstein für das Marineehrenmal. Sie formulierten dabei ein klares Programm zur Revision des Versailler Vertrages, der die einst so imposante Kaiserliche Marine auf ein – zurückhaltend formuliert – mittelmächtiges Maß herabgestuft hat. Scheers Weiheformel lautete »Für deutsche Seemannsehr. Für Deutschlands schwimmende Wehr. Für beider Wiederkehr«.[27] Ronneberger lässt gar die Toten sprechen: »Heraus, sofern ihr unser noch gedenkt, die Schmach getilgt und die Ketten gesprengt! Wir Toten fordern als unser Recht die alte Treue vom neuen Geschlecht.«[28]

Initiiert worden war das Denkmal von Wilhelm Lammertz, einem ehemaligen Unteroffizier der Kaiserlichen Marine und Mitglied des Deutschen Marinebundes, der 1925 auf der Mitgliederversammlung gefordert hatte, jener zu gedenken, »die ihr Leben opferten, ohne dass ein Stein oder eine Blume die Stelle, an der sie fielen, schmückte«.[29] Bei der Grundsteinlegung erweiterte er nicht anders als die beiden Vorgenannten das mahnende Gedenken um den Revisions- und Rachegedanken, indem er an die Gefallenen folgende Worte richtete: »Ihr habt dem deutschen

27 Zit. nach Günter Kaufmann, Historische Denkmäler in Kiel – Stätten des Erinnerns und Vergessens. In: Denkmäler in Kiel und Posen. Hrsg. von Rudolf Jaworski und Witold Molik, Kiel 2002, S. 23–59, S. 37.
28 Zit. nach ebd.
29 Zit. nach Dieter Hartwig und Reinhard Scheiblich, Das Marine-Ehrenmal in Laboe. »Für die Ewigkeit, zeitlos, klar ...«, Hamburg 2004, S. 14.

Vaterland die Treue gehalten bis in den Tod. Wir halten Euch die Treue über Grab und Zeit hinaus, damit Euch einst die Rächer entstehen.«[30] Mit dieser Formulierung greift er ein damals weit verbreitetes zeitgenössisches Motiv des instrumentalisierten Heldengedenkens, das auf ein Zitat aus der Aenaeis Vergils zurückgeht und unter anderem auf dem noch zu behandelnden Seeoffizierdenkmal in der Marineschule Mürwik Verwendung fand bzw. findet.[31]

Sichtbarstes Element des nach einem Wettbewerbsentwurf des Düsseldorfer Architekten Gustav August Munzer errichteten Denkmals war und ist der 75 m hohe Denkmalsturm, dessen abstrakte Form lediglich Assoziationen wecken wollte: So schrieb der Architekt, das Denkmal solle »in dem Herzen des Seemannes Verwandtes berühren und sein eigen sein. Rotbraun ist das Material, Granit und Ziegelstein, eine Harmonie mit den Farben des Meeres und des Himmels.«[32] Das Denkmal, so eine mögliche Interpretation, verbindet die drei Elemente Himmel, Erde und Meer miteinander Weitere zentrale Elemente des Denkmals sind der von einem Wandelgang gefasste kreisrunde Ehrenhof mit der dem Turm gegenüberliegenden »Ehrenhalle« (heute: »Historischen Halle«[33]) sowie die unterhalb des Ehrenhofes gelegene »Weihehalle«. Anders als der aufstrebende Turm ist sie in »mystisches Dunkel«[34] getaucht; im Zentrum steht ein altarartiger Block mit einem Totenbuch und der »an die Einsetzungworte beim Abendmahl ›Christi Leib, für Dich gestorben‹«[35] erinnernden Mahnung: »Sie starben für Dich«. Ein Sinnspruch Ronnebergers forderte ursprünglich über dem Abstieg zu dem kryptaartigen Raum mit nationalem Pathos zur Andacht auf: »Deutscher, entblöße Dein Haupt! Du stehst auf heiligem Boden. Namen von Lorbeer umrankt, Verkünden gewaltige Worte: Helden gefallen im Ringen um Deutschlands Ehre.«[36]

Eingeweiht wurde das Denkmal am Vorabend des 20. Jahrestages der Skagerrakschlacht, dem 30. Mai 1936, im Beisein des Oberbefehlshabers der Kriegsmarine Erich Raeder und des Reichswehrministers Generalfeldmarschall Werner von Blomberg. Die Einweihung im Olympiajahr 1936 fiel in eine Phase der deutsch-britischen Annäherung, die sich nicht nur in dem im Jahr zuvor geschlossenen Flottenabkommen, sondern generell in der britischen Politik des »Appeasement« ausdrückte.[37] Zur Feier

---

[30]   Zit. nach ebd., S. 26.
[31]   Zur breiten Instrumentalisierung dieses Zitats vgl. Loretana de Libero, Rache und Triumph. Krieg, Gefühle und Gedenken in der Moderne, München 2014 (= Beiträge zur Militärgeschichte, 70), S. 19–128.
[32]   Zit. nach Hartwig/Scheiblich, Das Marine-Ehrenmal in Laboe (wie Anm. 29), S. 22.
[33]   Dieter Hartwig, Kontinuität und Wandel einer nationalen Gedenkstätte – das Marine-Ehrenmal in Laboe. In: Dieter Hartwig – Marinegeschichte und Sicherheitspolitik. Vorträge und Texte aus drei Jahrzehnten. Festschrift zum 60. Geburtstag. Hrsg. von Jens Graul und Michael Kämpf, Bochum 2003 (= Kleine Schriftenreihe zur Militär- und Marinegeschichte), S. 231–250, hier S. 236.
[34]   Kaufmann, Historische Denkmäler in Kiel – Stätten des Erinnerns und Vergessens (wie Anm. 27), S. 36.
[35]   Ebd.
[36]   Zit. nach Hartwig/Scheiblich, Das Marine-Ehrenmal in Laboe (wie Anm. 29), S. 16. Dort wird das Zitat allerdings widersprüchlich in einer Bildunterschrift dem Datum der Einweihungsfeier (30.5.1936), im Text hingegen der Grundsteinlegung zugeordnet.
[37]   Vgl. Klaus Hildebrand, Das vergangene Reich. Deutsche Außenpolitik von Bismarck bis Hitler, Stuttgart 1996.

war auch eine britische Delegation angereist, die als Gastgeschenk die Glocke des Großen Kreuzers »Seydlitz« mitbrachte, der sich in Scapa Flow 1919 selbst versenkt hatte.[38] Naheliegenderweise war vor diesem Hintergrund bei der Zeremonie kein Platz für die Worte der Rache, die die Grundsteinlegung geprägt hatten. Stattdessen wurde sie zur Demonstration nationaler Größe, an der Hitler allerdings wohl eher widerwillig teilgenommen hatte. Nicht nur, dass er das Denkmal, wie er in einem seiner berüchtigten Tischgespräche später äußerte, für »ein Kitschprodukt sondersgleichen«[39] hielt; es war für ihn auch Produkt der verhassten Weimarer »Systemzeit«.

Nach dem Zweiten Weltkrieg wurde das weitgehend unbeschädigte Denkmal nach Neu- bzw. Wiedergründung des Deutschen Marinebundes diesem zum Betrieb übergeben. Bei der Übernahmezeremonie, im Beisein der Alliierten, soll der neue Präsident des Deutschen Marinebundes, der ehemalige U-Bootkommandant Otto Kretschmer folgende Weiheformel gesprochen haben:

> »Wir weihen dieses Ehrenmal dem Gedenken aller toten deutschen Seefahrer beider Weltkriege, ganz gleich ob sie an Bord von Kriegs- oder Handelsschiffen, von Flugzeugen oder an Land gefallen sind. Dabei verneigen wir uns auch vor den Gefallenen unserer Bundesgenossen zur See und vor unseren toten Gegnern, in der Hoffnung, dass den Völkern keine neuen Kriegsopfer mehr auferlegt werden.«[40]

Überliefert wurde diese Widmung verkürzt als »Dies [...] Marineehrenmal soll fortan dem Gedenken aller auf See gebliebenen Seeleute, unsere früheren Gegner eingeschlossen, gewidmet sein.«[41] Ähnlichkeiten zu den Vorgängen in Wilhelmshaven sind durchaus erkennbar: so die Erweiterung des Gedenkens an die Toten des Ersten Weltkrieges auf beide Weltkriege, deren Verbindung in einer gemeinsamen Sinnstiftung des Sterbens für das Vaterland, die die näheren Motive dieses Sterbens, respektive die Frage nach den Ursachen und Motiven der jeweiligen Kriege und ihrem Scheitern ausblendet. Ähnlich verhält es sich mit dem Appell an Versöhnung und Frieden, der im Kontrast zu den Racheäußerungen nach dem Ersten Weltkrieg stand. Allerdings zeigt eine weitere Episode, dass es zu echter Versöhnung noch ein weiter Weg war. 1996, im Zuge einer Initiative zur stärkeren Einbindung des Marineehrenmals in die Erinnerungskultur der inzwischen wieder in Auslandseinsätzen engagierten Deutschen Marine, wurde die Eingangshalle zum Turm ausgestattet. Neben einer neuen, nochmals erweiterten Widmung »Gedenkstätte für die auf See Gebliebenen aller Nationen. Mahnmal für eine friedliche Seefahrt auf freien Meeren« wurden zur Einordnung die beiden Vorgängerwidmungen gezeigt.[42] Als Kretschmer, inzwischen im hohen Alter von 85 Jahren, hiervon Kenntnis erhielt, protestierte er gegen diese verkürzte Wiedergabe seiner Widmung. Er habe 1954 die toten Gegner nur für die Sekunde des Aussprechens, nicht auf Dauer einbezogen wissen wollen, schließlich sei damals im Beisein der ausländischen Offiziere noch Vorsicht geboten gewesen.[43]

---

38 Hartwig/Scheiblich, Das Marine-Ehrenmal in Laboe (wie Anm. 29), S. 90.
39 Zit. nach Henry Picker, Hitlers Tischgespräche im Führerhauptquartier, Stuttgart 1977, S. 478.
40 Zit. nach Hartwig, Kontinuität und Wandel einer nationalen Gedenkstätte (wie Anm. 33), S. 239.
41 Zit. nach ebd.
42 Vgl. Hartwig/Scheiblich, Das Marine-Ehrenmal in Laboe (wie Anm. 29), S. 52–56.
43 Hartwig, Kontinuität und Wandel einer nationalen Gedenkstätte (wie Anm. 33), S. 56.

Die Geschichte beider Denkmäler, des Wilhelmshavener wie des Kielers, zeigt, dass sich in der Bundesrepublik die Erinnerung an den Ersten Weltkrieg nicht von jener an den Zweiten trennen ließ. Doch gingen die Umdeutungen der ursprünglichen Denkmäler nicht kritiklos vonstatten. In Wilhelmshaven protestierten Gemeindemitglieder gegen die Entfernung der Traditionsgegenstände – richtiger muss man sagen: einiger Traditionsgegenstände, denn wer heute die Kirche betritt, der wird nach wie vor mit ihrer Marinevergangenheit konfrontiert –, und auch die Öffnung des Marineehrenmals wurde, wie die Kritik Kretschmers zeigt, nicht durchgängig goutiert. Während Kretschmer offensichtlich aber die Überwindung nationaler Grenzen im Totengedenken zu weit ging, zweifelt mancher an dem Funktionieren solcher Denkmalsumwidmungen, wenn nicht sogar an der Glaubwürdigkeit der Intentionen der Denkmalsbetreiber.[44]

Die Geschichte beider Denkmäler offenbart ein grundlegendes Dilemma: Vom Material und vom Anspruch her sind sie eindeutig auf ein lang andauerndes Bestehen und Gedenken ausgerichtet, zugleich aber erweist sich ihre jeweilige Ausformung als höchst zeitgebunden und kurzlebig. Dies hängt zum einen mit der wachsenden Distanz zwischen der Gegenwart und dem erinnerten Geschehen und damit den Toten zusammen, in unserem besonderen Fall aber auch mit dem Scheitern der beiden Kriege – die in der Erinnerungskultur viel früher als in der Forschung als Einheit wahrgenommen wurden. Denn die Interpretation des Todes für das Vaterland impliziert, dass die Toten für den Erhalt eines bestimmten politischen Systems gestorben waren, das sich aber in beiden Fällen als nicht von Bestand erwiesen hatte.

Dabei war die Situation zum Ende des Ersten Weltkrieges weitaus unsicherer als nach dem Zweiten Weltkrieg, der uns hier nur am Rande von Interesse ist. Zwar hatte das Kaiserreich mit der Niederlage von 1918 und der mit ihr einhergehenden Revolution aufgehört zu existieren, doch war die Niederlage anders als 1945 keineswegs allgemein akzeptiert.

Seeoffizierdenkmal

So kann das für das Binnengedenken der Seeoffiziere 1923 während der jährlichen Skagerrakfeier eingeweihte Denkmal in der Aula der Marineschule Mürwik nicht anders denn als ein beredtes Zeugnis für den Wunsch nach Rache und Revision gedeutet werden: Errichtet worden war es aus Spendengeldern, die eine von sechs ehemaligen kaiserlichen Admiralen initiierte Sammlung eingebracht hatte. Auf vier Tafeln aus Eichenholz führt es die Namen aller 800 im Krieg gefallenen Seeoffiziere auf, zudem zeigt es den bereits oben zitierten Sinnspruch »Ex oriare aliquis nostris ex ossibus ultor« sowie den Ausspruch Gorch Focks (eigentl. Johann Wilhelm Kinau): »Nicht klagen, wieder wagen. Seefahrt ist Not!«[45] Einem der beiden Erinnerungsbücher mit den Namen der Gefallenen, die zu dem Denkmal gehörten, war

44 Vgl. exemplarisch, festgemacht nicht zuletzt an der Erweiterung um das technische Denkmal U-995, die Kritik bei Kaufmann, Historische Denkmäler in Kiel – Stätten des Erinnerns und Vergessens (wie Anm. 27), S. 50 f.
45 de Libero, Rache und Triumph (wie Anm. 31), S. 32–35.

folgender Vers des Freikorpsführers Bogislav von Selchow vorangestellt worden:
»Euch sank das Schwert aus sieggewohnten Händen, / was Ihr begehrt, wir werden
es vollenden.«[46] Angesichts dieser offensichtlichen Wertschätzung der Freikorps mag
hier der Hinweis angebracht sein, dass sich in deren bis zur Beteiligung am Kapp-
Lüttwitz-Putsch reichenden Geschichte der Wunsch nach Revision besonders zuge-
spitzt zeigte.[47]

Während sich im Seeoffizierdenkmal, das bis vor Kurzem ohne nennenswerte
Kontextualisierung in der denkmalgerecht sanierten Aula der Marineschule zu se-
hen war,[48] sowie in den zeitlichen Umständen seiner Entstehung der Wunsch nach
Rückkehr zur alten Ordnung und Großmacht manifestierte, begrüßten andere das
Anbrechen einer neuen Zeit nach 1918 und unterstrichen dies ihrerseits durch
Denkmäler, die sie den Toten widmeten, die bei deren Durchsetzung ums Leben
gekommen waren.

Revolutionsdenkmäler

So wurden in Wilhelmshaven wie in Kiel als den zentralen Orten der in die Novemberrevolution mündenden Matrosenaufstände durchaus ebenfalls als Kriegerdenkmäler zu verstehende Gedenksteine errichtet. Am 2. Mai 1920 wurde, als un-
mittelbare Reaktion auf den gescheiterten Kapp-Lüttwitz-Putsch, auf Initiative des
Deutschen Metallarbeiterverbandes, der Unabhängige Sozialdemokratische Partei
Deutschlands (USPD) und der Mehrheitssozialdemokratische Partei Deutschlands
(MSPD) auf dem Wilhelmshavener Ehrenfriedhof ein sarkophagartiges Denkmal
für alle Gefallenen der Revolution errichtet. Versehen war es mit einem Sinnspruch
Ferdinand Freiligraths, der als Mahnung zur Fortsetzung des revolutionären
Kampfes verstanden werden wollte: »Oh steht gerüstet/ seid bereit/ daß die Erde/ in
der wir liegen steif und starr/ ganz eine freie werde!« Das Denkmal wurde von den
Nationalsozialisten als Zeichen der Revolution zerstört.[49]

In Kiel, wo es während der Novemberrevolution wie auch während des Kapp-
Lüttwitz-Putsches nicht anders als in Wilhelmshaven-Rüstringen zu Toten auf-
seiten der Freikorps wie der Revolutionäre gekommen war, existieren für die
Verstorbenen beider Seite räumlich voneinander getrennte Denkmäler. Auf dem
Nordfriedhof, der in gewisser Weise als das Kieler Pendant zum Wilhelmshavener
Ehrenfriedhof gesehen werden kann (er wurde allerdings 1878, im selben Jahr wie

---

[46] Zit. nach ebd., S. 35.
[47] Michael Salewski, Die Marine und Berlin. Vom Tirpitz- zum Reichpietschufer. In: Michael
Salewski, Die Deutschen und die See. Studien zur deutschen Marinegeschichte des 19. und
20. Jahrhunderts, Bd 2, Stuttgart 2002, S. 59.
[48] Nach wie vor ist das Seeoffizierdenkmal Bestandteil der Aula. Doch wurde unter Vizeadmiral
Andreas Krause mit einer umfangreichen Umgestaltung begonnen. Siehe Carsten Stawitzki, Unsere
Aula – Ein »Denk mal« und nicht nur ein Denkmal, <http://reunion-marine.de/meldungen/
umgestaltung-der-aula-der-marineschule-muerwik/>, letzter Aufruf 23.5.2017.
[49] Hartmut Büsing und Johann Cramer, ... das Volk vom Elend zu erretten (Arbeitermareillaise).
Revolution in Rüstringen und Wilhelmshaven, Wilhelmshaven 1998, S. 130.

der erste Wilhelmshavener Marinefriedhof, gegründet,[50] der aber in der Bedeutung hinter dem Ehrenfriedhof zurücksteht), liegen die Angehörigen der Freikorps. Auf dem Eichhof hingegen wurden die Toten der Revolution und die im Rahmen des Kapp-Putsches getöteten Zivilisten in einer Gedenkstätte beigesetzt, die, wie auch der Wilhelmshaven-Rüstringer Ehrenfriedhof, von Leberecht Migge gestaltet worden war. Irreführenderweise weist der zentral errichtete Gedenkstein – ein einfacher Findling, wie er häufig in jener Zeit gesetzt wurde – in einer nüchternen Inschrift die Beigesetzten als »Opfer der Revolution« aus.[51] Doch verdeutlicht diese Widmung, wie sehr die Zeit zwischen 1918 und 1923 als einheitliche Epoche der Inneren Auseinandersetzung begriffen und gedeutet wurde.

Anders als etwa in Russland, wo die Erinnerung an die Revolution das Gedenken an die Gefallenen des Ersten Weltkrieges nahezu vollständig verdrängen konnte,[52] vermochte sich die Erinnerung an die Novemberrevolution und den anschließenden Bürgerkrieg jedoch zunächst im kommunikativen Gedächtnis nicht zu etablieren. Wie die Geschichte des Wilhelmshavener Denkmals zeigt, gab es vielmehr eine deutliche Tendenz zur Tilgung dieses Kapitels deutscher Geschichte.

Während jedoch das Gedenken an die Toten des Ersten Weltkrieges wie vorhin skizziert nach dem Zweiten Weltkrieg von der Erinnerung an den Zweiten Weltkrieg überlagert wurde, wurde das Revolutionsthema Anfang der 1980er Jahre von der Öffentlichkeit gleichsam »neuentdeckt«. In Wilhelmshaven wurde auf Initiative des rührigen Historischen Arbeitskreises des Deutschen Gewerkschaftsbundes unter Leitung von Hartmut Büsing auf dem Ehrenfriedhof ein erneutes Revolutionsdenkmal errichtet, das in Form von zerschlagenen Steinelementen an das Schicksal des zerstörten ersten Denkmals erinnert und damit dessen Geschichte als mahnendes Erinnern an die NS-Diktatur mit dem Erinnern an die Revolutions- und Bürgerkriegsereignisse verbindet. Anders als bei dem ursprünglichen Denkmal ist aber auch hier das Zusammengehen von NS-Gedenken mit Weltkriegsgedenken sowie die Verlagerung des Schwerpunktes vom individuellen Opfergedenken auf ein Erinnern an historische Ereignisse zu erkennen, die zwar nicht erfolgreich gewesen waren, aber als Wegmarke mit Blick auf die Entwicklung zur Demokratie interpretiert wurden.

Ähnliches lässt sich auch für Kiel feststellen: Am 16. Juni 1982 wurde im Kieler Stadtteil Wik ein in Anlehnung an Ernst Tollers Schauspiel »Feuer aus den Kesseln« tituliertes Denkmal zur Erinnerung an die Revolution errichtet, wenn auch nur mit knapper Ratsmehrheit, sahen doch Befürworter des Denkmals in den Revolutionären Vorkämpfer der Freiheit, während Kritiker sie als »Meuterer« stehen lassen wollten.[53] Auch hier betont eine ebenfalls dem Schauspiel entlehnte Widmung auf dem dann errichteten Denkmal den Wegmarkencharakter des Ereignisses: »der die Pfade be-

---

50   Der Neue Marinekirchhof (wie Anm. 9), S. 1.
51   Günter Kaufmann, Historische Denkmäler in Kiel. Ein Beispiel für den Umgang mit Denkmälern als historische Quelle. In: Demokratische Geschichte. Jahrbuch für Schleswig-Holstein, 1992, S. 261–319, S. 269 f.
52   Hettling, Nationale Weichenstellungen (wie Anm. 18), S. 20.
53   Vgl. Kaufmann, Historische Denkmäler in Kiel. Ein Beispiel (wie Anm. 51), S. 267.

reitet, stirbt an der Schwelle, doch es neigt sich vor ihm in Ehrfurcht der Tod.«[54]
2011 wurde ein weiterer Ort der Erinnerung an die Novemberrevolution errichtet,
in dem der östliche Bahnhofsvorplatz in »Platz der Kieler Matrosen« umbenannt
wurde. Allerdings gilt es auch hier festzuhalten, dass sich ein ursprünglich angestreb-
ter Vorschlag »Platz des Kieler Matrosenaufstandes« nicht hatte durchsetzen können.
Trotz eines mehrheitlichen Empfindens, dass die Ereignisse der Novemberrevolution
erinnernswert sind, gibt es also nach wie vor Streit über die Deutung des Ereignisses
selbst.

Zusammenfassung

Das Erinnern an den Ersten Weltkrieg zur See in Deutschland war in den ersten
Jahren ein Gefallenengedenken, verbunden mit Rachegedanken für den verlore-
nen Krieg. In dieser Phase wurde die Sinnstiftung des Opfers der Gefallenen in die
Zukunft verlagert.

Parallel dazu drückt sich die Zerrissenheit der Nachkriegsgesellschaft in dem
Versuch aus, der Opfer von Revolution und Bürgerkrieg als Wegbereiter einer neuen
Ordnung zu gedenken, der jedoch offenkundig nicht mehrheitsfähig war und spätestens mit der Etablierung des Nationalsozialismus zumindest im öffentlichen Raum
zum Erliegen kam.

Nach dem Zweiten Weltkrieg wurde das Sterben der Toten beider Weltkriege
als Sinneinheit gesehen. Es dauerte jedoch nicht einmal eine Generation, bis diese Sinnstiftung ins Wanken geriet. Heute ist festzustellen, dass diese Form des
Totengedenkens nur noch zu bestimmten Anlässen wie dem Volkstrauertag rituali-
siert stattfindet, ansonsten aber kaum noch praktiziert wird. Die kritische Sicht auf
Deutschlands Rolle in beiden Kriegen, vornehmlich natürlich im Zweiten Weltkrieg,
spielt hier ebenso eine Rolle wie die wachsende zeitliche Distanz zu den Ereignissen.
Vor allem aber werden die deutschen Kriegstoten heute nicht mehr als Opfer gesehen,
vielmehr ist das Gedenken an andere Opfergruppen in den Vordergrund getreten.
Dies manifestiert sich auch in den Versuchen, der Toten der Novemberrevolution
zu gedenken. Ich verwende ausdrücklich das Worte »Versuche«, weil sich hier zwar
Mehrheiten für eine Wiederbelebung des Gedenkens gefunden haben, kritische
Stimmen aber nach wie vor deutlich hörbar sind.

Am Ende bleibt festzuhalten, was uns als Historiker kaum zu verwundern mag: Im
Gegensatz zum auf Ewigkeit angelegten Charakter von Denkmälern handelt es sich
bei diesen Bauwerken um höchst gegenwartsbezogene Architektur, von der Reinhard
Koselleck zu Recht sagte, dass sie mehr über die Identität der Errichter aussagt als
über die derjenigen, der gedacht werden soll.[55] Dies ist auch bei den Denkmälern
so, die sich der Seekriegsereignisse des Ersten Weltkrieges in Deutschland annahmen
und nach wie vor annehmen.

---

54   Zit. nach <http://vimu.info/multimedia.jsp?id=for_9_6_5_mm_denkmal_de_swf> (letzter Zugriff
      22.10.2014).
55   Koselleck, Kriegerdenkmale (wie Anm. 1).

Jörg Hillmann

Die Deutschen Marinen des 20. Jahrhunderts und ihr Umgang mit den Ereignissen des Ersten Weltkrieges

Die Geschichte des Ersten Weltkrieges ist eine Verlustgeschichte. Sichtbar ist dies in besonderer Weise, wenn wir die Orte der großen Landschlachten besuchen und vor den unzähligen weißen Kreuzen der Soldatenfriedhöfe stehen. Nicht unweit dieser Erinnerungsorte begegnet uns eine wieder erstarkte Naturlandschaft, in der erfahrene und kundige Experten interessierten Laien oder anderen Experten Schlachtverläufe erklären. Mit viel Phantasie verschwinden Baumgruppen und Hecken – was bleibt, ist die Vorstellung einer zerkraterten Landschaft und von kilometerlangen Schützengräben, in denen das deutsche Heer erst ausharrte, dann größtenteils verblutete und schließlich diese verließ in dem Bewusstsein, dass man im Felde unbesiegt geblieben war. Diejenigen, die im Felde blieben, wurden, sofern möglich, vor Ort zu Grabe getragen, und es ist der Deutschen Kriegsgräberfürsorge zu danken, dass zahlreichen Toten ihr Name und auch ein Erinnerungsort gegeben werden konnte.

Menschen brauchen Erinnerungsorte, und selbst anonyme Gräberfelder bieten Angehörigen eine Hoffnung, dass genau hier, genau unter diesem Stück des Rasens die sterblichen Überreste des gefallenen Angehörigen liegen – Landschaftsreste und Zeugen des Vergangenen finden sich in demselben Boden, in dem die Toten gebettet sind. Ein komplexer Erinnerungsort, der den Angehörigen und Hinterbliebenen die Gewissheit bietet: Hier ist der Vater, Bruder oder Ehemann begraben. Hier ist der Ort des Trauerns. Hier ist aber auch der Ort des Nachdenkens über die Dimension des Ersten Weltkrieges – sei es an der Somme, in Verdun oder in Sedan. Hier ist der Ort der Verzweiflung und des Alleinseins und Alleingelassenseins und es ist der Ort, der die Sinnlosigkeit dieses Krieges verdeutlicht. Hinter jedem Kreuz steht ein Name, hinter jedem Kreuz steht ein Gesicht, steht ein nicht gelebtes Leben.

Der Krieg zu Lande ist visuell vorstellbar und er hinterlässt Narben und Spuren – er schafft für die nachfolgenden Generationen eine Vorstellung dessen, was passiert sein könnte. Krieg wird fassbar, Gefallene können betrauert werden und Angehörige können diesen Prozess verarbeiten.

Der Krieg zur See hingegen hinterlässt keine Spuren, die für uns sichtbar sind. Die blutgetränkte See »renaturiert sich« umgehend, die toten Körper sacken weg, wenn die Schiffsrümpfe längst in schwer vorstellbare Tiefen versunken sind, am Meeresboden verrotten und zu einer neuen Heimstatt der Unterwasserwelt werden.

DOI: 10.1515/9783110533972-015

Mensch und Schiff werden Teil einer für uns nicht fassbaren unsichtbaren Welt, einer Welt, die uns entrückt ist und uns das nimmt, was wir brauchen.

Das Meer in seiner Weite und Tiefe ist uns als Erinnerungsort fremdartig, weil nicht fassbar. Der maritime Raum ist zu groß, zu unübersichtlich und zu vielen Veränderungen ausgesetzt – dort, wo eben noch in aufgewühlter, sturmumpeitschter See ein Seegefecht stattfand, ist Stunden später tiefe Ruhe und Frieden eingekehrt. Das Meer verschlingt alles in einer Erbarmungslosigkeit, die schon Seeleuten immer Respekt abverlangt und Ehrfurcht eingeflößt haben. Das Meer nimmt uns aber auch die greifbare Erinnerung. Wir können uns den Tod zur See schwer vorstellen – es ist nicht der einzelne Schuss der tötet, es ist das Schiff das stirbt und mit ihm seine Besatzung –, und diejenigen, die davonkamen, verlieren schnell ihre Erinnerung an den Ort, nicht an das Geschehen. Was aber den Hinterbliebenen sagen, wo der Ort zum Trauern sein wird, jener Ort, den wir Menschen uns so sehr wünschen?

Den Hinterbliebenen blieb die Weite des Meeres. Ihnen blieb auch ein Ersatzort, so jedenfalls nach dem Willen der damaligen kaiserlichen Marineführung, die dann in der Weimarer Zeit und der Zeit der Reichsmarine mit dem Ehrenmal in Laboe genau diesen Ersatz-Erinnerungsort baute, der schließlich 1936 eingeweiht wurde. Zunächst als Skagerrakdenkmal geplant, wandelte sich das Bauwerk zum Erinnerungsort an den Krieg zur See des Ersten Weltkrieges. Diese Feststellung macht aber deutlich, wie wichtig der Marineführung das Aufrechterhalten der Erinnerung an die Skagerrakschlacht war, die als die größte Materialschlacht zur See ihren Eingang in die Geschichtsbücher fand. Nachvollziehbar, berücksichtigt man Stärke und Kampfkraft der schwimmenden Verbände; nachvollziehbar, berücksichtigt man die Folgen, die sich aus dieser Schlacht für die deutsche Flotte, die, in Wilhelmshaven zur Untätigkeit verdammt, langsam einschlief, nachdem mit Skagerrak das große Warten ein Ende gehabt hatte; nachvollziehbar, bedenkt man, dass diese Untätigkeit zu Flottenunruhen und Meuterei führte und dass Skagerrak der Anfang vom Ende war, welches in Scapa Flow mit der Selbstversenkung der kaiserlichen Flotte besiegelt wurde.

Nachvollziehbar ist auch, dass dies schmerzlich sein musste, sicherlich ungleich schmerzlicher als Dolchstoßlegende und Versailler Vertrag. Und es drängt sich uns heute das Bild auf, dass die kollektive maritime Erinnerung der Kaiserlichen Marine auf diese Gesamtereignisse und das Ergebnis als Verlustgeschichte des Ersten Weltkrieges fokussierte und die individuelle Erinnerung der Hinterbliebenen und Überlebenden eben ihre Individualität behielt, die im Kollektiv absorbiert wurde. Die maritime Gemeinschaft stand als geschlossener Block – ein Satz, der später von Dönitz geprägt wurde, – in der das Individuum keinen Platz zu haben schien. Der Einzelne schien im Ganzen unterzugehen. Der Raum für individuelle Erinnerung wurde erdrückt von einer kollektiven Erinnerung, in der Schiffe mehr Gesicht bekamen als jene, die auf diesen Schiffen dienten.

Im Bewusstsein der ehemaligen kaiserlichen Marineoffiziere lebte strukturell die Kaiserliche Marine auch nach 1919 und letzthin nach 1921 fort – die Reichsmarine war weder demokratisch noch reichsbejahend. Wurde oberflächlich der Anschein erweckt, die Reichsmarine füge sich dem System, so war diese verordnete Zwangspause eher Mittel zum Zweck denn überzeugtes und gelebtes Demokratieverständnis.

Und so ist weniger das nachdenkenswert, was in Verlautbarungen, politischen Deklarationen oder Denkschriften überliefert ist, sondern das, was in Zirkeln dahinter passierte, wie die Marine-Offizier-Hilfe agierte, wie im Geheimen, gemäß Versailler Vertrag verboten, Ausbildungsvorhaben weiter betrieben wurden, wie verdeckt gearbeitet wurde und wie an der historischen Aufbereitung des Krieges zur See gearbeitet und teilweise auch geklittert wurde.

»Zur See unbesiegt«: Das drückt jenen Zeitgeist aus, der auf Aussitzen und Warten auf bessere Zeiten setzte. Und wenn wir in Verbindung mit der Skagerrakschlacht heute von »dem Tag« sprechen und dass das lange Warten mit dieser Schlacht ein Ende fand, so ist die Zeit nach dem Ersten Weltkrieg wiederum von diesem Warten gekennzeichnet. Das Warten fing von Neuem an, dieses Mal auf bessere maritime Zeiten und mithin auf andere politische Rahmenbedingungen, die einen Wiederaufstieg der Marine ermöglichen würden, statt eingesperrt in der Ostsee ein tristes und vor allem nicht gerechtes Dasein zu fristen. Tristesse, ungerecht behandelt, obwohl alles richtig gemacht, Verlust des sozialen Status, mangelnde Anerkennung und die Skagerrakschlacht nicht beendet, da die Schlacht nicht »durchgeschlagen« wurde. Ein Sieger wurde nicht ermittelt. Aber doch, werden einige von Ihnen nun sagen, der taktische Sieg – die bessere Artillerie, die deutsche Unterlegenheit, die taktisch Überlegenheit erzeugte, Admiral Scheer und sein Crossing-the-T. Und genau diese Überlieferung und genau diese Akribie der Reichsmarinezeit, in denen Granateinschläge, Trefferbilder und Munitionsverbrauch gegenübergestellt wurden, haben bewirkt, dass innerhalb der Marinekreise die Bereitschaft stieg und das Bewusstsein vorherrschte, diese Schlacht in der Zukunft beenden zu müssen. Damit war der künftige Gegner klar definiert.

Der Reichsmarine und dann der frühen Kriegsmarine ging es um den Krieg mit England – nur um diese Schlacht zu beenden –, wenn man zu neuer Größe aufgestiegen sein würde. Abwarten, geduldig sein: Irgendwann werde der Tag kommen, an dem man sich die verlorene Ehre wieder hole. Nirgends besser wird diese Stimmung aufgefangen und dargestellt, als in der Aula der Marineschule, die Anfang der Zwanzigerjahre umgestaltet wurde und genau diese Tristesse, Frustration und tiefe Beklemmung der Reichsmarine und ihrer kaiserlichen Marineoffiziere spiegelt. Genau deswegen wurde der Zustand der Aula erhalten und im Zuge der Renovierungsmaßnahmen in den Neunzigerjahren nicht in den Zustand von 1910/11 rückversetzt. Und so steht noch heute in lateinischen und deutschen Lettern geschrieben: Möge dereinst ein Retter aus unseren Gebeinen erstehen. Wieder wagen – nicht verzagen! Direkt darüber stehen die Namen der gefallenen Seeoffiziere – nicht auf weißen Kreuzen, sondern in schweren Eichentafeln gemeißelt als Teil des Ganzen und als Teil des Schiffes. Und alle diese Namen mahnten nicht zum Gedenken, sondern mahnten die notwendige Rache an, damit deren Opfer für das Kollektiv nicht unnütz gewesen war.

Laboe drückt genau denselben Rachegedanken aus, wie man ihn in Flensburg an der Marineschule fand. Beide Orte sind Erinnerungsorte, aber zunächst sind es Mahnmale *für* den Krieg, die die Erinnerung an die Notwendigkeit der Revanche aufrechterhalten sollten.

Es geht nicht darum, wofür Laboe heute steht – denn das ist alles gut und genau richtig. Es geht um die Interpretation, wofür Laboe gebaut wurde. Damit wird Laboe zur Brücke zwischen Erstem und Zweitem Weltkrieg. Laboe ist Ausdruck des maritimen Verständnisses und Selbstbewusstseins der Reichsmarine und ihrer Führung, die kategorisch den Ausgleich zur See wollte und, als es möglich war, auch suchte.

In anderer Form suchte eine Gruppe von hochkarätigen ehemaligen kaiserlichen Marineoffizieren die Schaffung einer vergleichbaren kollektiven Erinnerung an den Ersten Weltkrieg zur See mit der historischen Befassung im mehrbändigen sogenannten Admiralstabswerk: ›So und nicht anders ist es gewesen‹ – ausgewiesene Marineoffiziere wurden zu Experten und prägten das Geschichtsbild für Generationen. Die Geschichte zur See 1914 bis 1918 wurde nicht den Fachleuten überlassen, sondern in Eigenregie organisiert. Verdiente Stabsoffiziere arbeiteten akribisch an der faktischen Darstellung der Ereignisse und generierten so das offiziöse Bild, das durch Augenzeugenberichte aus dem mehr populär gehaltenen Buch »Zur See unbesiegt« ergänzt wurde – das Heer tat gleiches und blieb »Im Felde unbesiegt«.

All dies sind wichtige Zeugnisse jener Zeit – und wir wollen aus der Zeit heraus verstehen, wir wollen sie nicht mit heutigen Wertemaßstäben überwuchern, aber wir wollen sie auch kritisch betrachten dürfen. Erwähnenswert erscheint, dass das Admiralstabswerk in seiner Faktendichte und Akribie unschlagbar ist; dort, wo es um Interpretation und Schlussfolgerungen geht, hat es Schwächen. In vielerlei Hinsicht handelt es sich um Fleißarbeiten, für die man heute dankbar sein muss, dass es sie gibt. Daneben gab es aber auch Bemühungen, den Krieg zur See literarisch zu verarbeiten und damit einer breiteren Öffentlichkeit gegenwärtig zu machen. Die Grundtendenz aller Veröffentlichungen verdeutlicht, dass das Kollektiv die Individuen überlagert; lediglich in den überlieferten persönlichen Tagebuchaufzeichnungen rückt dieses Kollektiv kurzfristig beiseite und spiegelt den schreibenden Menschen, bevor er sich wieder seiner Gemeinschaft ergibt.

Der Schriftsteller Walter Looschen fertigte zeitgerecht zum 20. Jahrestag der Skagerrakschlacht ein Schauspiel in drei Akten mit dem nicht überraschenden Titel »Skagerrak«. Looschen schrieb klare und gut verstehbare Dialoge. Der 1. Admiralstabsoffizier (Raeder) wird als weisungs- und tonangebend gegenüber Admiral Hipper dargestellt. Das Schauspiel in zehn Bildern endet mit der Versenkung der »SMS Lützow« durch eigene Torpedos. Den Befehl hierzu erteilt der Kommandant der »Lützow« von Bord des Torpedobootes G 38. Die gleiche Szene beschrieb auch der Schriftsteller Theodor Plievier, allerdings mit mehr kritischen Untertönen.

Kollektives maritimes Bewusstsein und Handeln, die Bedeutungslosigkeit des Individuums und der unbeseelte Willen der Marineführung der Zwanziger- und beginnenden Dreißigerjahre macht deren Handeln zu Beginn dieses Jahrzehnts erklärbar. Admiral Raeder wäre jedem, aber auch jedem politischen System gefolgt, das Besserung und Wiedererstarken versprochen hätte. Diese Bewertung spiegelt eine gewisse Sorglosigkeit und auch Willfährigkeit des Admirals – und ich bin ganz pragmatisch in meiner Bewertung, und so wurde aus Raeder und seiner Marine letzthin eine nationalsozialistische Marine. Es hätte auch völlig anders kommen können. Raeder wäre jedem seiner Ansicht nach besserem System gefolgt, vielleicht sogar nachgelaufen, das den Wiederaufbau seiner Marine gewährleistet hätte. Und er wäre in jedem System dem Ansatz gefolgt, den Ausgleich mit England zu erreichen – Skagerrak ohne Ende, das finale Durchschlagen der Schlacht war entscheidend. Raeder hat tiefgehende seestrategische Überlegungen entwickelt, die ihren Ursprung weit vor dem Ersten Weltkrieg hatten – René Daveluy sei hier als Name nur kurz genannt. Das Konzept des Pocket Battle Ship einerseits und die Nadelsticktaktik des Kreuzerkrieges: Beides spiegelt jene Unterlegenheit eines nach mehr streben-den maritimen Staates. Dies stand zunächst im Fokus des Oberbefehlshabers der Kriegsmarine und damit in der Tradition seiner Vorgänger. Seit 1933 taten sich neue Chancen auf, schließlich ab 1938 in der Gegnerschaft zu England die Aussicht auf Ausgleich. Die Kriegsmarine war längst zu neuer Größe erwachsen, allerdings ohne klare Aufgabe für den zu erwartenden europäischen Kontinentalkrieg. Der Ausgleich mit England durch das deutsch-britische Flottenabkommen und eine Z-Plan-Flotte, die eben nicht für diesen europäischen Konflikt gebaut werden sollte, sondern zum Schutz der maritimen Außengrenzen nach dem europäischen Kontinentalkrieg. Die Dynamik der Zeit gereichte der Marine nicht zum Vorteil, sie war wieder nicht aus-reichend vorbereitet, und aus dem zunächst geplanten Unterstützungsservice wurde ein aktiver Teilnehmer des Krieges mit einer Flotte, die für diesen Zweck weder vor-gesehen noch gebaut worden war bzw. gebaut werden sollte.

Es kann sich der Eindruck aufdrängen, dass eine nicht einsatzbereite Marine wieder zu früh in einen Konflikt hineingedrängt worden war, wie bereits 1914. Es kann aber auch argumentiert werden, dass erneut eine nicht fertiggestellte Flotte von ihren Verantwortlichen willentlich für einen Krieg bereitgestellt worden war, da auch Raeder noch 1939 davon ausging, die Kriegsmarine werde erst zu einem späte-ren Zeitpunkt benötigt. Ein seestrategisches Konzept gab es nicht, dafür jedoch ei-nen unablässigen Willen zur Rache, untermauert mit einem überhöhten Ehrbegriff. Hierfür nahm Raeder alles andere billigend oder unwissend in Kauf. Er war so mit sich und seiner Marine beschäftigt, dass er seine politische Umwelt völlig ausgeblen-det zu haben schien. Er hat wohl nie erkannt, dass er ein politisches Amt bekleidete. Sein »politisches« Spektrum war seine Marine, hier betrieb er seine eigene scheinbare Marinepolitik.

Erich Raeder war im Ersten Weltkrieg Stabsoffizier. Aus vielen seiner Wegkame-raden wurden die Flaggoffiziere des Zweiten Weltkrieges. Als diese altersbedingt oder aus anderen Gründen gingen, ging mit ihnen ein Großteil der Erinnerung an den Ersten Weltkrieg. Skagerrak war kein Thema mehr, und ob die Torpedoboote die Namen von tapferen Seeoffizieren oder Unteroffizieren des Ersten Weltkrieges tru-gen, war fortan ohne Bedeutung. Die Kriegsmarine taumelte im nationalistischen Fahrwasser, materiell am Rande des Kollaps, und fokussierte nun ausschließlich auf die Wunderwaffe U-Boot, auf jene Waffe, die von Günther Prien 1939 zu-nächst salon- und einsatzfähig gemacht worden war, oder auch auf den Einsatz von Kleinkampfmitteln. Der Wechsel von Raeder zu Dönitz, der im Ersten Weltkrieg als Seeoffizier gedient hatte, markierte auch den Wandel in der Art der Kriegführung – von nun schien jedes Mittel Recht zu sein, den Kriegsverlauf nochmals herumzu-reißen. Das Individuum wurde zugunsten des einheitlichen Blockes aufgegeben und es wurde entbehrlich.

Ein Anschwimmen gegen das Regime wurde immer unmöglicher, der Strom setzte zu stark. Diejenigen, die es versuchten, scheiterten, aber sie hatten den Rubikon überschritten und ein Zeichen gesetzt. »Es lebe das heilige Deutschland« – und uns allen wird deutlich, dass damit ein anderes Deutschland gemeint war als das bis 1945, als das bis 1933, und auch als das bis 1918/19. Der deutsche Widerstand gegen Hitler suchte keine Begründung in der Erinnerung an den Ersten Weltkrieg, sondern hatte andere Wertmaßstäbe.

Der Zweite Weltkrieg endete mit der bedingungslosen Kapitulation, eine scheinbar marinelose Zeit setzte ein, in der aber ähnlich wie nach dem Ersten Weltkrieg die Marinebünde und Seilschaften wieder erwachten und gepflegt wurden. Diese sozialen Geflechte sicherten vielen das Überleben und letztlich schufen sie auch neue Karrierechancen innerhalb des Marineoffizierkorps. Dabei folgten diese Marinekreise zumeist ihren alten Strukturen – Admirale blieben unter sich, Stabsoffiziere warteten auf Aufträge von ihnen. Das Unteroffizierkorps traf sich in eigenen Zirkeln. Alles in allem eine zivile Marine ohne Auftrag, ohne Berechtigung und ohne Flotte. Dennoch existierte die Marine fort – in anderer Form.

Von einem Aufarbeitungsprozess unmittelbar nach dem Zweiten Weltkrieg kann wohl kaum gesprochen werden, zu schwer wog die Erkenntnis über das, was tatsächlich passiert war. Schockstarre, Überlebenssicherung und Wiederaufbau unter alliierter Besatzung ließen kaum Raum für Vergangenheitsbewältigung und noch weniger Raum für die Bewahrung der Erinnerung an den Ersten Weltkrieg.

Nürnberger Prozesse und die Frage »Was wird aus Raeder und Dönitz?« überlagerten das maritime Tagesgeschäft – eine Frage der Ehre, Fragen zur sauberen Kriegführung und die einheitliche Überzeugung, dass die Kriegsmarine mit dem Holocaust nichts zu tun gehabt und nichts davon gewusst habe. Wir wissen heute, dass das so nicht ganz stimmt – jedenfalls nicht in der damaligen Verallgemeinerung. Dies muss aber an anderer Stelle ausführlich diskutiert werden.

In den Fragen der Ehre, die heftig diskutiert wurden, bestimmten Themen wie das Kämpfen bis zur letzten Granate, der Untergang der »Bismarck«, aber auch die von Kapitän zur See Langsdorff eingeleitete Selbstversenkung sowie das Verbot, die weiße Fahne vorzuhissen, die maritimen Gemüter. Mit Blick auf den U-Boot-Krieg wurden Einzelfälle tadeligen Verhaltens offenkundig und überschatteten das Bild der im Gedächtnis sonst so sauber gekämpft habenden Kriegsmarine. Diskussionen um Strategie führte man nur selten. Taktik schien mehr im Fokus zu stehen bis zur letzten technischen Kleinteiligkeit, damit auch jeder wusste, wie jede Schraube im Maschinenraum drehte.

Und auch in diesen Diskussionen begegnet uns wieder das bereits bekannte Bild des kollektiven Erinnerns, einer untadeligen maritimen Gemeinschaft, in der der Einzelne scheinbar absorbiert wird, sowie die taktische Kleinteiligkeit und technische Verliebtheit, die eben keinen Raum für strategische Themen und politische Verflechtung ließen. Der Erhalt des geschlossenen Blockes schien wichtiger als eine aufklärende Verarbeitung und Einordnung der Kriegsereignisse. Die Marine beschäftigte sich ausschließlich mit sich selbst.

Aufgrund der Aktenlage, anders als nach dem Ersten Weltkrieg, war eine historische Aufarbeitung nach dem Zweiten Weltkrieg nicht möglich. Erinnerungsliteratur,

Augenzeugenberichte und sogenannte Tatsachenberichte sowie ein schier nicht enden wollender Briefverkehr zwischen Marineangehörigen traten an die Stelle einer fundierten Aufarbeitung. Bei alledem übernahm die »Marine-Rundschau« eine wesentliche Aufgabe: Sie wurde zum Organ bei der Vermittlung eines offiziösen Geschichtsbild. Die existierenden Marinekreise waren geschlossene Zirkel, die ebenengerecht miteinander verkehrten – hier findet sich nichts zur Erinnerung an den Ersten Weltkrieg, nur die teilweise Verknüpfung zu Themen wie Ritterlichkeit und Tapferkeit. Jene Ritterlichkeit und Tapferkeit wird in den Landserheften im Nachkriegsdeutschland thematisiert, die einen reißenden Umsatz fanden und vor allem das Mannschafts- und Unteroffizierkorps ansprachen. Hier fanden sich diese wieder, hier wurde das beschrieben, was sie selber erlebt hatten. Mit wem sonst als mit den alten Kameraden konnte man über seine Kriegserlebnisse sprechen – wer würde einen schon verstehen, die Familie zu Hause sicher nicht. Die Frage, inwieweit eine vergleichbare Tendenz bei den Afghanistan-Rückkehrern festgestellt werden kann, muss an anderer Stelle beantwortet werden. Die Bereitschaft allerdings, das Geschehene den Mitmenschen mitzuteilen, jenen, die nicht dabei gewesen sind, ist merklich begrenzt.

Zurück zu den Fünfzigerjahren: Die Inhaftierung der Großadmirale blieb ein Dauerthema, die Frage einer deutschen Wiederbewaffnung wurde heftig diskutiert und die Frage des Aussehens der neuen deutschen »Wehrmacht« in den unterschiedlichen Fachzirkeln thematisiert. Aber über seestrategische Konzepte der Zukunft setzte man sich nicht auseinander. Während man versuchte die Vergangenheit zu glätten, schien man Gegenwart und Zukunft hinzunehmen oder sich in ihnen treiben zu lassen.

In diesem Gesamtverhalten einerseits, aber auch in dem Verhalten Einzelner andererseits ist der Grund zu finden, warum sich deutsche Parlamentarier der Frage des Traditionsbewusstseins der neuaufgestellten deutschen Streitkräfte zuwandten. Ein Auslöser hierfür war die sogenannte Zenker-Ansprache bei der ersten Rekruteneinstellung in Wilhelmshaven, in der der spätere Admiral Karl-Adolf Zenker neben der untadeligen Kriegführung der Kriegsmarine auch das Schicksal des Großadmirals Dönitz beklagte. Nach eigenen Angaben folgte er damit dem Auftrag der Admiralsgemeinschaft, dass der erste, der Gelegenheit bekam, dieses Thema öffentlich zur Sprache bringen möge. Das rief die Parlamentarier auf den Plan, die mit ihrer Aussprache eine generelle Debatte über das Traditionsbewusstsein der neuen Streitkräfte wollten, dann aber ausschließlich auf die Marine fokussierten und dort irgendwie »hängenblieben«. Admiral Friedrich Ruge, der als designierter erster Inspekteur der Marine an der Debatte in zivil auf der Tribüne teilnahm, schrieb später in seinen Erinnerungen, dass der entscheidende Satz wohl gewesen sei, die Marine habe schließlich andere Vorbilder als Dönitz, denke man nur an die Zeit des Ersten Weltkrieges. Aus Ruges Worten lesen wir so etwas wie innere Freude, da damit der Weg frei geworden war für eine Rückbesinnung auf den Ersten Weltkrieg. Wohl eher stimmt, dass damit die Orientierungslosigkeit ein Ende haben und damit ein altes »Wertekorsett« angelegt werden konnte. Es darf davon ausgegangen werden, dass, wenn der Abgeordnete Carlo Schmid einen anderen Bezug gewählt hätte, nicht auch diesem gefolgt worden wäre, nur um auf diese Weise einen parlamentarisch gebilligten Ansatzpunkt zur maritimen Tradition zu finden. So fand sich die Bundesmarine der Situation ausgesetzt, den Rückbezug auf die Kaiserliche Marine zu vollziehen – die Skagerrakschlacht wieder zu beleben und auf Schulfregatten mit Namen »Hipper«, »Spee« und »Scheer« zur See zu fahren. Mit »Scharnhorst« und »Gneisenau« schaffte man den Rückbesinnung auf die preußischen Reformer – wohl eher scheinbar, denn die Assoziation zu den Schlachtschiffen war tiefer im Bewusstsein verankert als die preußischen Generale.

Die Erinnerung an den Ersten Weltkrieg wurde zu einer Folie, da sich die Erinnerung an den Zweiten Weltkrieg verbot, die individuell weiter genährt wurde. Eine Aufarbeitung der Ereignisse des Zweiten Weltkrieges wurde erst durch verbesserte Aktenlagen möglich und letztlich erst nach dem Ableben der alten Admiralität und vor allem nach dem Tod von Dönitz – der Großadmiral stand der Aufarbeitung des Krieges zur See wohl mehr im Wege, als dass er nützte. Der geschlossene maritime Block verstummte mehr und mehr und erlaubte einen freieren und ehrlicheren Umgang mit der maritimen Geschichte der vergangenen Zeitläufte, in der die Erinnerung und die weitere Aufarbeitung des Ersten Weltkrieges dann wieder eine untergeordnete Rolle spielten. Das Marineehrenmal hatte sich nach Rückgabe an den Deutschen Marinebund Anfang der Fünfzigerjahre rasch um das Gedenken an die Gefallenen des Zweiten Weltkrieges erweitert und sich von Skagerrak verabschiedet. Mit der endgültigen Umwidmung im Jahre 1996 war es dann auch endgültig vorbei mit Skagerrak, und der Erste Weltkrieg wurde Teil einer maritimen Erinnerungskultur und des Opfergedenkens – Opfer, an die wir an einem Ersatzplatz gedenken, weil der eigentliche Erinnerungsort fehlt. Aus dem Mahnmal Laboe wurde ein Erinnerungsort, der aber zugleich Geschichtsort selbst ist.

Wir gedenken heute gemeinsam mit den damaligen Kriegsgegnern und wir sind uns bewusst, dass uns auf allen Seiten Versagen, Verblendung und auch Tadeligkeit im Verhalten begegnet. Und somit haben wir als Individuen in der maritimen Gemeinschaft Stimme und Gesicht und gehen nicht mehr in einem Kollektiv unter. Das ist eine ganz herausragende Entwicklung der letzten Jahrzehnte in unserer Bundesrepublik Deutschland, in einem Deutschland, zu dem seit nunmehr fast 25 Jahren auch fünf Bundesländer gehören, die 40 Jahre eine andere Entwicklung genommen hatten und sich mit Blick auf die maritime Entwicklung und die Gesamtstruktur der DDR mit anderen Erinnerungskulturen befassten. Die in der Bundesrepublik existierenden Marinekreise gab es so strukturiert in der DDR nicht.

Die Geburtsstätte einer deutschen Marine auf dem Dänholm hatte in der DDR herausgehobene Bedeutung. Hier beanspruchte die Erinnerung an den Ersten Weltkrieg unter kaiserlicher Führung keinen bedeutenden Raum, nahm doch der Neuanfang im Arbeiter- und Bauernstaat, die enge Bindung an die sozialistischen Bruderstaaten und die Erinnerung an gemeinsame vor allem künftige Zusammenarbeit mehr Raum ein als die Pflege des Gedankens an vergangene Schlachtverläufe. Der Erste Weltkrieg gereichte eher als negatives Beispiel für imperialistisches Machtstreben und wurde damit einer positiven Erinnerungspflege entrückt. Gleichwohl fand man Vorbilder aus der Zeit des Ersten Weltkrieges. Man bezog sich dabei auf die Flottenunruhen 1917 und die Meuterei 1918. Albin Köbis und Max Reichpietsch wurden zu Helden in der DDR und zu leuchtenden Vorbildern. Die Volksmarine gründete sich auf den revolutionären Vorbildern. In der Bundesrepublik hingegen lösten Straßenumbenennungen von Tirpitzufer in Reichpietschufer erdrutschartige Diskussionen aus. Dennoch gilt es zu bemerken, dass das Verteidigungsministerium zwar an der Stauffenbergstraße liegt – aber eben auch am Reichpietschufer in der Nähe der Köbisstraße.

Personenregister

Autoren

Prof. Dr. Michael *Epkenhans*, Leitender Wissenschaftler des Zentrums für Militärgeschichte und Sozialwissenschaften der Bundeswehr, Potsdam

Prof. John R. *Ferris*, PhD, Senior Research Fellow, University of Calgary, Kanada

Rear Admiral James *Goldrick* (ret.), Canberra, Australien

Prof. (em) Dr. Paul G. *Halpern*, PhD, Florida State University, Tallahassee, USA

Kapitän zur See Dr. Jörg *Hillmann*, Kommandeur des Zentrums für Militärgeschichte
und Sozialwissenschaften der Bundeswehr, Potsdam

Dr. Stephan *Huck*, Geschäftsführer des Deutschen Marinemuseums in Wilhelmshaven

Fregattenkapitän Dr. Christian *Jentzsch*, Wissenschaftlicher Mitarbeiter am Zentrum
für Militärgeschichte und Sozialwissenschaften der Bundeswehr, Potsdam

Jan *Kindler*, Wissenschaftlicher Mitarbeiter am Militärhistorischen Museum in
Dresden

Kapitän Ersten Ranges Denis J. *Kozlov*, Stellvertretender Direktor der Historischen
Abteilung beim Generalstab der Russischen Föderation

Prof. Dr. Jean *Martinant de Preneuf*, Wissenschaftlicher Mitarbeiter beim Service
Historique de la Défense, Vincennes, Frankreich, Maître de Conférences en histoire contemporaine, Université Lille 3

Mag. Dr. M. Christian *Ortner*, Direktor des Heeresgeschichtlichen Museums in
Wien

Prof. Thean *Potgieter*, Chief Director Research and Innovation, Public Administration
Leadership and Management Academy, Republik Südafrika

Kapitän zur See a.D. Dr. Werner *Rahn*, Historiker, Berlin

Prof. Dr. Nicholas *Rodger*, Senior Research Fellow, All Souls College Oxford,
Vereinigtes Königreich

Dr. Nicolas *Wolz*, Historiker, Seligenstadt

www.ingramcontent.com/pod-product-compliance
Lightning Source LLC
Chambersburg PA
CBHW050359110426
42812CB00006BA/1745